화엄경청량소
華嚴經淸凉疏

화엄경청량소

제21권

제6 타화자재천궁법회 ⑥

[제26 십지품 · 정종분 ⑭ ⑮]

제7 원행지 - 제8 부동지

청량징관 지

석반산 역주

담앤북스

일러두기

1. 본 화엄경소초의 번역에 사용된 원본은 봉은사에 소장된 목판 80권 『화엄경소초회본』이다.

2. 교정본은 민국(民國) 31년(1942) 대만의 화엄소초편인회(華嚴疏鈔編印會)에서 합본으로 교간(校刊)한 『화엄경소초 10권』을 사용하였다. 그리고 원본현토는 화엄학 연구소의 원조각성 강백의 현토본을 참고하였다.

3. 대장경 속에 경전과 합본으로 수록된 것은 없고, 다만 大正大藏經 권35에 『화엄경소 60권』이 있으며 권36에 『화엄경수소연의초(華嚴經隨疏演義鈔) 90권』이 있지만 경의 본문과의 손쉬운 대조를 위해 회본(會本)을 기본으로 하였으며, 일일이 찾아서 대장경과 대조하지는 못하였다.

4. 교재본이라 한 것은 민족사에서 1997년에 발간한 『현토과목 화엄경』(전 4권)을 지칭하며, 원문 인용은 이 본을 기본으로 하였다.

5. 본 『청량소』 전권에서는 소(疏)의 전문을 해석하였고, 초문(鈔文)은 너무 번다하고 중복되는 부분을 필자가 임의로 생략하였다.

6. 본문의 이해를 돕기 위하여 도표로 작성한 것은 전강 스승이신 봉선사 능엄학림의 월운강백께 허락을 얻어 『화엄경과도(華嚴經科圖)』를 준용(準用)한 것이다.

7. 목차(目次)는 『화엄경소초』의 과목을 사용하였고 『화엄경과도』를 준용하였다. 과목에 이어지는 ( ) 안에는 간편한 대조를 위하여 목판본의 페이지를 표시하였다. 예) 一. 一) (一) 1 1) (1) 가. 가) (가) ㄱ. ㄱ) (ㄱ) a. a) (a) ㊀ ① ㉮ ㉠ ⓐ ① ㉯ Ⓐ ㊀ 1 가 ㄱ ⓐ Ⓐ ㅏ ㊀ ① 가 ㄱ ⓐ Ⓐ ㊀ 1 가 ㄱ ⓐ Ⓐ

8. 목차는 되도록 현대적 번역어로 제목을 삼으려 하였고, 제목에 이어 표기된 아라비아 숫자는 문단의 개수이다.

9. 경과 소문(疏文)은 조금 띄워서 차별화하였고 소문(疏文) 앞에는 ■ 표시를, 초문(鈔文) 앞에는 ● 로 표시하여 번역문을 수록하였다. ❖ 표시는 역자의 견해를 밝힌 부분이다.

10. 경구(經句)의 번역문은 한글대장경과 민족사 간(刊) 『화엄경 전10권』을 참고하였고, 소(疏) 문장의 번역은 직역을 원칙으로 하였고, 인용문은 주로 한글대장경의 번역을 따르고자 노력하였다.

11. 본 청량소 번역에 참고한 주요 도서는 다음과 같다.

  (1) 한글대장경 『화엄경1, 2, 3』 『보살본업경』 『대승입능가경』 『대반열반경』 『보살영락경』; 동국역경원 刊

  (2) 한글대장경 『성유식론』 『십지경론』 『아비달마잡집론』 『유가사지론』 『대지도론』 『섭대승론』 『섭대승론석』 『대승기신론소별기』 『현양성교론』 『신화엄경론』; 동국역경원 刊

  (3) 『대정신수대장경』; 大正一切經刊行會 刊

(4) 현토과목 『화엄경』; 민족사 刊

　　(5) 『망월대사전』; 세계성전간행협회 刊, 『불교학대사전』; 홍법원 刊, 『중국불교인명사전』; 明復 編, 『인도불교고유명사사전』; 法藏館 刊

　　(6) 『신완역 주역』; 명문당 刊, 『장자』; 신원문화사 刊, 『노자도덕경』; 교림 刊, 『논어』; 전통문화연구회 編

12. 주)의 교정본 양식

　　(1) 소초회본; 대만교정본[華嚴疏鈔編印會]

　　(2) 宋元明淸南續金纂本 등; 소초회본의 출전 소개 양식

『화엄경청량소』 제21권 차례

大方廣佛華嚴經疏鈔 제37권의 ④ 珠字卷 下
제26. 십지법문을 설하는 품[十地品] ⑭

제7절. 멀리 가 버린 지 7. ································ 16
1. 오게 된 뜻 ······································· 16
2. 명칭 해석 ······································· 18
3. 장애를 단절하다 ································· 21
4. 진여를 증득하다 ································· 23
5. 행법을 성취하다 ································· 25
6. 과덕을 얻다 ····································· 25
7. 경문 해석 3. ···································· 26
1) 찬탄하며 청법하는 부분 2. ····················· 26
(1) 찬탄함을 노래하다 ·························· 26
(2) 청법을 노래하다 ···························· 31
2) 바로 설법하는 부분 2. ························· 32
가. 제7지의 행상 5. ····························· 34
가) 지음 없음을 좋아하는 행법으로 다스리는 차별 7. ········ 34
(a) 원력으로 태어나다 ·························· 45
(b) 번뇌 일으킴을 보이다 ······················ 45
(c) 지적인 장애를 없애기 위한 행법 ············ 45
(d) 국토를 장엄하기 위한 행법 ················· 46
(e) 몸이 없이 몸을 나타내다 ··················· 46
(f) 입으로 법륜을 굴리다 ······················ 48

(g) 질문에 따라 해석하다 ································ 48
나) 저 장애를 다스리는 차별 2. ························ 52
ㄱ. 한량없는 종류의 행법을 닦아 앞의 한량 있는 장애를 다스리다 ·· 55
ㄴ. 공용 없는 행법을 닦아서 앞의 공용 있는 장애를 다스리다 ······ 59
다) 함께 행함이 뛰어난 차별 4. ························ 62
ㄱ. 두 가지 행법을 동시에 행함에 간단이 없다 ············ 64
ㄴ. 믿음이 뛰어나다 ···································· 66
ㄷ. 능히 큰 이치를 짓다 ································ 66
ㄹ. 보리의 부분법의 차별 ······························ 71
라) 앞과 뒤의 지보다 뛰어남을 밝히다 2. ·············· 75
ㄱ. 앞의 여섯 지보다 뛰어나다 ·························· 77
ㄴ. 뒤의 세 지보다 뛰어남을 밝히다 ···················· 82
마) 저 결과를 분별하다 4. ······························ 97
ㄱ. 업이 청정하다 4. ·································· 100
ㄱ) 계율이 청정하다 100   ㄴ) 세간적인 지혜가 청정하다 101
ㄷ) 자신의 뛰어남을 얻다 102   ㄹ) 뛰어난 힘을 얻다 102
ㄴ. 얻은 삼매가 뛰어나다 ····························· 106
ㄷ. 이승의 지위를 초과하다 ··························· 111
ㄹ. 뛰어난 행법을 얻다 2. ····························· 117
(ㄱ) 적멸한 뛰어난 행법을 얻다 ······················ 118
(ㄴ) 뛰어난 행법을 시작하다 7. ······················ 122
㊀ 공덕을 일으키는 행법 ···························· 124
㊁ 우두머리로 나머지를 섭수하는 행법 ············· 124
㊂ 원력으로 존재를 취하는 행법 ···················· 125
㊃ 가문을 단절하지 않는 행법 ······················ 125
㊄ 들어가는 행법 ·································· 127

㈥ 생활에 도움되는 행법 ··· 127
㈦ 쇠퇴하는 행법 ··· 127
나. 제7지의 과덕 3. ··· 129
가) 조화롭고 부드러운 결과 4 ···································· 130
(가) 조화롭고 부드러운 행법 ································ 130
(나) 교도의 지혜가 청정하다 ································ 133
(다) 제7지의 행상을 구분하다 ······························ 134
(라) 제7지의 명칭을 결론하다 ······························ 134
나) 보답으로 거둔 결과 ··· 134
다) 서원과 지혜의 결과 ··· 135
3) 거듭 노래하는 부분 3. ··· 136
가. 제7지의 행상을 노래하다 ······································ 136
가) 지음 없음을 좋아하는 행법으로 다스림을 노래하다 ·········· 136
나) 저 장애를 다스림에 대해 노래하다 ······················· 138
다) 함께 행함이 간단없음을 노래하다 ························ 139
라) 앞과 뒤의 지보다 뛰어남을 노래하다 ····················· 140
마) 2리를 함께 행한 결과를 노래하다 ························ 142
나. 제7지의 과덕을 노래하다 ······································ 143
다. 뛰어남을 찬탄하며 결론하다 ·································· 144

大方廣佛華嚴經疏鈔 제38권의 ① 稱字卷
제26. 십지법문을 설하는 품[十地品] ⑮

　　　제8절. 동요하지 않는 지 7. ································· 146

1. 오게 된 뜻 · 147
2. 명칭 해석 · 148
3. 장애를 단절하다 · 153
4. 진여를 증득하다 · 157
5. 행법을 성취하다 · 159
6. 과덕을 얻다 · 159
7. 경문 해석 3. · 160
(1) 찬탄하며 청법하는 부분 · 160
(2) 바로 설법하는 부분 2. · 166
가. 제8지의 행상 7. · 166
(가) 방편을 모아 제8지를 지음에 대해 총합적으로 밝힌 부분 · · · · 169
(나) 청정한 법인을 얻은 부분 3. · 178
ㄱ) 무생법인을 밝히다 4. · 180
a. 현상으로 무생인 부분 186   b. 자성이 무생인 부분 196
c. 숫자로 차별된 무생인 부분 201   d. 업을 지음이 무생인 부분 203
ㄴ) 무생법인이 청정하다 · 205
ㄷ) 무생법인의 명칭을 결론하다 · 217
(다) 뛰어난 행법을 얻는 부분 2. · 218
ㄱ) 깊이 행함이 뛰어남을 밝혀서 앞과 상대하여 뛰어난 점을 내보이다 3.
· 219
a) 법으로 설하다 · 220
b) 비유로 밝히다 3. · 229
㊀ 멸진정의 비유 · 230
㊁ 꿈에서 깨어나는 비유 · 236
㊂ 범천에 태어나는 비유 · 240
ㄴ) 시작이 뛰어남을 밝혀 뒤와 상대하여 들어감을 드러내다 3. · · 245

- a) 설법하는 주인이 총합하여 밝히다 ······························· 247
- b) 권유하는 언사를 바로 밝히다 7. ······························· 251
  - ㉮ 자신의 덕을 완성하라고 권유하다 ··························· 255
  - ㉯ 교화할 본원을 만족하라고 권유하다 ························ 256
  - ㉰ 본원을 충족하라고 권유하다 ···································· 258
  - ㉱ 자신의 덕을 만족하라고 권유하다 ···························· 259
  - ㉲ 교화하는 업을 더욱 넓히라고 권유하다 ···················· 262
  - ㉳ 자기가 얻은 법문을 더 많이 구하라고 권유하다 ········· 262
  - ㉴ 적은 지음을 더욱 성취하여 많은 덕을 증진하라고 권유하다 ·· 263
- c) 권유의 역할을 밝히다 ·· 264
- d) 권유의 이익을 밝히다 ·· 265
  - ㉠ 권유하지 않으면 손실이 있으므로 어쩔 수 없이 권유하다 ····· 266
  - ㉡ 권유의 이익을 밝혀 가능한 한 권유하다 ····················· 268
- (라) 불국토를 청정케 하는 부분 3. ···································· 277
  - (ㄱ) 기세간에 자재한 행법 ·· 280
  - (ㄴ) 중생세간에 자재한 행법 ··· 294
  - (ㄷ) 지정각세간에 자재한 행법 8. ································· 298

㉮ 중생의 몸을 알다 307		㉯ 국토인 몸을 알다 307	
㉰ 업보의 몸을 알다 310		㉱ 성문 등 삼승의 몸을 알다 310	
㉲ 부처님의 몸을 알다 311		㉳ 지혜의 몸을 알다 317	
㉴ 법신을 알다 321		㉵ 허공인 몸을 알다 326	

- (마) 자재를 얻은 부분 ·· 330
- (바) 크게 뛰어난 부분 3. ·· 337
  - ㄱ) 지혜가 크다 ··· 338
  - ㄴ) 업이 크다 ·· 339
  - ㄷ) 저 둘이 머물 대상인 공덕이 크다 ···························· 342

(사) 명칭을 해석하는 부분 2. ··346
ㄱ) 제8지의 명칭을 해석함은 곧 법에 의지해 지위를 밝히다·······347
ㄴ) 지혜로 명칭을 해석함은 사람에 의지해 공덕을 밝힘이다······358
㈀ 한결같이 동요하지 않다···362
㈁ 체성이 같아서 동요하지 않는다···365
나. 제8지의 과덕 3. ··370
가) 조화롭고 부드러운 결과 4. ··370
(가) 조화롭고 부드러운 행법··370
(나) 교도의 지혜가 청정하다··372
(다) 제8지의 행상을 구분하다··373
(라) 제8지의 명칭을 결론하다··373
나) 보답으로 거둔 결과···374
다) 서원과 지혜의 결과···375
(3) 거듭 노래하는 부분 3···375
(가) 제8지의 행상을 노래하다 7. ···376
ㄱ. 방편을 모아 8지를 지은 부분을 노래하다·························376
ㄴ. 청정한 법을 얻은 부분을 노래하다····································377
ㄷ. 뛰어난 행법 얻음에 대해 노래하다····································378
ㄹ. 부처님 국토를 깨끗이 함을 노래하다································381
ㅁ. 열 가지 자재함을 노래하다··383
ㅂ. 크게 뛰어난 부분을 노래하다···384
ㅅ. 명칭을 해석하는 부분을 노래하다·····································384
(나) 제8지의 과덕을 노래하다··385
(다) 영역을 결론하여 말함에 대해 노래하다··························386

차례 13

大方廣佛華嚴經 제37권
大方廣佛華嚴經疏鈔 제37권의 ④ 珠字卷 下
제26 十地品 ⑭

정종분 Ⅶ. 제7. 원행지(遠行地)

원행지에서는 방편지혜를 잘 닦아 '지음 없음을 좋아하는 행법[樂無作行]'과 사섭법과 네 가지 총지와 37가지 보리분법과 삼해탈문을 원만성취하게 되면 유공용행(有功用行)의 가장 높은 지위가 된다. 그래서 이승의 지위를 초과한다고 말한다. 경문에 이르되,

"이 보살이 이 삼매를 얻고는, 방편지혜를 잘 다스려 깨끗이 하는 연고와 크게 자비한 힘으로 이승의 지위를 뛰어넘어 지혜의 지를 관찰하게 되느니라. 불자여, 이 보살이 이러한 삼매의 지혜를 얻는 큰 방편으로써, 비록 생사를 나타내지마는 항상 열반에 머물며,…

지나갈 수 없는 7지 지혜로 초과	此地難過智乃超가
비유하면 두 세계의 중간 같으며	譬如世界二中間이며
전륜왕이 불들지 않았지마는	不如聖土無染着이나
인간을 초과했다 이름 아니해	然未名爲總超度어니와
이 지에서 모든 번뇌 초과했으나	此地雖超諸惑衆이나
번뇌 있다 번뇌 없다 하지 않나니	不名有惑非無惑이니
번뇌 없이 그 속에서 행하지마는	以無煩惱於中行하되
부처 지혜 구하는 맘 만족하지 못해.	而求佛智心未足이로다"

大方廣佛華嚴經疏鈔 제37권의 ④ 珠字卷 下

제26. 십지법문을 설하는 품[十地品] ⑭

제7절. 멀리 가 버린 지[遠行地] 7.

❖ 제6회 십지품 제7 遠行地 (科圖 26-73)

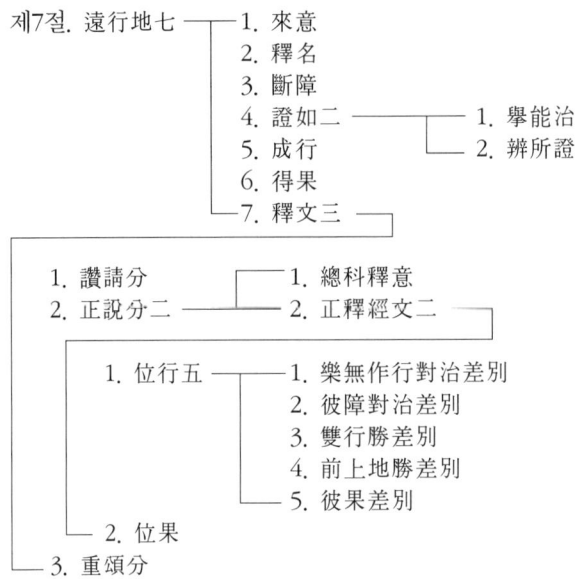

1. 오게 된 뜻[來意] 2.

1) 바로 해석하다[正釋] (第七 65下5)

2) 인용하여 증명하다[引證] (瑜伽)

[疏] 第七, 遠行地라 所以來者는 已說緣起相應慧住하야 寄於緣覺하니 次說有加行有功用無相住하야 寄菩薩地일새 故次來也라 瑜伽에 云, 前地는 雖能多住無相作意나 而未能令無相作意로 無間無缺히 多修習住일새 爲令滿故라하니 次有此來라 又前은 功用이 未滿이오 今令滿故니라

- 제7절. 멀리 가 버린 지(地)이다. 1. 오게 된 뜻은 연기법과 상응하는 지혜에 머물러서 연각에 의탁함을 모두 말하였으니, 다음으로 가행무상(加行無相)과 공용무상(功用無相)에 머물러 보살의 지위에 의탁함을 말하기 위하여 다음에 온 것이다. 『유가사지론』에 이르되, "앞 지(地)는 비록 여러 번 무상작의(無相作意)에 잘 머물렀지만 아직 능히 무상작의(無相作意)로 하여금 사이함이 없고 부족함이 없도록 할 수 없기 때문에 자주 머묾을 닦고 익혀서 하여금 완전하게 한다"고 하였으니 그래서 다음에 온 것이다. 또 앞의 제6지는 공용(功用)이 완진하지 않았고, 지금에야 완전하게 된 까닭이다.

[鈔] 初, 來意에 有二하니 一은 正釋이니 約慧寄位雙辨이오 二, 瑜伽下는 引證約慧라 於中에 先은 擧六地가 爲入因이오 後, 爲令下는 正辨此來니라

- 1. 오게 된 뜻에 둘이 있으니 1) 바로 해석함이니 지혜와 지위에 의탁하여 함께 밝힌 것이요, 2) 瑜伽 아래는 지혜에 의탁함을 인용하여 증명함이다. 그중에 (1) 제6지가 들어가는 원인이 됨을 거론함이요, (2) 爲令 아래는 바로 여기에 온 이유를 밝힘이다.

2. 명칭 해석[釋名] 3.

1) 표방하다[標] (言遠 66上2)
2) 해석하다[釋] (成唯)
3) 결론하다[結] (雖有)

[疏] 言遠行者는 通有四義하니 成唯識에 云호대 至無相住功用後邊하야 出過世間二乘道故라하니라 此有三義가 同於本分이니 已如前釋이니라 解深密에 云,[1] 能遠證入無缺無間無相作意하야 與淸淨地로 共相隣接일새 故名遠行이라하니라 此有二義하니 初義는 卽三中의 無相은 揀異前地니 云無間缺이오 後義는 由隣後地니 卽能遠去故라 故로 下經[2]에 云, 二界中間에 此能過故라하니라 亦是前은 行이오 後는 遠이니라 攝大乘에 云, 至功用行最後邊者는 但是一義니 世親이 釋云호대 雖一切相에 不能動搖나 而於無相에 猶名有行者는 此解功用之言이니 謂起功用하야 住無相故라 金光明經에 同深密初義요 莊嚴論中에 同深密後義니라 雖有四義나 然通有二義[3]하야 立遠行名하니 一은 從前遠來하야 至功用邊이오 二는 此功用行邊에 能遠去後位라 故로 十住論에 云, 去三界遠이며 近法王位일새 故名遠地라하며 仁王에 名遠達[4]地者는 亦通二義니라

■ '멀리 간다'고 말한 것은 말은 통틀어 네 가지 뜻이 있다. 『성유식론』

---

1) 인용문은 『解深密經』 제4권의 내용이다. (대장장 권16 p.704-).
2) 제7 遠行地의 뒷부분 경문이다. "佛子야 譬如有二世界호대 一處는 雜染이며 一處는 純淨이라 是二中間을 難可得過니 唯除菩薩의 有大方便神通願力인달하야"라 하다.
3) 義는 南纘續金本作意.
4) 遠達은 南纘續金本作玄達, 原本作遠達; 與鈔及探玄記合 案晉譯仁王序品作遠達 受持品作玄達 唐譯仁王序品及奉持品均作遠行.

에서는, "무상(無相)에 머무는 공용의 뒷부분에 이르러서 세간과 이승의 길을 훨씬 벗어나기 때문이다"라고 하였다. 여기에 있는 세 가지 이치가 본분(本分)과 같나니 앞에서 이미 해석한 내용과 같다.『해심밀경』에 이르되, "능히 멀리하여 결함이 없고 간단이 없이 '모양 없는 뜻 지음[無相作意]'에 증득하여 들며, 청정지(淸淨地)와 함께 서로 가까워지나니, 이로 인해 '멀리 가 버린 지[遠行地]'라 한다"고 하였다. 여기에 두 가지 뜻이 있으니 (1) 세 가지 중에 무상(無相)은 앞의 지(地)와 구분한 것이므로 '사이하거나 결함이 없다'고 하였고, (2) 뒤의 지(地)와 가까워지나니 곧 능히 멀리 갔기 때문이다. 그러므로 아래 경문에서, "이 두 세계[잡염세계와 순정세계]와 중간을 이 지에서 능히 지나가기 때문이다"라고 하였다. 또한 앞은 '행'이요, 뒤는 '멀리'인 것이다.『섭대승론(攝大乘論)』에서, "공용이 행하는 마지막 끝에 도달하였다"고 말한 것은 한 가지 이유뿐이다. 세친보살은, "비록 온갖 형상에 동요되지 않지만 그러나 형상 없음에는 아직도 행할 것이 남아 있다"고 해석한 것은 '공용'이란 말을 풀이한 까닭이다. 말하자면 공용을 일으켜 형상 없음에 머무는 까닭이다.『금광명경(金光明經)』에서는『해심밀경』의 처음 뜻[能遠證入無缺無間]과 같고,『장엄경론(莊嚴經論)』중에는『해심밀경』의 뒤의 뜻[與淸淨地共相隣接]과 같다.

비록 네 가지 의미가 있지만 통틀어 두 가지 뜻으로 인해 원행(遠行)이란 명칭을 세웠으니 (1) 앞 지(地)로부터 멀리 와서 공용행의 끝에 도달한 것이요, (2) 이 공용행의 끝에서 능히 다음 지위로 멀리 갈 수 있다. 그래서『십주론』에서는, "삼계와 멀리 떨어져 있으며 법왕의 지위에 가까워졌으므로 '멀리 간 지위[遠地]'라고 이름한다"고 하였고,『인왕경』에서 '멀리 도달한 지위[遠達地]'라고 이름한 것은 마찬가지로 두 가지 뜻과 통한다고 하겠다.

[鈔] 言遠行下는 釋名爲三이니 謂標와 釋과 結이라 二,[5] 成唯識下는 釋이라 總擧五釋이나 意符唯識이니 以包含故라 言此有三義者는 一, 善修無相이니 到無相邊일새 故名遠行이오 二, 功用이 至極일새 故名遠行이오 三, 望前超過일새 故名遠行이라 及釋善修는 並如前說이니라 二引深密은 卽第四經이라 亦是前行後遠者는 指上二義가 爲前後耳니라 三引攝論兼釋은 卽第七論이라 四, 引金光明이니 卽當第三이라 五, 引莊嚴論이니 卽第十三이라 偈에 云, 離道隣一道며 遠去名遠行이라하고 論釋에 云, 菩薩이 於七地中에 近一乘道일새 故名爲遠去니라 問이라 誰遠去오 答이라 功用方便究竟이니 此遠能去일새 故名遠行이라하니라 雖有四義下는 結成이니 結歸二義라 十住論은 卽第一卷이니 卽當後義라 仁王은 卽當下卷奉持品이라 旣言遠達하니 則亦通從前來하야 達向後位니라

- 2. 言遠行 아래는 명칭 해석에 셋이니 1) 표방함과 2) 해식과 3) 결론이다. 그중에 成唯識 아래는 2) 해석함이다. 총합하면 다섯 가지 해석을 거론하였지만 의미가 『유식론』과 부합하나니 포함되어 있기 때문이다. 여기에 세 가지 뜻이 있다는 말은 (1) 형상 없음을 잘 닦는 것이니 무상(無相)의 끝에 도달했으므로 원행(遠行)이라 이름한 것이요, (2) 공용행(功用行)이 지극하므로 원행(遠行)이라 이름한 것이요, (3) 앞과 대조하여 초과하여 지났으므로 원행이라 한 것이요, 아울러 잘 닦음에 대한 해석은 앞에 설명한 내용과 같다. 두 번 인용한 『해심밀경』은 제4권에 해당한다. 또한 앞의 행(行)과 뒤의 원(遠)이란

---

5) 上十三字는 南金本無, 上四字는 甲續本作初標二釋三結 今初標也.

것은 위의 두 가지 뜻이 앞과 뒤가 됨을 가리킨다. 셋째로 『섭대승론』을 인용하여 함께 해석한 것은 『성유식론』 제7권이요, 넷째로 인용한 『금광명경』은 제3권이요, 다섯째로 인용한 『장엄경론』은 제13권에 해당한다. 게송에 이르되, "이미 닦은 도(道)와 떨어짐이 일승의 도가 가까워졌으므로 (無相에서) 멀리 간 것이 되기 때문에 원행(遠行)이라 이름한다"고 하였고, 논의 해석에 이르되, "보살이 제7지 중에 일승의 도와 가까워졌으므로 '멀리 갔다'고 이름한다. 묻는다. '누가 멀리 갔는가?' 답한다. '공용방편의 끝이니 여기서 멀긴 하지만 갈 수 있으므로 원행(遠行)이라 이름한다' "고 하였다.

3) 雖有四義 아래는 결론함이니, 결론하면 두 가지 뜻으로 돌아간다. 『십주론』은 제1권에 해당하나니 뒤의 뜻과 부합하고, 『인왕반야경』 하권 봉지품(奉持品)에 해당한다. 이미 '멀리 도달했다'고 말하였으니, 또한 앞으로부터 와서 뒤의 지위를 향하여 도달함과 통한다.

3. 장애를 단질하다[斷障] 2.

1) 앞을 섭수하다[攝前] (然其 67上6)
2) 바로 밝히다[正明] (故所)

[疏] 然其能遠去行이 正是無相이니 故로 所離障이 離細相現行障이라 謂六地에 執生滅細相現行故니 此生滅相이 即是二愚라 一은 細相現行愚니 謂執有緣生流轉細生相故요 二는 純作意求無相愚니 即執有細還滅相故라 以純作意로 於無相에 勤求하고 未能空中에 起有勝行이라가 至此地中하야사 方能斷之니라

- 그러나 공용행에서 멀리 갈 수 있는 것은 바로 무상(無相) 때문이다. 그래서 여읠 대상인 장애의 부분은 미세한 양상이 현행하는 장애를 여의게 된다. 말하자면 제6지에서 생겨나고 없어지는 양상이 바로 두 가지 어리석음이다. (1) 미세한 모양이 현행하는 어리석음이다. 말하자면 인연으로 생겨나서 유전하는 미세하게 생겨난 양상을 집착하기 때문이요, (2) 순전히 작의(作意)해서 모양 없음을 구하는 어리석음이다. 다시 말하면 미세하게 환멸함이 있는 모양을 집착하는 까닭이다. 순전히 작의(作意)해서 모양 없음을 부지런히 구하고 능히 〈공〉에서 뛰어난 행법을 일으키지 못하기 때문에 이 제7지에 이르러 비로소 능히 단절할 수 있다.

[鈔] 然其能遠下는 第三, 離障이니 先, 躡前起後요 後, 故所離下는 正明이라 亦唯識論이니 具云호대 七은 細相現行障이니 爲所知障中의 俱生一分이니 執有生滅細相現行일새 彼障七地妙無相道라 入七地時에 便能永斷이라 由斯七地에 說斷二愚와 及彼麤重이니 一은 細相現行愚니 即是此中에 執有生者니 猶取流轉細生相故요 二는 純作意求無相愚니 即是此中에 執有滅者라 尙6)取還滅細滅相故로 純於無相에 作意勤求하고 未能空中에 起有勝行이라하니라 釋曰, 今疏가 便以釋言으로 解之니 義已委具라 由執還滅일새 故求無相이라 又相有二種하니 一은 有요 二는 無라 無者는 爲細니라

- 3. 然其能遠 아래는 장애를 단절함이니 1) 앞을 토대로 뒤를 일으킴이요, 2) 故所離 아래는 바로 밝힘이다. 또『성유식론』을 인용하였으니 갖추어 인용하면, "(제7은) 미세한 모양이 현행하는 장애이다. 소

---

6) 尙은 原本作由, 甲南續金本作當 論作尙.

지장 중에서 선천적으로 일어나는 것의 일부분이 생겨나고 멸하는 미세한 모양이 있다고 집착해서 현행하는 것을 말한다. 그것은 제7지의 모양 없는 승묘한 도를 장애한다. 제7지에 들어갈 때에 문득 능히 영원히 단멸한다. 그러므로 제7지에서 '두 가지 어리석음과 그것의 추중을 끊는다'고 말한다. (1) 미세한 모양이 현행하는 어리석음이니, 곧 이 중에서 생겨남[生]이 있다고 집착하는 것을 말한다. 아직 유전(流轉)의 미세하게 생겨나는 모양에 집착하기 때문이다. (2) 순전히 작의해서 모양 없음을 구하는 어리석음이니, 곧 이 중에서 멸함이 있다고 집착하는 것을 말한다. 아직 환멸(還滅)하는 미세한 모양을 집착하여, 오로지 '모양 없는 것에 대해서 관심을 기울이고[無相作意]' 부지런히 구하므로, 아직 〈공〉 중에서 형상이 있는 관법의 뛰어난 행을 일으키지는 못한다." 해석하자면 지금은 소가가 문득 해석하는 말로 이해한 것이니 뜻이 이미 자세하게 갖추어졌다. 환멸문으로 말미암아 모양 없음을 구하였다. 또 모양에 두 가지가 있으니 첫째는 유상(有相)이요, 둘째는 무상(無相)이다. 여기서 무상은 미세한 것이다.

4. 진여를 증득하다[證如] 2.

1) 다스리는 주체를 거론하다[擧能治] (以常 67下10)
2) 증득할 대상을 밝히다[辨所證] (故能)

[疏] 以常在無相일새 故不執生이오 更不作意勤求無相일새 故能證得法無差別眞如이니 以了種種敎法이 同眞無相故니라

■ 항상 무명 속에 있으므로 생겨남에 집착하지 않고 다시 생각을 기울여 모양 없음을 부지런히 구하지도 않으므로 능히 '법에 차별이 없는 진여[法無別眞如]'를 증득하나니 갖가지 교법이 진여의 모양 없음과 같음을 깨달은 까닭이다.

[鈔] 以常在下는 四, 辨所證如라 於中에 二니 先, 擧能治하야 治於前障이오 後, 故能證下는 正辨所證이라 唯識에 云, 七地는 法無別眞如[7]니 謂此眞如가 雖多教法으로 種種安立이나 而無異故라하야늘 彼疏에 釋云호대 謂雖諸教法이 依如建立이나 如無異故라 又於教中에 立種種名이나 法界實相은 而如無異라하니라 今疏中에 云, 以了種種教法同眞無相者는 謂雖諸教法이 隨機種種이나 不失平等一味之相이라 故로 中邊論에 云, 第七地中에 所證法界를 名種種法無差別이라 由通達此하야 知[8]法無相하야 不行契經等의 種種法相中故[9]라하니라

● 4. 以常在 아래는 증득할 대상인 진여를 밝힘이다. 그중에 둘이니 1) 다스리는 주체를 거론하여 앞의 장애를 다스림이요, 2) 故能證 아래는 바로 증득할 대상을 밝힘이다. 『성유식론』에 이르되, "제7은 법에 차별이 없는 진여이다. 이 진여는 비록 많은 교법에서 갖가지로 안립되긴 하지만, 서로 다른 것이 없기 때문이다."[10]라고 하였다. 저 소에서 해석하되, "말하자면 비록 여러 교법이 진여를 의지하여 건립되었다고 하더라도 진여는 차이가 없기 때문이다. 또 교법에서 갖가지 명칭으로 건립하였지만 법계의 진실한 모양은 진여와 달라짐이 없다"고

---

7) 法無는 原本作無差, 南續金本作無, 論作法無.
8) 此知는 甲續金本作知此誤.
9) 인용문은 『辯中邊論』上권이다. 辯障品 제2에 云, "第七地中所證法界名種種法無差別義. 由通達此知法無相. 不行契經等種種法相中."(대정장 권31 p. 468a-).
10) 이 진여는 많은 교법에서 勝義니 法界니 善 등 여러 가지로 안립되지만, 서로 다른 것이 없음을 말한다.

하였다. 지금 소에서 " '갖가지 교법이 진여의 모양 없음과 같음을 깨달은 까닭이다'라고 말한 것은 비록 여러 교법이 갖가지의 근기를 따르긴 하지만 평등하고 한결같은 맛이라는 모양을 잃는 것은 아니다" 라는 뜻이다. 그러므로 『중변론(中邊論)』에서는, "제7지에서 증득한 법계를 갖가지 법이 차별이 없음이라고 부른다. 이를 통달함으로 인해 법의 모양 없음을 알게 되어 계경(契經) 등에서 말하는 갖가지 법의 모양을 행하지 못하기 때문이다"라고 하였다.

5. 행법을 성취하다[成行] (以能 68上10)

[疏] 以能空中에 起有勝行일새 故成方便度하야 二行을 雙行하며
- 〈공〉에서 뛰어난 행법을 능히 시작할 수 있으므로 방편바라밀을 이루어 두 가지 행법[11]을 동시에 닦는다.

[鈔] 以能下는 第五, 成行이라
- 5. 以能 아래는 행법을 성취함이다.

6. 과덕을 얻다[得果] (乃至 68下2)

[疏] 乃至亦得無相之果라하나니 故知以純無相으로 不礙起行이 爲此地 別義니라
- "나아가 또 모양 없음의 과덕을 증득한다"고 하였다. 그러므로 순전히 모양 없음으로 행법을 시작하는 것이 장애되지 않는다는 것이 이

---

11) 두 가지 행법은 廻向方便과 拔濟方便을 말한다.(譯者註)

지(地)의 개별적인 이치가 되는 줄 알아야 한다.

[鈔] 乃至下는 第六, 得果니 欲顯七門의 義理相順일새 故云乃至라 得果者는 中邊論에 云, 通達種種法無別法界라하니 得一切法無相果故라 故知以下는 結成總意니라

- 6. 乃至 아래는 과덕을 증득함이니, 제7지의 문에서 뜻과 도리가 서로 잘 맞음을 밝히기 위하여 내지(乃至)라 하였다. '과덕을 증득한다'는 것은 『중변론(中邊論)』에서는, "갖가지 법이 차별되지 않는 법계를 통달한다"고 하였으니, 온갖 법이 모양 없는 과덕을 증득한 까닭이다. 故知以 아래는 총합하여 의미를 결론함이다.

7. 경문 해석[釋文] 3.

1) 찬탄하며 청법하는 부분[讚請分] 2.
(1) 찬탄함을 노래하다[初十偈讚] 4.
가. 두 게송은 하늘 대중이 설법주를 찬탄하다[初二偈天衆讚說主]

(次正 68下10)

是時에 天衆心歡喜하여 　　散寶成雲在空住하고
普發種種妙音聲하여 　　告於最勝淸淨者하되
이때에 하늘 무리 환희한 마음
흩은 보물 구름 되어 공중에 있고
가지가지 묘한 음성 두루 내어서
가장 청정한 이에게 여쭙는 말씀

了達勝義智自在하고　　　成就功德百千億하니
人中蓮華無所着하사　　　爲利群生演深行이로다
좋은 이치 통달하고 자재한 지혜
백천억 공과 덕을 성취하시고
사람 중의 연화로서 집착이 없어
중생 위해 깊은 수행 연설하시네.

[疏] 次, 正釋文이라 亦有三分하니 初, 讚請中에 有十二頌하니 前, 十은 讚이오 後, 二는 請이라 前中에 分四니 初, 二는 天衆이 讚說主라

■ 7. 경문 해석이다. 셋으로 나누리니 1) 찬탄하며 청법하는 부분에 12개의 게송이 있으니 (1) 앞의 열 게송은 찬탄함이요, (2) 뒤의 두 게송은 청법함이다. (1)을 넷으로 나누면 가. 두 게송은 하늘 대중이 설법주를 찬탄함이다.

나. 자재천왕이 광명 구름으로 부처님께 공양 올리다
　　[次一偈天主光雲供佛] (次一 69上4)

自在天王在空中하여　　　放大光明照佛身하고
亦散最上妙香雲하여　　　普供除憂煩惱者로다
자재천 임금님은 허공에 있어
광명 놓아 부처님 몸에 비치고
가장 묘한 향기 구름 널리 흩어서
근심 번뇌 없는 이에게 공양하더라.

[疏] 次, 一은 天主光雲供佛이니 表智契法身故라
- 나. 한 게송은 자재천왕이 광명 구름으로 부처님께 공양 올림이니, 지혜가 법신과 부합함을 나타내려는 것이다.

다. 하늘 대중이 기쁜 마음으로 듣다[次一偈天衆慶聞] (三有 69上7)

爾時天衆皆歡喜하여   悉發美音同讚述하되
我等聞斯地功德하니   則爲已獲大善利로다
이때에 하늘 무리 모두 기뻐서
아름다운 음성으로 찬탄하는 말
우리들이 이 지의 공덕을 듣고
크게 착한 이익을 얻었습니다.

[疏] 三, 有一頌은 天衆이 慶聞이라
- 다. 한 게송은 하늘 대중이 기쁜 마음으로 들음을 노래함이다.

라. 여섯 게송은 천녀들이 하늘 음악으로 찬탄하다
 [後六偈天女樂音讚佛] 2.
가) 한 게송은 음악으로 인연을 밝히다[初一偈顯聲因緣]
(四有 69上10)

天女是時心慶悅하여   競奏樂音千萬種하니
悉以如來神力故로   音中共作如是言하되
천녀들도 마음이 기뻐 날뛰며

천만 가지 음악을 연주하는데
그들도 부처님의 신력으로써
음악 속에 이런 말이 새어 나온다.

[疏] 四, 有六頌은 天女樂音讚佛이라 於中에 初, 一은 顯聲因緣이오
라. 여섯 게송은 천녀들이 하늘 음악으로 찬탄함이다. 그중에 가) 한
게송은 음악으로 인연을 밝힘이요,

나) 다섯 게송은 바로 언사로 밝힘을 노래하다[後五偈正顯詞] 2.
(가) 네 게송은 적정과 작용이 걸림 없다[初四偈寂用無礙]

(餘五 69下9)

威儀寂靜最無比하사   能調難調世應供이
已超一切諸世間하시되   而行於世闡妙道로다
위의가 고요하사 비길 데 없고
조복하기 어려운 이를 조복하며 공양 받을 이
모든 세간 미리부터 초과했으나
세상에 다니시며 도를 밝히고

雖現種種無量身이나   知身一一無所有하시며
巧以言辭說諸法하시되   不取文字音聲相이로다
한량없는 여러 몸 나타내지만
낱낱 몸이 공한 줄 이미 아시고
여러 말로 모든 법 연설하시나

음성과 글자에는 집착이 없고

往詣百千諸國土하여　　　以諸上供供養佛하시되
智慧自在無所着하사　　　不生於我佛國想이로다
백천 세계 여러 국토 두루 나아가
좋은 공양 부처님께 이바지하나
지혜가 자재하고 집착이 없어
내 부처님 극토라는 생각 안 내고

雖勤敎化諸衆生이나　　　而無彼己一切心하며
雖已修成廣大善이나　　　而於善法不生着이로다
모든 중생 부지런히 교화하여도
저라 나라 분별하는 마음 없으며
많은 선근 이미 닦아 이루었지만
선한 법에 집착을 내는 일 없고

[疏] 餘五는 正顯讚辭라 於中에 初, 四는 讚寂用無礙요
■ 나) 다섯 게송은 바로 언사로 밝힘을 노래함이다. 그중에 (가) 네 게송은 적정과 작용이 걸림 없음을 찬탄함이요,

(나) 작용을 일으킨 이유[後一偈起用所由] (後一 70上2)

以見一切諸世間에　　　貪恚癡火常熾然하고
於諸想念悉皆離하여　　　發起大悲精進力이로다

```
일체 세간 중생들을 살펴보건대
삼독 불이 언제나 치열하거늘
여러 가지 생각을 모두 여의고
대자비로 정진하는 힘을 내시네.
```

[疏] 後, 一은 明起用所由니 卽悲智無礙라 將說雙行일새 故承力讚此니라
■ (나) 한 게송은 작용을 일으킨 이유를 밝힘이니 곧 자비와 지혜가 걸림 없음이다. 장차 함께 행하게 됨을 말하기 위하여 부처님의 위신력에 힘입어 이렇게 찬탄하였다.

(2) 두 게송은 청법을 노래하다[後二偈請] (後請 70上8)

```
一切諸天及天女가            種種供養稱讚已하고
悉共同時默然住하여          瞻仰人尊願聞法이로다
수없는 천상 사람 하늘 여인들
가지가지 공양하며 칭찬하고는
고요하게 보살을 첨앙하면서
다음 법문 듣자오려 기다리는데


時解脫月復請言하되          此諸大衆心淸淨하니
第七地中諸行相을            唯願佛子爲宣說하소서
그때에 해탈월이 청하는 말씀
이 대중의 마음이 청정하오니
제7지에 행하는 모든 공덕을
```

바라건대 불자시여 말씀하소서.

[疏] 後는 請이니 可知로다
- (2) (두 게송은) 청법을 노래함이니 알 수 있으리라.

2) 바로 설법하는 부분[正說分] 2.

(1) 총합하여 과목 나누고 의미를 설명하다[總科釋意] 3.
가. 과목을 나열하다[列科] (第二 70下2)
나. 세 가지 마음으로 구분하다[料揀] (五中)

[疏] 第二, 正說分이라 中에 二이니 先은 行이오 後는 果라 行中에 有五種相差別하니 一은 樂無作行對治差別이오 二는 彼障對治差別이오 三은 雙行勝差別이오 四는 前上地勝差別이오 五는 彼果差別이라 五中에 初, 一은 是趣地方便이니 卽當入心이오 餘四는 爲住요 出心은 在果라 又住中에 初, 一은 卽初住地요 次, 一은 正住地요 次, 一은 說雖在後나 義該始終이오 後, 一은 地滿이니라

- 2) 바로 설법하는 부분이다. 그중에 둘이니 가. 제7지의 행상이요, 나. 제7지의 과덕이다. 가. 제7지의 행법 가운데 다섯 가지 양상의 차별이 있으니 가) 지음 없음을 좋아하는 행법으로 다스리는 차별이요, 나) 저 장애[細相現行障]를 다스리는 차별이요, 다) 함께 행함이 뛰어난 차별이요, 라) 앞의 여섯 지나 뒤의 세 지보다 뛰어난 차별이요, 마) 저 결과를 분별함이다. 다섯 가지 양상 중에 (1) 첫째인 가. 樂無作行對治差別은 7지에 나아가는 방편이니 곧 입심(入心)에 해당하

고 (2) 나머지 넷[나. 彼障對治差別 다. 雙行勝差別 라. 前上地勝差別 마. 彼果 差別]은 주심(住心)에 해당하고 (3) 출심(出心)은 과덕에 포함되어 있 다. 또 (2) 주심(住心) 중에 (가) 둘째는 처음으로 제7지에 안주함이 요, (나) 셋째는 완전히 제7지에 안주함이요, (다) 넷째는 비록 뒤에 있지만 이치로는 처음과 나중을 포괄함이요, (라) 다섯째는 제7지가 원만함이다.

[鈔] 行中有五下는 文이 三이니 初, 列名이요 二, 五中下는 對三心料揀이오
- 行中有五 아래는 문장이 셋이니 가. 과목의 명칭을 나열함이요, 나. 五中 아래는 세 가지 마음에 배대하여 구분함이요,

다. 과목의 명칭 해석[釋名] (初言 70下10)

[疏] 初, 言樂無作者는 樂着般若觀空故니 卽細相現行障이라 此地에 隨 有不着으로 爲能對治라 二는 謂向雖能治前地樂空之心이나 以其有 量有功用이 卽復是障이니 故修無量無功用行하야 以爲對治라 三은 垢障이 旣盡일새 故로 止觀을 雙行이라 四는 明此地功用이 過前六地 하야 勝後三地니 上은 卽後也라 五는 由地滿故로 說雙行果니라
- (1) '지음 없음을 좋아하는 행법'이란 반야의 공관(空觀)에 즐겨 집착 하기 때문이니 곧 미세한 모양이 현행하는 장애이다. 이 제7지에서 〈유〉를 따라 집착하지 않는 행법으로 능히 다스린다. (2) 전에 비 록 능히 앞의 제6지에서 〈공〉을 즐겨 집착하는 마음을 다스렸다고 하더라도 한량이 있고 공용이 있는 행법이 다시 장애가 되므로, 한량 이 없고 공용이 없는 행법을 닦아서 다스림을 삼는다. (3) 번뇌와 장

애가 이미 다했으므로 지관법(止觀法)을 함께 행한다. (4) 이 제7지의 공용이 앞의 여섯 지보다 뛰어나고 뒤의 세 지보다 뛰어남을 밝혔으니 상(上)이란 뒤를 가리킨다. (5) 제7지가 만족한 까닭에 함께 행한 과덕을 말한 것이다.

[鈔] 三, 初言下는 釋其名相이라
- 다. 初言 아래는 그 명칭의 양상을 해석함이다.

(2) 바로 경문을 해석하다[正釋經文] 2.

가. 제7지의 행상[位行] 5.

爾時에 金剛藏菩薩이 告解脫月菩薩言하시되 佛子여 菩薩摩訶薩이 具足第六地行己에 欲入第七遠行地인댄 當修十種方便慧하여 起殊勝道니라
이때 금강장보살이 해탈월보살에게 말씀하였다. "불자여, 보살마하살이 6지의 수행을 구족하고 제7 원행지에 들어가려면, 열 가지 방편 지혜를 닦으며 수승한 도를 일으켜야 하느니라.

가) 지음 없음을 좋아하는 행법으로 다스리는 차별[樂無作行對治差別] 2.

(가) 과목 나누기[分科] (今初 71上6)

[疏] 今初分中에 有四하니 初, 結前標後요 二, 何等下는 徵顯其相이오 三, 菩薩以如是下는 結行功能이오 四, 入已下는 彰其分齊라

- 지금 가)에 넷이 있으니 ㄱ. 앞을 결론하고 뒤를 표방함이요, ㄴ. 何等 아래는 그 행상을 질문을 통해 밝힘이요, ㄷ. 菩薩以如是 아래는 행법의 뛰어난 공능을 결론함이요, ㄹ. 入已 아래는 그 행상의 범주를 밝힘이다.

(나) 과목에 따라 해석하다[隨釋] 4.
ㄱ. 앞을 결론하여 뒤를 표방하다[結前標後] 6.
ㄱ) 대략 경문을 배속하다[略屬經文] (今初 71上8)
ㄴ) 방편지혜가 뛰어남을 별도로 해석하다[別釋方便慧殊勝] (謂前)

[疏] 今初에 具足六地行已는 卽是結前이니 義含所治無相行故라 以般若無相行滿에 於此生着하면 非增上行故라 次, 欲入下는 明其標後니 十種方便이 卽是能治라 謂前樂無作하니 不名方便이오 不能起增上行일새 非殊勝道라 今以十種의 不捨衆生法無我智로 以爲能治하야 治前樂心하니 名方便慧요 便能攝取增上行故로 名起殊勝道니라

- 지금 ((2) 바로 경문을 해석함의) 처음에 '제6지의 행법을 구족하고 나서'란 말은 곧 앞 지(地)를 결론한 말이다. 이치로는 다스릴 대상인 모양없는 행법[無相行]이 원만하여졌을 적에 집착심을 내면 뛰어난 행법이 될 수 없을 것이다. 다음에 欲入 아래는 뒤를 표방함이니 열 가지 방편이 바로 다스리는 주체이다. 말하자면 앞에서 지음 없음을 좋아하였으니 방편이라 칭하지 못하고, 능히 뛰어난 행법을 일으키지 않았으므로 뛰어난 도가 아니다. 지금은 열 가지의 '중생을 버리지 않으

면서 법에 〈내〉가 없는 지혜[不捨衆生法無我智]'로 다스리는 주체를 삼아 앞의 좋아하는 마음을 다스렸으므로 '방편의 지혜'라 이름하였고, 바로 능히 뛰어난 행법을 포괄하여 취하였으므로 '뛰어난 도를 일으킨다'고 이름하였다.

ㄷ) 두 가지 명칭을 해석하다[釋其二名] (是則)
ㄹ) 그 뛰어난 대상을 밝히다[明其所勝] (於何)

[疏] 是則卽有修空일새 故不住空이니 是空中의 方便慧요 卽空涉有일새 故不住有니 是는 有中殊勝道라 道는 卽行也니 所行이 殊勝일새 故名 增上이니라 於何에 增上고 謂前所寄世出世中이니 卽空故로 勝於世間이오 卽能涉有故로 勝出世間이니라

■ 이렇다면 〈유〉에 합치하여 〈공〉을 닦으므로 〈공〉에 머물지 않나니 바로 〈공〉 속의 방편지혜이고, 〈공〉에 합치하여 〈유〉를 건너므로 〈유〉에도 머물지 않나니 〈유〉 속의 뛰어난 도(道)인 것이다. 도(道)란 곧 행법을 가리키나니 행하는 것이 뛰어나므로 '더욱 더[增上]'라 이름하였다. 어째서 뛰어난가? 의탁할 대상인 세간과 출세간을 말하나니 〈공〉에 합치하였으므로 세간보다 뛰어나고, 능히 〈유〉를 건너갈 수 있으므로 출세간보다 뛰어나다.

ㅁ) 행상이 잘못이란 힐난을 해명하다[解相濫難] (前六)
ㅂ) 다스릴 대상의 명칭이 국한된다고 힐난하다[所治名局難] (雖行)

[疏] 前六地中에 雖亦修悲하야 不住於無나 而在寂에 不能하고 出空하야

사 方作하나니 故로 不得方便殊勝之名이오 雖行空行有나 而多着空일새 但名樂無作治니라

■ 앞의 제6지 중에도 비록 대비(大悲)를 닦아 〈무〉에 머물지는 않지만 고요한 경계에 능하지 못하고 〈공〉에서 뛰어나야만 비로소 지을 수 있으므로 방편이 뛰어나다는 이름을 얻지 못하였다. 비록 〈공〉을 닦고 〈유〉를 닦긴 하지만 대개는 〈공〉에 집착하게 되므로 단지 '지음 없음을 좋아하는 행법[樂無作行]으로 다스린다'고만 말하였다.

[鈔] 今初具足六地下는 疏文有六하니 一, 略屬經文이라 言義含所治者는 正意結前故라 二, 謂前樂無作下는 別釋方便慧殊勝道之所以니 由樂無作하야 不能涉有일새 故非方便이라 不起勝行이어니 豈爲勝道아 今以十種下는 顯得名所由라 三, 是則下는 釋其二名이오 四, 於何增上下는 明其所勝이오 五, 前六地下는 解相濫難이니 難云호대 前六地에 亦有卽空涉有어늘 何不得名方便勝道요 答意는 可知로다 六, 雖行空下는 通所治名局難이니 亦躡前起難云호대 前地에 旣許雙遊空有인대 何以偏名樂無作行고 釋意는 可知로다 復應問云호대 前地에 何以偏樂無作고 答이라 治前¹²⁾五地의 取有慢故니라

● 今初具足六地 아래는 소의 문장에 여섯이 있으니 ㄱ) 대략 경문을 배속함이다. '이치로는 다스릴 대상이 포함되었다'고 말한 것은 바로 앞을 결론하는 의미이다. ㄴ) 謂前樂無作 아래는 방편지혜가 뛰어남을 따로 해석함이니, 지음 없는 행법만 좋아해서는 능히 〈유〉를 건너갈 수 없는 까닭에 방편이 아닌 것이다. 뛰어난 행법을 일으키지

---

12) 前은 甲南續金本作於.

않는다면 어찌 뛰어난 도(道)가 되겠는가? 今以十種 아래는 명칭을 얻게 된 까닭을 밝혔다. ㄷ) 是則 아래는 두 가지 명칭을 해석함이요, ㄹ) 於何增上 아래는 그 뛰어난 점을 밝힘이요, ㅁ) 前六地 아래는 서로 잘못됨에 대해 힐난함을 해명함이다. 힐난하되, "앞의 제6지에도 <공>에 합치하여 <유>를 건넜는데 어째서 '방편이 뛰어난 도'라고 말하지 않았는가?" 대답한 의미는 알 수 있으리라. ㅂ) 雖行空 아래는 다스릴 대상의 명칭에만 국한되었다는 힐난을 해명함이다. 또한 앞을 토대로 힐난하되, "앞의 제6지에 이미 <공>과 <유>에 함께 노니는 것을 허용하였는데 어째서 지음 없음을 좋아하는 행법이라고 치우쳐 칭하였는가?" 해명한 의미는 알 수 있으리라. 또다시 묻되, "앞의 지(地)에서 무슨 까닭으로 지음 없음에만 치우쳐 좋아하였는가?" 대답한다. "앞의 5지에서 취했다는 거만함을 다스렸기 때문이다."

ㄴ. 그 행상을 질문을 통해 밝히다[徵顯其相] 2.
ㄱ) 위아래를 총합하여 해석하다[總釋上下] (二徵 72下10)

何等爲十고 所謂雖善修空無相無願三昧나 而慈悲不捨衆生하며 雖得諸佛平等法이나 而樂常供養佛하며 雖入觀空智門이나 而勤集福德하며 雖遠離三界나 而莊嚴三界하며 雖畢竟寂滅諸煩惱焰이나 而能爲一切衆生하여 起滅貪瞋癡煩惱焰하며 雖知諸法이 如幻如夢하고 如影如響하고 如焰如化하고 如水中月하고 如鏡中像하여 自性無二나 而隨心作業이 無量差別하며 雖知一切國土가

猶如虛空이나 而能以清淨妙行으로 莊嚴佛土하며 雖知
諸佛法身이 本性無身이나 而以相好로 莊嚴其身하며 雖
知諸佛音聲이 性空寂滅하여 不可言說이나 而能隨一切
衆生하여 出種種差別清淨音聲하며 雖隨諸佛하여 了知
三世가 唯是一念이나 而隨衆生의 意解分別하여 以種種
相과 種種時와 種種劫數로 而修諸行이니라

무엇을 열이라 하는가? 이른바 <공>하고 모양 없고 원이 없는 삼매를 닦지만 자비한 마음으로 중생을 버리지 아니하며, 부처님의 평등한 법을 얻었지만 항상 부처님께 공양하기를 좋아하며, 공함을 관찰하는 지혜의 문에 들었지만 복덕을 부지런히 모으며, 삼계를 멀리 떠났지마는 그래도 삼계를 장엄하며, 모든 번뇌의 불꽃을 끝까지 멸하였지마는 일체 중생을 위하여 탐하고 성내고 어리석은 번뇌의 불꽃을 일으키며, 모든 법이 요술 같고 꿈 같고 그림자 같고 메아리 같고 아지랑이 같고 변화와 같고 물 가운데 달 같고 거울 속의 영상 같아서 성품이 둘이 없는 줄 알지마는 마음을 따라 한량없이 차별한 업을 짓느니라. 비록 일체 국토가 허공과 같은 줄을 알지마는 청정하고 묘한 행으로 부처님 국토를 장엄하며, 부처님의 법신은 본 성품이 몸이 없는 줄 알지마는 상(相)과 호(好)로 몸을 장엄하며, 부처님의 음성은 성품이 적멸하여 말할 수 없는 줄을 알지마는 일체 중생을 따라서 여러 가지 차별한 맑은 음성을 내며, 부처님을 따라서 삼세가 오직 한 생각인 줄을 알지만 중생들의 뜻으로 이해하는 분별을 따라서 여러 가지 모양, 여러 가지 시기,

여러 가지 겁으로써 모든 행을 닦느니라.

[疏] 二, 徵顯中에 所以勝行이 得增上無勝者는 由下十義故라 義各二句니 皆上句는 觀空이오 下句는 涉有라 上句가 得下句에 卽成空中方便慧요 下句가 得上句에 卽成有中殊勝行이라 不滯空有일새 並致雖言이니라

- ㄴ. 그 행상을 질문을 통해 밝힘 중에 '뛰어난 행법이 더할 수 없이 뛰어난 까닭'이란 아래 열 가지 이치를 말미암은 까닭이다. 이치로는 각기 두 구절이니 모두 위 구절은 〈공〉을 관찰함이고, 아래 구절은 〈유〉를 건넘이다. 위 구절은 아래 구절을 얻으면 〈공〉 속의 방편지혜를 이루고, 아래 구절은 위 구절을 얻으면 〈유〉 속의 뛰어난 행법을 이루게 된다. 〈공〉과 〈유〉에 막혀 있지 않으므로 아울러 비록이라는 말에까지 이른다.

ㄴ) 순서대로 따로 해석하다[次第別釋] 2.
(ㄱ) 과목 나누기[分科] (論主 73上3)

[疏] 論主가 攝十하야 爲四種功德이라하나니 謂前三이 各一이오 後七이 爲一故라

- 논주가 열 가지 이치를 섭수하여 네 가지 공덕으로 삼는다고 하였다. 말하자면 앞의 셋은 각기 하나씩 해당하고, 뒤의 일곱은 한 개의 공덕에 해당하는 까닭이다.

[鈔] 論主攝十下는 別釋이라 四中에 前三은 自利요 後一은 利他라 前中에

論當第一이오 今當第二니 第二가 是第一은 今順經次라 一은 是離過요 後二는 成德이라 成德中에 前은 成福報요 後는 成內德이라

- (ㄴ) 論主攝十 아래는 개별로 해석함이다. 네 가지 공덕 중에 앞의 셋은 자리(自利)의 공덕이요, 뒤의 하나는 이타(利他)의 공덕이다. 앞의 셋 중에 논경은 첫째에 해당하고 본경은 둘째에 해당하나니, 둘째가 첫째가 된 것은 경의 순서를 따른 것이다. 그중의 하나는 잘못을 여의는[離過] 관점이요, 뒤의 둘은 공덕을 성취하는[成德] 관점이다. 공덕을 성취하는 관점에서는 앞은 복의 보답을 이룸이고, 뒤는 내적인 공덕을 성취함이다.

(ㄴ) 개별로 해석하다[別釋] 2.
a. 앞의 셋을 따로 해석하다[別釋前三] 3.
a) 첫 구절은 악행의 원인적인 현상을 막다[初句護惡行因事]

(一初 73上8)

[疏] 一, 初句는 卽護惡行因事라 菩薩惡行이 有其二種하니 一은 不樂利樂이요 二는 起愛見이라 今由上句故로 無愛見이요 由下句故로 能利樂이라 若二中에 互闕皆有惡行이나 今由二句護之니 爲無愛見之悲因事라

- a) 첫 구절[① 雖善修空無相無願三昧一]은 악행의 원인적인 현상을 막음이다. 보살의 악행이 두 종류가 있으니 (1) 이롭고 안락하게 하는 행법을 즐겨하지 않음이요, (2) 애견(愛見)대비를 일으킴이다. 지금은 위 구절을 말미암은 연고로 애견이 없으며, 아래 구절을 말미암은 연고로 능히 이롭고 안락하게 할 수 있다. 만일 둘 가운데 모두 악행이

있음은 번갈아 빠뜨렸지만 지금은 두 구절로 말미암아 막았으니 애견대비(愛見大悲)의 원인적인 현상을 없애기 위함이다.

[鈔] 一, 初句下는 於中에 先은 擧惡行이오 後, 今由下는 明護니 上句는 護下句하야 無愛見惡行이오 下句는 護上句하야 無棄利樂惡行이니라
- a. 初句 아래는 그중에 a) 악행을 거론함이요, b) 今由 아래는 막음에 대해 밝힘이다. 위 구절은 아래 구절을 막아서 애견의 악행을 없앰이요, 아래 구절은 위 구절을 막아서 이롭고 안락하게 함을 버리게 하는 악행을 없앤다.

b) 두 구절은 재물과 몸이 뛰어나게 된 원인적인 현상
[二句財及身勝因事] (二卽 73下4)

[疏] 二, 卽財及身勝因事니 由供佛故로 獲財及身이오 由得平等故로 二事가 皆勝이니 勝財는 則隨物所須오 勝身은 隨意하야 取其何類라
- b) 두 구절[雖得諸佛平等法一]은 재물과 몸이 뛰어나게 되는 원인적인 현상이다. 부처님께 공양함으로 인하여 재물과 몸을 얻게 되고, 평등함을 얻음으로 인해 두 가지 현상[獲財와 獲身]이 모두 뛰어나게 된다. '훌륭한 재물'은 중생들이 구하려는 것에 따르는 것이요, '훌륭한 몸'은 뜻에 따라 그 어느 부류를 취하는 것이다.

[鈔] 二, 卽財下는 成勝報也라 下句는 是身財니 得上句故로 身財가 俱勝이오 上句가 得下句故로 不滯寂이니 一同初句니라 勝財則隨物下는 辨二勝相이니 此二가 若勝하면 能集助道니라

- b) 卽財 아래는 뛰어난 보답을 성취함이다. 아래 구절은 몸과 재물이니 위 구절을 얻은 연고로 몸과 재물이 모두 뛰어남이요, 위 구절은 아래 구절을 얻은 연고로 고요함에 막히지 않는 것이니 한결같이 첫 구절과 같다. 勝財則隨物 아래는 두 가지 뛰어난 양상을 밝힘이니, 이 두 가지가 만일 뛰어나다면 능히 보리의 부분법을 모을 수 있다.

c) 뒤 구절은 선근의 원인적인 현상을 보호하다[後句護善根因事]

(三護 73下9)

[疏] 三, 護善根因事니 善根은 卽勤集福德하야 爲菩提資糧이라 今以卽空智로 而集하니 是得彼勝因增上하야 令所集功德法으로 皆成增上波羅蜜行을 名之爲護라 雖有慈悲나 但是增上意樂일새 故三이 皆自利니라

- c) 뒤 구절은 선근의 원인적인 현상을 보호함이니, 선근은 곧 복과 덕을 부지런히 모아 깨달음의 양식이 되게 하는 까닭이다. 지금은 〈공〉에 합치한 지혜로 모으나니 이것은 저 뛰어난 원인이 늘어나서 모은 공덕으로 하여금 더 나은 바라밀행을 성취하게 함을 '보호한다[護]'고 하였다. (그래서) 비록 자비가 있긴 하지만 단지 더 나은 정신적인 즐거움일 뿐이므로 셋이 모두 자리(自利) 공덕에 해당한다.

[鈔] 三, 護善根下는 於中에 有二하니 先, 正釋이라 言是得彼勝因增上者는 勝因增上은 卽觀空智[13]라 後, 雖有下는 通妨結成이니 謂第一句에 雖有慈悲나 但是意樂이오 未正利他일새 故三이 自利니라 然이나

---

13) 智는 甲南續金本作智慧.

疏釋文이 皆先은 釋下句가 涉有勝行이오 後는 釋上句가 以導下句라 二皆互資니 例如初門이니라

- c) 護善根 아래는 그중에 둘이 있으니 (a) 바로 해석함이다. 이것은 저 뛰어난 원인이 늘어남은 곧 <공>을 관찰하는 지혜이다. (b) 雖有 아래는 비방과 힐난을 해명하여 결론함이다. 말하자면 첫 구절에 비록 자비가 있지만 단지 더 나은 정신적인 즐거움일 뿐이요, 완전한 이타(利他)의 공덕이 아니므로 셋은 모두 자리(自利)의 공덕이라는 뜻이다. 그러나 소가가 해석한 문장이 모두 앞은 아래 구절이 <유>를 건너간 뛰어난 행법임을 설명한 부분이요, 뒤는 위 구절이 아래 구절을 이끌고 있음을 설명한 부분이다. 둘 다 서로 돕나니 첫째 문(門)과 같이 유례하여 알아야 한다.

b. 일곱 구절은 중생을 섭수하는 원인적인 현상을 합쳐 해석하다
[合釋後七攝衆生因事] 2.
a) 구분하다[料揀] (後七 74上8)

[疏] 後七은 同是利他니 合爲第四, 攝衆生因事라 即爲七種하니 初一은 隨物受生이오 次二는 化令離障이오 後四는 攝令住善이라

- 뒤의 일곱 구절은 함께 이타의 공덕이 되나니 b. 넷째, 중생을 섭수하는 원인적인 현상을 합쳐 해석함이다. 따라서 일곱 종류가 되나니 ① 한 구절[4. 雖遠離三界—]은 중생을 따라 태어남이요, ② 두 구절[5. 雖畢竟寂滅— 6. 雖知諸法如幻如夢—]은 교화하여 장애를 여의게 함이요, ③ 네 구절[7. 雖知一切國土— 8. 雖知諸佛法身— 9. 雖知諸佛音聲— 10. 雖隨諸佛了知三世—]은 중생을 섭수하여 선근에 머물게 함이다.

b) 과목에 따라 해석하다[隨釋] 7.
(a) 원력으로 태어나다[願力受生] (初中 74上10)
(b) 번뇌 일으킴을 보이다[示起煩惱] (二說)
(c) 지적인 장애를 없애기 위한 행법[爲滅智障] (三爲)

[疏] 初中에 願力受生이 爲作衆生上首일새 故須莊嚴三界니 但是願生이오 非由業惑일새 故云遠離니라 二, 說對治故니 謂示起煩惱나 欲令治斷하야 而知性寂하야사 方爲第一義治니 令見常自寂故라 三, 爲滅智障故라 障有四種하니 如五地隨世智中에 說이니 令隨衆生心하야 作書論等無量事業하야 而爲能治라

- (a)에서 원력으로 태어남이 중생의 우두머리가 되기 위함이므로 삼계를 장엄하려 하는 것[4. 雖遠離三界—]이니 단지 원력으로 태어나는 것일 뿐 업에 미혹함으로 인함이 아니므로 '완전히 여읜다[遠離]'고 하였다. (b) 다스림을 설명하기 때문에 '번뇌를 일으킴을 보여 준다[5. 雖畢竟寂滅—]'고 말하지만, 하여금 다스려서 단절히고 본성이 고요함을 알게 하기 위함이라야 비로소 제일가는 이치의 다스림이 되기 때문에 항상함 자체가 고요함을 보게 하였다. (c) 지적인 장애를 없애기 위함이다. 장애에 네 가지가 있으니 제5지의 세간에 수순하는 지혜 부분에 설명한 내용과 같나니, 중생의 마음에 따라 글이나 논 등 한량없는 사업을 짓게 하여[6. 雖知諸法如幻如夢—] 다스림의 주체로 삼는다는 뜻이다.

[鈔] 障有四種下는 前論에 云, 是中書等이 有四種障對治하니 治四種障者는 一, 所用事中에 忘障이오 二, 邪見軟智障이오 三, 所取物中에 不守護障이오 四, 取與生疑障이라 以書로 治初障이오 因과 聲二論으

로 治第二障이오 印으로 治第三障이오 算數로 治第四障이라 今文書는 是第一治요 論은 是第二니 等은 卽等取印算數等인 無量事業하야 總以結之하야 而爲能治니 通上四也니라

● 障有四種 아래는 앞의 논에서 이르되, "1) 무슨 일을 하다가 잊어버리는 장애요, 2) 삿된 견해에 연약한 지적인 장애요, 3) 가진 물건을 간수하지 못하는 장애요, 4) 물건을 주고서 의심을 내는 장애이다. 글로써 1)의 장애를 다스리고, 인론(因論)과 성론(聲論)의 두 가지로 2)의 장애를 다스리고, 인장(印章)으로 3)의 장애를 다스리고, 산수법(算數法)으로 4)의 장애를 다스린다. 지금 경문의 '글[書]'은 첫 번째 다스림이요, 논(論)은 둘째 다스림이요, 등(等)은 동등하게 인장법과 산수법 등의 한량없는 사업을 가지고 총합적으로 결론하여 다스리는 주체로 삼았으니 위의 네 가지 장애에 통한다.

(d) 국토를 장엄하기 위한 행법[爲起嚴土行] (四於 75上2)
(e) 몸이 없이 몸을 나타내나[無身現身] (五卽)

[疏] 四, 於大法에 衆會集故로 爲物하야 起嚴土行이니 此는 明依報요 下三은 明正報니 三輪으로 益物이니라 五는 卽身業이니 無身現身者는 令生五福이니 謂見과 聞과 親近과 供養과 修行故니 自身無身이 同佛法身故라 下二도 亦然하니라

■ (d) 큰 법에 많은 대중이 모였으므로 중생을 위하여 국토를 장엄하는 행법[7. 雖知一切國土—]을 시작한 것이다. 이것은 의보(依報)를 밝힌 것이고, 아래 셋[8. 雖知諸佛— 9. 雖知諸佛音聲— 10. 雖隨諸佛—]은 정보(正報)를 밝혔으니 세 가지 법륜[14]으로 중생을 이익되게 한다는 뜻이다.

(e) 신업이니 '몸이 없이 몸을 나타낸다'는 것[8. 雖知諸佛—]은 중생들에게 다섯 가지 복업을 생기게 하기 위함이다. 말하자면 (1) 보고 (2) 듣고 (3) 친근하고 (4) 공양 올리며 (5) 수행하는 까닭이니 스스로의 몸이 몸이 없이 부처님의 법신과 같아지기 때문이다. 아래의 두 구절 [9.와 10.]도 마찬가지이다.

[鈔] 四, 於大法下는 此上는 明望益修因이니 淨土之中에 聖賢集會라하며 諸上善人으로 俱會一處며 與諸菩薩로 同一志行하야 無有怨嫉하니 令物修因하야 當獲淨土는 人寶로 爲嚴하야 而集會故니라 令生五福下는 見은 唯約眼이오 聞은 但約耳요 親近은 約身이오 供養은 捨財요 修行은 通三業이니라 言自身無身同佛法身故者는 佛以法爲身하사 淸淨如虛空이라 所現衆色形으로 令入此法中[15)]이라하니 今菩薩이 亦無身現身은 登地已上에 分證法身하야 同佛身故니라 下二亦然者는 卽總例니 口意도 同身하야 皆卽體起用이니 無言에 現言하며 無知而知라 竝如經文이니라

● (d) 於大法 아래는 이 위는 이익을 살펴 인행을 닦음이니 "정토에서 성인과 현자들이 법회에 모인다"고 하였다. 여러 뛰어나고 착한 이들과 모두 한곳에 모이며, 여러 보살과 동일한 생각과 행동으로 원한이나 질투가 없다. 중생들이 인행을 닦아서 장래에 정토에 나게 하는 것은 보배로운 사람으로 장엄하여 법회에 모였기 때문이다.

令生五福 아래에서 (1) 보는 것은 오로지 눈에만 의지함이요, (2) 듣는 것은 단지 귀에만 의지함이요, (3) 친근함은 몸에 의지하고 (4) 공

---

14) 三輪이란 보살의 신업 구업 의업으로 법문을 함을 말한다.
15) 인용된 게송은 如來現相品 제2에 나오는 내용이다. 華焰髻普明智보살의 게송이다. 《一切國土中에 普演微妙音하사 稱揚佛功德하야 法界悉充滿이로다 / 佛以法爲身하시니 淸淨如虛空이라 所現衆色形으로 令入此法中이로다》(교재 권1 p.137-).

양 올리는 것은 재물을 버리는 것이요, (5) 수행함은 세 가지 업에 통한다. '스스로의 몸이 몸이 없이 부처님의 법신과 같아지기 때문'이란 말은 "법으로 되신 부처님 몸은 허공과 같이 깨끗하여서 나타내는 바 모든 형상을 이 법 가운데 들게 하시네"라고 하였다. 지금 보살이 또한 '몸이 없이 몸을 나타낸다'는 것은 십지에 오른 이상 법신을 부분적으로 증득하여 부처님의 몸과 같아지는 까닭이다. '아래 두 구절도 마찬가지'란 말은 총합적으로 유례함이니 입과 생각도 몸과 마찬가지로 모두 체성에 합치하여 작용을 일으키나니, 말없이 말을 표현하고 아는 것이 없이 아는 것을 뜻한다. 모두 경문과 같다.

(f) 입으로 법륜을 굴리다[口轉法輪] (六卽 75下5)
(g) 질문에 따라 해석하다[隨問善釋] (七卽)

[疏] 六, 卽口業이니 轉法輪故요 七은 卽意業이니 於無長短中에 隨問善釋하야 記三世事하거나 起三世行故니라
- (f) 구업[9. 雖知諸佛音聲—]이니 법륜을 잘 굴리는 까닭이다. (g) 의업[10. 雖隨諸佛了知三世—]이니 오래고 짧은 세월 속에 질문에 따라 잘 해석하여 삼세의 일을 수기하거나 삼세의 수행을 시작한 까닭이다.

[鈔] 於無長短下는 三世는 是長이오 一念은 是短이라 今明三世가 卽一念이며 是實是空하야 則無長短이나 不礙能知種種時節과 長短劫事니라
- 於無長短 아래에서 삼세(三世)는 오랜 세월이요, 한 생각[一念]은 짧은 시간이다. 지금은 삼세가 곧 한 생각이며 진실이며 <공>이어서 오래고 짧음은 없지만 능히 갖가지 시절과 오래고 짧은 세월의 현상

에 걸림이 없다.

ㄷ. 행법의 뛰어난 공능을 결론하다[結行功能] (第三 76上2)

菩薩이 以如是十種方便慧로 起殊勝行하여 從第六地로 入第七地하나니
보살이 이렇게 열 가지 방편 지혜로 수승한 행을 일으키므로, 제6지로부터 제7지에 들어가는 것이며,

[疏] 第三, 總結勝能이라 中에 論釋云호대 此十種發起殊勝行이 共對攝取라하며 對治攝取者는 皆上下二句相對가 名爲共對니 由此上下하야 各能對治라 皆上句는 治凡이오 下句는 治小라 隨治不同은 義如前說이라 由二攝取하야 名殊勝行이니 對治前障이니라

■ ㄷ. 행법의 뛰어난 공능을 총합하여 결론함이다. 그중에 논경에서, "이런 열 가지로 일으키는 뛰어난 행법은 함께 다스려서 십취한다"고 해석하였다. '다스려서 섭취한다'는 것은 모두 아래 위의 두 구절로 상대한 것을 '공대(共對)'라고 이름하였다. 이 아래 위의 구절로 인해 각기 능히 다스릴 수 있다. 모두 위 구절은 범부를 다스리는 내용이고, 아래 구절은 소승을 다스리는 내용이다. 상대에 따라 다스림이 같지 않다는 이치는 앞에 설명한 내용과 같다. 두 가지의 섭수하여 취함으로 인해 뛰어난 행법이라 칭하나니 앞의 장애를 다스린 까닭이다.

[鈔] 第三總結勝能者는 具此十行하야 入七地[16]故라 論釋云下는 所以

---

16) 七地는 甲續金本作第七.

釋者는 由上釋十句에 但明其中의 所起勝行하고 未顯方便殊勝之
由일새 今總釋之니 先, 擧論이오 後, 皆上下는 疏釋이라 於中有三하
니 初, 解共對요 次, 由此下는 釋對治라 上句治凡者는 觀空이오 下
句治小者는 起行故라

後, 由二攝取下는 通釋兩箇攝取니 以上共對에 亦有攝取하고 對治
에 亦有攝取라 此二攝取가 大旨則同이나 上句는 攝取下句하야 則不
滯小요 下句는 攝取上句하야 則不滯凡이니 此是共對攝取가 成殊勝
行이라 上句治凡호대 不攝下句하면 非眞實治요 下句治小호대 不攝
上句하면 亦非實治어니와 二互相攝하야 皆成勝行이니라

又若別說인대 上句攝下는 卽空中의 方便慧요 下句攝上은 爲有中의
殊勝行이라 二旣和合에 通得名爲十種方便이라 亦得名爲十種勝行
이니 故로 論에 但云호대 此十種發起殊勝行이라하니라 旣空有無滯일새
故能對治六地之中의 樂無作行也니라

● ㄷ. 행법의 뛰어난 공능을 총합하여 결론함이란 이런 열 가지 행법을 구비하여 제7지에 들어가기 때문이나. ㄱ) 論釋云 아래에서 해석한 이유는 위에 해석한 열 구절에서 단지 그 가운데 일으킨 뛰어난 행법만 밝히고 방편이 뛰어난 이유를 밝히지 않았으므로 지금 총합하여 해석하였다. a. 논경을 거론함이요, ㄴ) 皆上 아래는 소가의 해석이다. 그중에 셋이 있으니 (ㄱ) 함께 상대함을 해명함이요, (ㄴ) 由此 아래는 다스림에 대한 해석이다. '위 구절은 범부를 다스린다'는 것은 〈공〉을 관찰함이요, '아래 구절은 소승을 다스린다'는 것은 행법을 일으킨 이유이다.

(ㄷ) 由二攝取 아래는 두 가지 섭취함을 통틀어 해석함이니, 위의 공대(共對)에도 섭취함이 있고 다스림에도 또한 섭취함이 있다. 이 두 가

지 섭취함이 큰 의미로는 같겠지만 위 구절은 아래 구절을 섭취함이니 소승에 막혀 있지 않고, 아래 구절은 위 구절을 섭취하여 범부에 막혀 있지도 않다. 이것이 공대섭취(共對攝取)가 뛰어난 행법을 성취한 까닭이요, 위 구절에서 범부를 다스리되 아래 구절을 섭취하지 않으면 진실한 다스림이 아닐 것이요, 아래 구절에서 소승을 다스리되 위 구절을 섭취하지 않으면 역시 진실한 다스림이 아니겠지만 둘이 서로 번갈아 섭취하므로 모두 뛰어난 행법이 되는 것이다.

또 만일 개별로 말한다면 위 구절이 아래 구절을 섭취함은 〈공〉에서 나온 방편의 지혜가 되고, 아래 구절이 위 구절을 섭취함은 〈유〉에서 나온 뛰어난 행법이 된다. 둘이 이미 화합하여 통틀어 열 가지 방편이라 이름하였고, 또한 열 가지 뛰어난 행법이라고 이름하였으므로 논경에서는 단지, '열 가지로 뛰어난 행법을 일으킨다'고만 하였다. 이미 〈공〉과 〈유〉에 막힘이 없으므로 능히 제6지의 지음 없음을 좋아하는 행법을 다스린다는 뜻이다.

ㄹ. 그 범주를 밝히다[彰其分齊] (四彰 77上1)

入己에 此行이 常現在前이 名爲住第七遠行地니라
들어간 뒤에는 이 행이 항상 앞에 나타나는 것을 제7 원행지에 머문다 하느니라.

[疏] 四, 彰分齊者는 明無相無間故니 無相地名이 從此而立이라 此亦攝前不退住요 不同前六이니 前六은 得住地已에 捨入地心하고 以修解入하고 非以行入이어니와 此以行入일새 故常行不捨하니 名不退住니라

■ ㄹ. 그 범주를 밝힘이란 형상 없고 간단이 없는 이유를 밝혔으니, '모양 없는 지[無相地]'라는 명칭이 여기에서 세워졌다. 이 또한 앞의 제7. 불퇴주(不退住)를 포섭하는 까닭이요, 앞의 6지와는 같지 않다. 앞의 제6지는 지에 머문 뒤에 지에 들어가는 마음[入心]을 버렸고, 닦음으로 인해 들어간 것을 알았으며 행법으로 들어간 것은 아니지만, 제7지에서는 행법으로 인해 들어갔으므로 항상 닦되 버리지 않나니 그래서 '불퇴주(不退住)'라 이름하였다.

[鈔] 言此以行入故常行不捨者는 七地는 功用行滿에 方便涉有일새 故得行入之名이니라

● '제7지에서는 행법으로 인해 들어갔으므로 항상 닦되 버리지 않는다'고 말한 것은 제7지는 공용행(功用行)이 만족할 적에 방편으로 〈유〉를 건너가므로 '행법으로 들어간다'는 말을 듣게 된다.

나) 저 장애를 다스리는 차별[彼障對治差別] 2.

❖ 제6회 십지품 제7 遠行地 (科圖 26-74; 珠字卷)

```
나) 彼障對治差別二 ─┬─ 1. 分科攝屬
                  └─ 2. 隨章別釋二 ─┐
   ┌──────────────────────────────┘
   │ 1. 修行無量種治前有量障五 ─┐
   │     1. 初一對衆生無量
   │     2. 次一對世界無量
   │     3. 次二對法界無量
   │     4. 次三對調伏衆生界無量
   │     5. 後三對調伏方便界無量                ┌─ 1. 科釋經文
   │                                          │  2. 示無功用相
   └─ 2. 修行無功用行治前有功用障二 ─┬─ 1. 加行趣求四 ─┤  3. 出無功用因
                                   └─ 2. 正顯修行    └─ 4. 結成揀異
```

(가) 과목을 나누고 거두어 배속하다[分科攝屬] (第二 77上8)

[疏] 第二, 佛子菩薩摩訶薩住此第七下는 彼障對治라 卽攝無着行이니 有量과 功用에 皆不着故라 言對治者는 有二種相하니 一, 修行無量種하야 治前有量障이오 二, 此菩薩作是念下는 修行無功用行하야 治前有功用障이라 今初에 有二十句를 攝成十對니 一一對中에 皆上句는 明境界無量이 爲所知所化요 後句는 明佛德業無量이 爲能知能化라 菩薩이 入彼佛化하야 以用化生에 要則攝十爲五니 卽五無量界라

■ 나) 佛子菩薩摩訶薩住此第七 아래는 저 장애를 다스림이다. 이는 곧 제7. 무착행(無着行)을 포섭하나니 한량 있음과 공용에 모두 집착하지 않기 때문이다. '다스린다'는 말은 두 가지 양상이 있으니 ㄱ. 한량없는 종류의 행법을 수행하여 앞의 한량 있는 장애를 다스림이요, ㄴ. 此菩薩作是念 아래는 공용 없는 행법을 수행하여 앞의 공용 있는 장애를 다스림이다. 지금은 ㄱ.에 20구절을 열 가지 대(對句)로 포섭하여 성취하였다. 낱낱의 상대 중에 모두 위 구절은 경계가 한량없음이 이해할 대상이요, 교화할 대상임을 밝혔고, 뒤 구절은 부처님의 한량없는 공덕이 이해하는 주체요, 교화하는 주체임을 밝힌 내용이다. 보살이 저 부처님의 교화에 들어가 중생을 교화할 적에 열 가지를 거두어 다섯 가지로 요약하였으니 곧 다섯 가지 한량없는 세계[五無量界]가 된다.

[鈔] 第二彼障對治라 爲所知所化者는 所知는 卽智境이오 所化는 卽悲境이라 要則攝十爲五者는 所以更爲此攝者는 以此說無量으로 要治

於有量에 要唯有五일새 故爲此攝이니 如前頻釋이라 一은 卽[17]衆生界無量이오 二는 世界無量이오 三은 法界無量이오 四는 調伏界無量이오 五는 調伏方便界無量이라 然此五界는 唯佛窮證하나니 能化德業이 周[18]於五界라 菩薩이 修入에 能化德業이 趣入五界라 又此五中에 初一은 所化요 次二는 化處요 後二는 化法이라 正化는 卽前三이 是所요 後二는 是能이라 望能化能知에 五界가 皆所요 將此十對能化所化하야 望於菩薩에 皆是所入이니 則入은 皆修入과 證入이며 亦了達也니라

- 나) 저 장애를 다스리는 차별이다. '이해할 대상이며 교화할 대상이 된다'는 것은 이해할 대상은 지혜의 경계이고, 교화할 대상은 대비의 경계이다. '열 가지를 거두어 다섯 가지로 요약했다'는 것은 다시 이렇게 섭수한 이유는 여기서 설명한 한량없음으로 한량 있음을 다스리려 할 적에 요약하면 오로지 다섯 가지일 뿐이므로 이렇게 섭수하였으니, 앞에서 여러 번 해석한 내용과 같다. (1) 중생계가 무량함이요, (2) 세계가 무량함이요, (3) 법계가 무량함이요, (4) 중생을 조복하는 세계가 무량함이요, (5) 조복하는 방편계가 무량함이다. 그러나 이 다섯 가지 세계는 오로지 부처님만이 완전히 증득할 수 있나니, 교화하는 주체인 공덕업이 다섯 가지 세계에 두루 미치는 까닭이다. (따라서) 보살이 닦아 들어가면 교화하는 주체인 공덕업이 다섯 가지 세계로 향하여 들어가게 된다. 또 이런 다섯 가지 중에 (1) 중생계무량(衆生界無量)은 교화할 대상이요, 다음의 둘[(2) 世界無量 (3) 法界無量]은 교화 받는 장소요, 뒤의 둘[(4) 調伏界無量 (5) 調伏方便界無量]은 교화하는 법이다. 교화의 측면이라면 앞의 셋이 대상이 되고, 뒤의 둘

---

17) 一卽은 南續金本作卽一.
18) 周는 南續金本作用誤.

은 주체가 된다. 교화하는 주체[悲智]와 이해하는 주체[菩薩]에서 바라보면 다섯 가지 세계가 모두 대상일 것이요, 이 열 가지 대구(對句)인 교화하는 주체와 대상이란 측면에서 보살을 바라보면 모두 들어갈 대상일 것이다. 따라서 들어감이란 모두 닦아 들어감과 증득해 들어감이며 또한 깨달아서 도달한다는 뜻이다.

(나) 가름을 따라 개별로 해석하다[隨章別釋] 2.
ㄱ. 한량없는 종류의 행법을 닦아 앞의 한량 있는 장애를 다스리다
   [修行無量種治前有量障] 5.

ㄱ) 제1 대구는 중생계가 무량하다[初一對衆生無量] (初一 78上5)
ㄴ) 제2 대구는 세계가 무량하다[次一對世界無量] (二有)

佛子여 菩薩摩訶薩이 住此第七地已에 入無量衆生界하고 入無量諸佛敎化衆生業하며 入無量世界網하고 入無量諸佛淸淨國土하며
"불자여, (1) 보살마하살이 제7지에 머물고는 한량없는 중생계에 들어가고, 한량없는 부처님들의 중생을 교화하는 업에 들어가며, (2) 한량없는 세계 그물에 들어가고, 한량없는 부처님의 청정한 국토에 들어가고,

[疏] 初一對는 衆生無量이니 論에 云隨所化何等衆生이라하니 此對가 爲總이니 十對가 皆爲利衆生故라 言何等者는 類非一故니 釋經無量之言이라 隨所者는 隨多類宜하야 而以無量化衆生業으로 而化故니

라 二, 有一對는 衆生이 住何等處니 謂住世界無量하야 以淨土行으로 化故니라

- ㄱ) 제1 대구는 중생이 무량함이다. 논경에서는 "교화할 대상에 따라 어떤 중생을"이라 하여 이 대구로 총상을 삼았으니, 열 가지 대구가 모두 중생을 이익되게 하는 까닭이다. '어떤'이라 말한 것은 부류가 하나만이 아닌 까닭이니, 본경의 '한량없다'는 말을 해석한 내용이다. '교화할 대상을 따라'는 여러 부류의 근기에 따라 한량없이 중생을 교화하는 업으로 교화하기 때문이다. ㄴ) 제2 대구는 '중생이 어떤 곳에 머무는가?'이다. 말하자면 머무는 세계가 한량없어서 정토수행으로 교화하기 때문이다.

ㄷ) 제3. 제4 대구는 법계가 무량하다[次二對法界無量] (三有 78下 4)

入無量種種差別法하고 入無量諸佛現覺智하며 入無量劫數하고 入無量諸佛覺了三世智하며
(3) 한량없이 가지가지 차별한 법에 들어가고, 한량없는 부처님의 현재에 깨닫는 지혜에 들어가며, (4) 한량없는 겁에 들어가며, 한량없는 부처님의 삼세를 깨닫는 지혜에 들어가며,

[疏] 三, 有二對는 以何等智慧로 化니 初對는 橫窮諸法智요 後對는 竪窮三世智니 皆是種智라 二對는 約其所知니 皆是法界無量이니라

- ㄷ) '제3, 제4 대구는 어떤 지혜로 교화하는가?'이니 앞의 제3 대구는 가로로 모든 법의 지혜를 궁구함이요, 나중의 제4 대구는 세로로 세세계의 지혜를 궁구한 것이니, 모두 일체 종류의 지혜이다. 위의 두 대

구는 그 이해할 대상에 의지한 해석이니 모두 법계가 무량함이다.

ㄹ) 제5・제6・제7 대구는 중생을 조복하는 세계가 무량하다
[次三對調伏衆生界無量] (四有 79上1)

入無量衆生差別信解하고 入無量諸佛示現種種名色身하며 入無量衆生欲樂諸根差別하고 入無量諸佛語言音聲하여 令衆生歡喜하며 入無量衆生種種心行하고 入無量諸佛了知廣大智하니라
(5) 한량없는 중생이 차별하게 믿고 이해하는 데 들어가고, 한량없는 부처님이 가지가지 이름을 나타내는 색신에 들어가며, (6) 한량없는 중생의 욕망과 좋아함과 근성이 차별한 데 들어가고, 한량없는 부처님이 말씀과 음성으로 중생을 즐겁게 하는 데 들어가며, (7) 한량없는 중생의 여러 가지 마음과 행동에 들어가고, 한량없는 부처님이 분명하게 아시는 광대한 지혜에 들어가느니라.

[疏] 四, 有三對는 明調伏界無量이니 初二對는 明以何等心이라 於中에 初對는 隨衆生信樂과 種種天身하야 菩薩이 以名色身으로 化故니 謂心隨其樂하야 同修天行하야 得天身故며 口隨其信하야 以名句身으로 說彼行故요 第二對는 知昔根欲不同하야 以隨類音으로 稱根說故라 次一對는 以何等行이니 謂知現在心行不同하야 以偏趣行으로 說對治故니라
■ ㄹ) 제5・제6・제7 대구는 중생을 조복하는 세계가 무량함이니, 처

음의 둘[제5·제6 대구]은 '어떤 마음으로'에 대해 밝힌 내용이다. 그중에 제5 대구는 중생의 믿는 즐거움과 갖가지 천신(天身)에 따라 보살이 거기에 맞는 이름과 형색의 몸으로 교화하는 까닭이다. 말하자면 마음으로 그 즐거움을 따라 함께 천상 수행[天行]을 닦아서 하늘 몸[天身]을 얻는 까닭이며, 입으로 그 믿음을 따라 명언구절의 몸[名句身]으로 저 행법을 설명하기 때문이다. 제6 대구는 예전의 근성과 욕구가 다름을 알아서 부류에 맞는 음성으로 근성에 맞게 설명하기 때문이다. 다음 제7 대구는 '어떤 수행으로'를 가리킨다. 말하자면 현재의 마음과 행동이 같지 않음을 알아서 두루 향해 가는 행법의 지혜로 다스린다고 말하기 때문이다.

ㅁ) 제8·제9·제10 대구는 조복하는 방편계가 무량하다

[後三對調伏方便界無量] (五有 79下1)

入無量聲聞乘信解하고 入無量諸佛의 說智道하여 令信解하며 入無量辟支佛所成就하고 入無量諸佛의 說甚深智慧門하여 令趣入하며 入無量諸菩薩方便行하고 入無量諸佛所說大乘集成事하여 令菩薩得入이니라

(8) 한량없는 성문들의 믿고 이해하는 데 들어가고, 한량없는 부처님이 지혜의 도를 말하여 믿고 이해하게 하는 데 들어가며, (9) 한량없는 벽지불을 부처님이 성취하신 데 들어가고, 한량없는 부처님이 매우 깊은 지혜문을 말하여 나아가게 하는 데 들어가며, (10) 한량없는 보살의 방편인 행에 들어가고, 한량없는 부처님이 말씀하신 대승을 모아서 집

대성하는 일에 들어가서 보살로 하여금 들어가게 하느니라.

[疏] 五, 有三對는 明調伏方便界니 論에 云, 置何等乘이니 謂置三乘故라 初對는 爲聲聞說智道하야 令證滅故요 次對는 爲緣覺說深智하야 令知因緣故요 後對는 爲菩薩說地度集成事하야 稱彼方便涉有故니라

■ ㅁ) 제8·제9·제10 대구는 조복하는 방편의 세계에 대해 밝힘이다. 논경에서 말한 '어떤 따위의 교법에 두는가?'에 해당하나니, 삼승에 두는 까닭이다. 앞의 제8 대구는 성문승(聲聞乘)을 위하여 지혜와 방법[道]을 설명하여 하여금 열반을 증득하게 하기 때문이요, 다음 제9 대구는 연각승(緣覺乘)을 위하여 깊은 지혜를 설명하여 하여금 인연법을 알게 하기 때문이요, 뒤의 제10 대구는 보살승(菩薩乘)을 위하여 여러 지(地)와 바라밀로 모은 현상을 설명하여 저 방편이 〈유〉를 건넘에 알맞기 때문이다.

ㄴ. 공용 없는 행법을 닦아서 앞의 공용 있는 장애를 다스리다
 [修行無功用行治前有功用障] 2.
ㄱ) 가행방편으로 나아가 구하다[加行趣求] 4.

(ㄱ) 과목 나누어 경문을 해석하다[科釋經文] (第二 79下8)
(ㄴ) 공용 없는 양상을 보여 주다[示無功用相] (然任)
(ㄷ) 공용 없음의 원인을 내보이다[出無功用因] (由功)
(ㄹ) 결론하여 구분하다[結成揀異] (此則)

此菩薩이 作是念하되 如是無量如來境界는 乃至於百千

億那由他劫에도 不能得知일새 我悉應以無功用無分別心으로 成就圓滿이라하니라

이 보살이 생각하기를 '이와 같이 한량없는 여래의 경계는 내지 백천억 나유타 겁에도 알 수 없는 것이니, 내가 마땅히 공용이 없고 분별이 없는 마음으로 원만하게 성취하리라' 하느니라.

[疏] 第二, 修無功用行이라 中에 二니 先, 加行趣求요 後, 佛子此菩薩下는 正顯修行이라 今初에 先, 牒前無量하야 爲所趣求요 我悉下는 要期以無功無相으로 攝取彼境이라 無分別者는 謂不取性相하야 忘緣等照니 卽無相觀也라 加以無功하며 無相하니 尤勝이로다 然이나 任放天性하야 不由勤策이라도 自然而行하야 亡功合道를 名無功用이니 八地에 方證하니니 今要心住彼일새 故云應以니라 由功用行이 此已滿故니 此則修行無功이오 非如八地의 任運無功也니라

ㄴ. 공용 없는 행법[無功用行]을 닦음이다. 그중에 둘이니 ㄱ) 가행방편으로 나아가 구함이요, ㄴ) 佛子此菩薩 아래는 바로 수행에 대해 밝힘이다. 지금은 ㄱ)에서 (ㄱ) 앞의 '무량(無量)'을 따와서 나아가 구할 대상을 삼음이요, (ㄴ) 我悉 아래는 기필코 공용 없고 모양 없음으로 저 경계를 섭취하려 함이다. '분별이 없다'는 것은 체성과 양상을 취하지 않아서 인연법을 잊어버리고 평등하게 비추는 것이니 곧 형상 없는 관찰이다. 더구나 공용이 없고 모양이 없으므로 더욱 뛰어난 것이다.

그러나 타고난 성품에 맡겨서 부지런히 다그치지[勤策] 않더라도 자연스럽게 행하여 공용이 없이 도에 합하는 것을 공용 없음이라 이름

하나니, 제8지에 비로소 증득하게 된다. 지금 마음이 공용 없음에 머물려고 하므로 '마땅히 ~으로'라고 하였다. 공용의 행법이 여기서 이미 원만해진 까닭이니, 이렇다면 공용 없음을 닦는 것이지 제8지의 '공용 없음에 자유로움[任運無功]'과 같다는 것은 아니다.

ㄴ) 바로 수행에 대해 밝히다[正顯修行] (二正 80上8)

佛子여 此菩薩이 以深智慧로 如是觀察하되 常勤修習方便慧하고 起殊勝道하되 安住不動하니라
불자여, 이 보살은 깊은 지혜로 이렇게 관찰하고, 방편 지혜를 부지런히 닦고 수승한 도를 일으키되 편안히 머물고 동하지 않느니라.

[疏] 二, 正顯中에 初, 牒前觀智요 次, 常勤修下는 是修行相이오 方便已下는 是所修法이니 卽前의 空中方便慧와 有中의 殊勝行이라 旣以無功無相智修하야 能治功用有相之障이라 後는 安住不動은 顯觀成相이니 此卽行成不動이오 非如八地의 相用不動이니라

■ ㄴ) 바로 수행에 대해 밝힘이다. 그중에 (ㄱ) 앞의 관찰하는 지혜를 따옴이요, (ㄴ) 常勤修 아래는 수행하는 양상이요, (ㄷ) 方便 아래는 닦을 대상의 법이니 곧 앞의 〈공〉 속의 방편지혜와 〈유〉 속의 뛰어난 행법이다. 이미 공용 없고 형상 없는 지혜로 닦아서 공용 있고 형상 있는 장애를 능히 다스린다. (ㄹ) '편안히 머물고 동요하지 않음'이란 관법으로 이루어진 양상을 밝힘이니 이것은 곧 행법을 성취했어도 동요하지 않는 것이요, 제8지의 '모양과 작용에 동요하지 않

음'과는 같지 않다.

[鈔] 今初先牒前無量下는 疏文有四하니 一, 略釋經이요 二, 然任放下는 示無功用相이요 三, 由功用行此已滿故者는 出無功用因이요 四, 此則修行下는 結成揀異니라

● 지금은 ㄱ)에서 牒前無量 아래는 소의 문장에 넷이 있으니 (ㄱ) 간략히 경문을 해석함이요, (ㄴ) 然任放 아래는 공용 없는 양상을 보여줌이요, (ㄷ) '공용의 행법이 여기서 이미 원만한 까닭'이란 공용 없음의 원인을 내보임이요, (ㄹ) 此則修行 아래는 결론하여 구분함이다.

다) 함께 행함이 뛰어난 차별[雙行勝差別] 2.

❖ 제6회 십지품 제7 遠行地 (科圖 26-75; 珠字卷)

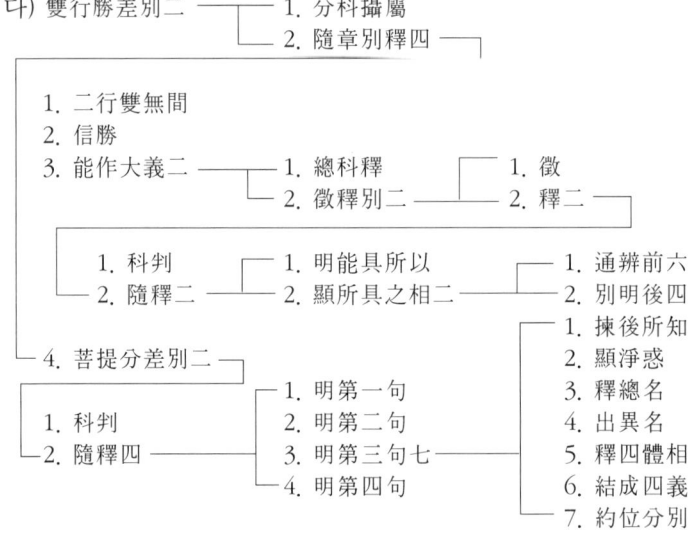

(가) 과목을 나누어 배속하다[分科攝屬] (第三 80下5)

無有一念도 休息廢捨하여 行住坐臥로 乃至睡夢히 未曾
暫與蓋障相應하고
한 생각도 쉬거나 폐하지 아니하고, 가고 서고 앉고 눕거나
내지 꿈에라도 번뇌와 업장으로 더불어 서로 응하지 않으며,

[疏] 第三, 無有一念下는 辨雙行勝이라 文分四別이니 一, 二行雙無間이
오 二, 常不捨下는 信勝이오 三, 此菩薩於念念下는 能作大義요 四,
佛子此十下는 菩提分差別이라 四中에 前三은 別顯이오 後一은 總該
라 三中에 前一은 自分이오 後二는 勝進이라

■ 다) 無有一念 아래는 함께 행함이 뛰어난 차별을 밝힘이다. 문장을
네 가지 별상으로 나누었으니 ㄱ. 두 가지를 동시에 간단없이 행함이
요, ㄴ. 常不捨 아래는 믿음이 뛰어남이요, ㄷ. 此菩薩於念念 아래
는 능히 큰 이치를 지음이요, ㄹ. 佛子此十 아래는 보리의 부분법을
차별함이다. 네 과목 중에 앞의 셋은 개별로 밝힘이요, 뒤의 하나는
총합적으로 포괄함이다. 셋 가운데 앞의 하나는 자분행(自分行)이요,
뒤의 둘은 승진행(勝進行)이다.

[鈔] 第三, 雙行이라 疏中에 文이 二니 初는 總敍名意요 後는 方釋文이라
初中에 二니 初는 列章이요 二는 料揀이라 今初니 下文中[19]에 疏皆具
釋하니 今當總釋이라 一은 內證行이니 止觀並起가 爲二行雙行이니 常
現相續이 名爲無間이라 二는 始起勝進하야 於上決定이 名爲信勝이

---

19) 上鈔는 南金本作一二行下 初總敍名意.

오 三은 依信起行이니 行有義利일새 故名爲義라 勝故로 名大요 修起를 名作이라 四는 行成覺因을 名菩提分이라 分具多義일새 稱爲差別이니라

四中前三下는 二, 料揀이라 然이나 四含多義일새 故曰總該니 亦勝進攝이니라

● 다) 함께 행함이 뛰어남이다. 소문 중에 둘이니 (가) 총합하여 명칭의 의미를 밝힘이요, (나) 경문을 해석함이다. (가)에 둘이니 ㄱ. 가름을 나열함이요, ㄴ. 구분함이다. 지금은 ㄱ.이니 아래 문장에서 소가가 모두 구비하여 해석하였는데 지금은 총합적인 해석에 해당한다. 1) 안으로 증득한 수행이니 지관을 함께 일으킨 것이 두 가지 수행을 동시에 닦기 위함이니, 항상 상속함을 나타낸 것을 '간단없음[無間]'이라 이름한다. 2) 비로소 승진행(勝進行)을 일으켜서 뛰어나게 결정함을 '믿음이 뛰어남[信勝]'이라 한다. 3) 믿음에 의지해 행법을 일으키나니, 행법에 의리가 있으므로 '이치[義]'라 칭한다. 뛰어난 연고로 '크다[大]'고 하고, 수행을 시작한 연고로 '짓는다[作]'고 한다. 4) 수행으로 깨달음을 성취하는 원인을 '보리의 부분법[菩提分]'이라 한다. 부분에 여러 이치를 구비하였으므로 '차별한다'고 칭하였다.

ㄴ. 四中前三 아래는 구분함이다. 그러나 넷에 여러 이치를 포함하고 있으므로 '총합하여 포괄한다'고 하였으니 또한 승진의 뜻도 포함하고 있다.

(나) 가름을 따라 개별로 해석하다[隨章別釋] 4.
ㄱ. 두 가지 행법을 동시에 행함에 간단이 없다[二行雙無間]
(今初 81上5)

[疏] 今初에 無有一念休息廢捨者는 正顯雙行無間之義니 謂不捨前不動之止와 觀察之觀이 爲止觀二行雙行이라 一念不休가 卽無間義라 次, 行住下는 顯無間時니 謂四儀睡寤라 擧睡夢者는 以昧로 況審이니라

■ 지금은 ㄱ. '한 생각도 쉬거나 폐하지 아니하고'라 말한 것은 바로 동시에 행함에 간단없다는 뜻을 밝힘이다. 말하자면 앞의 동요하지 않는 지(止)와 관찰의 관(觀)을 버리지 않는 것이 지(止)와 관(觀)의 두 가지 행법을 동시에 행하기 위함이다. 한 생각도 쉬지 않음이 곧 '간단없다'는 뜻이다. ㄴ. 行住 아래는 시간에 간단없음을 밝힌 내용이니, 말하자면 네 가지 위의로 잠자고 깨는 것을 말한다. 잠자다가 꿈꾸는 것을 거론한 부분은 혼미함으로 살펴봄에 비교한 내용이다.

[鈔] 無有一念[20]者는 全捨爲休요 暫廢爲息이라 以昧況審者는 睡眠은 皆以昧略으로 爲性이니 略은 揀寤時요 昧는 揀定中이라 定中에 雖略이나 而不昧故라 今爲對審하야 但擧昧니라

● '한 생각도 없다'는 것은 완전히 포기하는 것을 '쉰다[休]'고 하고 잠시 폐하는 것을 '숨쉰다[息]'라 한다. '혼미함으로 살펴봄에 비교한다'는 것은 잠자는 것은 모두 매략(昧略)으로 체성을 삼나니, '략(略)'은 깨어 있을 때와 구별한 말이요, '매(昧)'는 선정 중과 구별한 말이다. 선정 중에는 뚜렷[略]하기는 해도 혼미[昧]하지는 않기 때문이다. 지금은 살펴봄에 상대하기 위하여 단순히 혼미함만을 거론하였을 뿐이다.

---

20) 上四字는 南續金本作今初無有一念, 甲本作疏今初.

ㄴ. 믿음이 뛰어나다[信勝] (二信 81下3)

常不捨於如是想念이니라
이런 생각을 언제나 버리지 않느니라."

[疏] 二, 信勝者는 論에 云, 彼無量智中에 殊異義莊嚴相이 現前專念故者는 專念忍可가 卽是信義니 常信前十無量二嚴佛境일새 故名爲勝이니라

■ ㄴ. '믿음이 뛰어나다'는 것은 논경에서는, "저 한량없는 지혜 중에 특별히 다른 뜻의 장엄한 모습이 앞에 나타나기를 오로지 생각한 까닭이다"라고 하였으니, 오로지 생각하여 수순하여 나아감[忍可]이 곧 믿음의 뜻이다. 항상 '앞의 열 가지 한량없음'과 '두 가지로 장엄된 부처님의 경계'를 믿는 까닭에 '뛰어나다'고 말하였다.

ㄷ. 능히 큰 이치를 짓다[能作大義] 2.
ㄱ) 총합적인 과목 해석[總科釋] (三作 82上6)

此菩薩이 於念念中에 常能具足十波羅蜜하나니 何以故오 念念皆以大悲爲首하여 修行佛法하여 向佛智故니 所有善根으로 爲求佛智하여 施與衆生이 是名檀那波羅蜜이요 能滅一切諸煩惱熱이 是名尸羅波羅蜜이요 慈悲爲首하여 不損衆生이 是名羼提波羅蜜이요 求勝善法하되 無有厭足이 是名毘梨耶波羅蜜이요 一切智道가 常現在前하여 未嘗散亂이 是名禪那波羅蜜이요 能忍諸法無生

無滅이 是名般若波羅蜜이요 能出生無量智가 是名方便
波羅蜜이요 能求上上勝智가 是名願波羅蜜이요 一切異
論과 及諸魔衆이 無能沮壞가 是名力波羅蜜이요 如實了
知一切法이 是名智波羅蜜이니라

이 보살은 생각마다 열 가지 바라밀다를 항상 구족하나니, 왜냐하면 생각마다 대비로 머리를 삼고 부처님 법을 수행하여 부처님 지혜에 향하는 까닭이니라. 자기에게 있는 선근을 부처님 지혜를 구하기 위하여 중생에게 주는 것은 보시바라밀다라 하고, 일체 번뇌의 뜨거움을 능히 멸하는 것은 지계바라밀다라 하고, 자비로 머리를 삼아 중생을 해롭히지 않는 것은 인욕바라밀다라 하고, 훌륭하고 선한 법을 구하여 만족함이 없는 것은 정진바라밀다라 하고, 온갖 지혜의 길이 항상 앞에 나타나서 잠깐도 산란하지 않은 것은 선정바라밀다라 하고, 모든 법이 나지도 않고 멸하지도 않음을 능히 인정하는 것은 반야바라밀다라 하고, 한량없는 지혜를 능히 내는 것은 방편바라밀다라 하고, 상상품의 수승한 지혜를 구하는 것은 서원바라밀다라 하고, 모든 이단의 언론과 마군들이 능히 깨뜨릴 수 없는 것은 힘바라밀다라 하고, 일체 법을 실제와 같이 아는 것은 지혜바라밀다라 하느니라.

[疏] 三, 作大義者는 一念에 頓具十度之行하야 義利가 廣故며 念念修起
일새 故名爲作이라 文中에 二니 先, 總明이오 後, 何以下는 徵釋이라
■ ㄷ. '능히 큰 이치를 짓는다'는 것은 한 생각에 바로 십바라밀의 수행

을 구비하여 의리가 넓기 때문이며, 생각마다 수행하려 하므로 '짓는다'고 하였다. 문장에 둘이니 ㄱ) 총합하여 밝힘이요, ㄴ) 何以 아래는 질문과 해석으로 구분함이다.

ㄴ) 질문과 해석으로 구분하다[徵釋別] 2.
(ㄱ) 질문하다[徵] (徵云 82上8)

[疏] 徵云호대 十度行異어늘 一念에 寧圓고
■ 질문하되, "십바라밀의 수행이 다른데 어떻게 한 생각에 원만하겠는가?"

(ㄴ) 해석하다[釋] 2.
a. 과목 나누기[科判] (釋文 82上8)
b. 과목에 따라 해석하다[隨釋] 2.
a) 능히 구비한 이유를 밝히다[明能具所以] (然此)

[疏] 釋文을 分二니 先, 明能具所以니 由悲智雙運故요 後, 所有下는 顯所具之相이니 檀通悲智요 忍唯約悲요 餘皆約智라 然此中十相이 意令一念에 十相이 不同이니 故로 三檀等中에 隨取其一하야 可以意得이나 理實無所不具라 故로 下菩提分中에 云一切皆滿이라하니라
■ 해석한 문장을 둘로 나누었으니 a) 능히 구비하는 이유를 밝힘이니, 자비와 지혜가 함께 움직이기 때문이요, b) 所有 아래는 구족한 양상을 밝힘이니, 보시는 자비와 지혜에 통하고 인욕은 오로지 자비에만 의지한 개념이고 나머지는 모두 지혜에 의지한 개념이다. 그러나

이 가운데 열 가지 양상이 의업으로 하여금 열 가지 양상이 같지 않게 한다. 그래서 세 가지의 보시 가운데 그 하나를 취함에 따라 뜻을 얻을 수가 있겠지만 이치로는 진실로 구비하지 못함이 없다. 그러므로 아래 보리의 부분법 중에 '온갖 것을 모두 만족한다'고 하였다.

b) 구족한 양상을 밝히다[顯所具之相] 2.
(a) 통틀어 앞의 육바라밀을 설명하다[通辨前六] (前六 82下2)

[疏] 前六은 可知니
- (a)의 육바라밀은 알 수 있으리니

[鈔] 故三檀下는 遠公이 云, 施中에 但有法施하고 戒中에 但有律儀하고 律儀中에 有三離하니 一은 因離요 二는 對治離요 三은 果行離라 今唯有因離하니 滅煩惱故라 尸羅는 此云淸凉이니 忍은 唯辨他不餘益이요 精進은 唯明攝善이요 禪定은 唯明引生功德이요 般若는 唯明第一義慧라 然按經文에 義類를 易求일새 故云可知라 後之四度는 是論自釋이라
- 故三檀 아래는 혜원법사가 말하되, "보시 중에 단지 법보시만 있고, 지계 중에는 율의(律儀)만 있고, 율의 중에는 세 가지 여읨이 있으니 (1) 인행으로 여읨이요, (2) 다스려서 여읨이요, (3) 과덕의 행법으로 여읨이다. 지금은 오직 (1) 인행으로 여읨만 있으니 번뇌를 없앴기 때문이다. 시라(尸羅)는 번역하면 '맑고 시원함[淸凉]'이라고 한다. 인욕은 오로지 저 이익이 남지 않음만 설명하였고, 정진은 오직 선근을 포섭하는 것만 밝혔고, 선정은 오로지 중생을 끌어들이는 공덕만 밝혔

고, 반야는 오로지 제일가는 이치의 지혜만 밝힌 내용이다. 하지만 경문을 살펴보면 유사한 뜻을 쉽게 구할 수 있으므로 '알 수 있으리라'고 하였다. 뒤의 네 가지 바라밀은 논경에서 스스로 해석하고 있다.

(b) 따로 뒤의 네 바라밀을 밝히다[別明後四] (但釋 82下9)

[疏] 但釋後四호리라 方便涉事일새 云無量智요 以是智故로 又能出生施等行願하야 以攝衆生일새 故名方便이라 願中에 由此願智하야 能求八地已上의 上上인 大波羅蜜하야 攝取彼勝行故라 次力中에 以是智故로 遠離布施等障일새 故不爲彼動이라 智中에 以是智故로 布施等一切種差別을 如實了知하야 爲化衆生故라 此四相은 皆從用立名이라 通成前六이오 亦有別成前六等은 並如初會中辨이니라 一念에 具十하고 念念에 皆然이니 初心欲修라가 至此하야사 方得이니라

■ 다만 뒤의 네 바라밀만 해석한다. 방편으로 현상을 건넜으므로 '한량없는 지혜'라고 말하였고, 이런 지혜로 인해 또 능히 보시 등의 행법과 원력을 탄생시켜서 중생을 섭수하므로 '방편바라밀'이라 이름한다. 원력 중에 이런 원력과 지혜로 인해서 능히 제8지 이상의 '뛰어나고 뛰어난 큰 바라밀[上上大波羅密]'을 구하여 저 뛰어난 행법을 섭취하기 때문이다. 다음의 힘의 바라밀 중에 이런 지혜를 쓰는 연고로 보시 등의 장애를 아주 떠나게 된다. 그러므로 저의 동요에 영향 받지 않는다. 지혜 중에 이런 지혜로 인해 보시 등의 온갖 종류의 차별을 실답게 깨달아서 중생을 교화하기 때문이다. 이런 네 가지 양상은 모두 작용으로부터 세운 명칭이다. 통틀어 앞의 육바라밀을 성취한 것이요, 또한 개별적으로 앞의 여섯 가지를 성립한 등은 아울러 제1 적

멸도량법회에서 밝힌 내용과 같다.[21] 한 생각 사이에 십바라밀을 구족하고 생각 생각에 모두 그러하였으니, 처음 발심하여 수행해 오다가 여기에 이르러서 비로소 얻게 된다.

[鈔] 一念具十下는 明得分齊니 初心圓觀에 亦卽修此라 今此는 證得일새 七地에 特明이니라

● 一念具十 아래는 범주를 밝힘이니 처음 발심할 때에 원만하게 관조하고 또한 이렇게 닦는다. 지금 여기서 증득하므로 제7지에 특별히 밝힌 것이다.

ㄹ. 보리의 부분법의 차별[菩提分差別] 2.
ㄱ) 과목 나누기[科判] (四菩 83下1)

佛子여 此十波羅蜜을 菩薩이 於念念中에 皆得具足하며 如是四攝과 四持와 三十七品과 二解脫門과 略說乃至 一切菩提分法을 於念念中에 皆悉圓滿이니라

불자여, 이 열 가지 바라밀다는 보살이 생각마다 모두 구족하였으며, 이와 같이 네 가지 포섭하는 법, 네 가지 총지, 37가지 도를 돕는 법, 세 가지 해탈문과, 내지 일체 보리의 부분법을 생각 생각마다 모두 원만하니라."

[疏] 四, 菩提分差別中에 有四種相하니 前, 二는 攝善이오 後, 二는 離過라

---

21) 세주묘엄품의 내용이다.(辰字卷下; 18장上9-)

■ ㄹ. 보리의 부분법을 밝힘 가운데 네 가지 양상이 있으니 앞의 둘은 선근을 포섭함이요, 뒤의 둘은 허물을 여읨이다.

ㄴ) 과목에 따라 해석하다[隨釋] 4.
(ㄱ) 첫째 구절은 대승의 행법에 의지하다[明第一句] (一依 83下2)
(ㄴ) 둘째 구절은 사섭법을 밝히다[明第二句] (二四)

[疏] 一, 依大乘行이니 謂十度自利니 此卽大義結文이라 爲顯十度가 通二義故니 論將屬後하야 巧用經文이라 二, 四攝者는 卽依敎化衆生이오

■ (ㄱ) 첫째 구절은 대승의 행법에 의지함이니 십바라밀의 자리행(自利行)을 말한다. 이는 큰 이치로 결론한 문장이다. 십바라밀이 두 가지 이치에 통함을 밝히기 위한 까닭이니 논경에는 뒤에 배속하여 경문을 잘 사용하였다. (ㄴ) '네 가지로 포섭하는 법'이란 곧 교도에 의지하여 중생을 교화함이요,

[鈔] 爲顯十度下는 一, 成義利니 卽前利他요 二, 求菩提니 卽今自利라 結文은 是一이나 而義兩成일새 故云巧用이니라

● 1) 爲顯十度 아래는 이치와 이익을 성립함이니 곧 앞의 이타행(利他行)이요, 2) 보리를 구함이니 곧 지금의 자리행(自利行)이다. 결론한 문장은 하나이지만 뜻으로는 두 가지를 이루었으므로 '잘 사용한다'고 말한다.

(ㄷ) 셋째 구절은 네 가지 총지를 밝히다[明第三句] 7.

a. 뒤의 이해할 대상과 구분하다[揀後所知] (三四 83下7)
b. 미혹을 정화하는 요점을 밝히다[顯淨惑] (謂依)
c. 총합적인 명칭 해석[釋總名] (任持)
d. 다른 명칭을 내보이다[出異名] (亦名)

[疏] 三, 四持等은 卽依煩惱障增上淨故니 謂依四持하야 爲所住處하고 以三解脫로 爲所依門이라 修行三十七品에 則得煩惱障淨하야 任持自分일새 故名爲持라 亦名四家니 所住處故라

■ (ㄷ) '네 가지 총지' 등은 곧 번뇌장이 뛰어나게 깨끗해짐을 의지한 까닭이다. 말하자면 네 가지 총지(總持)를 의지하여 머무는 곳을 삼고, 세 가지 해탈문으로 의지할 법문을 삼는다. 37가지 보리분법을 수행할 적에 번뇌장이 깨끗해짐을 얻어서 자분(自分)에 맡겨 간직하는 까닭에 '간직한다'고 하였다. 또 네 가지 가문[四家]이라고 이름하나니 머무는 곳이기 때문이다.

e. 네 가지 가문의 체성과 양상[釋四體相] (四者)
f. 네 가지 이치로 결론하다[結成四義] (由初)
g. 지위에 의지해 구분하다[約位分別] (若約)

[疏] 四者는 一, 般若家니 此是能照요 二者, 諦家니 卽是所照요 三, 捨煩惱家요 四, 苦淸淨家라 由初二勝業하야 離此惑苦니라 若約別說인대 初一은 見道前이오 次三은 卽見修無學이니라

■ '네 가지 가문'이란 (1) 반야의 가문이니 이는 비추는 주체이고, (2) 진리의 가문이니 곧 비출 대상이요, (3) 번뇌를 버린 가문이요, (4) 고

통에서 깨끗해진 가문이다. 처음 두 가지 뛰어난 업[37 보리분법과 세 가지 해탈문]으로 인해 이런 의혹과 고통을 여의게 된다. 만일 개별적인 설명에 의지한다면 (1) 반야의 가문은 견도 이전이요, 다음의 셋인 (2) 진리의 가문 (3) 번뇌를 버린 가문 (4) 고통에서 깨끗해진 가문은 각기 견도위와 수도위와 무학위(無學位)를 가리킨다.

[鈔] 三, 四持等者는 等取三十七品과 三解脫門이라 疏文有七하니 一, 標別所治하야 揀後所知오 二, 謂依四持下는 顯淨惑要니 由此三法하야 方能淨故라 三, 任持下는 釋總名이니 揀非勝進하야 云持自分이라 四, 亦名四家下는 出異名이라 所住處故者는 釋成家義니 亦可得名四種住處니 謂智住處等이며 亦名成位處라 五, 四者下는 釋四體相이니 即就家釋이라 六, 由初二下는 結成四義니 由般若照諦하야 名初二業이니 得惑滅苦淨일새 故有四也라 七, 若約別說下는 約位分別이니 則初를 亦名智位요 二는 見實位요 三은 斷惑位요 四는 證滅位라 然其此四가 通於諸位니 故로 云若約別說인대 以配四位耳니라

● '(ㄷ) 네 가지 총지' 등이란 평등하게 37가지 보리분법과 세 가지 해탈문을 취한 내용이다. 소의 문장에 일곱 가지이니 a. 다스릴 대상과 다름을 표방하여 뒤의 이해할 대상과 구분함이요, b. 謂依四持 아래는 미혹을 정화하는 요점을 밝힘이니, 이런 세 가지 법으로 인해 비로소 정화할 수 있기 때문이다. c. 任持 아래는 총합적인 명칭 해석이니, 승진(勝進)이 아님을 구분하려고 자분(自分)이라 하였다. d. 亦名四家 아래는 다른 명칭을 내보임이다. '머무는 곳이기 때문'이란 가문의 뜻을 설명한 내용이니 또한 네 가지 머물 곳이라고 이름 지을 수도 있다. 말하자면 지혜가 머무는 곳 따위나 또한 지위를 이루는 곳

이라고도 한다. e. 四者 아래는 네 가지 가문의 체성과 양상을 설명함이니 곧 가문에 입각한 설명이다. f. 由初 아래는 네 가지 이치로 결론함이다. 반야가 진리를 비춤으로 인해 처음과 둘째의 업이라 하였으니 미혹이 없어지면 고통이 정화되는 연고로 네 가지이다. g. 若約別說 아래는 지위에 의지해 구분함이니 (1) 지혜의 지위 (2) 실법을 발견한 지위[見實位] (3) 미혹을 단절한 지위 (4) 열반을 증득한 지위라 부른다. 그러나 이런 네 가지가 모든 지위에 통하는 까닭에 "만일 별상에 의지하여 설명한다면 네 가지 지위에 배대했을 뿐이다"라고 하였다.

(ㄹ) 넷째 구절은 지적인 장애가 깨끗해짐을 밝히다[明第四句]

(四略 84下2)

[疏] 四, 略說下는 依智障淸淨이니 以無所不具일새 故離塵沙無明이니라
■ (ㄹ) 略說 아래는 지적인 장애가 깨끗해짐에 의지한 내용이니, 온갖 것을 다 구비하였으므로 티끌이나 모래와 같은 무명을 여의는 것이다.

라) 앞과 뒤의 지보다 뛰어남을 밝히다[前上地勝差別] 2.

(가) 과목 나누기[分科] (第四 84下7)

爾時에 解脫月菩薩이 問金剛藏菩薩言하시되 佛子여 菩薩이 但於此第七地中에 滿足一切菩提分法이닛가 爲諸

地中에도 亦能滿足이닛가

그때 해탈월보살이 금강장보살에게 물었다. "불자여, 보살이 제7지에서만 일체 보리의 부분법을 만족합니까? 여러 지에서도 모두 만족합니까?"

❖ 제6회 십지품 제7 遠行地 (科圖 26-76)

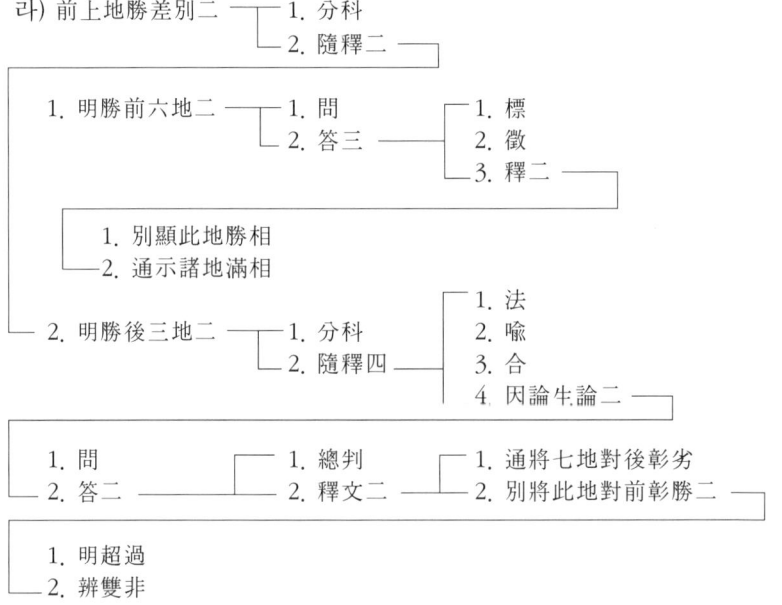

[疏] 第四, 爾時解脫月下는 前上地勝差別中에 二니 初, 明勝前六地요 二, 何以故菩薩從初下는 明勝後三地라 勝은 卽增上義니라 前中에 二니

■ 라) 爾時解脫月 아래는 앞과 뒤의 지(地)보다 뛰어남을 밝힘 중에 ㄱ. 앞의 여섯 지보다 뛰어남을 밝힘이요, ㄴ. 何以故菩薩로부터 아

래는 뒤의 세 지보다 뛰어남을 밝힘이다. 뛰어남은 곧 '더 낫다'는 뜻
이다. ㄱ. 중에 둘이다.

(나) 과목에 따라 해석하다[隨釋] 2.
ㄱ. 앞의 여섯 지보다 뛰어나다[明勝前六地] 2.
ㄱ) 질문하다[問] (先問 84下9)

[疏] 先, 問이니 問意에 云, 若先已具인대 此何獨言이며 若先未具인대 何
得成此아
- ㄱ) 질문함이다. 질문한 의미를 말하면, "만일 앞에서 구비하였다면 어찌하여 이 제7지에서만 말하는가? 만일 앞에서 구비하지 못했다면 어째서 이 지(地)에서 이루는가?"

[鈔] 第四, 前上地勝이라 先問意云等者는 從前의 一切菩提分法을 念念
에 皆悉圓滿中生이라 問意는 可知로다
- 라) 앞의 여섯 지나 뒤의 세 지보다 뛰어남이다. ㄱ) 질문함에서 意云 등이란 앞의 모든 보리의 부분법을 생각마다 모두 원만함에서 생겨난 것이다. 질문한 의미는 알 수 있으리라.

ㄴ) 대답하다[答] 3.
(ㄱ) 표방하다[標] (經/金剛 85上2)
(ㄴ) 질문하다[徵] (經/何以)

金剛藏菩薩이 言하시되 佛子여 菩薩이 於十地中에 皆能

滿足菩提分法이나 然이나 第七地가 最爲殊勝이니라 何以故오 此第七地功用行滿하여야 得入智慧自在行故니라 금강장보살이 말하였다. "불자여, 보살이 십지 중에서 보리의 부분법을 모두 만족하지마는, 제7지에서 가장 수승하니라. 왜냐하면 이 제7지에서 공용의 행이 만족하여서 지혜의 자재하는 행에 들어가게 되는 연고이니라.

[疏] 後, 答中에 三이니 初는 標요 次는 徵이요 後는 釋이라 釋中에 二니
- ㄴ) 대답함이다. 그중에 셋이니 (ㄱ) 표방함이요, (ㄴ) 질문함이요, (ㄷ) 설명함이다. (ㄷ) 설명함에 둘이다.

(ㄷ) 설명하다[釋] 2.
a. 이 제7지의 뛰어난 양상을 별도로 밝히다[別顯此地勝相]
(先別 85上5)

[疏] 先, 別顯此地勝相이라 功用行滿은 卽自分滿足이오 得入下는 勝進趣後니 由此二義일새 故能勝前이라 智慧는 卽八地證智요 自在는 卽五通大用大自在等이라
- a. 이 제7지의 뛰어난 양상을 별도로 밝힘이다. (1) '공용의 행법이 원만함'은 곧 자분(自分)이 만족한 것이요, (2) 得入 아래는 승진하여 뒤로 나아감이니, 이런 두 가지 이치로 인하여 앞보다 뛰어날 수 있다. 지혜는 곧 제8지에서 증득할 지혜이고, 자재로움은 곧 다섯 가지 신통과 같은 큰 작용과 크게 자재함 등이다.

[鈔] 得入下는 勝進趣後者는 經中에 但云得入智慧自在行故라하고 論經에 云,[22] 得入智慧神通行故라하나니 論釋에 云호대 通者는 五神通이오 智者는 如前說이라하나니 釋曰, 如前十方便智를 上七地修하야 此十智를 至於八地하야 無功而成이 似於此地일새 故得指之라 然이나 論의 神通이 卽今自在니라 疏全[23]二經일새 故以自在로 指十自在니 十自在가 亦神通故니라

● '得入 아래는 승진하여 뒤로 나아감'이란 경문 중에는 단지 "지혜로 자재한 행법에 들어가기 때문"이라고만 하였고, 논경에서는 "지혜와 신통한 행법에 들어가기 때문이다"라고 하였다. 논경의 해석에는, "통함이란 다섯 가지의 신통이요, 지혜란 앞에서 설명한 것과 같다"고 하였다. 해석한다면 앞의 열 가지 방편의 지혜를 위의 제7지에서 닦는 것과 같아서 이런 열 가지 지혜를 8지에 이르러 공용 없이 이루는 것이 이 제7지와 같으므로 지적한 것이다. 그러나 논경의 '신통'은 본경의 '자재'를 가리킨다. 소에서 두 경전을 회통하였으므로 자재는 열 가지 자재를 가리켰고, 열 가지 자재함이 또한 신통인 까닭이다.

b. 통틀어 여러 지의 만족한 양상을 보이다[通示諸地滿相] 3.
a) 경문의 뜻을 총합하여 보여 주다[總示文義] (二佛 85下9)

佛子여 菩薩이 於初地中에 緣一切佛法願求故로 滿足菩提分法하며 第二地에 離心垢故며 第三地에 願轉增長하여 得法光明故며 第四地에 入道故며 第五地에 順世所作故며 第六地에 入甚深法門故며 第七地에 起一切佛

---

22) 云下에 南續金本有乃字誤, 原本及論經無.
23) 全은 遺忘記에 云, 疏全의 全은 作會.(『三家本私記』遺忘記 p.334-)

法故로 皆亦滿足菩提分法이니라

불자여, 보살이 초지에서는 일체 불법을 상대하고는 원을 세워 구하므로 보리의 부분법을 만족하며, 제2지에서는 마음의 때를 여의는 연고며, 제3지에서는 원이 더욱 증장하여 법의 광명을 얻은 연고며, 제4지에서는 도에 들어가는 연고며, 제5지에서는 세상의 하는 일을 따르는 연고며, 제6지에서는 깊은 법문에 들어가는 연고며, 제7지에서는 일체 불법을 일으키는 연고로, 모두 보리의 부분법을 만족하느니라.

[疏] 二, 佛子下는 通示諸地滿相이니 卽遠釋十地皆滿足言이며 近釋七地功用滿語라

- b. 佛子 아래는 통틀어 여러 지(地)의 만족한 양상을 보임이다. 곧 멀리는 열 가지 지(地)에서 모두 만족이란 단어를 해석하였고, 가까이는 제7지에서 공용이 만족했다는 단어를 해석한 내용이다.

b) 논경을 거론하여 묻고 해석하다[擧論徵釋] (故論 85下10)

[疏] 故로 論에 徵云호대 云何此地中에 方便行이 滿足고하나니 方便은 卽功用也니 具十方便故라 論에 自釋云호대 彼餘世間出世間中에 更起殊勝行하니 是故로 此七地中에 起一切佛法故者는 謂前三은 世間이오 次三은 出世어니와 此則更互各一殊勝行이 今一切中에 具起일새 所以名滿이라

- 그러므로 논경에서 묻되, "어째서 이 제7지 중에 방편행이 만족하였는가?"라 하였으니 방편은 곧 공용을 뜻한다. 열 가지 방편을 구비

한 까닭이다. 논경에서 스스로, "저 나머지 세간과 출세간에서 다시 번갈아 뛰어난 행법을 일으키나니 이런 까닭에 이 7지 중에 온갖 불법을 일으키기 때문이다"라 해석한 것은, 말하자면 앞의 셋은 세간이요, 다음의 셋은 출세간이다. 그렇다면 다시 번갈아 각기 하나의 뛰어난 행법이 지금 온갖 것에서 구비되어 일어나므로 '만족한다'고 말하였다.

[鈔] 二通示諸地滿相等者는 疏文有三하니 一, 總示文意요 二, 故論徵下는 擧論徵釋하야 以成前義요 三, 初地願中下는 正釋經文이라
- b. '통틀어 여러 지(地)의 만족한 양상을 보인다'는 등이란 소의 문장에 셋이 있으니 a) 경문의 뜻을 총합하여 보여 줌이요, b) 故論徵 아래는 논경을 거론하여 묻고 해석하여 앞의 이치를 성립함이요, c) 初地願中 아래는 바로 경문을 해석함이다.

c) 바로 경문을 해석하다[正釋經文] 2.
(a) 초지에서 제3지까지 분별하다[辨初三地] (初地 86上6)

[疏] 初地는 願中에 具요 二地는 戒中에 具요 三地는 聞中에 具라 而云願增長者는 欲依如來智慧하야 利衆生故라 餘는 可知로다
- 초지에서는 서원 가운데 구비함이요, 제2지에서는 계법 가운데 구비함이요, 제3지에서는 법문을 듣는 속에 구비한다. 그리고 '서원이 더욱 늘어난다'고 말한 것은 부처님의 지혜에 의지하여 중생을 이익되게 하려는 까닭이다. 나머지는 알 수 있으리라.

[鈔] 欲依如來智가 卽求願義니라
● 부처님의 지혜에 의지하려 함이 곧 서원을 구한다는 뜻이다.

(b) 뒤의 네 지(地)에 대해 분별하다[辨後四地] (七地 86上9)

[疏] 七地一切者는 瑜伽論中에 說佛功德을 七地에 皆得하고 八地에 成就하고 九地에 具足하고 十地에 圓滿이라하나니 有少餘障에 未名淸淨이오 離已에 卽是淸淨菩提니라
■ '제7지의 모든 것'이란 『유가사지론』에서는 "부처님의 공덕을 제7지에서 모두 얻고, 제8지에서 성취하고 제9지에 구족하고 제10지에 원만하게 된다"고 말하였다. 남은 장애가 조금이라도 있으면 '청정하다'고 할 수 없고, 여의고 나면 곧 '청정한 깨달음[淸淨菩提]'이 된다.

[鈔] 有少餘障下는 卽果累無常인 微細習氣故니라
● 有少餘障 아래는 곧 과행의 번뇌인 항상함이 없는 미세한 습기이다.

ㄴ. 뒤의 세 지(地)보다 뛰어남을 밝히다[明勝後三地] 2.
ㄱ) 과목 나누기[分科] (二明 86下9)

[疏] 二, 明勝後三地라 文中에 四니 一은 法이오 二는 喩요 三은 合이오 四는 因論生論이라 今初니 先은 徵이오 後는 釋이라
■ ㄴ. 뒤의 세 지(地)보다 뛰어남을 밝힘이다. 경문에 넷이니 (ㄱ) 법으로 설함이요, (ㄴ) 비유로 밝힘이요, (ㄷ) 법과 비유를 합함이요, (ㄹ) 논경으로 인해 논의가 생겨남이다. 지금은 (ㄱ)이니 a. 질문함

이요, b. 해석함이다.

ㄴ) 과목에 따라 해석하다[隨釋] 4.

(ㄱ) 법으로 설하다[法] 2.
a. 질문하다[徵] (徵意 86下10)
b. 해석하다[釋] (釋云)

何以故오 菩薩이 從初地로 乃至第七地하여야 成就智功用分이니 以此力故로 從第八地로 乃至第十地히 無功用行을 皆悉成就니라
왜냐하면 보살이 초지로부터 제7지에 이르도록 지혜의 공용 있는 부분을 성취하는 것이며, 이 공용의 힘으로 제8지에 들어가서 제10지에 이르도록 공용이 없는 행을 모두 성취하느니라.

[疏] 徵意에 云, 何以前六은 各一이로대 至七하야 方具一切인고 釋云, 從初積集하야 至此成故니 此酬前徵이라 由此하야 便能令後三地勝行으로 成就하니 斯乃勝後라 勝前은 但約能入八地요 勝後는 令後地無功行成하야 乃至十地는 要由積功하야사 以至無功之功故니라
■ a. 질문함이다. 의미로 말하면, "어째서 앞의 여섯은 각기 하나인데 제7지에 이르러 비로소 모든 것을 구비하는가?" 해석하자면 "처음 쌓고 모으면서부터 이 제7지에 가서 이루기 때문이니 여기서 앞의 의문에 대답한다. 이로 인해 문득 능히 뒤의 세 지(地)의 뛰어난 행법을 성

취하게 할 수 있으니, 이런 점이 뒤의 세 지보다 뛰어나다. '앞보다 뛰어나다'는 것은 단지 능히 제8지에 들어갈 수 있다는 점에만 의지한 것이요, '뒤의 세 지보다 뛰어나다'는 것은 뒤의 지에서 공용 없는 행법을 성취하게 하고 나아가 제10지에는 공용을 쌓으려고 함으로 인해 공용 없는 공덕에 도달하기 때문이다.

[鈔] 要由積功者는 結成勝後地義니 後地無功用이 因於此地功用成일새 故로 名之爲勝이언정 非行體가 勝이니라
● '공용을 쌓으려고 한다'는 것은 뒤의 지(地)보다 뛰어난 이치를 결론한 내용이니, 뒤 지(地)의 공용 없는 행법이 이 제7지의 공용이 성취됨에 기인하기 때문에 '뛰어나다'고 말하는 것이지 행법의 체성이 뛰어나다는 뜻은 아니다.

(ㄴ) 비유로 밝히다[喩] (經/譬如 86下5)

佛子여 譬如有二世界하되 一處는 雜染이며 一處는 純淨이라 是二中間을 難可得過니 唯除菩薩의 有大方便神通願力인달하니라
불자여, 비유하면 여기 두 세계가 있는데, 한 곳은 물들었고 한 곳은 청정하거든, 두 세계의 중간이 지나가기 어렵거니와, 다만 보살로서 큰 방편과 신통과 원과 힘이 있는 이는 말할 것 없느니라.

(ㄷ) 법과 비유를 합하다[合] (合中 87上7)

佛子여 菩薩諸地도 亦復如是하여 有雜染行하며 有淸淨行이라 是二中間을 難可得過니 唯除菩薩의 有大願力方便智慧하여 乃能得過니라

불자여, 보살의 여러 지도 이와 같아서 물든 행도 있고 청정한 행도 있거든, 이 두 지의 중간이 지나가기 어렵거니와, 오직 보살로서 큰 원과 힘과 방편과 지혜가 있는 이라야 능히 지나갈 수 있느니라."

[疏] 合中에 有雜染行은 合雜染世界라 然有二義하니 一은 卽前六이오 二는 通前七이라 有淸淨行은 合純淨界니 卽後三地라 中間難過에 亦有二義하니 一, 若六地爲雜인대 則七地가 爲中間이오 若七地가 皆雜인대 則從七至八을 卽曰中間이라 難過者는 猶娑婆之於極樂이 淨穢域絶이니 前六과 後三의 難過는 亦爾라 要得此地의 大願方便하야사 方能越之니 淨由此到요 染由此過일새 故此一地가 最爲勝要니라

■ (ㄷ) 법과 비유를 합함 가운데 '물는 행법도 있다'는 것은 물든 세계에 합한 부분이다. 여기에 두 가지 이치가 있으니 첫째, 앞의 여섯 지요, 둘째, 앞의 일곱 지와 통함이다. '청정한 행법도 있다'는 것은 순수하고 깨끗한 세계에 합한 부분이니 곧 뒤의 세 지(地)가 해당된다. 중간의 지나기 어려움에도 두 가지 이치가 있다. (1) 만일 여섯 지로 잡염을 삼는다면 제7지가 중간이 되고, 만일 일곱 지가 모두 잡염이라면 제7지에서 제8지까지를 곧 중간이라 해야 할 것이다. '지나기 어렵다'는 것은 마치 사바세계에서 극락세계로 가는 것은 정토와 예토의 영역으로 단절되어 있는 것과 같나니, 앞의 여섯 지와 뒤의 세 지가 지나기 어려움도 마찬가지이다. 이 제7지에서 큰 서원의 방편을

얻으려고 노력해야만 비로소 능히 넘어갈 수 있으니, 정토는 이 제7지로 인해 도달할 수 있고, 예토는 이 제7지로 인해 지나갈 수 있으므로 이 한 지가 가장 뛰어나고 중요하다는 뜻이다.

[鈔] 一若六地下는 通論染淨이라 乃有四門하니 一云, 外凡은 人位니 說爲純染이오 善趣已上과 乃至解行은 名爲染淨이오 初地已上은 乃名純淨이라 二, 善趣도 亦染이오 種姓已上은 爲染淨이오 純淨은 同前하니라 三者, 地前은 皆染이오 初地로 至七地는 亦[24]名染淨이오 八地已上은 乃名純淨이라 四, 染義는 如前이오 十地는 皆染淨이오 佛은 爲純淨이니 今是第三門耳니라

● 一若六地 아래는 논경의 잡염과 청정에 통한다. 여기에 네 개의 문이 있으니 1) 외도와 범부는 사람의 지위이니 '순수한 잡염세계'이고, 착한 세계[善趣] 이상부터 해행지(解行地)까지를 '잡염과 청정이 섞인 세계'라 칭하고, 초지 이상을 '순수한 청정세계'라 칭한다. 2) 착한 세계도 역시 잡염세계이고 종성지(種性地)[25] 이상은 잡염과 정정이 섞인 세계로 삼고, 순수한 청정세계는 앞의 주장과 같다. 3) 십지 이전은 모두 잡염세계이고, 초지에서 제7지까지를 잡염과 청정이 섞인 세계라 하고, 제8지 이상을 비로소 순수한 청정세계라 이름한다. 4) 잡염의 뜻은 앞의 주장과 같은데 십지위(十地位)는 모두 잡염과 청정이 섞인

---

24) 亦은 甲南續金本作乃.
25) 種性地: 種性은 범어 gotra의 번역이며, 種姓이라고도 한다. 성문·연각·보살의 3승이 각각의 깨달음을 開得하는 종자가 되는 본래적 素性, 素質을 말한다. 여기에 선천적으로 갖추는 本性住種性과 후천적 수행에 의해 갖추는 習所成種性이 있다. 『仁王經』上에는 習種性, 性種性, 道種性을 세워 보살의 十信心, 十住心, 十堅心에 배당하였고, 『瓔珞經』上에는 習種性, 性種性, 道種性, 聖種性, 等覺性, 妙覺性을 세워 보살의 十信, 十住, 十行, 十廻向, 十地, 等覺, 妙覺을 배당하였다. 이 중 妙覺性을 제외하여 5종성(種性)이라 칭한다. (불교학대사전 p.1564-)

세계이고, 불지(佛地)가 순수한 청정세계이니 여기서는 셋째 문에 의지한다.

(ㄹ) 논경으로 인해 논의가 생겨나다[因論生論] 2.
a. 질문하다[問] (四因 88上1)

解脫月菩薩이 言하시되 佛子여 此七地菩薩이 爲是染行가 爲是淨行이니잇가
해탈월보살이 물었다. "불자여, 이 제7지 보살은 물든 행입니까, 청정한 행입니까?"

[疏] 四, 因論生論이라 中에 先은 問이오 後는 答이라 問意에 云, 前後는 可知어니와 但言中間은 爲何所屬고
■ (ㄹ) 논경으로 인해 논의가 생겨남이다. 그중에 a. 질문함이요, b. 대답함이다. a. 질문한 뜻을 말한다면, "앞뒤의 주장은 알 수 있겠는데 단지 중간이라 말한 것은 어디에 소속되는가?"

b. 대답하다[答] 2.
a) 총합하여 과목 나누다[總判] (答意 88上6)

[疏] 答意에 明非染非淨이라 亦得名爲亦染亦淨이니 故名中間이라 於中에 二니 先은 通將七地하야 對後彰劣이라 攝此第七通於染淨하야 則成前七地가 皆是染淨相雜이오 非純染行이라 故로 論에 云, 從初地來로 離一切煩惱하야 示現如是일새 此地를 名爲染淨이니 非染行故

라하니라

二, 佛子此第七下는 別將此地하야 對前彰勝이니 顯此第七이 雙非染淨故로 成前第七이 是中間義라

■ b. 대답한 의미에 잡염도 아니고 청정도 아님을 밝혔다. 또한 잡염이기도 하고 청정이기도 하므로 중간이라고 칭하였다. 그중에 둘이니

(a) 통틀어 제7지를 가져서 뒤의 지와 상대하여 열등하다고 밝힌 부분이다. 이 제7지를 섭수하여 잡염과 청정에 통하면 앞의 일곱 지가 모두 잡염과 청정이 서로 섞임을 이룬 것이요, 순수한 잡염의 수행이 아닐 것이다. 그러므로 논경에서는, "초지에서부터 온갖 번뇌를 멀리 여읨을 보여 줌이 이와 같다. 이 지(地)를 이름하여 '잡염과 청정'이라 하지만 '잡염된 수행[染行]'이라 하지는 않는다"고 해석하였다.

(b) 佛子此第七 아래는 따로 이 제7지를 가져서 앞과 상대하여 뛰어남을 밝힘이니, 이 제7지가 잡염과 청정도 모두 아님을 밝혔으므로 앞에서 제7지가 중간이란 뜻이 성립된다.

[鈔] 如是此地者[26]는 謂約行에 非染이오 約位에 在染中이라

● 如是此地란 말하자면 수행을 의지하면 잡염이 아니요, 지위를 의지하면 잡염인 것이다.

b) 경문 해석[釋文] 2.

(a) 통틀어 일곱 지를 가져 뒤와 상대하여 열등함을 밝히다
[通將七地對後彰劣] 3.

㊀ 법으로 설하다[法] (今初 88下3)

---

26) 上五字는 甲南續金本作示現如是下.

金剛藏菩薩이 言하시되 佛子여 從初地로 至七地히 所行諸行이 皆捨離煩惱業이니 以廻向無上菩提故며 分得平等道故라 然이나 未名爲超煩惱行이니

금강장보살이 말하였다. "불자여, 초지로부터 제7지에 이르도록 수행하는 여러 행이, 모두 번뇌의 업을 떠나서 위가 없는 보리로 회향하는 것이므로, 부분적으로 평등한 도를 얻었거니와, 그러나 번뇌를 초과한 행이라고는 이름하지 못하느니라.

[疏] 今初通中에 有法과 喩와 合하니 法中에 初標離惑業은 顯是淨故라 次, 以廻向下는 釋上淨義니 以二因故라 後, 然未下는 卽由上二하야 顯同前染이오 非報行故니라

■ 지금 (a) 통틀어 열등함을 밝힌 가운데 ㉠ 법으로 설함과 ㉡ 비유로 밝힘과 ㉢ 법과 비유를 합함이 있다. ㉠ 법으로 설함 중에 ① 미혹을 여읜 법을 표방하는 것은 청정함을 밝히기 위함이다. ② 以廻向 아래는 위의 청정의 뜻을 해석함이니 두 가지 원인 때문이다. ③ 然未 아래는 곧 위의 두 가지로 인해 앞의 잡염과 같으며 타고난 것이 아님을 밝힌 까닭이다.

[鈔] 以二因故者는 二因은 卽經中의 一, 以廻向菩提故요 二, 分得平等道故라 後然未下는 卽經然未名爲超煩惱行이라 疏今釋云호대 由上二因하야 故非超也라 上用二因하야 得名淸淨하야 成於行淨이어니와 今以二因으로 却同染者는 旣因廻向과 及分平等하야 而得淨名하니 明非淨位라 故同於染하야 不同八地의 報行淨也니라

● '두 가지 원인 때문'이란 두 가지 원인은 곧 경문 속의 1) 보리에 회향하기 때문이요, 2) 부분적으로 평등한 도를 얻기 위함을 가리킨다. ③ 然未 아래는 곧 경문의 '그래도 번뇌를 초과한 행법이라 이름하지 않는다'고 한 대목이다. 소가가 지금 해석하되, "위의 두 가지 원인으로 인한 까닭에 초과하지 못한 것이다." 위에서 두 가지 원인을 써서 '청정하다'고 이름하여 '수행이 청정함'을 성취했지만, 지금 '두 가지로 인해 도리어 잡염과 같다'고 말한 것은 이미 회향과 부분적인 평등함으로 인하여 '청정하다'는 명칭을 얻었으니 청정한 지위가 아님을 밝혔다. 그래서 잡염과 같나니 8지의 '타고난 청정함[報行淨]'과는 같지 않다.

㈢ 비유로 밝히다[喩] (次喩 89上5)

佛子여 譬如轉輪聖王이 乘天象寶하고 遊四天下에 知有貧窮困苦之人하여 而不爲彼衆患所染이나 然이나 未名爲超過人位어니와 若捨王身하고 生於梵世하여 乘天宮殿하여 見千世界하며 遊千世界하여 示現梵天의 光明威德하면 爾乃名爲超過人位인달하니라

불자여, 마치 전륜성왕이 하늘 코끼리를 타고 사천하로 다닐 적에, 빈궁하고 곤란한 사람이 있는 줄을 알면서도 그들의 걱정에 물들지 않지마는 그래도 인간의 지위를 초과하였다고는 이름하지 않느니라. 만일 전륜성왕의 몸을 버리고 범천에 태어나서 하늘 궁전을 타고 천 세계를 보면서 천 세계에 다닐 적에, 범천의 광명과 위력을 나타내면, 그제야

인간의 지위를 초과하였다고 이름하느니라.

[疏] 次, 喩中에 輪王은 喩七地隨分이니 捨功用道故라 梵王은 喩於八地니 報得初禪하야 遊千界故라 然이나 法中에 對問은 但明[27]前七이오 喩中에는 擧勝顯劣일새 故兼明上地니라
- ㊂ 비유로 밝힘 중에 전륜성왕은 제7지의 분수에 따른 것에 비유하였으니 공용의 도(道)를 버린 까닭이다. 범천왕은 제8지에 비유하였으니 초선천(初禪天)에 보답으로 태어나 천 개의 세계를 다니는 까닭이다. 그러나 법에서 질문에 상대한 부분은 단지 앞의 일곱만을 밝힌 것이요, 비유에서 뛰어남을 거론하여 열등함을 밝혔으므로 겸하여 위의 지를 밝힌 것이 된다.

[鈔] 次, 喩中輪王은 喩七地隨分者는 略擧其要니 此是行淨義니 揀異梵王의 報得淸淨耳라 然이나 準合中하면 二喩에 各有五節하니 至下當知니라 然云梵王이 遊千界者는 卽千四天下라 準俱舍論인대 二禪은 量等小千하고 三禪은 等中千하고 四禪은 等大千이라하며 婆沙有義에는 初禪之量이 卽等小千이라하니 故生梵世하야 得遊千界를 可知로다
- ㊂ '비유 중에 전륜성왕은 제7지의 분수에 따른 것에 비유한다'는 것은 대략 그 요점을 거론함이다. 이것은 '수행이 청정하다[行淨]'는 뜻이니, 범천왕의 타고난 청정과 구분 지은 것일 뿐이다. 그러나 ㊂ 법과 비유를 합함에 준해 보면 두 가지 비유[輪王喩와 梵王喩]에 각기 다섯 가지 단락이 있으니, 아래에 가면 알게 될 것이다. 그러나 '범천왕이 천 세계에 다닌다'고 말한 것은 곧 천 개의 사천하를 뜻한다. 『구

---
[27] 明은 續金本作名誤.

사론』에 준해 보면 "이선천(二禪天)은 분량이 소천세계와 같고, 삼선천(三禪天)은 중천세계와 같고, 사선천(四禪天)은 대천세계와 같다"고 하였고, 『비바사론』의 어떤 주장에는 "초선천의 분량이 소천세계와 같다"고 하였으니, 따라서 '범천세계에 태어나 천 세계에 다닌다'는 말은 알 수 있으리라.

㈢ 법과 비유를 합하다[合] (合文 89下9)

佛子여 菩薩도 亦復如是하여 始從初地로 至於七地히 乘波羅蜜乘하고 遊行世間에 知諸世間煩惱過患하여 以乘正道故로 不爲煩惱過失所染이나 然이나 未名爲超煩惱行이어니와 若捨一切有功用行하고 從第七地로 入第八地하여 乘菩薩淸淨乘하고 遊行世間에 知煩惱過失하여 不爲所染하면 爾乃名爲超煩惱行이니 以得一切盡超過故니라

불자여, 보살도 그와 같으니라. 처음 초지로부터 제7지에 이르도록 바라밀다를 타고 세간을 다닐 적에, 세간의 번뇌와 근심을 알면서도, 바른 도를 탔으므로 번뇌의 허물에 물들지는 않지마는, 번뇌를 초과한 행이라고는 이름하지 못하느니라. 만일 일체 공용 있는 행을 버리고 제7지로부터 제8지에 들어가서 보살의 청정한 법을 타고 세간을 다닐 적에는, 번뇌의 허물을 알지마는 거기에 물들지 아니하나니, 그때에야 번뇌를 초과한 행이라 이름하리니, 온갖 것을 모두 초과한 연고이니라.

[疏] 合文은 準此可知니라
- ㈢ 법과 비유를 합함의 문장은 이 경문에 준해 보면 알 수 있으리라.

(b) 따로 제7지가 앞과 상대하여 뛰어남을 밝히다[別將此地對前彰勝] 2.
㈠ 뛰어넘음을 밝히다[明超過] 2.
① 총합하여 해석하다[總釋] (第二 90上3)

佛子여 此第七地菩薩이 盡超過多貪等諸煩惱衆하고 住此地에 不名有煩惱者며 不名無煩惱者니 何以故오 一切煩惱가 不現行故로 不名有者며 求如來智心이 未滿故로 不名無者니라

불자여, 이 제7지 보살이 탐욕이 많은 따위의 번뇌들을 모두 초과하여 이 지에 머물면, 번뇌가 있는 이라 이름하지도 않고 번뇌가 없는 이라 이름하지도 않느니라. 왜냐하면 일체 번뇌가 현재에 행하지 아니하므로 있는 이라 하지도 않고, 여래의 지혜를 구하는 마음이 아직 만족하지 못하였으므로 없는 이라 하지도 않느니라.

[疏] 第二, 別明此地雙非染淨이라 初는 總明이니 盡超過多貪等者는 盡超故로 勝이라
- (b) 따로 이 제7지가 잡염도 청정도 아님을 밝힘이다. ① 총합적인 설명이니 '탐욕이 많은 번뇌들을 모두 초과했다'고 말한 것은 모두 초과하였으므로 뛰어나다는 뜻이다.

② 초과할 대상을 밝히다[明所超] 2.
㉠ 구할 대상인 도를 의지하다[約所求道卽所知障] (前求 90上4)

[疏] 前에는 求佛之心이 爲貪이오 厭世가 爲瞋이오 取空着有가 爲癡이어니와 至此하야 盡超라

■ 앞에서는 부처를 구하는 마음을 탐심(貪心)으로 삼았고, 세상을 싫어함을 진심(瞋心)으로 삼았으며, 〈공〉을 취하거나 〈유〉에 집착함을 어리석음으로 삼았지만, 이 제7지에 이르러서는 모두 초과한 것이다.

[鈔] 第二別明此地雙非染淨이라 於中에 二니 先은 明超過요 後는 辨雙非라 前中有二하니 一, 總釋이요 二, 前求佛下는 示其所超라 此有二類하니 一, 約所求道中하야 辨貪瞋癡인대 卽是所知障中의 智가 卽障義니 前六地有하고 七地에 都超요

● (b) 따로 이 제7지가 잡염도 청정도 아님을 밝힘이다. 그중에 둘이니 ㉠ 뛰어넘음을 밝힘이요, ㉡ 잡염도 청정도 둘 다 아님을 밝힘이다. ㉠ 중에 둘이 있으니 ① 총합적인 해석이요, ② 前求佛 아래는 그 초과할 대상을 보여 줌이다. 여기에 두 부류가 있으니 ㉠ 구할 대상인 도를 의지하여 탐심·진심·어리석음을 구분한다면 곧 소지장(所知障) 가운데 지혜가 곧 장애라는 뜻이니, 앞의 제6지에는 있었지만 제7지에서는 모두 초과하게 된다.

㉡ 번뇌를 초과함이 곧 번뇌장임을 의지하다[約超煩惱卽煩惱障]
(又初 90上8)

[疏] 又初地에 超貪하니 檀度가 滿故요 二와 三에 超瞋하니 尸와 忍이 滿故요 三에 亦超癡하니 得聞持故요 四地에 超慢하니 道品이 離我相故요 五地에 超疑하니 了諸諦故요 六地에 超見하니 入般若故요 此地에 總超隨惑等하야 常在觀故로 故云盡超라 而云多者는 顯非報行故니 則細者는 未超라

■ 또 초지에 탐심을 뛰어넘나니 보시바라밀이 만족한 까닭이요, 제2지와 제3지에는 진심(瞋心)을 초과하나니 계율과 인욕이 만족한 까닭이요, 제3지에서 어리석음도 초과하나니 문지(聞持) 다라니를 얻기 때문이다. 제4지에는 거만함을 초과하나니 보리의 부분법이 〈나〉라는 상(相)을 여의기 때문이요, 제5지에는 의심을 초과하나니 모든 진리를 깨닫기 때문이요, 제6지에는 견해를 초과하나니 반야의 공관(空觀)에 들어가는 까닭이요, 이 제7지에는 수번뇌(隨煩惱) 등을 총합적으로 초과하여 항상 관법에 있는 연고로 '모두 초과한다'고 하였다. 그러나 '여럿'이라 말한 것은 타고난 수행이 아님을 밝힌 까닭이니 '미세함'이란 '초과하지 못했다'는 뜻이다.

[鈔] 二, 又初地下는 正超煩惱니 前之六地에는 於俱生中에 分分別超어니와 此都超盡일새 故云諸煩惱衆이니 衆卽多也라 故로 唯識에 云, 能永伏盡이 如阿羅漢이라하니라 而言多下는 上明總超는 卽是非染이오 此下에 明其細者未超는 卽是非淨이라 由此하야 生下雙非之義라 故로 論에 先云호대 住是第七菩薩地하야 過多貪欲等諸煩惱衆者는 未至報地故라하고 卽云是故로 此地를 不名離者는 明知躡前하야 明雙非也로다

● ⑭ 또 초지 아래는 바로 번뇌를 초과함이니 앞의 제6지에는 타고난

미혹[俱生惑] 가운데 부분마다 개별적으로 초과하였지만, 이 제7지에 서는 모두 초과하였으므로 '여러 번뇌들'이라 하였다. 중(衆)이란 '많 다'는 뜻이다. 그래서 『성유식론』에서는, "능히 영원히 모두 조복받은 것이 아라한과 같다"고 하였다. 而言多 아래는 위에서는 총합적으 로 초과한 것은 잡염이 아님을 밝힌 내용이요, 이 아래에 그 '미세함 이란 초과하지 못했다'는 것은 곧 청정이 아님을 밝힌 내용이다. 이 로 인해 아래의 모두 아니라는 이치가 생겨난 것이다. 그러므로 논경 에서 먼저, "이 제7지에 머물러 탐욕이 많은 따위의 번뇌들을 모두 초 과했다는 것은 타고난 지위에 이른 것이 아닌 까닭이다"라고 하였고, 곧 '이런 까닭에 이 제7지를 여읨이라 이름하지 않는다'고 말한 것은 앞을 토대로 둘 다 아님을 밝힌 것인 줄 분명히 알 수 있다.

㊂ 잡염도 청정도 둘 다 아님을 밝히다[辨雙非] (次住 90下9)

[疏] 次, 住此下는 止明形前望後하야 以顯雙非요 後, 何以下는 釋雙非 義니 常在觀故라 惑不現行은 卽過前也요 有功用行이 名求未滿이니 卽劣後也라 功用이 卽是煩惱니 以有起動故니라
- ㊂ 住此 아래는 앞을 본떠서 뒤를 바라보고 둘 다 아님을 밝힘에서 ① 바로 설명함이요, ② 何以 아래는 둘 다 아닌 뜻을 설명함이니 항 상 관법에 있기 때문이다. 미혹이 현행하지 않음은 곧 앞보다 나은 것이요, 공용이 있는 행법은 구함이 만족하지 않음이라 지칭하나니 곧 뒤보다 열등한 것이다. 공용이 곧 번뇌이니 동요를 일으키기 때문 이다.

마) 저 결과를 분별하다[彼果差別] 5.

❖ 제6회 십지품 제7 遠行地 (科圖 26-77; 珠字卷)

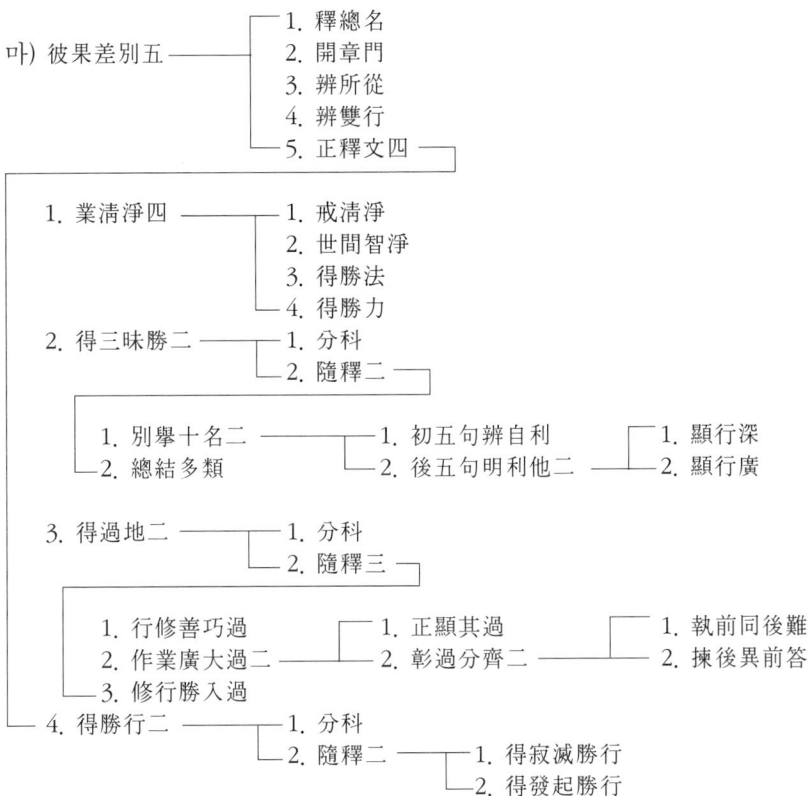

(가) 종합 명칭을 해석하다[釋總名] (第五 91上6)

[疏] 第五, 佛子菩薩住此第七下는 彼果分中이라 論主가 此中에 名雙行 果라하나니 此果가 實通諸分이나 以雙行이 是正住行으로 親生此果

故라 又以雙行으로 該於諸分이니 皆雙行故로 名雙行果니라
- 마) 佛子菩薩住此第七 아래는 저 결과를 분별함이다. 논주가 이 가운데 '함께 행한 결과'라 칭하나니, 이런 결과가 진실로 여러 부분에 통하지만 함께 행함이 바로 머무는 행법으로 직접 이런 결과를 내기 때문이다. 또 함께 행함으로 여러 부분을 포괄하나니 모두 함께 행하는 연고로 '함께 행한 결과[雙行果]'라고 이름하였다.

(나) 가름의 문을 열다[開章門] (文分 91上9)
(다) 따르는 대상을 밝히다[辨所從] (遠公)
(라) 함께 행함에 대해 밝히다[辨雙行] (又初)

[疏] 文分四果니 一은 業淸淨이요 二는 得勝三昧요 三은 得過地요 四는 得勝行이니라 遠公이 云, 初는 卽彼障對治果요 二는 卽雙行果요 三은 卽前上地勝果니 勝行轉增故요 四는 卽樂無作行對治果니 以彼方便과 及[28]起勝行으로 滿足在此故라하니라 又初一은 卽自他二行雙行이니 二는 卽定慧雙行이라 三은 卽悲智等雙行이요 四는 卽寂用雙行이니라

- 문장을 네 가지 결과로 나누었으니 ㄱ. 업이 청정함이요, ㄴ. 뛰어난 삼매를 얻음이요, ㄷ. 이승을 초과함이요, ㄹ. 뛰어난 행법을 얻음이다. 혜원법사가 말하되, "(1) 저 장애를 다스린 결과요, (2) 함께 행한 결과요, (3) 앞과 뒤보다 뛰어난 결과이니 뛰어난 행법이 더욱 늘어나기 때문이요, (4) 지음 없음을 좋아하는 행법으로 다스린 결과이니, 저 방편지혜와 뛰어난 행법을 일으킴으로 이 제7지에서 만족하

---

28) 及은 甲續金本作乃, 原本及探玄記作及.

기 때문이다"라고 하였다. 또 처음 (1)은 자리행과 이타행을 함께 행함이요, (2)는 선정과 지혜를 함께 행함이요, (3)은 자비와 지혜 등을 함께 행함이요, (4)는 적정과 작용을 함께 행함이다.

[鈔] 第五佛子下는 疏文有五하니 一, 釋總名이오 二, 文分下는 開章이오 三, 遠公下는 辨所從이오 四, 又初一下는 辨雙行相이오 五, 就初果中下는 釋文이라 三中에 然疏意가 欲通일새 故引遠公局配라 於中에 有四하니 一은 由於離障일새 故至此中三業皆淨이오 二는 由前雙行을 一念不捨하야 止觀을 雙行하야 三昧가 轉增일새 故名爲勝이라 三은 勝行轉增일새 故得過地요 四는 由前有方便智하야 起殊勝行하야 今此行成일새 名得勝行이라 又初下는 雙辨[29]行相이라

● 마) 佛子 아래는 소의 문장이 다섯이니 (가) 총합적인 명칭 해석이요, (나) 文分 아래는 가름을 전개함이요, (다) 遠公 아래는 따르는 대상을 밝힘이요, (라) 又初一 아래는 함께 행하는 양상을 분별함이요, (마) 就初果中 아래는 경문 해석이다. (나) 중에 그러나 소의 의미로 회통하려 하는 연고로 혜원법사가 국한시켜 배당한 것을 인용하였다. 그중에 넷이니 ㄱ. 장애를 여읨으로 인한 연고로 이 가운데 세 가지 업이 모두 청정함에 도달함이요, ㄴ. 앞의 함께 행함을 한 생각에도 버리지 않고, 지(止)와 관(觀)을 함께 행함으로 인하여 삼매가 더욱 늘어나므로 '뛰어나다'고 하였다. ㄷ. 뛰어난 행법이 더욱 늘어나므로 지위를 초과함이요, ㄹ. 앞에서 방편지혜가 있고 뛰어난 행법을 일으킴으로 인하여 지금 이 제7지에서 행법이 이루어지므로 '뛰어난 행법을 얻는다'고 칭한다. (라) 又初 아래는 함께 행하는 양상을

---

29) 雙辨은 遺忘記云, 雙辨者 上下也.(『三家本私記』遺忘記 p.336-)

분별함이다.

(마) 바로 경문을 해석하다[正釋文] 4.
ㄱ. 업이 청정하다[業淸淨] 4.

ㄱ) 계율이 청정하다[戒淸淨] (就初 92上1)

佛子여 菩薩이 住此第七地에 以深淨心으로 成就身業하며 成就語業하며 成就意業하여 所有一切不善業道의 如來所訶를 皆已捨離하고 一切善業의 如來所讚을 常善修行하며

"불자여, 보살이 이 제7지에 머물러서는, 깊고 깨끗한 마음으로 몸의 업을 성취하고, 말의 업을 성취하고, 뜻의 업을 성취하여 선하지 못한 일체 업으로서 여래가 꾸짖으신 것은 모두 여의었고, 선한 일체 업으로서 여래가 칭찬하신 것은 항상 닦아 행하며,

[疏] 就初果中하야 復分四種이니 一者는 戒淸淨이라 於中에 初는 約性戒하야 明戒니 但三業淨이라 後, 所有已下는 約制聽하야 明戒니 則惡止善行이오

■ (마) 바로 경문을 해석함에서 ㄱ. 첫째 결과인 업이 청정함에 입각하여 다시 네 종류로 나누었으니 ㄱ) 계율이 청정함이다. 그중에 (ㄱ) 체성의 계율에 의지하여 계율을 밝힘이니 단지 세 가지 업이 청정함이다. (ㄴ) 所有 아래는 허락하고 제어함에 의지하여 계율을 밝힘이니,

악행은 그치고 선행은 행한다는 뜻이다.

[鈔] 就初果中하야 復分爲四者는 一은 戒淸淨이오 二는 世間智淨이오 三은 得自身勝이오 四는 得勝力이라 又此四中에 初三은 自分이오 後一은 勝進이라 前中에 初一은 離過요 後二는 成善이라 善中에 二니 前은 行用이오 後는 行體라 然疏皆具로대 揀令易見耳니라

● '첫째 결과인 업이 청정함에 입각하여 다시 네 종류로 나눈다'는 것은 ㄱ) 계율이 청정함이요, ㄴ) 세간적인 지혜가 청정함이요, ㄷ) 자신의 뛰어남을 얻음이요, ㄹ) 뛰어난 힘을 얻음이다. 또 이 네 가지 중에 처음의 셋은 자분(自分)이요, 뒤의 하나는 승진(勝進)이다. 앞에서 처음 하나[ㄱ) 戒淸淨]는 허물을 여읨이요, 뒤의 둘[ㄴ) 世間智淨 ㄷ) 得自身勝]은 선근을 성취함이다. 선근에 둘이니 앞은 행법의 작용이요, 뒤는 행법의 체성이다. 그러나 소에 모두 구비되었지만 쉽게 볼 수 있도록 구분했을 뿐이다.

ㄴ) 세간적인 지혜가 청정하다[世間智淨] (二世 92上9)

世間所有經書技術을 如五地中說하여 皆自然而行이요 不假功用이니라
세간에 있는 경전이나 기술이나 제5지에서 말한 것들을 모두 자연으로 행하게 되어 일부러 공을 들이는 것이 아니니라.

[疏] 二, 世間所有下는 世間智淨이니 此辨行用이라

- ㄴ) 世間所有 아래는 세간적인 지혜가 청정함이니 여기서는 행법의 작용을 분별하였다.

ㄷ) 자신의 뛰어남을 얻다[得自身勝] (三此 92下2)

此菩薩이 於三千大千世界中에 爲大明師하나니 唯除如來 와 及八地已上하고 其餘菩薩은 深心妙行이 無與等者며
이 보살이 삼천대천세계에서 크게 밝은 스승이 되나니 여래와 제8지 이상 보살을 제외하고, 다른 보살의 깊은 마음과 묘한 행으로는 동등할 이가 없으며,

[疏] 三, 此菩薩下는 明得自身勝이니 此明行體라 論에 云, 心行이 二平等하야 無與等者는 謂深心과 及妙行이 爲二이니 深心은 卽證行이니 猶是前十方便이오 妙行은 卽敎行이니 亦是前起勝行이라 此二가 齊起일새 故云平等이니 不同前地의 有無間生이라

- ㄷ) 此菩薩 아래는 자신의 뛰어남을 얻음이니 여기서는 행법의 체성을 밝혔다. 논경에서 '마음과 행법의 둘이 평등해서 견줄 데가 없다'고 말한 것은 말하자면 깊은 마음과 미묘한 행법이 둘이 된다. '깊은 마음'은 곧 증도의 행법이니 앞의 열 가지 방편과 같고, '미묘한 행법'은 곧 교도의 행법이니 역시 앞의 뛰어난 행법을 일으키는 것이다. 이 두 가지가 동시에 일어나므로 '평등하다'고 하였으니, 앞의 6지처럼 〈유〉와 〈무〉의 사이에서 생겨남과는 같지 않다.

ㄹ) 뛰어난 힘을 얻다[得勝力] 2.

(ㄱ) 선정을 멀리하는 장애를 여의다[明離定障] (四諸 92下9)
(ㄴ) 지적인 장애를 여의다[明離智障] (後此)

諸禪三昧와 三摩鉢底와 神通解脫이 皆得現前이나 然是 修成이라 非如八地에 報得成就니 此地菩薩이 於念念中에 具足修集方便智力과 及一切菩提分法하여 轉勝圓滿이니라
모든 선정의 삼매와 삼마발저와 신통과 해탈이 모두 앞에 나타나거니와, 그러나 그것은 닦아서 이루어진 것이고, 제8지와 같이 과보로 얻은 것이 아니니라. 이 지의 보살이 생각생각마다 구족하게 닦아 모은 방편지혜와 모든 보리의 부분법이 점점 더 원만하니라.

[疏] 四, 諸禪下는 明得勝力이니 謂得禪等現前인 勝功德力故라 上三은 自分이오 此一은 勝進이라 文中에 二니 初는 明離定障이라 禪等은 已見品初[30]하니라 論에 云, 寂滅樂行故는 此釋三昧가 是現法樂住禪이오 次云, 滅定三摩跋提者는 以三摩鉢底가 有其五種하니 一은 四無色이오 二는 八勝處요 三은 十徧處요 四는 滅盡定이오 五는 無想定이라 前四는 菩薩이 多入하야 爲化衆生이오 後一은 不入이니 非聖法故라 今於五中에 正意는 在於滅定이니 故로 論에 別明下解脫月이 亦因此言하야 問何位中에 能入滅定也라하니라 後, 此地下는 離智障을 可知로다

ㄹ) 諸禪 아래는 뛰어난 힘을 얻음이다. 말하자면 선정 등이 현전하

---

[30] 品初는 作初品이니 以此品之初無而初妙嚴品中 有所明故也.

는 뛰어난 공덕의 힘을 얻었기 때문이다. 위의 셋[ㄱ) 戒淸淨 ㄴ) 世間智淨 ㄷ) 得自身勝]은 자분경계이고, 여기의 하나[ㄹ) 得勝力]는 승진경계이다. 경문에 둘이니 (ㄱ) 선정을 멀리하는 장애를 밝힘이다. 선정 등은 이미 세주묘엄품(世主妙嚴品)에서 본 적이 있다. 논경에서 '적멸을 즐겨 행하기 때문이다'라고 말한 것은 여기서 삼매가 현재의 법에 즐겨 머무는 선정임을 설명하였다. 다음에 '멸진정의 삼마발제에 든다'고 말한 것은 삼마발저에 다섯 종류가 있으니 (1) 사무색계의 선정 (2) 뛰어난 곳에 드는 선정 (3) 열 가지 두루 한 곳의 선정 (4) 번뇌를 모두 없애버린 선정[滅盡定] (5) 생각이 없는 선정[無想定]이다. 앞의 넷은 보살이 많이 들어가서 중생을 교화하려 함이요, 뒤의 하나는 들어가지 않나니 성인의 법이 아닌 까닭이다. 지금은 다섯 가운데 올바른 의미는 멸진정(滅盡定)에 있으므로 논경에서 따로 밝히되, "아래 해탈월보살이 또한 이런 말로 인하여 어느 지위에서 멸진정에 능히 들어갑니까라고 질문했다"고 하였다. (ㄴ) 此地 아래는 지적인 장애를 여윔이니 알 수 있으리라.

[鈔] 初明離者는 二卽智障이니 由上對治일새 故離二障이라 然이나 禪等을 雖前에 已釋이나 今[31]略要知니 禪은 卽四禪이오 三昧는 卽三三昧라 三摩鉢底는 如疏有五라 論에 三摩跋提는 卽三摩鉢底之古譯耳라 神通은 謂五神通이오 解脫은 謂八解脫이니 經中에 先, 彰所成이라 後, 然是下는 對後揀劣이라 論中에 先略指云호대 四는 得勝力禪等이 現前勝이니 如經等이라하고 次重分別云호대 是中에 依禪하야 起三昧三摩跋提와 神通解脫하야 爲敎化衆生故며 寂滅樂行故며 滅定

---

31) 今은 遺忘記에 云, 恐今.(『三家本私記』遺忘記 p.336-)

三摩跋提如是次第라하니라 釋曰, 此中에 論主가 明得勝力이오 具足 三禪과 四禪하야 爲能起하야 一은 一得32)三昧等은 卽引生功德禪이 오 二는 爲敎化衆生故는 卽出引生之意니 是饒益衆生禪이오 三은 寂 滅樂行下는 卽現法樂住禪이라 然九次第定이 皆是現法樂住나 今 從最勝하야 擧其滅定이 正是此地之所安住니 故로 疏에 云, 正意가 在此니라 下는 約於此하야 以辨勝行이니 定散이 自在일새 故云勝行 耳니라 後, 此地下는 據此業淸淨果니 卽前雙行果也라 前33)雙行이 有四하니 一, 二行雙無間이오 二, 信勝이니 此二三昧와 爲果라 三, 作大義요 四, 菩提分差別이니 卽業淸淨으로 爲果니라

● (ㄱ) '여읨을 밝힌다'는 것에서 둘은 곧 지적인 장애이니 위로 인해 다스리므로 두 가지 장애를 여의게 된다. 그러나 선정 등을 비록 앞에서 이미 해석하였지만 지금은 대략 알려고 한다면 선(禪)이란 네 가지 선정이요, 삼매는 세 가지 삼매를 말한다. 삼마발저는 소에 밝힌 다섯 가지 선정과 같다. 논경의 삼마발제(三摩跋提)는 곧 삼마발저(三摩鉢底)의 옛 번역일 뿐이나. 신통은 다섯 가지 신통이요, 해탈은 여덟 가지 해탈을 말한다. 경문에서 a. 성취할 대상을 밝힘이요, b. 然是 아래는 뒤와 상대하여 열등하다고 구분함이다. 논경에서 먼저 대략 지적하기를, "ㄹ) 뛰어난 힘의 선정 등을 얻음이 현전의 뛰어남이니 경문에 말한 등과 같다"고 하였다. 다음에 거듭하여, "이 가운데 선정에 의지하여 삼매와 삼마발제와 신통과 해탈을 일으켜서 중생을 교화하기 위한 까닭이며, 적멸을 즐겨 행하는 까닭이며, 멸진정과 삼마발제의 이런 순서로"라고 분별하였다. 해석하자면 이 중에서 논주가 뛰어난 힘을 얻음을 설명한 것이요, 삼선과 사선을 구족하여 능히 일

---

32) 得은 甲南續金本作起得.
33) 前은 甲南續金本作則.

으킨다. 1) 한 번 삼매 등을 얻은 것은 '공덕을 이끌어 생겨나게 하는 선정[引生功德禪]'이요, 2) '중생을 교화하기 위한 까닭'이란 이끌어 생겨난다는 의미를 내보인 부분이니 '중생을 넉넉히 이익되게 하는 선정[饒益衆生禪]'이요, 3) 寂滅樂行 아래는 '현재의 법에 즐겨 안주하는 선정[現法樂住禪]'이다. 그러나 '아홉 가지 차례대로 들어가는 선정[九次第定]'이 모두 현재의 법에 즐겨 안주하는 선정이지만 지금은 가장 훌륭함으로부터 멸진정(滅盡定)을 거론하는 것이 바로 이 7지의 안주할 대상이다. 그래서 소에서 "올바른 의미가 여기에 있다"고 하였다. 아래는 이를 의지하여 뛰어난 행법을 구분하였으니 선정과 산란이 자재로우므로 뛰어난 행법이라 하였다. c. 此地 아래는 이런 업이 청정한 결과를 의거한 부분이니 곧 앞의 함께 행함의 결과이다. 앞의 함께 행함에 넷이 있으니 ① 두 가지 행법을 함께 행함에 간단없음이요, ② 믿음이 뛰어남이니 이런 두 가지 삼매가 결과가 된다. ③ 큰 이치를 지음이요, ④ 보리의 부분법을 분별함이니 곧 업이 청정함으로 결과를 삼는다.

ㄴ. 얻은 삼매가 뛰어나다[得三昧] 2.
ㄱ) 과목 나누기[分科] (第二 94上6)

佛子여 菩薩이 住此地에 入菩薩의 善觀擇三昧와 善擇義三昧와 最勝慧三昧와 分別義藏三昧와 如實分別義三昧와

불자여, 보살이 이 지에 머무르면, 보살의 잘 관찰하여 선택하는 삼매와, 이치를 잘 선택하는 삼매와, 가장 승한 지혜

삼매와, 이치의 장을 분별하는 삼매와, 실제와 같이 뜻을 분별하는 삼매와,

[疏] 第二, 佛子菩薩住此地下는 明三昧勝이라 分二니 初, 別擧十名이오 後, 入如是下는 總結多類라
- ㄴ. 佛子菩薩住此地 아래는 얻은 삼매가 뛰어남이다. 둘로 나누었으니 (ㄱ) 개별로 열 가지 명칭을 거론함이요, (ㄴ) 入如是 아래는 여러 부류를 총합하여 결론함이다.

ㄴ) 과목에 따라 해석하다[隨釋] 2.
(ㄱ) 개별로 열 가지 명칭을 거론하다[別擧十名] 2.
a. 다섯 구절은 자리행을 분별하다[初五句辨自利] (今初 94上7)

[疏] 今初에 前五는 自利요 後五는 利他라 又前五는 起解요 後五는 成行이라 又前五는 現法樂住요 後五는 利益衆生이라 前中에 初二는 知理요 次二는 知敎義요 後一은 知事라 一云善觀擇者는 依未觀義하야 伏心令觀이라 二는 依已觀義하야 重更思審이니 故로 論經에 云善思義三昧라하니라 三은 依一名34)하야 說無量義일새 故云最勝이라 四는 依一義하야 說無量名일새 故云分別이오 義含於名일새 故稱爲藏이라 五는 依通一切五明處가 如事實故니라
- 지금은 (ㄱ)에 a. 앞의 다섯 구절은 자리행이요, b. 뒤의 다섯 구절은 이타행이다. 또 앞의 다섯 구절은 이해를 일으킴이요, 뒤의 다섯 구절은 행법을 성취함이다. 또 앞의 다섯 구절은 현법락주선(現法樂住禪)

---

34) 名下에 南續金本有句字.

이요, 뒤의 다섯 구절은 이익중생선(利益衆生禪)이다. a. 중에 a) 처음 두 구절[1. 入菩薩善觀擇三昧 2. 善擇義三昧]은 도리를 아는 것이요, b) 다음 두 구절[3. 最勝慧三昧 4. 分別義藏三昧]은 교도의 이치를 아는 것이요, c) 뒤의 한 구절[5. 如實分別義三昧]은 현상을 아는 것이다. 첫 구절에서 '잘 관찰하여 선택한다'는 것은 관찰하지 못하는 이치에 의지해서 마음을 조복하여 관찰하게 한다는 뜻이다. 둘째 구절은 이미 이치를 관찰한 것에 의지하여 거듭 다시 생각하고 살피는 것이다. 그러므로 논경에는 '이치를 잘 생각하는 삼매'라고 하였다. 셋째 구절은 하나의 명칭에 의지하여 한량없는 이치를 말하므로 '가장 뛰어나다'고 하였다. 넷째 구절은 한 가지 이치에 의지하여 한량없는 명칭을 말하므로 '분별한다'고 하였다. (따라서) 이치가 명칭에 포함되어 있으므로 '창고'라 지칭하였다. 다섯째 구절은 온갖 오명처(五明處)에 의지하여 통달함이 실제와 같기 때문이다.

[鈔] 三依一名說無量義는 即知敎旨요 四一義多名은 是知敎詮이라 論經에 三名益意三昧者는 義能澄心故니라
- '셋째 구절에서 하나의 명칭에 의지하여 한량없는 이치를 말한다'고 말한 것은 곧 교도의 뜻을 아는 것이요, 넷째 구절에 한 가지 이치에 여러 명칭은 이로써 교도의 표현임을 아는 것이다. 논경에서 '셋째는 명칭이 의미를 도와주는 삼매'라고 말한 것은 이치가 능히 마음을 맑혀 주기 때문이다.

b. 이타행을 밝히다[後五句明利他] 2.
a) 이타행이 깊음을 밝히다[顯行深] (後五 94下8)

b) 이타행이 넓음을 밝히다[顯行廣] (後四)

善住堅固根三昧와 智慧神通門三昧와 法界業三昧와 如來勝利三昧와 種種義藏生死涅槃門三昧하나니
견고한 뿌리에 잘 머무는 삼매와, 지혜와 신통의 문 삼매와, 법계의 업 삼매와, 여래의 수승한 이익 삼매와, 가지가지 뜻을 갈무리한 생사 열반의 문 삼매에 들어가며,

[疏] 後는 五中에 初一은 依煩惱障淨이니 眞如로 觀堅固根故라 般若에 云, 不動法界故로 眞如觀으로 爲堅이라하며 起信에 云, 眞如三昧가 爲諸定之本이라하나니 故此云根이라 此一은 顯行深이오
後四는 依智障淨하야 以顯行廣이니 爲治四障故라 經은 卽能治요 障在文外라 四中에 初一은 助道요 次二는 證道요 後一은 不住道라 初, 智通者는 治勝功德障이니 智通이 卽是勝德이라 下三도 倣此라 以智與通으로 化利鈍二類하야 令人一貫이니 故名爲門이라 二, 治無礙智障이니 雙照事理二法界하야 爲業故라 三, 治於深上佛法怯弱障이니 大悲勝利로 安住涅槃하야 能建大事가 是佛深上故라 四, 治不住行障이라 種種義藏者는 種種善根故니 此善이 能生不住일새 故名爲藏이라 修有爲善根故로 不住涅槃이오 修無爲善根故로 不住生死라 種種善根은 卽無住之門이라

■ b. 다섯 구절 중에 a) 처음 한 구절[6. 善住堅固根三昧]은 번뇌장이 깨끗해짐을 의지한 분석이니 진여로 견고한 선근을 관찰하기 때문이다. 『반야경(般若經)』에서는, "법계가 동요하지 않으므로 진여를 관찰함으로 견고함을 삼는다"고 하였고, 『기신론』에서는, "진여 삼매가 여

러 가지 선정의 근본이 된다"고 하였다. 그러므로 여기서 '근본'이라 하였다. 이 한 구절은 행법이 깊음을 밝힌 내용이요,

b) 뒤의 네 구절은 지적인 장애가 깨끗해짐을 의지한 분석이니 행법이 넓어서 네 가지 장애를 다스림을 밝히기 위함이다. 경에서는 다스리는 주체[三昧]만 말하였고, 장애는 경문 밖에 두고 거론하지 않았다. 네 구절 중에 처음 한 구절[7. 智慧神通門三昧]은 조도법(助道法)이요, 다음 두 구절은 증도법(證道法)이요, 뒤의 한 구절[10. 種種義藏生死涅槃門三昧]은 부주도법(不住道法)이다. (1) 지혜와 신통이란 뛰어난 공덕의 장애를 다스리는 부분이니 지혜와 신통이 바로 뛰어난 공덕이다. 아래 세 구절도 이처럼 이해해야 하리라. 지혜와 신통으로 날카롭거나 둔한 두 종류의 번뇌를 변화시켜 하나의 실제에 들어가게 하므로 '문(門)'이라 칭하였다. (2) 걸림 없는 지적인 장애를 다스리는 부분이니 현상과 이치의 두 법계를 함께 비추어 업으로 삼는 까닭이다. (3) 깊고 높은 불법에 겁먹은 장애를 다스리는 부분이니 큰 자비의 뛰어난 이익으로 열반에 안주하여 능히 큰 사업을 건립하는 것이 불법의 깊고 높음이 되기 때문이다. (4) 머물지 않는 행법의 장애를 다스리는 부분이며 '갖가지 이치의 창고'란 갖가지 선근인 까닭이니, 이 선근이 능히 머물지 않음을 생기게 하므로 '창고'라 지칭하였다. 유위(有爲)의 선근을 닦는 연고로 열반에 머물지 않고, 무위(無爲)의 선근을 닦는 연고로 생사에도 머물지 않는다. 따라서 갖가지 선근은 곧 머물지 않는 문이다.

(ㄴ) 여러 부류를 총합하여 결론하다[總結多類] (後結 95下1)

入如是等具足大智神通門百萬三昧하여 淨治此地35)니라
이와 같이 큰 지혜와 신통의 문을 구족한 백천 삼매에 들어
가서 이 지를 깨끗하게 다스리느니라.

[疏] 後, 結은 可知로다
- (ㄴ) (여러 부류를) 결론함은 알 수 있으리라.

ㄷ. 이승의 지위를 초과하다[得過地] 2.

ㄱ) 과목 나누기[分科] (第三 95下4)

是菩薩이 得此三昧하여 善治淨方便慧故며 大悲力故로
超過二乘地하여 得觀察智慧地니라
이 보살이 이 삼매를 얻고는, 방편 지혜를 잘 다스리려 깨끗
이 하는 연고와, 크게 자비한 힘으로, 이승의 지위를 뛰어넘
어 지혜의 지를 관찰하게 되느니라."

[疏] 第三, 是菩薩得此下는 明過地라 於中에 三이니 一은 修行善巧過요
二는 作業廣大過요 三은 修行勝入過라
- ㄷ. 是菩薩得此 아래는 이승의 지위를 초과함에 대한 설명이다. 그
  중에 셋이니 (ㄱ) 선교방편을 수행하여 초과함이요, (ㄴ) 광대하게
  업을 지어 초과함이요, (ㄷ) 수행으로 뛰어나게 들어가 초과함이다.

---

35) 萬은 嘉淸合綱杭鼓纂續金本 及 論經作千, 明本準大正作萬; 準弘昭作千 麗宋元本 及 晋經作萬, 論作千萬.

ㄴ) 과목에 따라 해석하다[隨釋] 3.
(ㄱ) 선교방편을 수행하여 초과하다[修行善巧過] (今初 95下5)

[疏] 今初에 過法이 有二하니 一은 巧智요 二는 深悲라 過相도 亦二하니 一, 下過二乘이요 二, 上過智地라 智慧地는 卽八地無功用智니 由此地中에 雙觀止觀하야 便至彼處法流水中하야 任運雙流하야 趣佛智海니라

■ 지금은 (ㄱ)에서 초과하는 법이 둘이니 a. 선교방편의 지혜요, b. 깊고 오묘한 자비이다. 초과하는 모양도 둘이니 (1) 아래로는 이승을 초과함이요, (2) 위로는 지혜의 자리[智地]를 초과함이다. '지혜의 자리'는 곧 제8지의 공용 없는 지혜이다. 이 제7지에서 사마타[止]와 위빠사나[觀]를 함께 관찰하여 문득 저곳의 법류(法流)의 물줄기에 이르러 함께 흐르는 것에 맡겨 두어 부처님의 지혜의 바다로 향하게 한다는 뜻이다.

(ㄴ) 광대하게 업을 지어 초과하다[作業廣大過] 2.
a. 초과함에 대해 바로 밝히다[正顯其過] (二佛 96上2)

佛子여 菩薩이 住此地에 善淨無量身業無相行하며 善淨無量語業無相行하며 善淨無量意業無相行일새 故得無生法忍光明이니라
"불자여, 보살이 이 지에 머물러서는 몸으로 짓는 한량없는 업의 모양 없는 행을 잘 깨끗이 하며, 말로 짓는 한량없는 업의 모양 없는 행을 깨끗이 하며, 뜻으로 짓는 한량없는 업

의 모양 없는 행을 깨끗이 하므로, 무생법인의 광명을 얻느니라."

[疏] 二, 佛子菩薩住此下는 作業廣大過라 中에 二니 先, 正顯過요 後, 解脫月下는 彰過分齊라 今初中에 先은 對下하야 彰出過라 言無相者는 卽前樂無作對治요 無量者는 卽前無[36]量對治라 入定離相은 二乘도 容有나 而非無量이니 故此無量이 顯異二乘이라 善淨之言은 顯過下地니 謂修方便行滿足故라 後에 得無生法忍光明은 對上하야 彰入過니 是彼八地無生法忍의 明相이 現前故라 下地는 未得故니라

■ (ㄴ) 佛子菩薩住此 아래는 광대하게 업을 지어 초과함이다. 그중에 둘이니 a. 초과함에 대해 바로 밝힘이요, b. 解脫月 아래는 초과의 범주를 밝힘이다. 지금은 a. 중에 a) 아래를 상대하여 초과함을 밝힘이다. '모양 없다'고 말한 것은 앞의 지음 없음을 좋아하는 다스림이요, '한량없다'는 것은 앞의 한량 있는 다스림을 가리킨다. '선정에 들면 양상을 여읜다'고 말한 것은 이승도 가지고 있음을 용납하시만 한량없는 것은 아니다. 그러므로 여기서 말한 '한량없음'은 이승과 다른 점을 부각시킨 말이다. '잘 깨끗이 한다'는 말은 아래 지(地)보다 뛰어남을 나타낸 것이니 '방편행을 닦아 만족한다'는 말이기 때문이다. '뒤에 무생법인의 광명을 얻었다'는 말은 위를 상대하여 들어가 초과함을 밝힌 것이니, 저 제8지의 무생법인의 밝은 양상[明相]이 현전하는 까닭이다. 따라서 아래 지(地)는 얻지 못한 것이 된다.

b. 초과의 범주를 밝히다[彰過分齊] 2.

---

36) 前無는 雜花記에 云, 前無之無는 有之誤也.

a) 앞과 뒤가 같다고 고집하는 힐난[執前同後難] (二彰 96下1)

解脫月菩薩이 言하시되 佛子여 菩薩이 從初地來로 所有 無量身語意業이 豈不超過二乘耶잇가
해탈월보살이 말하였다. "불자시여, 보살이 초지로부터 닦은 몸과 말과 뜻으로 지은 한량없는 업은 어찌하여 이승을 뛰어넘지 못하나이까."

[疏] 二, 彰過分齊라 中에 二니 先은 難이니 卽執前同後難이오
- b. 초과의 범주를 밝힘이다. 그중에 둘이니 a) 힐난함이다. 곧 앞의 초지와 뒤의 제7지가 같다고 고집하는 힐난이요,

b) 뒤가 앞의 대답과는 다르다고 구분하다[揀後異前答] (後答 96下9)

金剛藏菩薩이 言하시되 佛子여 彼悉超過나 然이나 但以願求諸佛法故로 非是自智觀察之力이어니와 今第七地는 自智力故로 一切二乘의 所不能及이니 譬如王子가 生在王家에 王后所生으로 具足王相하여 生已에 卽勝一切臣衆이로되 但以王力이요 非是自力이어니와 若身長大하여 藝業悉成하면 乃以自力으로 超過一切인달하여 菩薩摩訶薩도 亦復如是하여 初發心時엔 以志求大法故로 超過一切聲聞獨覺이어니와 今住此地하여는 以自所行智慧力故로 出過一切二乘之上이니라
금강장보살이 대답하였다. "불자여, 저것들도 뛰어넘었지

마는, 다만 부처님 법을 구하기 원하여 하는 일이고, 자기의 지혜로 관찰하는 힘이 아니었거니와, 이제 제7지는 자기 지혜의 힘으로 하는 것이므로 모든 이승이 미치지 못하는 것이니라. 마치 왕자가 왕의 가문에 태어나면, 왕후가 낳았고 왕의 모습을 갖추었으므로 나면서부터 모든 백성들보다 수승하거니와, 그것은 오직 왕의 힘이요, 자기의 힘이 아니지마는, 몸이 자라고 기예를 모두 이루면, 자기의 힘으로 모든 사람들보다 뛰어나니라. 보살마하살도 그와 같아서, 처음 발심할 때부터 대승법을 뜻 두어 구하므로 일체 성문과 독각을 초과하였지마는, 이 지에 머물러서는 자신이 행하는 지혜의 힘으로 일체 이승들의 위에 지나가느니라.

[疏] 後는 答이니 卽揀後異前答이라 有法과 喩와 合이라 法中에 非自力者는 障現行故라 喩中에 王家는 卽如來家오 王后는 卽得眞法喜라 修二利故로 名爲王相이라 合中에 大法은 卽法中佛果法이요 自所行者는 卽殊勝行이오 智慧力者는 卽方便智라 於此二中에 常不出觀故니 是自力能過라 此約寄位니 廣如初地中辨이라 餘文은 可知로다

■ b) 대답함이니 곧 뒤가 앞과는 다르다고 구분하는 대답이다. 여기에 (a) 법으로 설함과 (b) 비유로 밝힘과 (c) 법과 비유를 합함이 있다. (a) 법으로 설함 가운데 '자기의 힘이 아니다'라는 것은 장애가 현행하기 때문이다. (b) 비유로 밝힘 중에 왕의 가문은 곧 여래의 가문이요, 왕후는 곧 진여법의 기쁨에 비유함이다. 두 가지 이익행을 닦기 때문에 왕의 모습[王相]이라 칭한다. (c) 법과 비유를 합함 가운데 대승법은 교법 중에 부처님의 과덕의 법이다. '자신이 행하는 바'란 뛰어

난 행법이요, '지혜의 힘'이란 방편지혜를 가리킨다. 이 둘 중에 항상 관법에서 벗어나지 않는 까닭이니 자기의 힘으로 능히 초과할 수 있다. 이것은 지위에 의탁한 구분이니 자세하게는 초지에서 밝힌 것과 같다. 나머지 문장은 알 수 있으리라.

[鈔] 此約寄位者는 前六은 寄凡小일새 故未過也니라
● '이것은 지위에 의탁한 구분'이란 앞의 제6지까지는 범부와 소승에 의탁하였으므로 초과하지 못한 것이다.

(ㄷ) 행법을 닦아 훌륭하게 들어가 초과하다[修行勝入過] (三佛 97上9)

佛子여 菩薩이 住此第七地에 得甚深遠離無行常行身語意業하여 勤求上道하여 而不捨離하나니 是故菩薩이 雖行實際나 而不作證이니라
불자여, 보살이 이 제7지에 머물러서는 매우 깊고 멀리 여의었으며, 행함이 없이 항상 행하는 몸과 말과 뜻으로 짓는 업을 얻고, 윗자리의 도를 부지런히 구하여 버리지 아니하나니, 그러므로 보살이 비록 실제를 행하지마는 증하지는 아니하느니라."

[疏] 三, 佛子下는 明修行勝入過[37]니 謂非但如前廣多無量이라 而力用이 難測이며 深無分量하야 勝而過也라 論에 云, 神力이 亦無量者는 神은 卽難測義也라 文中에 言甚深者는 卽遠入無底故요 遠離者는

---

37) 行修는 綱纂續金本作修行, 原南本及探玄記作行修.

彼前障滅故요 無行者는 無相之行은 無所行故니 彼前六地가 不能
行故라 常行者는 此無間故로 得此三業이니 即當體深入過라 勤求
下는 即趣後勝入過니 二乘도 亦有離彼相業이나 而得少爲足일새 不
能上求菩提나 求故로 過也니라 是故已下는 結雙行過니라

■ (ㄷ) 佛子 아래는 행법을 닦아 훌륭하게 들어가 초과함이다. 말하자면 단지 앞과 같이 넓고 많아서 한량없을 뿐만 아니라 힘과 작용이 측량할 수 없으며 깊어서 분량을 잴 수 없으므로 뛰어나면서 초과한다는 뜻이다. 논경에서, '신통력이 또한 한량없다'고 말한 부분에서 '신(神)'은 '측량할 수 없다'는 뜻이다. 경문 중에 '매우 깊다'는 말은 곧 멀리 밑바닥까지 들어간 까닭이요, '아주 여의었다'는 말은 저 앞의 장애를 없앴다는 뜻이요, '행함이 없다'는 말은 형상 없는 행법은 행할 것이 없기 때문이니, 저 앞의 제6지가 능히 행하지 못하는 까닭이다. '항상 행한다'는 말은 이 제7지는 간단이 없는 연고로 여기서 세 가지 업을 얻은 것이니, 곧 그 자체로 깊이 들어가 초과한 것이다. 勤求 아래는 곧 뒤로 향하여 뛰어나게 늘어가 초과함이다. 이승도 또한 저 형상 있는 업을 여의기는 하지만 작은 것에 만족하므로 능히 보리를 구하지 못하나니, 구하는 연고로 초과할 수 있다. 是故 아래는 함께 행하여 초과함을 결론한 내용이다.

ㄹ. 뛰어난 행법을 얻다[得勝行] 2.

ㄱ) 과목 나누기[分科] (第四 97下8)

解脫月菩薩이 言하시되 佛子여 菩薩이 從何地來하여 能

入滅定이니잇고

해탈월보살이 말하였다. "불자시여, 보살이 어느 지로부터 적멸한 선정에 드나이까?"

[疏] 第四, 解脫月下는 明得勝行이라 於中에 二니 先, 得寂滅勝行이니 在定不住故로 卽方便智也라 二, 佛子此菩薩下는 得發起勝이니 卽起殊勝行이라 前中에

- ㄹ. 解脫月 아래는 뛰어난 행법을 얻음이다. 그중에 둘이니 (ㄱ) 적멸하고 뛰어난 행법을 얻음이니, 선정에 머물지 않는 연고로 방편의 지혜를 얻는다. (ㄴ) 佛子此菩薩 아래는 시작함이 뛰어남이니 곧 뛰어난 행법을 시작한다는 뜻이다. (ㄱ) 중에

ㄴ) 과목에 따라 해석하다[隨釋] 2.
(ㄱ) 적멸한 뛰어난 행법을 얻다[得寂滅勝行] 2.
a. 질문하다[問] (先問 97下10)
b. 대답하다[答] 2.
a) 얻은 법의 범주[得法分齊] (答中)

金剛藏菩薩이 言하시되 佛子여 菩薩이 從第六地來로 能入滅定이어니와 今住此地하여는 能念念入하며 亦念念起하되 而不作證일새 故此菩薩이 名爲成就不可思議身語意業하여 行於實際하되 而不作證이니 譬如有人이 乘船入海에 以善巧力으로 不遭水難인달하여 此地菩薩도 亦復如是하여 乘波羅蜜船하고 行實際海하되 以願力故로

而不證滅이니라

금강장보살이 대답하였다. "불자여, 보살이 제6지로부터 적멸한 선정에 들어가거니와, 지금 이 지에서는 생각 생각마다 들어가고 생각 생각마다 일어나면서도 증하지는 아니하나니, 그러므로 이 보살을 '몸과 말과 뜻으로 짓는 부사의한 업을 성취하고, 실제를 행하지마는 증하지는 않는다' 하느니라. 마치 어떤 사람이 배를 타고 바다에 들어갔으나 교묘한 방편의 힘으로 물의 재난을 만나지 아니하나니, 이 지의 보살도 그러하여 바라밀다 배를 타고 실제라는 바다에 다니면서도, 서원의 힘으로 열반을 증하지 아니하느니라."

[疏] 先은 問이오 後는 答이라 答中에 先은 明得法分齊니 六地에 入深緣起之實際라 未念念入者는 有出觀故라

■ a. 질문함이요, b. 대답함이다. b. 대답함 중에 a) 얻은 법의 범주를 밝힘이니, 제6시에 깊은 연기법의 실제에 들어간 것을 말한다. '생각 생각마다 들어가지 못한다'는 것은 관법에서 나오기도 하기 때문이다.

b) 뛰어난 행법이 열등한 것보다 나음을 밝히다[辨勝過劣] 3.
(a) 법으로 설하다[法] (後今 98上7)

[疏] 後, 今住下는 辨勝過劣이라 於中에 有法과 喩와 合이라 法中에 先, 正明得而不證이오 後, 此菩薩下는 出不證所以니 以得方便하야 即寂起用일새 故成不思議三業이라 故로 能不起滅定하고 現諸威儀니라

■ b) 今住 아래는 뛰어난 행법은 열등한 것보다 나음을 밝힘이다. 그 중에 (a) 법으로 설함과 (b) 비유로 밝힘과 (c) 법과 비유를 합함이 있다. (a) 법 가운데 ㉠ 얻었지만 증득한 것이 아님을 바로 밝힘이요, ㉡ 此菩薩 아래는 증득한 것이 아닌 이유를 내보임이다. 방편지혜를 얻어서 적멸에 합치하여 작용을 일으키는 연고로 불가사의한 삼업(三業)을 성취하게 된다. 그러므로 멸진정(滅盡定)에서 일어나지 않고 모든 위의를 나툴 수 있다.

[鈔] 故能不起下는 卽淨名第一身子章이니 前已引竟하니라 然이나 十通品第十通에 云,[38] 菩薩摩訶薩이 以一切法滅盡三昧智通으로 於念念中에 入一切法滅盡三昧하고 亦不退菩薩道하며 不捨菩薩事하며 不捨大慈와 大悲心하고 修習波羅蜜하야 未嘗休息이라하니 卽動寂無二也니라

● 故能不起 아래는 『유마경』 제1권 신자장(身子章)의 내용이니 앞에서 이미 인용했던 내용이다. 그러나 십통품(十通品)의 열 번째 신통 부분에 이르되, "불자여, 보살마하살이 온갖 법이 사라져 없어지는[滅盡] 삼매 지혜의 신통으로써, 잠깐잠깐 동안에 온갖 법이 사라져 없어지는 삼매에 들어가지마는 보살도에서 물러나지도 아니하고 보살의 일을 버리지도 않으며, 대자대비한 마음을 버리지 않고 바라밀다를 닦되 잠깐도 쉬지 않으며"라고 하였으니, 곧 동요함과 고요함이 둘이 아님을 밝힌 내용이다.

(b) 비유로 밝히다[喩] (喩云 98下6)

---

38) 인용문은 十通品 제28의 내용이다. (교재 권3 p.95-)

[疏] 喩云善巧力者는 知行船法하며 知水相故라 準大品經하면 未善巧前
에 亦有其喩하니 方便未成에 入水便敗故라
- (b) 비유에서 '교묘한 방편의 힘'이라 말한 것은 배를 부리는 방법을 알고 물의 양상을 알기 때문이다. 『대품반야경』에 준해 보면 교묘한 방편을 쓰기 전에도 그런 비유가 있었으니 방편이 성취되기 전에는 물에 들어가면 바로 빠지기[敗] 때문이다.

[鈔] 準大品下는 經에 云,[39] 譬如有人이 不曉船法하고 乘船入海하면 溺海而死인달하야 菩薩도 亦爾하야 未得方便波羅蜜多하고 入實際海하면 則證實際하며 次云하사대 譬如有人이 善地船法하면 雖入大海나 而不沒溺인달하야 菩薩도 亦爾하야 得方便波羅蜜하면 雖入實際나 而不作證이라하니라
- 準大品 아래는 『대품반야경』에 이르되, "비유하자면 어떤 사람이 배 타는 법을 알지 못하고서 배를 타고 바다에 들어가면 바다에 빠져 죽게 되는 것처럼, 보살도 그래서 방편바라밀을 얻지 않고 실제의 바다에 들어가면 실제에 바로 증입하게 된다." 다음에 또, "비유하자면 어떤 사람이 배 타는 법을 잘 안다면 비록 바다에 들어가더라도 (바다에) 빠지지 않는 것처럼 보살도 그래서 방편바라밀을 얻으면 비록 실제에 들어가더라도 증입하지 않느니라"고 하였다.

---

39) 인용문은 『대품반야경』 제312권을 意取한 내용이다. (대정장 권6 p. 592 b-).
또 羅什譯本인 『摩訶般若波羅蜜經』 譬喩品 제51에도 보인다. "佛告須菩提. 譬如大海中船破壞. 其中人若不取木不取器物. 不取浮囊不取死尸. 須菩提. 當知是人不到彼岸沒海中死. 須菩提. 若船破時其中人取木取器物浮囊死尸. 當知是人終不沒死. 安隱無礙得到彼岸. 須菩提. 求佛道善男子善女人亦復如是. ―."(대정장 권8 p. 329-).

(c) 법과 비유를 합하다[合] (合云 99上3)

[疏] 合에 云波羅蜜船은 卽般若等也라 以願力者는 是方便不捨有因이니라
- (c) 법과 비유를 합함에서 '바라밀의 배'라 한 것은 곧 반야 등을 가리킨다. 원력 때문이란 방편이 존재[有]를 버리지 않는 원인이다.

(ㄴ) 뛰어난 행법을 시작하다[得發起勝行] 2.
a. 앞을 따와서 뒤를 표방하다[牒前標後] (二明 99下5)

佛子여 此菩薩이 得如是三昧智力하여 以大方便으로 雖示現生死나 而恒住涅槃하며 雖眷屬圍遶나 而常樂遠離하며 雖以願力으로 三界受生이나 而不爲世法所染하며 雖常寂滅이나 以方便力으로 而還熾然하고 雖然不燒하며 雖隨順佛智나 而示入聲聞辟支佛地하며 雖得佛境界藏이나 而示住魔境界하며 雖超魔道나 而現行魔法하며 雖示同外道行이나 而不捨佛法하며 雖示隨順一切世間이나 而常行一切出世間法하며 所有一切莊嚴之事가 出過一切天龍夜叉乾闥婆阿修羅迦樓羅緊那羅摩睺羅伽人及非人帝釋梵王四天王等之所有者나 而不捨離樂法之心이니라

"불자여, 이 보살이 이러한 삼매의 지혜를 얻고는 큰 방편으로써, 비록 생사를 나타내지마는 항상 열반에 머물며, 권속들이 들러앉았지마는 항상 멀리 여의기를 좋아하며, 원력으로써 삼계에 태어나지마는 세상법에 물들지 아니하며,

항상 적멸하지마는 방편의 힘으로 도로 치성하며, 비록 불사르지마는 타지 아니하며, 부처님의 지혜를 따르지마는 성문이나 벽지불의 지위에 들어가며, 부처님 경계의 장을 얻었지마는 일부러 마군의 경계에 머물며, 마군의 도를 초과하였지마는 지금에 마군의 법을 행하며, 외도의 행과 같이 하지마는 부처님의 법을 버리지 아니하며, 일부러 모든 세간을 따르지마는 출세간법을 항상 행하며, 일체 장엄하는 일이 하늘·용·야차·건달바·아수라·가루라·긴나라·마후라가·사람·사람 아닌 이와, 제석·범천왕·사천왕이 가진 것보다 지나가지마는 법을 좋아하는 마음을 버리지 아니하느니라."

[疏] 二, 明發起勝行이라 中에 亦是上來에 已攝無着行이오 此下에 攝平等隨順一切衆生廻向이라 且依發起勝行하야 文分爲二니 初, 牒前標後니 出得滅定三昧하야 不作證智일새 故成後大方便也라

- (ㄴ) 뛰어난 행법을 시작함이다. 그중에 역시 여기까지는 이 제7. 무착행(無着行)을 포섭한 내용이고, 여기부터 제7. 평등하게 모든 중생을 따르는 회향[等隨順一切衆生廻向]을 포섭하는 내용이다. 먼저 뛰어난 행법에 의지하여 경문을 둘로 나누었다. a. 앞을 따와서 뒤를 표방함이니, 멸진정 삼매를 얻음으로 인하여 증지(證智)를 짓지 않으므로 뒤에 큰 방편지혜를 이루게 된다.

b. 바로 뛰어난 행법을 밝히다[正顯勝行] 2.
a) 총상으로 통틀어 말하다[總相通辯] (後雖 99下8)

[疏] 後, 雖示下는 正顯勝行이라 經有十句를 論爲八種共對治攝하니 謂後三이 爲一故라 能治所治인 二行이 共俱하야 互相攝故니 如示生死가 爲所治요 以恒住涅槃이 爲能治라 能治가 攝於所治니 則不爲生死의 所染이오 亦得以涅槃으로 爲所治에 示現生死가 爲能治라 能治로 攝於所治하야 而不證於涅槃이라 他皆倣此니라

■ b. 雖示 아래는 바로 뛰어난 행법을 밝힘이다. 본경에는 열 구절로 나누었는데 논경에는 여덟 가지의 함께 다스림으로 포괄하였다. 말하자면 뒤의 세 구절이 하나가 되는 까닭이다. 다스리는 주체와 대상인 두 가지 행법이 함께하여 서로서로 포괄하는 까닭이니, 마치 〈나고 죽음〉이 다스릴 대상이 되고 〈항상 열반에 머무는 것〉이 다스리는 주체가 되는 것과 같다. 다스리는 주체가 다스릴 대상을 포괄한다는 뜻이니, 나고 죽음에 물드는 바가 되지 않음이요, 또한 열반으로 다스릴 대상이 될 적에 〈나고 죽음〉이 다스리는 주체가 되는 것을 나타내 보였다. 다스리는 주체로 대상을 포괄하여 열반을 증득하지 않는다는 이치이니 나머지는 모두 여기를 모방한 내용이다.

b) 문장을 대조하여 따로 해석하다[對文別釋] 2.
(a) 일곱 구절은 따로 일곱 가지 행법에 의지하여 해석하다
　　[初七句別約七行] 7.
㊀ 공덕을 일으키는 행법[起功德行] (八中 100上4)
㊁ 우두머리로 나머지를 섭수하는 행법[上首攝餘行] (二上)

[疏] 八中에 初一은 爲總이니 故云生死涅槃이라 論에 云, 一은 起功德行이

라하니 謂入生死하야 爲福業事라 故로 淨名에 云, 生死畏中에 當依如
來功德之力이라하니라 不入生死海면 不得無價寶珠니 何有功德이리오
二, 上首攝餘行이라하니 謂旣示生死에 必爲上首하야 攝眷屬故라

- 논경의 여덟 가지 중에 처음 ㊀ 하나는 총상이므로 생사와 열반이라 하였다. 논경에서, '(1) 첫째는 공덕행을 일으킨다'고 하였으니 생사 속에 들어가 복업의 일을 짓는 것을 말한다. 그래서 『유마경』에서는, "생사의 두려움 속에서 마땅히 여래의 공덕의 힘에 의지해야 한다"고 하였다. 생사의 바다에 들어가지 않으면 '값으로 따질 수 없는 보배 구슬[無價寶珠]'을 얻을 수 없을 것이니 어찌 공덕이 있겠는가? ㊁ 우두 머리로 나머지를 섭수하는 행법이다. 말하자면 이미 생사 속에 시현 하였으면 반드시 우두머리가 되어 권속을 거느려야 하기 때문이다.

㊂ 원력으로 존재[有]를 취하는 행법[願取有行] (三願 100上10)
㊃ 가문을 단절하지 않는 행법[家不斷行] (四家)

[疏] 三, 願取有行이라하니 非業所拘니 故로 處而不染이라 四, 家不斷行
이라하니 謂雖言不染이나 而示有妻子가 名家不斷이라 雖然不燒者는
示有常修梵行故라 唯此一句에 具空中方便慧와 有中殊勝行하니
上下에도 皆應倣此로대 從略故로 無니라

- ㊂ 원력으로 〈유〉를 취하는 행법이다. 업의 힘에 구속된 것이 아니 므로 함께 살더라도 물들지 않는다. ㊃ 가문을 단절하지 않는 행법 이다. 말하자면 비록 물들지 않지만 처자가 있음을 보이는 것을 "가 문을 단절하지 않는다"고 말한다. '비록 불사르지만 타지 않는다'고 말한 것은 항상 범행을 닦는 것을 보여 주기 때문이다. 오로지 이 한

구절에 〈공〉 속의 방편지혜와 〈유〉 중의 뛰어난 행법을 구비하였다. 위와 아래에서 모두 응당히 이것을 본뜨고 있지만 여기서는 간략함을 따라 생략하였다.

[鈔] 四家不斷行中에 雖言不染而示有妻子는 卽空中方便慧니 是는 觀於空호대 不礙有故요 雖然不燒는 卽有中에 殊勝行이니 涉有호대 不迷於空故라 唯此經文에 具斯二言이라 上下應有而不具者는 皆用二句하야 互相攝導니 已具二故라 如雖示生死에 得下의 而住涅槃이 卽有中에 殊勝行이오 下住涅槃에 得上示生死가 卽空中에 方便慧라 故義已盡이니 但文不具耳니라

- ㉔ 가문을 단절하지 않는 행법 중에 '비록 물들지 않는다고 말하면서도 처자가 있음을 보인다'는 것은 곧 〈공〉 속의 방편지혜를 뜻한다. 이것은 〈공〉을 관조하지만 〈유〉에 걸리지 않는 까닭이요, '비록 불에 타지 않는다'는 것은 곧 〈유〉 중의 뛰어난 행법이다. 이것은 〈유〉를 걸어가지만 〈공〉에 미혹하지 않는 까닭이다. 오직 이 경문에만 이 두 가지 말씀[是觀於空 不礙有故, 涉有不迷於空故]이 구비되어 있다. 위와 아래에 '있긴 하지만 구비되지 않았다'고 말한 것은 모두 두 구절을 써서 서로 섭수하고 이끌었나니 이미 둘을 구비한 까닭이다. 마치 비록 생사를 보이면서 아래의 열반에 머문다는 내용이 곧 〈유〉 중의 뛰어난 행법이고, '아래에서 열반에 머물면서 위에서 생사를 보인다'는 것은 곧 〈공〉 속의 방편지혜인 것과 같다. 그러므로 이치는 이미 다 구비되었으니 단지 문장으로만 구비되지 않은 것일 뿐이다.

㊄ 들어가는 행법[入行] (五者 101上1)
㊅ 생활에 도움되는 행법[資生行] (六資)
㊆ 쇠퇴하는 행법[退行] (七退)

[疏] 五者, 入行이니 謂非獨化凡이라 亦轉二乘하야 入佛慧故니라 六, 資生行이라하니 謂雖知五欲이 卽道며 含攝佛法이나 而飮食으로 資身하고 睡夢으로 資神하야 皆順五欲十軍하니 是魔境界니라 七, 退行이라하니 謂示老病死衰退가 卽四魔等法이니 不行其因일새 名超魔道니라

■ ㊄ 들어가는 행법이니 유독 범부만 교화할 대상이 아님을 뜻한다. 또한 이승을 바꾸어 부처님 지혜에 들어가게 하는 까닭이다. ㊅ 생활에 도움되는 행법이다. 말하자면 비록 오욕(五欲)이 곧 도(道)이며 불법을 포섭한 것임을 알고 있지만 음식으로 몸을 돕고 수면, 꿈으로 정신을 도와서 모두 오욕과 열 가지 마군에 따르니 바로 마군의 경계를 뜻한다. ㊆ 쇠퇴하는 행법이다. 말하자면 늙고 병들고 죽고 쇠퇴함을 보이는 것이 곧 네 가지 마군 등의 법이니, 그 원인을 행하지 않으므로 '마군의 길을 초과했다'고 말하였다.

[鈔] 皆順五欲者는 約五欲境인대 卽是魔王所緣之境이오 若將資神과 及益身等인대 卽分齊境이니라 十軍은 已見初會하니라 卽四魔者는 老病衰退는 總是蘊魔요 死는 卽死魔요 老病之時에 亦有惑俱하니 卽煩惱魔라 而言等者는 兼有十魔라 不求有生이 卽不行其因이니 生必老死故니라

● '모두 오욕을 따른다'는 것은 오욕의 경계에 의지한다면 곧 마왕이 반연할 대상으로 삼는 경계이고, 만일 장래에 정신과 육체 등을 도와

주거나 이익되게 한다면 곧 경계의 범주이다. '열 가지 마군'은 이미 제1 적멸도량법회[40]에서 본 적이 있다.

곧 '네 가지 마군의 경계'라는 것은 늙고 병들고 쇠퇴함은 통틀어 오온(五蘊)의 마군이요, 죽음은 곧 죽음의 마군이요, 늙고 병들었을 적에 또한 미혹과 함께함이 있으니 곧 번뇌의 마군을 가리킨다. 그러나 '등'이라 말한 것은 열 가지 마군경계를 겸한다는 뜻이다. 〈존재〉와 〈나기〉를 구하지 않는 것이 곧 그 원인을 행하지 않는 것이니, 태어나면 반드시 늙고 죽게 되는 까닭이다.

(b) 세 구절은 합하여 하나의 행법으로 삼다[後三句合爲一行]

(八者 101上10)

[疏] 八者, 轉行이라하니 謂初四는 化凡이오 次一은 化小요 次二는 化魔라 今由自行不染일새 故轉凡之惑하야 令絶其因이라 此有三種하니 一, 見貪轉이니 外道는 着諸見故라 如佛示學二仙하사 令彼로 轉捨諸見着故라 二, 障礙轉이니 如佛示學書算等이라 三, 所有下는 貪轉이니 如佛處於王宮하사대 不生染着이라

■ ⑻ 뒤바뀐 행법이다. 말하자면 처음의 네 구절[㊀ 起功德行 ㊁ 上首攝餘行 ㊂ 願取有行 ㊃ 家不斷行]은 범부를 제도함이요, 다음의 한 구절[㊄ 入行]은 소승을 제도함이요, 다음의 두 구절[㊅ 貪生行 ㊆ 退行]은 마군을 제도함이다. 지금은 스스로 행하면서도 물들지 않음으로 인하여 범

---

40) 世主妙嚴品의 내용이다. 鈔云, "十力降魔十軍皆殄者는 智論第六에 云, 欲爲汝初軍이오 憂愁軍第二오 飢渴軍第三이오 渴愛軍第四오 睡眠軍第五오 怖畏軍第六이오 疑軍爲第七이오 含毒軍第八이오 利養軍第九오 着虛妄名聞인 自高軍第十이라 輕慢於他人이로다 汝等軍如是니 一切世間人과 及諸一切天이 無能破之者이니와 我以智慧箭이 修定智弓하야 摧破汝魔軍이 如坏瓶投水라하니라 今以愛欲爲水일새 故偏語之니라."(昃字卷 53장-). 위의 내용은 『대지도론』제6권 功德釋論 제10에 보인다.(대정장 권25 p.99 b-)

부의 미혹을 바꾸어 그 원인을 단절하게 한다. 여기에 세 가지가 있으니 (1) 견해의 탐심을 바꾸는 행법[見貪轉]이니 외도들은 여러 견해에 집착하기 때문이다. 마치 부처님께서 두 선인에게 배우고는 그들로 하여금 모든 견해에 집착함을 바꾸고 버리게 함을 보여 주신 것과 같다. (2) 장애를 바꾸는 행법[障礙轉]이니 마치 부처님께서 책과 산수법을 배움을 보여 주신 것과 같다. (3) 所有 아래는 탐욕을 바꾸는 행법[貪轉]이니 마치 부처님께서 왕궁에 사셨지만 탐욕에 물들거나 집착하지 않은 것과 같다.

[鈔] 此有三者는 無數煩惱가 不出此三이니 謂見과 愛와 無明이라 又見과 愛는 卽利鈍二使요 無明은 兼縛所知니 則二障이 皆縛이라 如佛示學者는 如本行集[41)]에 一은 阿羅漢仙人이요 二는 鬱頭藍弗仙人이라 하니라

● '여기에 세 가지가 있다'는 것은 수없는 번뇌가 이 세 가지에서 벗어나지 않는다. 말하자면 견해와 애착과 무명을 말한다. 또 견해와 애착은 날카로운 번뇌[五利使]와 둔한 번뇌[五鈍使]의 둘이요, 무명은 아는 것에 속박됨을 겸하고 있으니 곧 두 가지 장애가 모두 속박인 까닭이다. '마치 부처님께서 책과 산수법을 배움'이란 『불본행집경(佛本行集經)』에서 하나는 알라라카라마 선인이요, 둘은 우드라카 라마푸트라 선인을 가리킨다.

나. 제7지의 과덕[位果] 3.

---

41) 如本行集은 南續金本作本行集云.

가) 조화롭고 부드러운 결과[調柔果] 4.
(가) 조화롭고 부드러운 행법[調柔行] 3.

ㄱ. 법으로 밝히다[法] 3.
ㄱ) 연마할 행법의 인연[練行緣] (第二 101下10)

佛子여 菩薩이 成就如是智慧하여 住遠行地에 以願力故로 得見多佛하나니 所謂見多百佛하며 乃至見多百千億那由他佛하니라

"불자여, 보살이 이런 지혜를 성취하여 원행지에 머물고는, 서원하는 힘으로 많은 부처님을 보게 되나니 이른바 여러 백 부처님을 보며, 내지 여러 백천억 나유타 부처님을 보느니라.

[疏] 第二, 位果라 初는 調柔中에 文亦有四하니 初, 調柔行體라 中에 亦有法喩合이라 法中에 亦三이니 初는 緣이오

■ 나. 제7지의 과덕이다. 가) 조화롭고 부드러운 결과 중에 경문에 또 넷이 있으니 (가) 조화롭고 부드러운 행법의 체성이다. 그중에 역시 ㄱ. 법으로 설함과 ㄴ. 비유로 밝힘과 ㄷ. 법과 비유를 합함이 있다.
ㄱ. 법으로 설함 중에도 셋이니 ㄱ) 연마할 행법의 인연이요,

ㄴ) 연마하는 주체의 행법[能練行] (次於 102下8)

於彼佛所에 以廣大心과 增勝心으로 供養恭敬하고 尊重

讚歎하여 衣服飮食과 臥具醫藥과 一切資生을 悉以奉施하며 亦以供養一切衆僧하여 以此善根으로 廻向阿耨多羅三藐三菩提하며 復於佛所에 恭敬聽法하고 聞已受持하여 獲如實三昧智慧光明하여 隨順修行하며 於諸佛所에 護持正法하여 常爲如來之所讚喜하며 一切二乘의 所有問難이 無能退屈하나니라

저 부처님 계신 데서 광대한 마음과 더욱 승한 마음으로 공양하고 공경하고 존중하고 찬탄하며, 의복과 음식과 좌복과 의약과 모든 필수품을 받들어 이바지하며, 모든 스님들에게도 공양하고, 이 선근으로 아눗다라삼약삼보디에 회향하며, 또 부처님 계신 데서 공경하여 법을 듣고 받아 지니며, 실상과 같은 삼매와 지혜의 광명을 얻고, 따라 수행하며, 여러 부처님 계신 데서 바른 법을 보호하여 지니므로 항상 여래의 찬탄을 받나니, 모든 이승의 문난으로는 능히 퇴굴케 하지 못하느니라.

[疏] 次, 於彼下는 能練行[42]이라 言護持正法者는 由方便行滿하야 守護於他일새 故得於三界에 爲大師니 所以能護니라

- ㄴ) 於彼 아래는 연마하는 주체의 행법이다. '정법을 보호하여 간직한다'는 말은 방편행이 만족함으로 인하여 정법을 수호하게 되므로 삼계에서 큰 스승이 되는 것이니 그 때문에 능히 보호하는 것이다.

ㄷ) 연마할 대상이 청정하다[所練淨] (三利 102下2)

---

[42] 行下에 續金本有淨字.

利益衆生에 法忍淸淨하여 如是經無量百千億那由他劫
토록 所有善根이 轉更增勝하나니
중생에 이익 주며 법인이 청정하여, 한량없는 백천억 나유
타 겁을 지나도 갖고 있는 선근은 점점 더 훌륭하게 되나니,

[疏] 三, 利益衆生下는 明所練淨이라 論에 云此地釋名을 應知者는 卽以
經文으로 爲釋名이니 謂利益衆生은 是有中의 殊勝行이오 法忍淸淨
은 卽空中의 方便智니 此二가 是行이라 善根이 轉更增勝者는 明功用
究竟이니 卽是遠義니라

■ ㄷ) 利益衆生 아래는 연마할 대상이 청정함이다. 논경에서 '이 제7지
의 명칭의 뜻을 응당 알아야 한다'고 말한 것은 곧 경문으로 명칭을
해석한다는 의미이다. 말하자면 '중생에 이익을 준다'는 것은 〈유〉
중의 뛰어난 행법이요, '법인이 청정함'이란 〈공〉 속의 방편지혜이니
이 두 가지가 바로 '행(行)'의 뜻이다. '선근이 더욱 더 훌륭하게 된다'
는 것은 공용의 끝임을 밝힌 것이니 곧 '원(遠)'의 의미이다.

ㄴ. 비유로 밝히다[喩] (喩中 102下8)
ㄷ. 법과 비유를 합하다[合] (經/菩薩)

譬如眞金을 以衆妙寶로 間錯莊嚴하면 轉更增勝하고 倍
益光明하여 餘莊嚴具의 所不能及인달하니라 菩薩이 住
此第七地所有善根도 亦復如是하여 以方便慧力으로 轉
更明淨하니 非是二乘之所能及이니라
마치 진금에다 묘한 보배로 사이사이 장엄하면 더욱 훌륭

하여지고 광명이 많아져서, 다른 장엄거리로는 미치지 못하는 듯하다. 보살이 제7지에 머물러서 가진 선근도 그와 같아서, 방편지혜의 힘으로 더욱 밝고 깨끗하여지나니, 이것은 이승으로는 미치지 못하느니라.

[疏] 喩中에 金喩證智信等善根이라 衆寶間錯者는 卽一切菩提分法이니 方便行功用이 滿足故로 令前善根으로 轉勝이니라

■ ㄴ. 비유로 밝힘 중에 진금으로 증도의 지혜와 믿음 등의 선근에 비유하였다. '여러 가지 묘한 보배로 사이사이 장엄한다'는 것은 곧 모든 보리의 부분법이니, 방편지혜와 뛰어난 행법의 공용이 만족하기 때문에 앞의 선근으로 하여금 더욱 훌륭하게 만들었다.

(나) 교도의 지혜가 청정하다[敎智淨] (第二 103上5)

佛子여 譬如日光을 星月等光이 無能及者며 閻浮提地의 所有泥潦를 悉能乾竭인달하여 此遠行地菩薩도 亦復如是하여 一切二乘이 無有能及이라 悉能乾竭一切衆生의 諸惑泥潦니라

불자여, 비유하면 햇빛은 달이나 별 따위의 빛으로는 미칠 수 없으며, 남섬부주에 있는 진창들을 모두 말리나니, 이 원행지보살도 그와 같아서 일체 이승으로는 미칠 수 없으며, 모든 중생의 번뇌 진창을 모두 말리느니라.

[疏] 第二, 佛子譬如日光下는 明敎智淨이니 先은 喩요 後는 合이라 喩中

에 光義는 如前地니 而此日光이 盛故로 勝彼月光이라 以月光淸凉은 如般若故요 日光用廣은 如方便故라 餘並可知[43]니라

- (나) 佛子譬如日光 아래는 교도의 지혜가 청정함이니 ㄱ. 비유로 밝힘이요 ㄴ. 비유와 합함이다. ㄱ. 비유 중에 '광(光)'의 뜻은 앞의 지(地)와 같지만 이 제7지에 일광(日光)이 더 왕성한 연고로 저 달빛보다 나은 것이다. 달빛이 맑고 시원함은 반야와 같고, 햇빛의 작용이 넓은 것은 방편과 같기 때문이다. 나머지는 함께 대조하면 알 수 있으리라.

(다) 제7지의 행상을 구분하다[別地行相] (經/此菩 103上8)
(라) 제7지의 명칭을 결론하다[結說地名] (佛子)

此菩薩이 十波羅蜜中에 方便波羅蜜이 偏多하니 餘非不修로되 但隨力隨分이니라 佛子여 是名略說菩薩摩訶薩의 第七遠行地니라
이 보살이 십바라밀다 중에는 방편바라밀다가 치우쳐 많으니, 다른 것을 닦지 아니함은 아니지마는 힘을 따르고 분한을 따를 뿐이니라. 불자여, 이것이 보살마하살의 제7 원행지를 간략히 말한다 하느니라."

나) 보답으로 거둔 결과[攝報果] 2.

(가) 뛰어난 몸을 얻다[上勝身] (經/菩薩 103上10)

---

43) 此下에 續本有三別地行相 四結說地名 二攝報果二 初上勝身 二上勝果 三願智果.

(나) 뛰어난 결과를 얻다[上勝果] (經/復作)

菩薩이 住此地에 多作自在天王하여 善爲衆生하여 說證智法하여 令其證入하며 布施愛語利行同事하나니 如是一切諸所作業이 皆不離念佛하며 乃至不離念具足一切種과 一切智智니라 復作是念하되 我當於一切衆生中에 爲首며 爲勝이며 乃至爲一切智智依止者라하나니 此菩薩이 若發勤精進하면 於一念頃에 得百千億那由他三昧하며 乃至示現百千億那由他菩薩로 以爲眷屬이니라

"보살이 이 지에 머물러서는 흔히 자재천왕이 되며, 중생들에게 증한 지혜의 법을 말하여 증득하여 들어가게 하며, 보시하고 좋은 말을 하고 이익한 행을 하고 일을 함께 하나니, 이렇게 여러 가지 짓는 업이 모두 부처님 생각함을 떠나지 아니하며, 내지 갖가지 지혜와 온갖 지혜의 지혜를 구족하려는 생각을 떠나지 아니하느니라.

또 생각하기를 '내가 중생들 가운데 머리가 되고 나은 이가 되고, 내지 온갖 지혜의 의지함이 되리라' 하느니라. 이 보살이 만일 부지런히 정진하면 잠깐 동안에 백천억 나유타 삼매를 얻으며, 내지 백천억 나유타 보살로 권속을 삼거니와,

다) 서원과 지혜의 결과[願智果] (經/若以 103下6)

若以菩薩殊勝願力으로 自在示現인댄 過於此數하여 乃至百千億那由他劫에도 不能數知니라
만일 보살의 수승한 원력으로 자유롭게 나타내면 이보다 지나가서, 내지 백천억 나유타 겁에도 세어서 알 수 없느니라."

3) 거듭 노래하는 부분[重頌分] 2.

(1) 게송을 설하는 광경[說偈儀] (經/爾時 103下8)

爾時에 金剛藏菩薩이 欲重宣其義하사 而說頌曰,
그때 금강장보살이 이 뜻을 다시 펴려고 게송으로 말하였다.

(2) 바로 게송으로 노래하다[正說偈] 3.

가. 17개 반의 게송은 제7지의 행상을 노래하다[初十七偈半頌位行] 5.
가) 네 게송은 지음 없음을 좋아하는 행법으로 다스림을 노래하다
 [初四偈頌樂無作行對治] (第三 104上7)

第一義智三昧道를　　　　六地修行心滿足일새
卽時成就方便慧하여　　　菩薩以此入七地로다
첫째가는 지혜와 삼매의 길을
6지에서 수행하여 마음이 만족

그 자리에 방편지혜 성취하여서
보살이 제7지에 들어가나니

雖明三脫起慈悲하며　　　　雖等如來勤供佛하며
雖觀於空集福德하여　　　　菩薩以此昇七地로다
세 해탈 밝혔으나 자비심 내고
여래와 평등해도 부처님 공양
공함을 관찰코도 복덕 모으니
보살이 제7지에 올라가도다.

遠離三界而莊嚴하며　　　　滅除惑火而起焰하며
知法無二勤作業하며　　　　了刹皆空樂嚴土하며
삼계를 여의고도 삼계를 장엄
번뇌 불 멸했으나 불꽃 일으켜
둘 없는 법 알고도 업을 지으며
세계가 공하지만 장엄 좋아해.

解身不動具諸相하며　　　　達聲性離善開演하며
入於一念事各別하여　　　　智者以此昇七地로다
법신이 부동하나 상호 갖추고
소리 성품 떠났지만 연설 잘하며
한 생각에 들었지만 일은 갖가지
지혜로운 이는 제7지에 올라가더라.

[疏] 第三, 重頌이라 二十一頌을 分三이니 初, 十七頌半은 頌位行이오 次, 二頌半은 頌位果요 後, 一頌은 歎勝結說이라 前中에 分五니 初, 四는 頌樂無作行이 對治요

- 3) 게송으로 거듭 노래하는 부분이다. 21개의 게송을 셋으로 나누리니 가. 17개 반의 게송은 제7지의 행상을 노래함이요, 나. 두 개 반의 게송은 제7지의 과덕을 노래함이요, 다. 한 게송은 뛰어난 행법을 찬탄하며 결론함이다. 가. 중에 다섯으로 나누면 가) 네 게송은 지음 없음을 좋아하는 행법으로 다스림을 노래함이요,

나) 두 게송은 저 장애를 다스림에 대해 노래하다[次二偈頌彼障對治]

(次二 104下4)

觀察此法得明了하고　　　　廣爲群迷興利益하여
入衆生界無有邊과　　　　　佛敎化業亦無量하며
이런 법 관찰하여 분명히 알고
중생들 위하여서 이익을 내며
그지없는 중생계에 들어갔는데
부처님의 교화 사업 한량이 없고

國土諸法與劫數와　　　　　解欲心行悉能入하며
說三乘法亦無限하여　　　　如是敎化諸群生이로다
국토와 모든 법과 한량없는 겁
이해 욕망 마음과 행 다 들어가서
삼승법을 말하기 한량없나니

이렇게 모든 중생 교화하더라.

[疏] 次, 二頌은 彼障對治無量이오 略不頌無功用行이라
- 나) 두 개의 게송은 저 장애를 다스림에 대한 게송이요, 공용 없는 행법을 노래함은 생략하였다.

다) 세 게송은 함께 행함이 간단없음을 노래하다[次三偈頌雙行無間]

(三有 105上1)

菩薩勤求最勝道하되　　　　動息不捨方便慧하여
一一廻向佛菩提하며　　　　念念成就波羅蜜하나니
보살이 가장 나은 도를 구하여
어느 때나 방편 지혜 버리지 않고
부처님의 보리로 회향하여서
생각마다 바라밀다 성취하는데

發心廻向是布施요　　　　　滅惑爲戒不害忍이요
求善無厭斯進策이요　　　　於道不動即修禪이요
발심하여 회향함은 보시가 되고
번뇌 끊고 침해 않는 계행과 인욕
선을 구해 만족 없음 정진이라 하고
보리도에 부동하니 선정이 되며

忍受無生名般若요　　　　　廻向方便希求願이요

無能摧力善了智라 　　　　　如是一切皆成滿이로다
무생법인 아는 것 반야라 하고
회향은 방편이요 구함은 서원
꺾지 못할 힘이며 잘 아는 지혜
이렇게 온갖 것을 모두 만족해.

[疏] 三, 有三頌은 頌雙行無間이오
■ 다) 세 게송은 함께 행함이 간단없음을 노래함이요,

라) 다섯 게송은 앞과 뒤의 지(地)보다 뛰어남을 노래하다
[次五偈頌前上地勝] (四有 105下2)

初地攀緣功德滿이요 　　　　二地離垢三諍息이요
四地入道五順行이요 　　　　第六無生智光照요
초지에선 반연으로 공덕이 만족
2지는 때 여의고 3지에는 다툼을 쉬고
4지는 도에 들고 5지 순종코
6지에는 남이 없는 지혜 빛나며

七住菩提功德滿하여 　　　　種種大願皆具足일새
以是能令八地中에 　　　　　一切所作咸淸淨이로다
7지에서 보리의 공덕 원만하고
가지가지 큰 원을 모두 구족해
이것으로 8지에 오르게 되면

여러 가지 짓는 일이 청정하리라.

此地難過智乃超가　　　　　譬如世界二中間이며
亦如聖王無染着이나　　　　然未名爲總超度어니와
지나갈 수 없는 7지 지혜로 초과
비유하면 두 세계의 중간 같으며
전륜왕이 물들지 않았지마는
인간을 초과했다 이름 아니해

若住第八智地中하면　　　　爾乃踰於心境界가
如梵觀世超人位하며　　　　如蓮處水無染着이로다
지혜인 제8지에 머문 뒤에야
마음의 경계들을 뛰어넘나니
범천에서 인간을 초과하듯이
연꽃에 물이 묻지 아니하는 듯

此地雖超諸惑衆이나　　　　不名有惑非無惑이니
以無煩惱於中行하되　　　　而求佛智心未足이로다
이 지에서 모든 번뇌 초과했으나
번뇌 있다 번뇌 없다 하지 않나니
번뇌 없이 그 속에서 행하지마는
부처 지혜 구하는 맘 만족하지 못해

[疏] 四, 有五頌은 頌前上地勝分이라 言三諍息者는 約忍度故며 又得法

光明故로 無有諍이라

- 라) 다섯 게송은 앞과 뒤의 지(地)보다 뛰어남을 노래한 부분이다. '제3지에는 다툼을 쉰다'는 말은 인욕바라밀에 의지한 까닭이며, 또 법의 광명을 얻었기 때문에 다툼이 없다.

마) 세 개 반의 게송은 2리(二利)를 함께 행한 결과를 노래하다
[後三偈半頌雙行果] (五有 106上1)

世間所有衆技藝와　　　　　經書辭論普明了하며
禪定三昧及神通을　　　　　如是修行悉成就로다
세간에서 행하는 모든 기예와
경전이나 언론을 두루 다 알고
선정이건 삼매건 모든 신통을
이렇게 수행하여 성취하더라.

菩薩修成七住道에　　　　　超過一切二乘行이라
初地願故此由智니　　　　　譬如王子力具足[44]이로다
보살이 7지의 도 닦아 이루어
일체의 이승행을 초과하나니
초지에선 원력이요, 이 지는 지혜
왕자의 자기 힘이 구족하는 듯

成就甚深仍進道하며　　　　心心寂滅不取證이

---

44) 故는 宋元明宮淸合卍綱杭鼓纂續金本作成, 準長行與晋經 應從麗平綱本作故.

譬如乘船入海中하여　　　在水不爲水所溺이로다
깊은 법을 성취하고 도에 나아가
마음이 적멸하나 증치 않나니
배를 타고 바다에 들어가듯이
물속에 있으면서 빠지지 않아

方便慧行功德具하니　　　一切世間無能了라
방편 지혜 행하여 공덕 갖추니
일체 세간 사람을 아는 이 없고

[疏] 五, 有三頌半은 頌雙行果[45]니라

■ 마) 세 개 반의 게송은 2리(二利)를 함께 행한 결과를 노래함이다.

나. 두 개 반의 게송은 제7지의 과덕을 노래하다[次二偈半頌位果]

(經/供養 106上2)

供養多佛心益明이　　　如以妙寶莊嚴金이로다
많은 부처 공양하여 마음 밝으니
보배로써 진금을 장엄한 듯이

此地菩薩智最明이　　　如日舒光竭愛水하며
又作自在天中主하여　　　化導群生修正智로다
7지 보살 지혜가 가장 밝아서

---

45) 此下에 續本有三頌位果 三一頌結說讚勝.

햇빛이 애욕 물을 말리는 듯
흔히는 자재천의 임금이 되어
중생들께 바른 지혜 닦게 하더라.

若以勇猛精勤力인댄　　　獲多三昧見多佛하나니
百千億數那由他어니와　　願力自在復過是로다
이 보살이 용맹하게 정진한다면
많은 삼매 얻고서 많은 부처님
백천억 나유타를 보게 되지만
자재한 원력으론 이보다 많아

다. 뛰어남을 찬탄하며 결론하다[後一偈頌結說讚勝] (經/此是 106上7)

此是菩薩遠行地에　　　方便智慧淸淨道니
一切世間天及人과　　　聲聞獨覺無能知로다
이것은 보살들이 원행지에서
방편지혜 청정한 공덕들이니
모든 세계 천인이나 여러 사람과
성문과 독각들도 알지 못하리.

제7절 원행지(遠行地) 終

大方廣佛華嚴經 제38권
大方廣佛華嚴經疏鈔 제38권의 ① 稱字卷

제26 十地品 ⑮

제8 부동지에서는 무공용행의 무분별지혜가 자연히 상속하여 형상과 작용, 번뇌에 동요되지 않는다. 그러므로 청정한 법인을 얻고 불국토를 청정히 하고 자재로움을 얻게 된다. 그리하여 십신자재(十身自在)와 십신상작(十身相作)이 가능해진다. 화엄에서 일곱 곳에서 법회를 아홉 번이나 여시지만 부처님의 몸은 보리수 아래를 떠나신 적이 없었던 것처럼 말이다.

"일체 법에 들어가니, 본래 나는 일도 없고 일어남도 없고 모양도 없고 이름도 없고 무너짐도 없고 다함도 없고 옮아감도 없으며, 성품이 없는 것으로 성품을 삼으며, 처음과 중간과 나중이 모두 평등하며, 분별이 없는 진여와 같은 지혜로 들어갈 곳이니라. 모든 마음과 뜻과 식으로 분별하는 생각을 여의었으며,… 이것을 말하여 무생법인을 얻었다 하느니라."

비유하면 허공에 뜬 해나 달이나	譬如日月住虛空하되
여러 곳 물 가운데 영상 비치듯	一切水中皆現影인달하여
법계에 있는 보살 변동 없지만	住於法界無所動하되
마음 따라 나투는 영상도 그래	隨心現影亦復然이로다
좋아함이 각각 다른 마음을 따라	隨其心樂各不同하여
여러 중생 가운데 몸을 나투되	一切衆中皆現身하되
성문이나 독각이나 보살들이나	聲聞獨覺與菩薩
부처님 몸까지도 모두 나타내.	及以佛身靡不現이로다

大方廣佛華嚴經 제38권
大方廣佛華嚴經疏鈔 제38권의 ① 稱字卷

제26. 십지법문을 설하는 품[十地品] ⑮

제8절. 동요하지 않는 지 [不動地] 7.

❖ 제6회 십지품 제8 不動地 (科圖 26-78; 稱字卷)

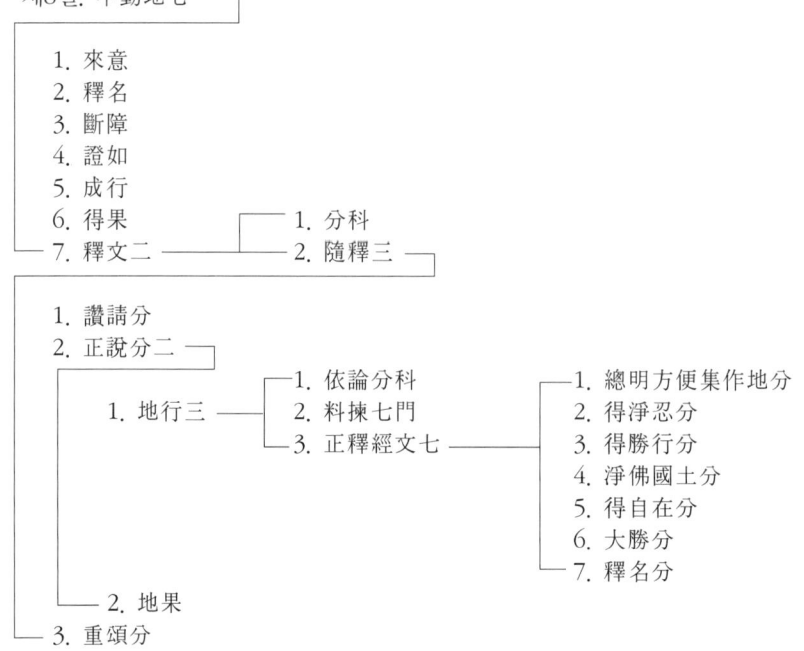

1. 오게 된 뜻[來意] 2.

1) 실법의 지위에 의지하다[約實位] (第八 1上5)
2) 지위에 의탁한 해석[約寄位] (又約)

[疏] 第八, 不動地라 所以來者는 瑜伽에 云, 雖於無相에 作意가 無缺無間하야 多修習住나 而未能於無相住中에 捨離功用하며 又未能得於相에 自在하니 修習得滿이라하니 故次來也니라 又約寄位인대 初之三地는 寄同世間이오 次有四地는 寄三乘法이오 第八已去는 寄顯一乘故니라 莊嚴論에 釋第七地云호대 近一乘故라하며 梁論에 亦說八地已上을 以爲一乘이라하니 是知從前差別하야 進入一乘일새 故次來也니라

■ 제8절 동요하지 않는 지이다. 1. 오게 된 이유는 『유가사지론』에 이르되, "비록 모양 없음에서 주의를 기울인 것이 빠지거나 사이함이 없어서 많이 수습하여 머문다고 히더라도 아직 능히 양상 없음에 너물면서 공용을 없애 버리지 못하며, 또 능히 양상 있음에서 자재함을 얻지도 못하므로 수습하여 만족함을 얻게 된다"고 하였다. 그래서 다음에 오게 된 것이다. 또 지위에 의탁하면 처음의 세 지(地)는 함께 세간에 의탁하였고, 다음의 네 지[4, 5, 6, 7]지는 삼승의 법에 의탁하였고, 제8지 이후는 일승법에 의탁하여 밝힌 까닭이다. 『대승장엄경론(大乘莊嚴經論)』에서는 제7지를, "일승에 가깝기 때문이다"라고 해석하였고, 『양섭론(梁攝論)』에서도 "8지 이상을 일승법이라 한다"고 밝혔다. 이로써 앞에서부터 구분하여 일승법에 진입함을 알았으므로 다음에 오게 된 것이다.

[鈔] 第八不動地라 所以來者는 有二하니 一, 約實位오 二, 又約下는 寄位라
● 제8절 동요하지 않는 지(地)이다. 1. 오게 된 이유는 두 가지가 있으니 1) 실법의 지위에 의지함이요, 2) 又約 아래는 지위에 의탁함이다.

2. 명칭 해석[釋名] 2.

1) 논서를 거론하다[擧論] (言不 1下2)
2) 소가의 해석[疏釋] 8.
(1) 소가가 경문을 바로 해석하다[疏文正釋] (謂任)
(2) 논경에 의지한 해석[以本論釋] (與本)

[疏] 言不動者는 總有三義故니 成唯識에 云, 無分別智가 任運하고 相續하야 相과 用과 煩惱가 不能動故라하니 謂任運故로 功用에 不能動이오 相續故로 相不能動이오 總出上二하야 煩惱不動이니 與本分으로 大同이라
■ '동요하지 않는다'는 말은 총합하여 세 가지 이치가 있는 까닭이다. 『성유식론』에서는, "무분별 지혜가 자연히 상속하여 모양·작용·번뇌에 동요되지 않기 때문이다"라고 하였다. 임운(任運)이라 했으므로 공용에 동요되지 않고, 상속하기 때문에 모양 있음에 동요되지 않고, 총합하여 위의 둘로 인하여 번뇌에 동요되지 않는다. (2) 본분(本分)과 거의 같다.

[鈔] 言不動下는 二, 釋名이니 總引八釋이라 兼無性世親釋論하면 則有

十釋이라 下는 結不出三義라 而唯識이 最具라 今初니 先은 擧論이오 後는 謂任運故下46)는 疏釋이니 卽第九論이라

二, 與本分下는 卽本論에 云, 報行이 純熟하야 無相無間일새 故名不動이라하니 報行純熟은 卽是功用不動이라 前地所修가 今此位成일새 名爲報熟이오 空有常行일새 名爲無間이오 不爲空有間47)故며 常在無相觀故니라

● 2. 言不動 아래는 명칭 해석이니 총합적으로 여덟 가지 해석을 인용하였다. 무성(無性)보살의 해석과 세친보살의 해석을 함께 생각하면 열 가지 해석이 된다. 그래서 아래에서 "세 가지 주장에서 벗어나지 않는다"라고 결론하였다. 하지만 『유식론』의 주장이 가장 구비된 해석이다. 지금은 1) 논서를 거론함이요, 2) 謂任運故 아래는 소가의 해석이니 논경 제9권이다.

(2) 擧本分 아래는 곧 논경에 이르되, "보답의 행법이 완전히 성숙되어 모양도 없고 간격도 없는 까닭에 동요하지 않는다"고 하였다. 여기서 '보행(報行)이 완전히 성숙된다'는 것은 곧 공용에 동요하지 않음을 뜻한다. 앞의 지(地)에서 닦은 것이 지금 이 제8지에서 성취되므로 '보행이 성숙된다'고 하였다. 〈공〉과 〈유〉에 항상 행하므로 '간격이 없다'고 말하고, 〈공〉과 〈유〉에 간격이 없기 때문이며 항상 모양 없음을 관찰하는 까닭이다.

(3) 금광명경에 의지한 해석[金光明經] (而金 1下5)
(4) 섭론을 인용한 해석[引攝論釋] (攝論)

---

46) 此下에 南續金本有初字誤.
47) 空有間은 甲南續金本作有間空.

[疏] 而金光明에 云, 無相正思惟로 修得自在하야 諸煩惱行이 不能令動이라하니 但有二義하니 由相하야 於前에 已不動故며 行卽功用이니라 攝論에 云, 由一切相과 有功用行이 不能動故라하니 此則略無煩惱라 無性釋意에 云, 第七地는 行動相不動이오 此中에 行과 相이 俱不動이라하고 世親도 同此하니라

■ 하지만 『금광명경(金光明經)』에서는, "모양 없음에 바른 사유로 닦아 자재를 얻어서 모든 번뇌의 행동이 능히 동요되지 않게 한다"고 하였다. 단지 두 가지 뜻만 있나니 모양 있음으로 인해 앞에서 이미 동요되지 않았으며, 행이 공용과 합치된다는 뜻이다. 『섭대승론』에서는, "모든 모양 있음과 공용 있는 행법이 능히 동요하지 않는 까닭이다"라고 하였으니, 이것은 대략 번뇌가 없어졌다는 뜻이다. 무성보살이 의미를 분석하되, "제7지는 행법은 동요하지만 모양은 동요하지 않으며, 이 제8지에는 행법과 모양이 모두 동요하지 않는다"고 하였고, 세친보살도 같은 견해이다.

[鈔] 三, 而金光明者는 卽第三經이니 先은 擧經이오 但有二義下는 疏釋이라 不言不爲相動일새 故但二義라 由相於前下는 疏出經意니 前에 常在無相觀일새 相已不動이오 此經의 無相正思惟修는 是常無相故로 煩惱不動이오 得自在故로 功用不動이니라

● (3) 하지만 『금광명경』이란 곧 제3권을 가리키나니 가. 경문을 거론함이요, 나. 但有二義 아래는 소가의 해석이다. '모양에 동요되지 않는다'고 말하지 않았으므로 단지 두 가지 뜻일 뿐이다. 다. 由相於前 아래는 소가가 경문의 의미를 드러낸 부분이니, 앞에서 항상 모양 없음을 관찰하기 때문에 모양에 동요되지 않는 것이요, 이 『금광명

경』에서 말한 모양 없음과 바른 사유의 행법은 항상 모양이 없기 때문에 번뇌에 동요되지 않으며, 자재를 얻었으므로 공용에 동요되지 않는다.

四, 攝論이니 先은 擧論이오 此則略無煩惱는 是疏釋論이라 而言略無者는 非全無也니 或以相用이 卽煩惱故라 無性下는 引彼釋論이니 當其第一[48])이라 彼文繁廣일새 故言意云이라 無性에 具云호대 言不動者는 謂一切相과 及一切行이 不能動彼心故라 第七地中에 雖一切相이 所不能動이며 相不現行[49])故라 然이나 不自在任運而轉이니 有加行故라 第八地中에는 任運而轉하야 不作加行故라 是名七八地差別이라하며 次云世親同此者는 亦第七論에 云, 由此地所有諸相과 及一切行이 皆不能動이오 無分別智가 任運流行이라하니라

● (4) 섭론을 인용한 해석이니 가. 논문을 거론함이다. 여기서 '번뇌가 대략 없어졌다'고 말한 것은 소가가 논문을 해석한 내용이다. 하지만 '대략 없다'는 말은 '완전히 없다'는 것은 아니니, 혹은 모양과 작용이 곧 번뇌인 까닭이다. 나. 無性 아래는 무성보살의 해석을 인용한 부분이니『무성섭론(無性攝論)』의 첫째에 해당된다. 저 석론의 문장이 자세하고 번다하므로 의미로 취한 것이다.『무성섭론』을 갖추어 말하면, "'동요하지 않는다'는 말은 모든 모양과 모든 행법이 능히 저 제8지 보살의 마음을 동요하지 못한다는 뜻이다. 제7지에서 비록 모든 모양이 능히 동요할 수 없으며 모양이 현행하지 않는다고 하더라도 자재하고 마음대로 굴리지는 못하나니 가행(加行)이 있기 때문이다. 제8지에서는 마음대로 굴려서 가행을 짓지 않는 까닭이다. 이

---

48) 案下所引인대 見無性釋論卷七.
49) 行은 南續金本得誤.

것을 제7지나 제8지의 차별이라 한다." 다음에 '세친보살의 견해도 이와 같다'는 것은 『섭대승론』 제7권에도, "이 제8지가 가진 모든 모양과 모든 행법으로 인해 모두 동요되지 않으며, 무분별의 지혜가 마음대로 유행하게 된다"고 하였다.

(5) 해심밀경을 인용하여 해석하다[引深密釋] (解深 1下9)
(6) 십주론(十住論)에 의지한 해석[十住論釋] (十住)

[疏] 解深密에 云, 由於無相에 得無功用하고 於諸法中에 不爲現前煩惱 所動이라하나니 此는 但約煩惱不動上二니라 十住論에 云, 若天과 魔 와 梵과 沙門과 波羅門이 無能動其願故라하니 此는 卽約人不能動이 니 人亦是相이니라

- 『해심밀경』에는, "모양 없음으로 인해 공용 없음을 얻고 모든 법에서 나타나는 번뇌에 동요되지 않는다"고 하였다. 이것은 단지 번뇌에 동요하지 않는다는 뜻으로 위의 두 가지를 의지한 분석이다. 『십주비바사론』에서는, "저 하늘과 마군과 범천과 사문·바라문이 능히 그 서원바라밀을 동요할 수 없는 까닭이다"라고 하였다. 이것은 사람이 동요할 수 없음에 의지한 분석이니 사람도 역시 모양인 것이다.

[鈔] 五, 解深密者는 卽第四經이니 亦以相行이 卽煩惱也니라 六, 十住論은 亦是第一論이라 此卽約人下는 疏釋이니라

- (5) 『해심밀경』은 곧 제4권의 문장이니 마찬가지로 모양과 행법이 곧 번뇌인 까닭이다. (6) 『십주비바사론』은 또한 제1권을 가리킨다. 此

卽約人 아래는 소가의 해석이다.

(7) 인왕반야경에 의지한 해석[仁王經釋] (仁王 2上2)
(8) 본경에 의지한 해석[引當經釋] (下經)

[疏] 仁王에 名等觀地者는 上皆對他立名이오 此約當體受稱이니 卽無相觀이라 下經에 自有釋名하니 至彼當知니라 若不動名인댄 諸論雖異나 並不出前三이니라
■ 『인왕반야경』에 '평등하게 관찰하는 지'라고 이름한 것은 위에는 모두 다른 대상을 상대하여 세운 명칭이고, 이 제8지는 체성에 걸맞게 받은 명칭이니 곧 모양 없는 관찰을 뜻한다. 아래 경문에 자연히 명칭 해석이 있을 것이니, 거기에 가면 알게 되리라. 만일 '동요되지 않는다'고 이름한다면 여러 논서가 비록 다르다고 하더라도 앞의 세 가지 논서의 주장에서 벗어나지 않는다.

[鈔] 七, 仁王者는 卽下卷經이라 後, 上皆下는 疏釋이니 卽常在無相觀일새 故名等觀이니라 八, 下經이니 可知로다
● (7)『인왕반야경』은 곧 하권의 경문이다. 가. 경문을 거론함이요, 나. 上皆 아래는 소가의 해석이다. 곧 항상 모양 없음을 관찰하므로 '평등한 관찰'이라 한다. (8) 아래 경문이니 알 수 있으리라.

3. 장애를 단절하다[斷障] (故所 3上7)

[疏] 故所離障이 亦離無相中에 作加行障이니 由有加行하야 未能任運現

相及土나 此地에 能斷일새 說斷二愚니 一은 於無相에 作功用愚오 二는 於相에 自在愚니 令於相中에 不自在故니라

■ 그러므로 여읠 대상인 장애가 또한 모양 없음에서 가행(加行)을 지으려는 장애를 여의는 것이니 가행이 있음으로 인하여 아직 능히 마음대로 모양과 국토를 나투지는 못하지만 이 제8지에서 능히 단절할 수 있으므로 "두 가지 어리석음을 단절한다"고 말하였다. (1) 모양 없음에서 공용을 지으려는 어리석음이요, (2) 모양 있음에서 자재를 얻으려는 어리석음이니, 모양에서 자재하지 못하게 하는 까닭이다.

[鈔] 故所離障下는 三, 所離障이니 亦唯識論이라 今當具出論文호리라 論에 云, 八, 無相中에 作加行障이니 謂所知障中의 俱生一分이 令無相觀으로 不任運起라 前之五地는 有相觀多하고 無相觀少하며 於第六地에는 有相觀少하고 無相觀多하며 第七地中에는 純無相觀이 雖恒相續이나 而有加行이라 由無相中에 有加行故로 未能任運現相及土하니 如是加行이 障八地中의 無功用道故[50]라 若得入第[51]八地時에는 便能永斷하나니 彼永斷故로 得二自在라 由斯八地에 說斷二愚와 及彼麤重하니 一은 於無相에 作功用愚오 二는 於相[52]에 自在愚니 令於相中에 不自在故라 此亦攝土와 相[53]一分故라 八地已上은 純無漏道가 任運起故로 三界煩惱가 永不現行이라 第七識中의 細所知障이 猶可現起나 生空智果가 不違彼故라하니라 釋曰, 求無相故로 名曰加行이니 令無相觀으로 不任運故라 五地는 觀心劣故로 無相觀少요 六地는 觀染淨平等故로 無相觀多요 七地는 作加行故라 然準

---

50) 故는 南續金本無, 論原本有.
51) 第는 甲南續金本無, 論原本有.
52) 相은 原南續金本無相作, 據麗本及上疏改正.
53) 土相은 各本作相土誤, 據論及探玄記改正.

護法인대 於無相中에 有加行智하고 體非是障이니 以善性[54]故라 只
由所知[55]障하야 令作加行일새 故說名爲加行障也니 由此第七에 有
加行故라 雖現金等의 諸相과 及土나 非任運現이니 故以爲障이라 生
空智者는 謂生空智의 所引後得智와 及滅盡定也라 金光明中에 名
二愚云[56]호대 一은 無相法에 多用功力無明이오 二는 執相自在하야
難可得度無明이라하니 餘二는 可知니라 疏但撮要大旨나 義已略
周[57]라 餘如前說이니라

- 3. 故所離障 아래는 여읠 대상인 장애이니 또한 『성유식론』이다. 지금은 마땅히 논문을 갖추어 내보이리라. 『성유식론』에 이르되, "여덟 번째, 모양이 없는 관법 속에서 가행을 짓게 하는 장애이다. 소지장 중에서 선천적으로 일어나는 것의 일부분이, 형상이 없는 관법으로 하여금 자연적으로 일어나지 못하게 하는 것을 말한다. 앞의 제5지에서는 모양이 있는 관법은 많고, 모양이 없는 관법은 적다. 제6지에서는 모양이 있는 관법이 적고, 모양이 없는 관법이 많다. 제7지 중에서는 순수하게 모양이 없는 관법이 항상 상속하기는 하시만 가행이 있다. 모양이 없는 관법 중에서 가행이 있기 때문에, 아직 자재하게 모양과 국토를 나타내지 못한다. 이와 같은 가행은 제8지 중의 '공용이 없는 도[無功用道]'를 장애한다. 따라서 제8지에 들어갈 때에 문득 능히 영원히 단멸한다. 그것이 영원히 단멸되기 때문에 두 가지의 자재함[형상과 국토의 자재함]을 얻게 된다. 그러므로 제8지에서 '두 가지 어리석음과 그것의 추중을 끊는다'고 말한다. 1) 모양이 없는 것에 대해서 작용을 짓고자 하는 어리석음이다. 2) 모양에 대해 자재하는

---

54) 性은 甲續金本作住.
55) 知는 南續金本作斷.
56) 인용문은 『金光明經』제3권의 내용이다. (대정장 권16 p. 377 -)
57) 周는 南續金本作用.

어리석음이다. 모양 속에서 자재하지 못하게 하기 때문이다. 이것도 역시 국토이니 모양의 일부분을 포함하기 때문이다. 제8지 이상에서는 순전히 무루도(無漏道)가 자연히 일어나기 때문에, 삼계의 번뇌가 영원히 현행하지 않는다. 그러나 제7식 중의 미세한 소지장만은 아직 일어날 수 있다. 아공(我空)의 지혜와 결과[58])가 그것(제7식의 法執)에 거슬리지 않기 때문이다"라고 말한다. 해석한다면 모양 없음을 구하기 때문에 가행(加行)이라 하였으니, 모양 없는 관법이 자연스럽게 일어나지 못하게 하는 까닭이다. 제5지에는 마음을 관찰함이 열등하기 때문에 모양 없는 관법이 적고, 제6지에서는 잡염과 청정이 평등함을 관찰하기 때문에 모양 없는 관법이 많고, 제7지에서는 가행을 짓기 때문이다. 그러나 호법(護法)논사에 준해 보면 모양 없음에서 가행의 지혜가 있지만 그 체성은 장애함이 아니니 착한 성품인 까닭이다. 단지 소지장만으로 인해 하여금 가행을 짓게 하므로 가행장(加行障)이라 이름한다. 이것이 제7지에 가행이 있는 이유이다. 비록 진금 등의 모든 모양과 국토를 나타내지만 마음대로 나누는 것은 아니며, 심짓 장애 때문이다. '중생이 〈공〉한 지혜'란 말하자면 중생이 공한 지혜가 이끌고 있는 후득지와 멸진정을 뜻한다. 『금광명경』에 두 가지 어리석음을 이름하되, "1) 형상 없는 법에 자주 공덕의 힘을 쓰는 무명이요, 2) 형상에 집착함이 자재하여 제도하기 어려운 무명이다"라고 하였으니, 나머지 둘은 알 수 있으리라. 소에서는 다만 큰 이치만 요약하였으나 이치로는 이미 간략하고 두루 하다. 나머지는 앞에 설명한 내용과 같다.

---

58) 제6식의 我空의 正體智와 後得智의 결과는 法執의 제7식에 거스르지 않기 때문이다.

4. 진여를 증득하다[證如] (其所 4下1)

[疏] 其所證如를 名不增減이니 以住無相하야 不隨淨染有增減故라 卽此를 亦名相土自在所依眞如니 證此眞如에 現相現土가 皆自在故니라

■ 그 증득할 대상인 진여를 '늘거나 줄어듦이 없는 진여[不增減眞如]'라고 이름하나니, 형상 없음에 머물러 청정과 잡염을 따라 늘어나거나 줄어들지 않는 까닭이다. 이런 이치에 합치하여 '형상과 국토에 자재함이 의지처로 하는 진여[相土自在所依眞如]'라고도 이름하나니, 이 진여를 증득하면 형상이나 국토를 나타내는 것에 모두 자재하기 때문이다.

[鈔] 其所證下는 四, 所證如니 亦唯識文이라 具云하면 八不增減眞如니 謂此眞如가 離增減執하야 不隨染淨하야 有增減故라 卽此를 亦名相土自在所依眞如니 謂若證得此眞如已에 現相現土가 俱自在故라하니 以論으로 對疏하면 廣略을 可知라 此名은 卽攝論名이니 世親이 釋云호대 謂於此中雜染減時에 而無有減하고 淸淨增時에 而無有增이라하며 無性이 釋云호대 法外에 無用일새 所以不增이오 諸法이 不壞일새 所以不減이라하며 無性이 復釋호대 一同世親이니라 中邊論에 云,[59] 由通達此하야 圓滿證得無生法忍일새 於諸淸淨雜染法中에 不見一法이 有增有減이라하니 上釋不增減이니라 又世親이 釋相土自在所依眞如云호대 於諸相中에 而得自在를 名相自在오 隨其所欲하야 卽能

---

[59] 인용문은 『辯中邊論』 上권의 辯障品 제2의 내용이다. 論云, "第八地中所證法界名不增不減義. 由通達此圓滿證得無生法忍. 於諸淸淨雜染法中不見一法有增有減. 有四自在. 一無分別自在. 二淨土自在. 三智自在. 四業自在. 法界爲此四種所依. 名四自在所依止義. 第八地中唯能通達初二自在所依止義."(대정장 권31 p.468-).

現前故로 於所現土에 而得自在니 如欲令土로 成金等寶하야 隨意成故라하니라 釋曰, 相約現身이오 土約器界라 故로 下文中에 於三世間에 而辨自在하니라

● 4. 其所證 아래는 증득할 대상인 진여이니 또한 『성유식론』의 문장이다. 갖추어 말한다면, "제8은 늘거나 줄어듦이 없는 진여이다. 이 진여는 증감의 집착을 떠난 것으로서, 청정과 잡염에 따라서 증감이 있는 것이 아니기 때문이다. 이것을 또한 형상과 국토의 자재함이 의지처로 하는 진여라고 이름한다. 이 진여를 증득하고 나면, 형상을 나타내고 국토를 변현하는 데 모두 자재한 까닭이다."60) 『유식론』으로 소의 문장에 상대하면 자세하고 생략된 것을 알 수 있다. 여기의 명칭은 『섭론』의 명칭이다. 세친보살은, "말하자면 이 속에서 잡염이 줄어들 때에 줄어드는 것이 없고, 청정이 늘어날 때에 늘어나는 것도 없다는 뜻이다"라고 해석하였고, 무성보살은, "법의 바깥에 작용이 없으므로 늘어나지 않으며, 모든 법이 무너지지 않으므로 줄어들지도 않는다"고 해석하였고, 무성보살이 다시 거듭 해석한 내용은 세친보살의 견해와 같다. 『중변론』에는, "이를 통달함으로 인하여 원만하게 무생법인(無生法忍)을 증득하였으므로 모든 청정과 잡염의 법 중에 하나의 법도 늘거나 줄어듦을 볼 수 없다"고 하였다. 여기까지 증감이 없음에 대해 해석하였다. 또 세친보살이 형상과 국토에 자재함이 의지처로 하는 진여를 해석하되, "모든 형상에서 자재를 얻은 것을 '형상에 자재함[相自在]'이라 이름하나니 그 욕구하는 바를 따라 곧 능히 현전하기 때문이요, 변현한 국토에서 자재함을 얻었으니 마치 국토로 하여금 진금 등의 보배를 성취하고자 하면 생각대로 성취하

---

60) 이 진여를 증득하면 金銀 등의 모습을 나툰다거나, 크고 작은 국토를 나툼이 자재하기 때문이다.

게 함과 같기 때문이다"라고 하였다. 해석하자면 형상은 변현한 몸에 의지하고 국토는 기세간에 의지한다. 그래서 아래 문장에 세 가지 세간에 자재함을 밝힌 것이다.

5. 행법을 성취하다[成行] (所成 5上7)

[疏] 故所成行을 亦名無生法忍相土自在요
- 그래서 성취할 행법을 또한 무생법인(無生法忍)으로 '형상과 국토에 자재함'이라고도 칭한다.

[鈔] 故所成行下는 五, 成行이라 略有[61]其二하니 故로 莊嚴論第八[62]에 云, 雖淨佛土나 而無起作이며 無功用이라하니 即自在義니라
- 5. 故所成行 아래는 행법을 성취함이다. 대략 두 가지가 있으니 그러므로 『대승장엄론(大乘莊嚴論)』제8권에는, "비록 부처님의 국토를 깨끗하게 하였지만 작용을 일으킴이 없으며 공용도 없다"고 해석하였으니 곧 자재함의 뜻이다.

6. 과덕을 얻다[得果] (及所 5上10)

[疏] 及所得果는 即定自在等이니 皆由無相無功用故니라
- 그리고 증득한 과덕은 곧 선정에 자재함 등이니 모두 형상이 없음과

---

61) 有는 甲南續金本作擧.
62) 인용문은 『大乘莊嚴論』제13권 行住品 제23의 내용이다. 經云, "大說菩薩十一住相. 偈曰《證空證業果 住禪 住覺分 觀諦觀緣起 無相無功用 / 化力淨二門 及以菩提淨 以此諸所說 立地相應知》釋曰. 十一住者即十一地. 住者名地故. 證空者顯初住相. 多住人法二無我故. —"(대정장 권31 p.657 -)

공용이 없음으로 인한 까닭이다.

[鈔] 及所得下는 六, 得果라 言定自在等者는 即梁論에 云, 通達無增減法界와 定自在等하면 得法身果라하니라 意云等者는 等[63]九自在라 金光明經[64]에 八地發心에 得證三昧라하니라

- 6. 及所得 아래는 과덕을 증득함이다. '선정에 자재함' 등이란 말은 곧 『양섭론』에 이르되, "증감이 없는 법계와 선정에 자재함 등을 통달하면 법신의 결과를 얻는다"라고 하였다. '등(等)'에 대해 의미를 밝힌다면 '아홉 가지 자재함을 함께한다'는 뜻이다. 『금광명경』에, "제8지에서 발심하면 현재의 부처님이 삼매를 증득하여 머묾을 나타낸다"고 하였다.

7. 경문 해석[釋文] 2.

1) 과목 나누기[分科] (次正 5下8)
2) 과목에 따라 해석하다[隨釋] 3.
(1) 찬탄하며 청법하는 부분[讚請分] 2.

가. 열 게송은 게송으로 찬탄하다[初十偈頌讚] 2.
가) 두 게송은 천왕대중이 공양 올리며 찬탄하다[二偈天王天衆供讚]

(前十)

---

63) 等은 南續金本作第誤.
64) 인용문은 『金光明經』제3권 陀羅尼最淨地品 제6의 내용이다. (대정장 권16 p.375-).

是時天王及天衆이　　　聞此勝行皆歡喜하여
爲欲供養於如來와　　　及以無央大菩薩하여
이때에 천왕들과 하늘 무리들
이 좋은 행을 듣고 모두 기뻐서
자비하신 부처님과 한량이 없는
거룩한 보살들께 공양하려고

雨妙華幡及幢蓋와　　　香鬘瓔珞與寶衣의
無量無邊千萬種하니　　悉以摩尼作嚴飾이로다
묘한 꽃과 깃발과 당기와 일산
향과 화만, 영락과 옷을 내리니
한량없고 끝없는 천만 가진데
모두 다 마니로써 곱게 꾸미고

[疏] 次, 正釋文이라 亦有三分하니 初, 讚請中에 有十二頌을 分二하니 前十은 讚이오 後二는 請이라 前中에 二니 初, 二는 天王天衆이 供讚이오

■ 7. 경문 해석이다. 또한 셋으로 나누리니 (1) 찬탄하며 청법하는 부분 중에 12개의 게송을 둘로 나눈다. 가. 열 게송은 게송으로 찬탄함이요, 나. 뒤의 두 게송은 청법함이다. 가. 중에 둘이니 가) 두 게송은 천왕대중이 공양 올리며 찬탄함이요,

나) 여덟 게송은 천녀들이 음악으로 찬탄하다[後八偈天女樂音讚] 2. (가) 두 게송은 의지처를 찬탄하여 표방하다[初二偈標讚所依]

(後八 6上4)

天女同時奏天樂하여   普發種種妙音聲하여
供養於佛幷佛子하고   共作是言而讚歎하되
천녀들은 같은 때에 하늘 풍류로
가지가지 음성을 두루 내어서
부처님과 불자들께 공양하면서
한꺼번에 말을 내어 찬탄하기를

一切見者兩足尊이   哀愍衆生現神力하사
令此種種諸天樂으로   普發妙音咸得聞이로다
모든 세간 보시는 부처님께서
중생을 애민하사 신력 나투어
여러 가지 모든 하늘 음악 속에서
아름다운 소리 내어 듣게 하신다.

[疏] 後, 八은 天女樂讚이라 於中에 二니 初, 二는 標讚所依요 餘, 六은 止顯讚德이니 總讚如來身土自在는 將說身土自在地故라 於中에 毛端은 約刹論處요 毛孔은 約身이라

- 나) 여덟 게송은 천녀들이 음악으로 찬탄함이다. 그중에 둘이니 (가) 두 게송은 의지처를 찬탄하여 표방함이요, (나) 여섯 게송은 과덕을 찬탄함을 바로 밝힘이니, 총합적으로 부처님이 몸과 국토에 자재함을 찬탄한 것은 장차 '몸과 국토에 자재한 지[身土自在地]'라고 말한 까닭이다. 그중에 털끝은 세계를 의지하여 의지처를 거론함이요, 털구멍은 몸에 의지하여 밝힘이다.

(나) 여섯 게송은 과덕을 찬탄함을 바로 밝히다[後六偈正顯讚德] 3.
ㄱ. 네 게송은 의보와 정보가 함께 존재하다 (六中 6下9)

於一毛端百千億　　　　那由他國微塵數의
如是無量諸如來가　　　於中安住說妙法이로다
백천만억 나유타 많은 국토를
부수어 가루 만든 티끌 수처럼
그렇게 한량없는 부처님들이
한 털끝에 계시어 법문을 연설

一毛孔內無量刹에　　　各有四洲及大海하며
須彌鐵圍亦復然하여　　悉見在中無迫隘로다
한 털구멍 들어 있는 수없는 세계
세계마다 사천하와 바다가 있고
수미산과 철위산도 그리하거늘
털구멍에 있어도 비좁지 않고

一毛端處有六趣하니　　三種惡道及人天과
諸龍神衆阿修羅가　　　各隨自業受果報로다
한 털끝에 여섯 갈래 들어 있으니
세 가지 나쁜 갈래 인간과 천상
용왕과 신중들과 아수라들이
제각기 업을 따라 과보 받으며

於彼一切刹土中에　　　　悉有如來演妙音하사
隨順一切衆生心하여　　　爲轉最上淨法輪이로다
저러한 모든 세계 국토 가운데
부처님 계시어서 묘한 소리로
수없는 중생들의 마음을 따라
가장 높은 법륜을 운전하시며

ㄴ. 다섯째 게송은 의보와 정보가 섞여 중첩하다

刹中種種衆生身이요　　　身中復有種種刹하여
人天諸趣各各異어든　　　佛悉知已爲說法이로다
세계 안에 가지가지 중생 몸 있고
몸 가운데 가지가지 세계가 있어
천상 인간 여러 갈래 각각 다른데
부처님이 다 아시고 법문을 연설

ㄷ. 여섯째 게송은 전변함이 자재하다

大刹隨念變爲小하고　　　小刹隨念亦變大하니
如是神通無有量이라　　　世間共說不能盡이로다
큰 세계가 생각 따라 작게 변하고
작은 세계 마음대로 크게 되나니
이러한 신통 변화 한량이 없어
온 세상이 다 말해도 끝낼 수 없어

[疏] 六中에 前, 四는 依正互在요 五는 依正重重이오 六은 轉變自在오 兼結無盡이라

- (나) 여섯 게송 중에 ㄱ. 앞의 네 게송은 의보와 정보가 함께 존재함이요, ㄴ. 다섯째 게송[刹中種種…]은 의보와 정보가 섞여 중첩함이요, ㄷ. 여섯째 게송[大刹隨念…]은 전변함이 자재함이요, 겸하여 그지없음으로 결론함이다.

나. 두 게송은 게송으로 청법하다[後二偈頌請] (後請 7上5)

普發此等妙音聲하여　　　　稱讚如來功德已하고
衆會歡喜黙然住하여　　　　一心瞻仰欲聽說[65]이로다
이와 같은 묘한 음성 두루 내어서
여래의 크신 공덕 찬탄하고는
모든 대중 환희하며 잠자코 앉아
일심으로 앙모하고 법을 듣더니

時解脫月復請言하되　　　　今此衆會皆寂靜하니
願說隨次之所入인　　　　　第八地中諸行相하소서
그때에 해탈월이 청하는 말씀
여기 모인 대중이 정숙하오니
바라건대 이다음에 들어가려는
제8지의 행상을 말씀하소서.

---

[65] 法은 宋本作說, 宮卍綱續金本作法, 合注云說, 準大正作法, 宋論作法.

[疏] 後, 請은 可知로다
- 나. (두 게송은) 게송으로 청법함은 알 수 있으리라.

(2) 바로 설법하는 부분[正說分] 2.

가. 제8지의 행상[地行] 3.
가) 논문에 의지하여 과목 나누다[依論分科] (第二 7上8)

爾時에 金剛藏菩薩이 告解脫月菩薩言하시되 佛子여 菩薩摩訶薩이 於七地中에
그때 금강장보살이 해탈월보살에게 말씀하였다. "불자여, 보살마하살이 제7지에서,

[疏] 第二, 正說分이라 中에 二니 先은 地行이요 後는 地果라 前中에 有七種差別하니 一, 總明方便集作地分이오 二, 入一切法本來無生下는 得淨忍分이오 三, 佛子菩薩成就此忍下는 得勝行分이오 四, 佛子菩薩住此第八地以大下는 淨佛國土分이오 五, 佛子菩薩成就如是身智下는 得自在分이오 六, 此菩薩如是入已下는 大勝分이오 七, 佛子此菩薩智地下는 釋名分이라
- (2) 바로 설법하는 부분이다. 그중에 둘이니 가. 제8지의 행상이요, 나. 제8지의 과덕이다. 가. 중에 일곱 가지 차별이 있으니 ㄱ. 방편을 모아 제8지를 지음에 대해 총합하여 밝힌 부분이요, ㄴ. 入一切法本來無生 아래는 청정한 법인을 얻은 부분이요, ㄷ. 佛子菩薩成就此忍 아래는 뛰어난 행법을 얻은 부분이요, ㄹ. 佛子菩薩住此第八地

以大 아래는 부처님의 국토를 청정하게 하는 부분이요, ㅁ. 佛子菩薩成就如是身智 아래는 자재를 얻은 부분이요, ㅂ. 此菩薩如是入已 아래는 크게 뛰어난 부분이요, ㅅ. 佛子此菩薩智地 아래는 명칭을 해석하는 부분이다.66)

[鈔] 第二正說下는 分二니 先은 依論科오
- (2) 正說 아래는 둘로 나누리니 가) 논문에 의지하여 과목 나눔이요,

나) 일곱 가지 부문을 구분하다[料揀七門] (七中 7下5)

[疏] 七中에 初二는 是趣地方便이라 一, 是遠方便이니 總前七地하야 集作此地方便故오 二, 是近方便이니 前地에 得忍光明을 此修熟令淨故라 三, 是初住地行이니 謂依前淨忍하야 發起勝修故라 次二는 卽安住地行이니 謂四는 是正住之始니 依前勝行하야 史起修淨佛土之行이오 五는 卽正住之終이니 由淨土行하야 成德無礙라 六은 是地滿行이니 此地를 望前하야 通皆是勝이오 今復地滿일새 勝中之勝이니 故云大勝이라 七은 卽辨德彰號니 通於始終이니라 又前二分은 卽是入心이오 餘是住心이니라

- 나) 일곱 가지 부문 중에 처음 두 부분[1. 方便集作地分 2. 得淨忍分]은 제8지로 향하는 방편이다. (가) 멀리 있는 방편이니 앞의 일곱 지(地)를 총합하여 모아 8지를 짓는 방편인 까닭이요, (나) 가까운 방편이

---

66) 위의 八地七科를 종합하면, ㄱ) 總明方便集作地分과 ㄴ) 得淨忍分은 趣地方便이니 入心에 해당하고, ㄷ) 得勝行分은 初住地行이고 ㄹ) 淨佛國土分과 ㅁ) 得自在分은 安住地行이요 ㅂ) 大勝分은 八地滿行이고 ㅅ) 釋名分은 辨德彰號니 ㄷ) - ㅅ)은 모두 住心에 해당한다.

니 앞의 지(地)에서 얻은 법인의 광명을 여기서 닦아 성숙하여 깨끗하게 하기 때문이다. (다) 처음으로 십지에 안주한 행법이다. 말하자면 앞의 청정한 법인에 의지하여 뛰어난 수행을 일으키는 까닭이다. (라) 다음의 둘[3. 得勝行分 4. 淨佛國土分]은 제8지에 안주하는 행법이다. 말하자면 (라) 부처님의 국토를 청정케 하는 부분[淨佛國土分]은 바로 안주함의 시초이니, 앞의 뛰어난 행법에 의지하여 부처님의 국토를 청정케 하는 행법을 다시 일으킴이요, (마) 자재를 얻는 부분[5. 得自在分]은 바로 안주함의 끝이니 정토의 행법으로 인해 과덕을 성취함에 걸림이 없다. (바) 크게 뛰어난 부분[6. 大勝分]은 제8지가 만족한 행법이니, 이 제8지를 앞과 대조하면 통틀어 모두 뛰어날 텐데 지금 다시 제8지를 만족하였으므로 뛰어난 중에 뛰어남이어서 '크게 뛰어나다[大勝]'고 말하였다. (사) 명칭을 해석하는 부분은 과덕을 구분하여 명호를 밝힘이니 처음과 끝에 통하는 내용이다. 또 앞의 두 부분[方便集作地分, 得淨忍分]은 바로 '들어가는 마음'이요, 나머지는 '안주하는 마음'이다.

[鈔] 後, 七中下는 料揀이라 先, 以論對經料揀이오 後, 又前二下는 約三心料揀이라 七名廣義는 至文當知라 略已釋竟하니라

- 나) 七中 아래는 일곱 가지 부문을 구분함이다. (가) 논경으로 경문과 상대하여 구분함이요, (나) 又前二 아래는 세 가지 마음에 의지하여 구분함이다. 일곱 가지 명칭의 자세한 의미는 경문에 가면 알게 되리라. 간략히 해석하여 마친다.

다) 바로 경문을 해석하다[正釋經文] 7.

(가) 방편을 모아 제8지를 지음에 대해 총합적으로 밝힌 부분
　　[總明方便集作地分] 2.
ㄱ. 모은 공덕의 의지처를 표방하다[標集德處] (今初 8上5)

[疏] 今初를 分二니 先, 標集德處니 謂總前七地요 非獨第七이라 第七이 雖亦有下十法이나 而非次第니 以是功用行滿이며 無功用際일새 故 總集之니 卽四節中의 當第三也니라

■ 지금 (가) 방편을 모아 제8지를 지음에 대해 밝힌 부분을 둘로 나누리니 ㄱ. 모은 공덕의 의지처를 표방함이니, 앞의 일곱 지(地)를 총합한 것이지 제7지만 말한 것은 아니다. 제7지가 비록 아래의 열 가지 법을 가지고 있다고 하더라도 차례에 맞는 것은 아니며, 공용 있는 행법이 만족하여 공용 없는 단계이므로 총합하여 모은 것이니, 네 구절 중에 세 번째에 해당한다.

[鈔] 先標等者는 於中[67]에 先, 揀濫止釋이니 故로 論에 云, 七地總相이라 하니라 後, 以是功用下는 出總所以라 四節之總은 初地에 已釋하니 謂一은 入位오 二는 入地오 三은 入無功用이오 四는 菩薩地盡이니라

● 先標 등이란 그중에 ㄱ. 잘못을 밝히고 바로 해석함이다. 그러므로 논경에서 "일곱 지(地)의 총합적인 양상"이라고 하였다. ㄴ. 以是功用 아래는 총합한 이유를 내보임이다. 네 단계에 대한 총합적인 설명은 초지에 있었으니 1) 들어서는 단계[入位], 2) 지(地)에 들어간 단계[入地], 3) 공용 없음에 들어간 단계[入無功用], 4) 보살의 마지막 단계[菩薩地盡]이다.

---

67) 中은 甲南續金本作中有二.

ㄴ. 모은 것을 바로 밝히다[正顯所集] 2.
ㄱ) 가름을 열다[開章] (後善 8下2)

善修習方便慧하며 **善淸淨諸道**하며 **善集助道法**하며
방편 지혜를 잘 닦아서, 모든 도를 잘 깨끗하게 하며 도를 돕는 법을 잘 모으며,

[疏] 後, 善修已下는 正顯所集이라 有十一句를 分二니 前, 三은 同相이니 諸地通行故오 後, 八은 別相이니 諸地異修故라
- ㄴ. 善修 아래는 모은 것을 바로 밝힘이다. 11구절을 둘로 나누었으니 (ㄱ) 앞의 세 구절은 동일한 양상이니 모든 지에 통하는 행법인 까닭이요, (ㄴ) 뒤의 여덟 구절은 개별적인 양상이니, 여러 지에서 다르게 닦는 까닭이다.

[鈔] 前三同相者는 此是體相이오 非標相也라
- 前三同相이란 이것은 본체적인 양상이지 표방한 양상이 아니라는 뜻이다.

ㄴ) 바로 해석하다[正釋] 2.
(ㄱ) 세 구절은 동일한 양상[前三句同相] 3.

a. 방편을 잘 닦음에 대한 설명[釋善修方便] (同中 8下5)
b. 모든 도를 잘 깨끗이 함에 대한 설명[釋善淨諸道] (二善)
c. 보리분법을 잘 모음에 대한 설명[釋善集助道] (三善)

[疏] 同中에 三句니 一, 二種無我로 上上證故니 此卽證道라 地地轉勝일새 名上上證이니 巧證不着이며 經云方便이라 二, 善淨諸道者는 不住道淸淨故니 悲智雙運일새 故名爲諸라 三, 善集助道者는 彼方便智行의 所攝이니 滿足助菩提分法故라 方便은 是前證道오 行은 卽不住道니 悲智等行故라 菩提分은 卽是彼二所攝之助니 助彼二故니라

- (ㄱ) 동일한 양상에 세 구절이니 a. 첫 구절은 두 종류의 〈내〉가 없으므로 아주 뛰어나게 증득한 까닭이니 이것이 곧 중도이다. 지(地)로 갈수록 더욱 뛰어나므로 '아주 뛰어나게 증득했다[上上證]'고 하였으니, 교묘하게 증득하여 집착하지 않으므로 경에서 '방편'이라 하였다. b. '모든 도(道)를 잘 깨끗하게 한다'는 말은 머물지 않는 도가 청정한 까닭이니 자비와 지혜를 동시에 썼으므로 '모두[諸]'라 지칭하였다. c. '보리의 부분법을 잘 모은다'는 말은 저 방편지혜의 행법에 포함되었으니 보리의 부분법을 만족한 까닭이다. '방편'은 앞의 중도이고 '행'은 곧 머물지 않는 도이니 자비와 지혜가 똑같이 행하는 까닭이다. 보리의 부분법은 곧 저 둘[證道와 不住道]에 포섭된 부분법이니 저 둘을 돕는 까닭이다.

[鈔] 一二種無我下는 卽論文이오 此下는 疏釋이니 十地에 同證二無我理라 下[68]二句에 皆有三段하니 一은 擧經이오 二는 擧論釋이오 三은 疏釋論이라 二中에 不住道淸淨故는 是論이오 三中에 彼方便智行所攝滿足助菩提分法故는 是論이오 餘皆疏釋이니라

- a) 二種無我 아래는 논경의 문장이요, b) 此卽 아래는 소가의 해석이다. 열 개의 지(地)에 모두 두 가지의 〈내〉가 없는 도리를 증득한

---

68) 下는 南續金本作下之.

부분이다. 아래 두 구절에는 모두 세 문단이니 (a) 경문을 거론함이요, (b) 논경을 거론하여 해석함이요, (c) 소가가 논문을 해석함이다. 따라서 (b) 중에 '머물지 않는 도가 청정한 까닭'이란 논경의 문장이요, (c) 중에 '저 방편지혜의 행법에 포섭되나니, 보리를 돕는 부분법을 만족한 까닭'이란 논경의 문장이요, 나머지는 모두 소가의 해석이다.

(ㄴ) 여덟 구절은 개별적인 양상[後八句別相] 7.
a. 첫 구절에 대한 설명[釋初句] (後大 9上8)
b. 둘째 구절에 대한 설명[釋第二句] (二二)

大願力所攝이며 如來力所加며 自善力所持며 常念如來力無所畏不共佛法하며 善淸淨深心思覺하며 能成就福德智慧하며 大慈大悲로 不捨衆生하며 入無量智道하나니라 큰 원력으로 붙들어 유지하고 여래의 힘으로 가피하고, 자기 선근의 힘으로 유지하므로, 여래의 힘과 두려움 없음과 함께하지 않는 부처님 법을 항상 생각하며, 깊은 마음으로 생각함을 청정케 하며, 복덕과 지혜를 성취하며, 대자대비로 중생을 버리지 않고 한량없는 지혜의 도에 들어가게 하느니라."

[疏] 後, 大願下는 別相이라 攝八爲七이니 一, 初地大願으로 攝持하야 能至此故오 二, 二地攝善戒中에 如來力加故니 彼經에 爲證十力四無所畏等故로 是故로 我今에 等行十善等이 卽上承佛力이라

■ (ㄴ) 大願 아래는 개별적인 양상이다. 여덟 구절을 일곱 가지로 섭속

하였으니 a. 첫 구절은 초지의 큰 서원으로 포섭하고 간직하여 능히 여기까지 온 까닭이다. b. 제2지의 섭선법계 중에 여래의 위신력으로 가피한 까닭이다. 저 경에서 여래의 십력(十力)과 네 가지 두려움 없음 [四無畏] 등을 증득하기 위한 까닭이니, 이런 연고로 내가 이제 십선법 (十善法) 등을 똑같이 수행하는 것이 곧 위로 부처님의 위신력을 받드는 것이다.

c. 셋째 구절에 대한 설명[釋第三句] (三地 9下3)
d. 넷째 구절에 대한 설명[釋第四句] (四常)

[疏] 三, 地中에 因修自證禪定神通이 名自善力所持라 四, 常念下는 論에 云, 四地中에 所說法分別智와 敎化智와 障淨勝과 念通達佛法者는 謂前十法明門⁶⁹⁾이 是智요 分別은 卽前觀察이니 依彼智明하야 入如來所說法中이라 次敎化智는 卽彼經淸淨分中에 以十種智로 成就法故로 生如來家요 障淨勝者는 卽彼論에 釋호대 謂滅二地智障하고 攝四地勝智故라하니 上之二段이 皆念通達佛法일새 故與此同이니라

■ c. 제3지에서 수행으로 인하여 자연히 선정과 신통을 증득하는 것을 '자기 선근의 힘으로 유지한다'고 지칭한다. d. 常念 아래는 논경에서, "제4지에서는 설한 법을 분별하는 지혜와 교화하는 지혜와 장애를 청정함이 뛰어남으로 불법을 통달할 것을 생각한다"고 말한 것은 앞의 '열 가지 법의 광명문'이 지혜이고 분별은 앞의 '관찰'이니, 저 지

---

69) 第四焰慧地의 十法明門을 말한다. 經云, "何等爲十고 所謂觀察衆生界와 觀察法界와 觀察世界와 觀察虛空界와 觀察識界와 觀察欲界와 觀察色界와 觀察無色界와 觀察廣心信解界와 觀察大心信解界니."(號字卷 7上8-) [무엇이 열 가지인가? 이른바 중생계를 관찰하고, 법계를 관찰하고, 세계를 관찰하고, 허공계를 관찰하고, 식계(識界)를 관찰하고, 욕계를 관찰하고, 색계를 관찰하고, 무색계를 관찰하고, 넓은 마음으로 믿고 아는 계를 관찰하고 큰마음으로 믿고 아는 계를 관찰하는 것이니라.]

혜의 광명에 의지하여 여래가 설하신 법에 들어간다는 뜻이다. 다음의 '교화하는 지혜'는 곧 저 경의 청정분(淸淨分) 가운데 열 가지 지혜로 성숙한 법이므로 여래의 가문에 태어나게 된다. '장애가 깨끗해짐이 뛰어나다'는 것은 곧 저 논에서, "제3지에 지적인 장애를 없애고, 제4지의 뛰어난 지혜를 포섭하는 까닭이다"라고 해석하였다. 위의 두 단락은 모두 불법을 통달하려고 생각하는 것이므로 이것과 같은 내용이다.

[鈔] 四常念下는 卽經常念如來力無所畏不共佛法이니 次, 牒論文이오 後, 疏釋이라 牒論中에 論有二節하니 一은 先牒前文이오 二는 念通達佛法이니 卽以前으로 釋此라 就牒前文中하야 牒兩處文하니 一, 所說法分別智는 卽牒前因分[70]中義오 後, 教化智障淨勝은 牒前清淨分中義니라

謂前十法下는 疏釋論이라 依前二段釋之니 先, 釋牒前因分中義일새 故云謂前十法明門이 是智니 故로 前疏에 云, 明爲能入之門이오 法爲所入之法이라 此上은 疏指前經이오 從依彼智明入如來所說法中은 卽彼論[71]이니 彼論에 具云호대 得證地智光明하고 依彼智明하야 入如來의 所說法中이라하니라 釋曰, 得證地智는 卽四地證智오 其光明은 卽前三地에 得此四地證智前相이라 此兩處智는 俱欲通達佛法이니 佛法은 是三地에 求多聞所得이라 卽十法明門中에 所觀察인 衆生界와 法界와 世界等이니라

- d. 常念 아래는 곧 경문의 여래의 힘과 두려움 없음과 함께하지 않는

---

70) 因分이란 第四地에서 四分으로 나눈 가운데 즉 1. 淸淨對治修行增長因分 2. 淸淨分 3. 對治修行增長分 4. 彼果分에서 1.을 가리킨다.
71) 上十二字는 甲南續金本作下.

부처님 법을 항상 생각한다는 구절이며, 다음은 곧 논의 문장을 따옴이요, 뒤는 소가의 해석이다. 논문을 따온 가운데 논에 두 구절이 있으니 a) 먼저 앞 문장을 따옴이요, b) 불법을 통달하려고 생각함이니, 곧 앞의 문장으로 이것을 해석하려는 것이다. a) 앞 문장을 따옴에서는 두 군데의 문장을 따왔으니 (1) 설한 법을 분별하는 지혜는 곧 앞의 인분(因分) 중의 의미를 따온 것이요, (2) 교화하여 지적인 장애가 청정해짐이 뛰어남은 앞의 청정분(淸淨分)의 이치를 따온 내용이다.

b) 謂前十法 아래는 소가가 논을 해석함이다. 앞의 두 문단에 의지하여 해석한 내용이니 c) 앞의 인분(因分) 중의 의미를 따온 것으로 해석하였으므로 앞의 열 가지 법의 광명문이 지혜임을 말하였다. 그래서 앞의 소에 이르되, "광명이란 들어가는 주체의 문이 되고 법이란 들어갈 대상의 법이다." 이 위는 소가가 앞의 경문을 지적한 부분이요, '저 지혜의 광명에 의지하여 여래께서 설한 법에 들어감'부터는 저 논경의 문장이다. 저 논경을 갖추어 이른다면, "십지의 지혜의 광명에 의지하여 여래께서 설한 법으로 들어간다"고 하였다. 해석한다면 '십지의 지혜를 증득한다'는 것은 곧 제4지의 증지(證智)를 가리킨다. 그 광명은 앞의 제3지에서 이런 제4지의 증지를 얻기 전의 양상이다. 이 두 곳의 지혜는 모두 불법을 통달하기 위함이니 불법은 이 제3지에서 다문(多聞)으로 구하여 얻은 결과이다. 곧 열 가지 법의 광명문 중에 관찰할 대상인 중생계와 법계와 세계 등을 가리킨다.

次教化智者는 卽釋論牒第二段經이니 先標牒經이라 具云하면, 以十種智로 成就法故로 得彼內法하야 生如來家라하니라 言障淨勝者는

卽論에 牒前論釋이라

謂滅三地下는 疏取意釋論이니 若具인대 論文에 言, 云何於如來家에 轉有勢力고 依止多聞하야 智障究竟故며 除滅智障攝勝故라하니 今疏에 已釋이니라

上之二段下는 釋論念通達佛法이니 卽以前으로 釋此也니 二處가 皆念通達佛法이니 佛法은 卽力無畏等이니라 五地中等者는 卽經善清淨과 深心思覺이니라

● 다음에 '교화하는 지혜'는 곧 논경에서 두 번째 단락의 경문을 따와서 해석한 내용이니, 먼저 따온 경문을 표방함이다. 갖추어 말한다면, "열 가지 지혜로 성숙한 법이므로 저 내부의 법을 얻어 여래의 가문에 태어난다"고 하였다. '장애가 청정해짐이 뛰어나다'는 말은 곧 논경에서 앞의 논문을 따와서 해석한 말이다.

b) 謂滅三地 아래는 소가가 의미를 취하여 논경을 해석한 내용이다. 만일 갖추어 말한다면, "어째서 여래의 가문에 점점 세력이 있게 되는가? 다문(多聞)에 의지하여 지적인 장애가 다한 까닭이며 지적인 장애를 없애고 뛰어난 행법을 포섭하는 까닭이다"라고 하였으니, 지금 소에서 이미 해석하였다.

c) 上之二段 아래는 논경의 '불법을 통달하려는 생각'이란 말을 해석한 내용이다. 곧 앞의 제7지로 해석한 내용이니, 두 곳이 모두 불법을 통달하려고 생각함이다. 여기서 불법이란 곧 십력(十力)과 두려움 없음 등이다. 五地中 등이란 곧 경문 중의 깊고 청정한 마음으로 깨달으려는 생각[思覺]을 가리킨다.

e. 다섯째 구절에 대한 설명[釋第五句] (五地 10下8)

f. 여섯째 구절에 대한 설명[釋第六句] (六能)
g. 일곱째와 여덟째 구절에 대한 설명[釋第七八句] (七中)

[疏] 五, 地中에 有十種平等深淨心하니 故云善淨深心이니 此心이 卽是 思覺이니라 六, 能成下는 六地中의 三種大悲니 故로 云成就福德이니라 三이 皆觀因緣集이 卽成就智慧니라 七, 中에 二句니 以近此地故라 初는 空中方便智와 有中殊勝行이 皆是大慈大悲로 不捨衆生行이오 次句는 卽前에 以無量衆生界故로 入無量智道니라

■ e. 제5지 중에 열 가지 평등하고 깊은 마음이 있으니 그래서 '청정하고 깊은 마음'이라 하였으니 이런 마음이 곧 깨달으려는 생각이다. f. 能成 아래는 제6지 중의 세 가지 큰 자비를 가리키나니 그래서 "복과 덕을 성취한다"고 하였다. 세 가지가 모두 인연법을 관찰하여 모은 것이니 곧 지혜를 성취함이다. g. 그중에 두 구절이니 이 제8지와 가까우므로 a) 앞 구절[大慈大悲不捨衆生]은 〈공〉 속의 방편지혜와 〈유〉 중의 뛰어난 행법이 모두 큰 자비로 중생을 버리지 않는 행법이요, b) 다음 구절[入無量智道]은 곧 앞에서 한량없는 중생세계이기 때문에 한량없는 지혜의 길에 들어간다는 뜻이다.

[鈔] 三種大悲者는 卽大悲爲首와 大悲增上과 大悲滿足으로 觀因緣生滅이니라 七中二句者는 一, 大慈大悲로 不捨衆生이오 二, 入無量智道니라 疏云, 以無量衆生界故로 入無量智道者는 全是論文이니 入無量衆生界는 是彼初句오 無量智道는 是彼第十六句니 以與此로 相應故라 應具二十句十對니 第二句에 云入無量諸佛化衆生業이오 三, 入無量世界網이오 四, 入無量諸佛淸淨國土라 餘는 廣如彼

하니라

- '세 가지 큰 자비'란 곧 (1) 대비(大悲)로 우두머리를 삼는 것과 (2) 대비가 늘어남과 (3) 대비가 만족함으로 인연법이 나고 없어짐을 관찰한 것이다. 七中二句란 a) 큰 자비로 중생을 버리지 않음이요, b) 한량없는 지혜의 길에 들어감이다. 소에서 '한량없는 중생세계이므로 한량없는 지혜의 길에 들어간다'고 말한 것은 전체가 논경의 문장이니, 한량없는 중생세계에 들어감은 저 논경의 첫 구절이요, 한량없는 지혜의 길은 저 16번째 구절이니 이것과 상응하기 때문이다. 응당히 20구절인 열 쌍을 구비하려면 둘째 구절에서 한량없는 부처님이 중생을 교화하는 업이요, 셋째, 한량없는 세계에 들어감이요, 넷째, 한량없는 부처님의 청정한 국토에 들어감이라 해야 한다. 나머지는 모두 저와 같다.

(나) 청정한 법인을 얻은 부분[得淨忍分] 2.

ㄱ. 의미를 밝힌 부분[敍意分] 2.
ㄱ) 총합하여 과목 나누다[總科] (第二 11下3)
ㄴ) 부류에 입각하여 법인을 밝히다[就類明忍] (然無)

[疏] 第二, 淨忍分이라 有十五句를 分三이니 初, 十은 正明無生忍이오 次, 四는 明無生忍淨이오 後, 一은 結得忍名이라 然無生忍이 略有二種하니 一은 約法이오 二는 約行이라 約法은 則諸無起作之理일새 皆曰 無生이오 慧心이 安此일새 故名爲忍이니 卽正明中意오 約行은 則報 行純熟하고 智冥於理하야 無相無功이 曠若虛空하고 湛猶渟海하며

心識妄惑이 寂然不起일새 方曰無生이니 卽淨忍中意라 前一은 猶通諸地나 未得於後에 不稱淨忍이니라

- (나) 청정한 법인을 얻은 부분이다. 15구절을 셋으로 나누리니 ㄱ. 열 구절은 무생법인을 밝힘이요, ㄴ. 네 구절은 무생인의 청정함을 밝힘이요 ㄷ. 한 구절은 법인의 명칭을 결론함이다. 하지만 ㄱ. 무생법인에 대략 두 종류가 있으니 ㄱ) 법에 의지함이요, ㄴ) 행법에 의지함이다. ㄱ) 법에 의지함이란 모두 짓기 시작하는 이치가 없으므로 '생겨남이 없다[無生]'고 하였고, 지혜로운 마음이 여기에 안주하였으므로 '인(忍)'이라 하였으니 곧 중요한 의미를 바로 밝힘이요, ㄴ) 행법에 의지함이란 보행이 성숙하고 지혜가 이치에 그윽이 합하여 형상 없고 공용 없는 것이 넓기는 허공과 같고 잠잠하기는 고요한 바다[湛海]와 같으며, 심식이 망녕되고 미혹함이 고요하여 일어나지 않으므로 비로소 '생겨남이 없다'고 하였으니 곧 청정한 법인의 중요한 의미이다. 앞의 하나는 여러 지에 통하긴 하였지만 아직 뒤처럼 청정한 법인이라고 말하지는 않는다.

[鈔] 第二淨忍分이라 疏文有二하니 先, 總科요 後, 然無生下는 就類明忍하야 成前三段之中의 前二段也니라

- (나) 청정한 법인을 얻은 부분이다. 소의 문장에 둘이 있으니 ㄱ. 총합하여 과목 나눔이요, ㄴ. 然無生 아래는 부류에 입각하여 법인을 밝힘이니, 앞의 세 문단 가운데 앞의 두 단락[明無生忍, 明無生忍淨]이 여기에 해당된다.

ㄴ. 경문을 해석하는 부분[釋文分] 3.

❖ 제6회 십지품 제8 不動地 (科圖 26-79; 稱字卷)

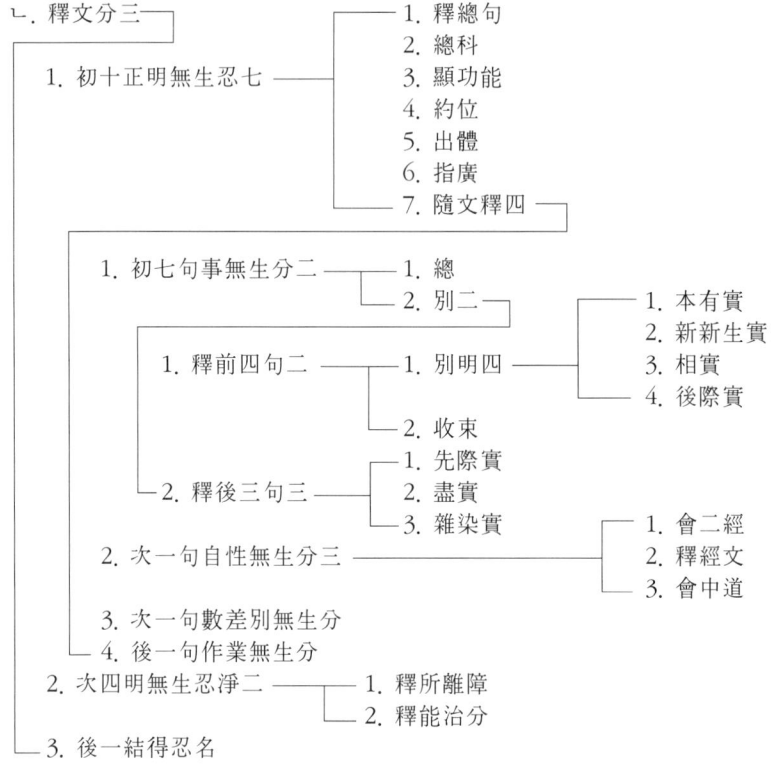

ㄱ) 열 구절은 무생법인을 밝히다[初十正明無生忍] 7.

(ㄱ) 총상 구절을 해석하다[釋總句] (今初 12上1)

(ㄴ) 총합하여 과목 나누다[總科] (以歷)

[疏] 今初段中에 言一切法者는 總該萬有理事之法이라 入은 即證達이니

라 以歷事難窮일새 略陳其十이라 十中에 相從하야 爲四無生하니 前, 七은 爲一이니 名事無生이오 後, 三은 各一이니 二는 自性無生이오 三은 數差別無生이오 四는 作業無生이니라

- 지금은 ㄱ) 중에 '일체법(一切法)'이라 말한 것은 여러 가지 이치와 현상의 법을 총합하여 포괄한 말이요, '입(入)'이란 곧 '통달했다'는 뜻이다. 현상이란 지나 버리면 궁구하기 어려우므로 간략히 그 열 가지를 말한다. 열 가지 중에 서로 따르는 것끼리 모아 네 가지 무생(無生)으로 삼았으니 (1) 앞의 일곱 가지를 하나로 묶어 '현상적인 무생[事無生]'이라 이름하였고, 뒤의 세 가지는 각각 하나이니 (2) '자성이 무생[性無生]'이요 (3) '숫자가 차별된 무생[數差別無生]'이요 (4) '업을 지음이 무생함[作業無生]'이다.

(ㄷ) 공능을 밝히다[顯功能] (四中 12上4)
(ㄹ) 지위에 의지하다[約位] (若寄)

[疏] 四中에 一은 破相이오 二는 破性이오 三은 因泯이오 四는 果離라 卽前, 二는 破相入如오 後, 二는 證實捨相이니라 若寄位인댄 初는 加行이오 二는 正體오 四는 後得이오 三은 通始終이니라

- 네 가지 중에 (1) 양상을 타파함이요, (2) 본성을 타파함이요, (3) 원인이 없어짐이요, (4) 과행으로 여읨이다. 곧 앞의 둘[(1) 破相 (2) 破性]은 양상을 타파하여 진여에 들어감이요, 뒤의 둘[(3) 因泯 (4) 果離]은 실법을 증득하여 양상을 버림이다. 만일 지위에 의탁한다면 (1) 가행이요, (2) 바른 체성이요, (4) 후득의 지혜이고, (3) 처음과 끝에 통함이다.

(ㅁ) 체성을 내보이다[出體] (又四 12上6)
(ㅂ) 자세한 지적[指廣] (依佛)

[疏] 又四中에 約法性收인대 不出眞妄하니 妄法本空일새 稱曰無生이오 眞法離相일새 亦曰無生이라 依佛性等論하야 說三性無生은 如初會說이니라

■ 또 네 가지 중에 법의 본성에 의지하여 거두어 보면 참된 법과 허망한 법에서 벗어나지 않나니, 허망한 법은 본래로 공하므로 무생(無生)이라 칭하며, 참된 법은 양상을 여읜 것이므로 또한 무생(無生)이라 칭한다. 『불성론(佛性論)』등 논서에 의지하여 세 가지의 '성품이 무생함[性無生]'을 말한 것은 제1. 적멸도량법회에서 설명한 내용[72])과 같다.

[鈔] 今初中下는 疏文有七하니 一, 釋初總句入一切法言이오 二, 以歷事下는 總科오 三, 四中一破相下는 顯功能이오 四, 若寄位下는 約位오 五, 又此四中下는 出體오 六, 依佛性論下는 指廣이오 七, 事無生下는 隨文解釋이라 初, 二는 可知[73])로다 三中[74])에 然이나 相實名事니 泯事入理를 名事無生이라 良以無生이 緣起成事일새 是故로 泯事가 卽是無生이니 故能破相이 卽遣有相也라 二, 破性者는 破遣有性也라 法體를 名性이니 以一切法이 各有性故라 泯性入如를 名性無生이니 良以無生이 緣起成性일새 是故로 泯性이 卽是無生이라 三, 因

---

72) 이것은 世主妙嚴品에 설한 내용이니, ㉡ 依他不同의 疏文이다. (盈字卷下 13丈上2) [緣起性에 입각하여 말해 보면, 법에 자체가 없고 인연을 의지하여[覽緣] 일어남이 곧 생이 무생이고 이미 본래 불생이므로 멸함이 없다. 또 연기가 자성이 없는 연고로 不生이고, 無性이 연기하는 연고로 不滅이다. 『중론』에 이르되, "공의 뜻을 쓰는 연고로 모든 법이 이루어진다" 하였으니 이런 연고로 不生이 곧 不滅이고, 不滅이 곧 不生이니 한 물건이 된다. 또 인연을 헤아려 일어남이 없는 연고로 不生이고, 능히 無生의 성을 밝힌 연고로 不滅인 것이다.]
73) 上七十二字는 南本作四中一破相下, 金本作四中下.
74) 中은 甲南續金本作顯功能.

泯75)者는 卽離因相이라 因有始終하야 三世分異일새 名數差別이어니와 證實返望에 本無此數일새 名數差別無生이라 故로 地持76)에 云, 不知無言自性事故로 三世差別이오 以知無言自性事故로 三世中에 一切平等이라하니라

四, 果離者는 卽離果相이니 果位業用을 名爲作業이라 證實以望에 無業可得일새 名業無生이라 是故로 結云, 前二는 破相入如오 後二는 證實捨相이라 一, 破有相이오 二, 破無相이니 二俱破相이오 二俱入如며 三과 四는 皆證實이오 並捨相이니 如文思之니라

若寄位下는 四, 約位中에 捨相入實77)일새 故是加行이오 性相을 雙遣일새 故爲根本이오 用是後得은 於理에 必然이라 三通始終은 三世別故라

● ㄱ) 今初中 아래는 소의 문장을 일곱 가지로 나눈다면 (ㄱ) 처음의 총상 구절로 '일체법에 들어간다'는 말을 해석함이요, (ㄴ) 以歷事 아래는 총합적인 과목이요, (ㄷ) 四中一 아래는 공능을 밝힘이요, (ㄹ) 若寄位 아래는 지위에 의지한 분식이요, (ㅁ) 又四中 아래는 제성을 드러냄이요, (ㅂ) 依佛性 아래는 자세한 지적이요, (ㅅ) 事無生 아래는 경문을 따라 해석함이다. (ㄱ)과 (ㄴ)은 알 수 있으리라. (ㄷ) 공능을 밝힘 중에 그렇지만 첫째, 양상의 실법을 '현상[事]'이라 하고, 현상을 없애고 이치에 들어가는 것을 사무생(事無生)이라 칭한다. 참으로 무생이 연기하여 현상을 이룬 것이므로 현상을 없앤 것이 곧 무생이다. 그래서 능히 양상을 타파함이 곧 '유(有)를 보낸 양상'인 것이다. 둘째, '본성을 타파한다'는 것은 '유(有)를 보낸 체성'을 타

---

75) 因泯은 甲南續本作泯因.
76) 인용문은 『菩薩地持經』제8권 菩提分品의 내용이다. (대정장 권30 p.934-)
77) 實下에 甲南續金本有相入實三字.

파한다는 뜻이다. 법의 본체를 체성이라 하나니 일체법이 각기 체성이 있기 때문이다. 체성을 없애고 진여에 들어가는 것을 성무생(性無生)이라 지칭하나니 참으로 무생이 연기하여 체성을 이룬 것이므로 체성 없는 것이 곧 무생이다. 셋째, '원인이 없어짐'이란 곧 원인을 여읜 양상임을 뜻한다. 원인에는 처음과 끝이 있어서 삼세에 다르게 나누어지므로 '숫자가 차별된다'고 하였지만 실법을 증득하여 반대로 대조하면 본래 이렇게 헤아릴 수 없으므로 '숫자가 차별된 무생(無生)'이라 한 것이다. 그러므로『보살지지경(菩薩地持經)』에서는, "언설을 여읜 자성의 현상을 알지 못하므로 삼세가 차별하고, 언설을 여읜 자성의 현상을 아는 연고로 삼세가 모두 평등하다"고 하였다.

(ㄹ) '과덕을 여읜다'는 것은 곧 과덕의 양상을 여의었다는 말이니, 과위에서 업이 작용함을 '작업(作業)'이라 하였다. 실법을 증득함으로 대조하면 업을 얻을 수 없으므로 '업이 무생함[業無生]'이라 한다. 이런 까닭에 결론하되, '앞의 둘[破相, 破性]은 양상을 타파하여 진여에 들어감이요, 뒤의 둘[因泯, 果離]은 실법을 증득하여 양상을 버림이라 한다.' (ㄱ)은 〈유〉의 양상을 타파함이요, (ㄴ)은 〈무〉의 양상을 타파함이니 둘이 모두 양상을 타파한 것이 되고, (ㄷ)과 (ㄹ)은 모두 실법을 증득한 것이며 아울러 양상을 버린 것이니, 문장과 함께 대조하여 생각해 보라. (ㅁ) 若寄位 아래는 지위에 의지한 해석 중에 양상을 버리고 실법에 들어갔으므로 가행지이고, 체성과 양상을 함께 보냈으므로 근본지가 되고, 작용이 후득지인 것은 이치가 당연하다. 셋째, 처음과 끝에 통함은 삼세가 차별한 까닭이다.

又四中下는 五, 出體中에 大同第六三性이나 但合爲眞妄耳니라 則

妄은 通依他徧計요 眞은 唯圓成이라 依佛性下는 六, 指廣者니 卽三性分別이라 言佛性論者는 卽彼三性品[78]이니 論에 云, 由有三性故로 說不了義經이어니와 達三性者는 自然顯了니 名了義經이라 如經中에 說하사대 若人이 得無生法忍하면 則不退墮니라 問云호대 此言은 云何成立고 答曰, 由三性故로 則得成立이니 如來가 約分別性故로 說本來無生忍하고 約依他性故로 說自性無生忍하고 約眞實性故로 說惑垢苦本性이 無生忍이라하니라 釋曰, 若取文顯인대 初一은 似約徧計니 以云本來無生故라 第二는 同約依他니 以論에 云自性無生故라 後二는 約圓成이니 以第三은 約位에 有垢淨故오 第四는 約佛하야 明所證故라 細而尋之면 初一은 修成이니 有依他故오 本有는 卽圓成故오 約位도 亦從緣故오 佛所入處는 緣起徧故라 又本來無生이 該下文故로 故疏更不廣釋하고 但指前文第二經疏니라

- (ㅁ) 又四中 아래는 체성을 드러냄 중에 (ㅅ)의 세 가지 자성과 거의 같지만 단지 합쳐서 참된 법과 허망한 법이라 하였을 뿐이다. 허망한 법은 의타기성과 변계소집성에 동하고, 참된 법은 오직 원성실성일 뿐이다. 依佛性 아래는 (ㅅ) 자세한 지적이니 곧 세 가지 자성으로 분별한 내용이다. 『불성론』을 언급한 것은 곧 저 논의 삼성품(三性品)을 가리킨다. 논에 이르되, "이 세 가지 자성으로 인해 부처님께서 '분명하지 않은 이치의 경[不了義經]'을 설하셨으며, (마치 등불이 있기 때문에 어둠 속에 물건이 있는 줄을 알고서 뒤에 등불로 인하여 어둠 속의 물건을 분명히 나타낼 수 있는 것처럼 여래께서도 그와 같이 세 가지 자성에 집착하는 사람으로 인해 분명하지 않은 이치의 경을 설하신다.) 세 가지 자성을 통달한 자는 자연히 밝게 요달할 것이므로 '분명한 이치의 경[了義經]'이라고 이름한다. 경 가

---

78) 아래 인용문은 『불성론』 제2권 顯體分의 三性品 제2의 내용이다. (대정장 권35 p. 795-).

운데 설한 내용처럼 만일 어떤 사람이 이미 무생법인(無生法忍)을 얻었다면 물러나거나 떨어지지 않을 것이다. 질문하기를 '이 말씀이 어떻게 성립합니까?' 대답하기를 '세 가지 자성이 있음으로 인하여 성립될 수 있다. 여래께서 분별하는 성품을 의지한 연고로 본래적인 무생법인을 설하시고, 의타기성을 의지한 연고로 자성의 무생법인을 설하시고, 진실성을 의지한 연고로 미혹과 더러운 번뇌와 고통의 본래 성품의 무생법인을 설하셨다'"고 하였다. 해석하자면, "만일 문장을 취하여 밝힌다면 처음 하나는 변계소집성을 의지한 것 같으니 본래무생(本來無生)이라고 말한 까닭이다. 둘째는 함께 의타기성에 의지한 것이니 논에서 자성무생(自性無生)이라고 말한 까닭이다. 뒤의 둘은 원성실성을 의지한 내용이니 셋째는 지위에 의지하여 더러움과 깨끗함이 있기 때문이요, 넷째는 부처님께 의지하여 증득한 것을 밝힌 까닭이다. 자세하게 살펴보면 처음 하나는 닦아서 성취한 것이니 의타기성이 있기 때문이요, 본래 있는 것은 원성실성이기 때문이요, 지위에 의탁함도 또한 인연에 따른 까닭이요, 부저님께서 들어간 곳은 연기가 두루 한 까닭이다. 또 본래무생이 아래 문장까지 포괄하는 연고로 소에서 다시 자세하게 해석하지 않고 단지 앞의 문장인 둘째 권 경문과 소를 지적하였다.

(ㅅ) 경문을 따라 해석하다[隨文釋] 4.
a. 일곱 구절은 현상으로 무생인 부분[初七句事無生分] 2.
a) 총합하여 해석하다[總釋] (事無 13下7)

入一切法의 本來無生無起無相無成無壞無盡無轉과

"일체 법에 들어가니, 본래 나는 일도 없고 일어남도 없고 모양도 없고 이름도 없고 무너짐도 없고 다함도 없고 옮아 감도 없으며,

[疏] 事無生中에 前四는 不增이니 正顯無生이오 後三은 不減이며 亦卽無滅이니 法本不生이오 今則無滅이라 以初로 攝後하야 皆曰無生이니라

- a. 현상으로 무생인 부분 중에 앞의 넷[本來無生, 無起, 無相, 無成]은 늘어나지 않음이니 바로 무생임을 밝힌 것이요, 뒤의 셋[無壞, 無盡, 無轉]은 줄어들지 않음이니 법이 본래로 나지 않고 지금은 없어짐도 없는 것이다. 처음으로 뒤를 섭수하여 모두 무생(無生)이라 지칭하였다.

[鈔] 事無生中下는 第七, 釋文이라 於中에 二니 先은 總이오 後는 別이라 總中에 言後三不減下는 略有二意하니 一者는 是無生中別義니 故로 次에 云以初攝後皆曰無生이라 二者는 亦應名無滅忍이니 卽如前疏中說이라 今亦從總하야 但云無生이라 然此無生滅이 卽不增減眞如니 別是此地之所證故니라

- (ㅅ) 事無生中 아래는 경문 해석이다. 그중에 둘이니 a) 총합하여 해석함이요, b) 개별로 해석함이다. a) 총합하여 해석함 중에 '뒤의 셋은 줄어들지 않는다'라고 말한 것은 간략히 두 가지 의미가 있으니, (1) 무생(無生) 중에 개별적인 이치이므로 다음에 '처음으로 뒤를 섭수하여 모두 무생(無生)이라 한다'고 말하였다. (2) 또한 응당히 '무멸법인(無滅法忍)'이라고도 지칭하나니 곧 앞의 소문에서 설한 것과 같다. 지금은 또한 총상을 따라서 단지 무생(無生)이라고만 하였다. 그러나 이런 나고 없어지지 않음이 곧 '늘어나거나 줄어들지 않는 진여

[不增減眞如]'이니 별상은 이 제8지에서 증득할 대상인 까닭이다.

b) 개별로 해석하다[別釋] 2.
(a) 앞의 네 구절을 해석하다[釋前四句] 2.

㈠ 개별적인 설명[別明] 4.
① 본래로 존재함이 실법이다[本有實] (別言 14上3)

[疏] 別言七者는 爲治七種實故라 實者는 隨相執定故니 一은 淨分法中에 本有實이니 謂計自性住性하야 爲事物有라할새 今爲治此하야 故云 本來無生이니 本性離故라 先若有生이면 後應滅故니라

■ b) 별상으로 일곱 가지라 말한 것은 일곱 가지 실법을 다스리기 위함이다. 실법이란 양상을 따라 선정을 고집하기 때문이니 (1) 정분(淨分)의 법 가운데 '본래로 존재함이 실법'이다. 말하자면 자성이 머무는 본성을 분별하여 '현상적인 물건으로 존재한다[事物有]'고 한다. 그래서 지금 이를 다스리기 위하여 본래로 무생(無生)이라고 하였으니 근본 체성이 여읜 까닭이다. 앞에서 태어남이 있으면 뒤에 반드시 없어지기 때문이다.

[鈔] 別中七者下는 二, 別釋이라 隨相執實이니 卽是所治라 欲顯無生하야 反立七實이라 然文含二義하니 一者는 此之七實이 通於凡聖이니 故 疏但按文釋이라 二者는 約位分別이라 於中에 有二하니 先, 明前四는 爲遣初地已上이오 後三은 爲遣外凡解行이라 前中에 又二니 先은 別明이오 後는 結束이라 前中에 一은 淨分法中本有實者는 是論이오 謂

計自性下는 疏釋이라 先은 擧所治오 今爲治此下는 引經爲能治라 下七도 皆然이니라 此初는 多約初地라 自性住性은 卽第一義空이니 以初證故라 若謂有物이 在於心中이라하면 爲事物有니 故爲所治일새 故今治之니라 本來無生이어니 無生에 豈是事物有耶아

言本性離故者는 疏79)釋經文無生之義라 若先有生下는 反以成立이니 卽淨名80)에 云, 法本不生이오 今則無滅이니 得此無生法忍이 是爲入不二法門이라하니라

● b) 別中七者 아래는 개별로 해석함이다. 양상을 따라서 실법이라고 집착함이 곧 다스릴 대상인 것이다. 무생(無生)임을 밝히려고 반대로 일곱 가지 실법을 건립하였다. 그러나 문장에 두 가지 뜻이 포함되어 있으니 1) 이런 일곱 가지 실법이 범부와 성인에 통하는 연고로 소에서 다만 경문을 기준하여 해석하였다. 2) 지위에 의지한 분별이다. 그중에 둘이 있으니 (a) 앞의 네 구절은 초지(初地) 이상을 보내기 위함이요, (b) 뒤의 세 구절[無壞, 無盡, 無轉]은 외도와 범부와 해행지(解行地)81)보살을 보내기 위함이다. (a) 중에 또 둘이니 ㉠ 개별적인 설명이요, ㉡ 결론하여 묶음이다. ㉠에서 ① 정분(淨分)의 법 중에 본래로 존재함이 실법이라 한 것은 논문이요, ② 謂計自性 아래는 소가의 해석이다. 앞에서는 다스릴 대상을 거론함이요, 今爲治此 아래는 경문을 인용하여 다스릴 주체로 삼은 내용이다. 아래 일곱 가지도 모두 이런 방식이다. 여기서 ①은 대부분 초지에 의지한 분석이니, 자성이 머무는 종성[自性住種性]은 곧 첫째가는 이치의 〈공〉이니 초지에 증득하기 때문이다. 만일 어떤 물건이 '마음속에 존재한다'고 말하면

---

79) 疏는 南繪金本作此.
80) 인용문은 『유마경』 入不二法門品 제9의 내용이다. (대정장 권14 p.550 -)
81) 解行地: 十住와 十行과 十廻向位를 합하여 지칭하는 말이다.

현상적인 물건으로 존재함이니, 그래서 다스릴 대상이 되는 연고로 지금 다스리는 것이다. 본래로 무생인데 무생(無生)에서 어찌 현상적인 물건으로 존재하겠는가?

'근본 체성이 여읜 까닭이다'라고 말한 것은 소가가 경문 중의 무생(無生)의 뜻을 설명한 말이다. 若先有生 아래는 반대로 성립한 내용이니 곧 『유마경』에서는, "법이 본래로 나지 않으며 지금은 멸하지도 않는다. 이런 무생법인을 얻으면 바로 둘이 아닌 법문에 들어가게 된다"고 하였다.

② 늘 새롭게 생겨나는 실법[新新生實] (二新 14下8)

[疏] 二는 新新生實일새 計習所成性하야 爲實이니 治此云無起니 從緣起故니라
- ② 늘 새롭게 생겨나는 실법이므로 '익혀서 이룬 종성[習所成種性]'[82]을 실법이라고 분별한다. 이것을 다스리는 것을 '일어남이 없다[無起]'라고 하였으니 연기법을 따르는 까닭이다.

[鈔] 二新新生實者는 二地已上으로 乃至七地하면 修道漸增을 說爲新新이라 能治中에 言從緣起故者는 以從緣起니 起卽無起니라
- ② '늘 새롭게 생겨나는 실법'이란 제2지 이상부터 제7지까지에서 수

---

[82] 種性地: 種性은 범어 gotra의 번역이며, 種姓이라고도 한다. 성문·연각·보살의 三乘이 각각의 깨달음을 開得하는 종자가 되는 본래적 素性, 素質을 말한다. 여기에 선천적으로 갖추는 本性住種性과 후천적 수행에 의해 갖추는 習所成種性이 있다. 『仁王經』上에는 習種性, 性種性, 道種性을 세워 보살의 十信心, 十住心, 十堅心에 배당하였고, 『瓔珞經』上에는 習種性, 性種性, 道種性, 聖種性, 等覺性, 妙覺性을 세워 보살의 十信, 十住, 十行, 十廻向, 十地, 等覺, 妙覺을 배당하였다. 이중 妙覺性을 제외하여 五種性이라 칭한다.

도가 점점 더해지는 것을 '늘 새롭다'고 말한다. 다스리는 주체 중에 '연기법을 따르는 까닭이다'라고 말한 것은 연기법을 따르기 때문에 일어남이 곧 일어남이 없는 것[無起]이다.

③ 형상이 실법이다[相實] (三相 15上2)

[疏] 三는 相實이니 卽計前二性所生行相이라 治此云無相이니 前二의 能生이 無故니라
- ③ 형상이 실법이니 곧 앞의 두 가지 종성[自性住種性, 習所成種性]에서 생겨난 행상(行相)이라 분별한다. 이것을 다스린 연고로 '형상이 없다'고 하였으니, 앞의 둘에 생겨나는 주체가 없기 때문이다.

[鈔] 三相實者는 卽第八地로 至十地니 無功用相은 是上二相이오 智無功用은 是集起相이오 無生理現은 是本有相이니라
- ③ 형상이 실법이란 곧 제8지로부터 제10지까지 해당하나니 공용 없는 모양은 위의 두 가지 종성의 양상이요, 지혜에 공용이 없음은 집기심(集起心)의 양상이요, 무생(無生)의 이치가 나타남은 본래 존재하는[本有] 양상이다.

④ 미래가 실법이다[後際實] (四後 15上6)

[疏] 四는 後際實이니 謂計於佛果하야 後際에 出纏이라할새 治此云無成이니 眞如出纏은 非新成故며 菩薩成佛時에 煩惱가 作菩提故니라
- ④ 미래가 실법이다. 말하자면 불과를 분별하여 미래에 번뇌에서 벗

어난 결과라고 하는 연고로 이것을 다스려 '이룸이 없다'고 하였다. 진여법이 번뇌에서 벗어남은 새롭게 이룬 것이 아닌 까닭이며, 보살이 성불할 즈음에 번뇌가 보리를 짓기 때문이다.

[鈔] 四後際實者는 佛果究竟이 爲後오 果는 卽菩提와 涅槃이라 能治中[83]에 眞如出纏이라 釋無涅槃實이오 菩薩成佛下는 顯無菩提實이니라

- ④ 미래가 실법이란 불과를 완전히 성취함이 미래이며, 결과는 곧 보리와 열반을 지칭한다. 다스리는 주체 중에 '진여법이 번뇌에서 벗어났다'는 것은 열반이란 실법이 따로 없음을 해석한 말이요, 菩薩成佛 아래는 보리라는 실법이 따로 없음을 밝힌 내용이다.

㈢ 결론하여 묶다[結束] (上四 15上8)

[疏] 上四에 初一은 自性住佛性이오 次二는 引出이오 後一은 至得果性이니라 又此四가 展轉釋疑를 可知로다

- 위의 네 구절에서 처음 ① 무생(無生)은 자성이 머무는 불성이요, 다음의 ② 무기(無起)와 ③ 무상(無相)은 이끌어 내보임이요, 뒤의 ④ 무성(無成)은 불과의 종성을 얻음에 도달함이다. 또 이 네 구절이 거듭하면서 의심을 풀어 주나니 알 수 있으리라.

[鈔] 上四下는 後, 結束이라 有兩重하니 初重은 約三佛性이라 三佛性義는 至十地하야 更明이라 大旨는 可知로다 後, 又此四下는 展轉收束이니 謂何以知無本有實고 新熏無成故라 何以知無成고 二相을 不可得

---

[83] 中下에 甲南續金本有云字.

故라 何以知不可得고 菩提와 涅槃이 亦離相故니라

- ㈡ 上四 아래는 결론하여 묶음이다. 두 가지가 있으니 ① 세 가지 불성에 의지한 분석이니 세 가지 불성의 뜻에 관한 것은 제10지에 가서 다시 설명하겠다. 대강의 의미는 알 수 있으리라. ② 又此四 아래는 거듭하여 묶음이다. 말하자면 어떻게 본래로 존재하는 실법이 없는 줄 아는가? 새롭게 훈습하여 이룬 것이 없는 까닭이다. 어떻게 이룸이 없는 줄 아는가? 두 가지 양상을 얻을 수 없는 까닭이다. 어떻게 얻을 수 없음을 아는가? 보리와 열반이 마찬가지로 여읜 양상인 까닭이다.

(b) 뒤의 세 구절을 해석하다[釋後三句] 3.
㈠ 과거가 실법이다[先際實] (五先 15下6)

[疏] 五, 先際實이니 謂對佛果後際하야 衆生煩惱가 爲先이라할새 治此云 無壞니 煩惱卽空이리 無可壞故며 菩薩이 未成佛時에 菩提가 作煩惱 故며 染淨和合하야 以爲衆生이라 前遣淨分하고 此遣染分이라 又前 은 卽不空藏이오 此는 卽空藏이니 皆不可得이니라

- ㈠ 과거가 실법이다. 말하자면 미래의 불과에 상대하여 중생의 번뇌로 과거를 삼았으므로 이것을 다스려 '무너지지 않음[無壞]'이라 하였으니 번뇌 그대로 〈공〉하므로 무너뜨릴 수 없는 까닭이며, 보살이 성불하지 못했을 때에 보리가 번뇌를 만드는 연고며, 잡염과 청정이 화합하여 중생이 된 것이다. 앞에서 청정분을 보내었고, 여기서 잡염분을 보내었다. 또 앞은 〈불공〉여래장이요, 여기는 〈공〉여래장이니 모두 얻을 수 없다.

[鈔] 五先際實下는 第二, 釋後三句하야 遣地前執이니 初는 即煩惱오 二는 即生體니 是有爲故라 三은 通上二니 亦即是業이라 初句治中에 云 煩惱無可壞者는 是性空門이오 菩提作煩惱는 約妙有稱實門이오

染淨和合下는 此中에 染은 即煩惱오 淨은 即如來藏이니 即以不生滅이 與生滅和合을 名爲衆生이라 上明不生不生하고 今辨生滅不生也라 又前即不空藏者는 以佛性妙有故오 此即空藏者는 不與煩惱로 相應故라 今二藏을 雙遣하야 云皆不可得이니라

● (b) 先際實 아래는 뒤의 세 구절[無壞, 無盡, 無轉]을 해석하여 십지 이전의 집착을 보낸 것이다. ㊀ 첫 구절은 '번뇌(煩惱)'요, ㊁ 둘째 구절은 중생의 체성이니 '유위(有爲)'인 까닭이다. ㊂ 셋째 구절은 위의 둘[煩惱와 有爲]에 통하나니 또한 바로 '업(業)'이다. 첫 구절을 다스리는 중에 '번뇌를 무너뜨릴 수 없다'고 말한 것은 '체성이 공한 문[性空門]'이요, '보리가 번뇌를 만든다'는 것은 '묘하게 존재함이 실법과 걸맞은 문[妙有稱實門]'이다.

染淨和合 아래는 이 가운데 삼염은 그대로가 번뇌요, 청정은 그대로가 여래장을 가리키나니 곧 생멸하지 않음이 생멸과 화합한 것을 중생이라고 말한다. 따라서 위에서는 불생(不生)이 생겨나지 않음에 대해 밝혔고, 지금은 생멸(生滅)이 생겨나지 않음에 대해 밝혔다. 또 '앞은 〈불공〉 여래장이다'라고 말한 것은 불성이 묘하게 존재하는 까닭이요, '여기는 〈공〉 여래장이다'라고 말한 것은 번뇌와 함께 상응하지 않는 까닭이다. 지금은 두 가지 여래장을 동시에 부정하여[雙遣] "모두 얻을 수 없다"고 하였다.

㊂ 다함이 실법이다[盡實] (六論 16上8)

[疏] 六, 論에 云, 盡實諸衆生者는 謂執衆生이 念念盡故니 揀上煩惱故로 特云諸衆生이라 故로 上經[84]에 云, 一切凡夫行이 莫不速歸盡이라 하고 治此云無盡하니 其性이 如虛空故라

- ㈢ 논경에서 '모든 중생들은 다함을 실법이라 한다'라고 말한 것은 중생이 순간순간 다한다고 집착함을 말하는 까닭이니, 위의 번뇌와 구분하기 위하여 특정하여 '모든 중생'이라 말하였다. 그러므로 앞의 경문에서는, "모든 범부의 행은 빨리 다하고 말거니와"라고 하였고, 이것을 다스려서 '다함없다[無盡]'고 말한다. 그 체성이 허공과 같은 까닭이다.

[鈔] 上經云下는 卽須彌頂上偈讚品의 善慧菩薩偈니 以上半으로 爲所治하고 下半의 其性이 如虛空일새 故說無有盡으로 爲能治라 餘並可知로다 所以先遣地上者는 正此所證故며 從細至麤故라 又後擧地前은 以麤況細라 麤未證性하니 此應合有로대 今不可得이어든 況於地上佛性之性가

- 上經云 아래는 수미정상게찬품(須彌頂上偈讚品)의 선혜(善慧)보살의 게송이다. 위의 반의 게송으로 다스릴 대상을 삼았고, 아래 반의 게송인 "그 성품 허공 같을새 다하지 않는다고 말하나니"로 다스리는 주체를 삼았다. 나머지는 함께 살펴보면 알 수 있으리라. 앞에서 '초지 이상을 보낸 까닭'이란 바로 이것이 증득할 대상인 까닭이며, 미세함에서 거친 것에 이르는 까닭이다. 또 뒤에서 십지 이전을 거론한 것은 거친 것으로 미세함에 비교해 본 내용이다. 거친 것은 본성을 증득하

---

84) 須彌頂上偈讚品 제14에 云, "一切凡夫行이 莫不速歸盡하나니 其性如虛空일새 故說無有盡이로다"(餘字卷 36上8行).

지 못했으니, 이것은 응당 〈유〉에 합하지만 지금은 얻을 수 없으며, 십지 이상의 불성의 체성에 대비한 내용이다.

㊂ 잡염이 실법이다[雜染實] (七論 16下6)

[疏] 七, 論에 云雜染實淨分中者는 謂修行位中에 轉染向淨이니 治此云 無轉이니 若定有實인대 不可轉故라 論經에 云不行은 謂能轉之行을 不可得故니라
- ㊂ 논경에서 '청정한 부분 속에 잡염이 실법으로 있다'고 말한 것은 수도위(修道位)에서 잡염을 바꾸어 청정으로 향하게 함을 뜻한다. 이것을 다스려 '뒤바뀜이 없다[無轉]'고 하였으니 만일 결정코 실법으로 존재한다면 바꿀 수 없는 까닭이다. 논경에서 '행하지 않는다'고 말한 것은 옮아 가는 주체의 행(行)을 얻을 수 없기 때문이다.

b. 자성이 무생인 부분[次一句自性無生分] 3.
a) 두 경전을 회통하다[會二經] (第二 16下10)

無性爲性과
성품이 없는 것으로 성품을 삼으며,

[疏] 第二, 無性爲性者는 卽自性無生이니 此則顯詮이라 論經에 云非有 有性者는 明非有어늘 彼定執自性이니 此則遮詮이라 遮와 顯이 雖殊나 義旨는 不異니라
- b. '성품이 없는 것으로 성품을 삼는다'는 것은 곧 자성이 무생인 부

분이니 이것은 '긍정적 표현[顯詮이니 곧 表詮]'이다. 논경에 '〈유〉가 아닌데 〈유〉를 성품이라 한다'는 것은 〈유〉가 아닌 것이 분명한데도 저들이 결정코 자성(自性)이라 고집하나니 이것은 '부정적 표현[遮詮]'이다. 감추는 표현과 드러난 표현이 비록 다르긴 하지만 의미는 다르지 않다.

[鈔] 第二無性下는 此自性無生이라 中[85]有三하니 一은 會二經이오 二는 釋文이오 三은 會中道라 非有는 卽是無性이오 有性은 卽是爲性이니 故云義旨不殊니라
- b. 無性 아래는 이것이 자성이 무생(無生)인 부분이다. 그중에 셋이 있으니 a) 두 경전을 회통함이요, b) 경문 해석이요, c) 중도로 회통함이다. 유(有)가 아님은 곧 성품이 없는 것이요, 유(有)의 성품은 곧 자성으로 삼나니 그래서 '의미가 다르지 않다'고 말하였다.

b) 경문을 해석하다[釋經文] (無性 17上5)

[疏] 無性은 卽是法無我理니 此理가 旣以無性으로 爲其自性하니 則自體가 無性이오 非是先有今無며 亦非全無眞體일새 故云爲性이니 以前觀事無生으로 正忍此理故라 故로 論에 云, 彼觀事故로 是此忍을 不得言無라하니
- 성품이 없음은 곧 법에 〈내〉가 없는 이치이다. 이런 이치가 이미 성품에 없는 것으로 그 자성을 삼았으니 자체가 무성(無性)이요, 먼저는 있다가 지금에 와서 없는 것이 아니며 또한 완전히 진실한 체성이

---

85) 中은 南續金本作於中.

없는 것이 아니므로 '성품을 삼는다'고 하였으니, 앞의 현상적인 무생(無生)을 관찰함으로 이런 이치를 바로 인지하는 까닭이다. 그래서 논경에서는, "저 사무생(事無生)에서 현상을 관찰한 연고로 여기서[自性無生] 인지한 것을 있다고 말하지 않는다"라고 하였다.

[鈔] 二, 無性卽是下는 釋文이니 先釋無性이라 執法有性하야 名之爲我니 如地堅性과 水濕性等이라 以無我故로 名性無生이니라 言非是先有今無者는 揀斷滅無니 中論86)에 云, 先有而今無는 是則爲斷滅故라 하니라

亦非全無下는 釋爲性字라 於中에 二니 先, 反立이오 次, 以前觀事下는 順成妙有라 故論云下는 引證이라 言觀事者는 此無我理가 是四地로 乃至七地의 所觀事故니 明知是有로다 又是所忍法故라 若無所忍하면 則無如可證이로다

● b) 無性卽是 아래는 경문 해석이니 ① 먼저 무성(無性)에 대해 해석하였다. 법에 '성품이 있다'고 고집하여 〈나〉라고 이름하나니 마치 땅의 견고한 체성과 물의 젖는 체성 등과 같나니, 〈내〉가 없는 연고로 '성품이 무생[性無生]'이라 칭하였다. '먼저는 있다가 지금에 와서 없는 것이 아니다'라고 말한 것은 '아주 없음[斷滅無]'과 구분한 내용이다. 『중론(中論)』에 이르되, "(질문한다. 무슨 까닭에 있음으로 인하여 항상하다는 소견을 내고 없음으로 인하여 아주 없음의 소견을 내는가? 대답한다. 어떤 법이 일정한 성품이 있어 없지 않다면 항상함이라 하고) 먼저는 있다가 지금은 없

---

86) 『中論』제3권 觀有無品 제15에 云, "問曰. 何故因有生常見. 因無生斷見. 答曰. 若法有定性 非無則是常 先有而今無 是則爲斷滅."(대정장 권30 p.20-). [질문한다. 무슨 까닭에 있음을 인하여 항상함의 소견을 내고 없음을 인하여 아주 없음의 소견을 내는가? 대답한다. 어떤 법이 일정한 성품이 있어 없지 않다면 항상함이라 하고 먼저는 있다가 지금은 없어졌다면 이것은 아주 없음이라 한다.]

어졌다면 이것은 아주 없음이라 한다"고 하였다.

② 亦非全無 아래는 '爲性'이란 글자를 해석한 내용이다. 그중에 둘이니 먼저는 반대로 건립함이요, 다음에 以前觀事 아래는 순리로 묘유(妙有)임을 성립한 내용이다. ③ 故論云 아래는 인용하여 증명함이다. '현상을 관찰한다'는 말은 이 <내>가 없는 이치가 제4지에서 제7지에 이르기까지는 관찰할 대상인 현상이기 때문이니 <유>임을 분명히 알겠다. 또 인지할 대상인 '법'인 연고니 만일 인지할 대상이 없었다면 증득할 '진여'도 없는 것이 되어야 하리라.

c) 중도로 회통하다[會中道] (斯則 17下6)

[疏] 斯則非有와 非無로 以顯中道며 此二가 亦不二라 又此理는 亦非所觀事外니 故로 論에 云, 所有觀法無我理가 無二相故라하니 斯則非卽과 非離와 無二가 爲中道義니라

■ 이렇다면 <유>가 아님과 <무>가 아닌 것으로 중노(中道)를 밝혔으며, 이 두 가지가 또한 둘이 아니다. 또 이런 이치는 마찬가지로 관찰할 대상인 현상의 밖에 있는 것도 아니다. 그러므로 논경에서, "가진 바 법에 <내>가 없고 두 가지 모습이 없기 때문이다"라고 하였다. 그러므로 합치하지도 않고 여의지도 않고 둘도 아닌 것이 중도의 의미이다.

[鈔] 斯則非有下는 三, 會歸中道라 有二中道호대 而文三節이니 初는 正立二種中道오 二는 引論證이오 三은 結成이라 今初에 一은 非有非無가 爲中道니 無性은 則非有오 爲性은 則非無라 旣卽以無性으로 爲

性일새 故云此二不二라 卽以性無體有로 爲眞諦中道라

二, 又此理下는 不卽不離가 爲中道니 卽事顯理가 爲二諦中道라 七實이 皆事오 不之一字는 卽是於理니 斯卽於諦에 常自二나 於解에 常自一이라 今通達此無二하야 眞入第一義也니라

二, 故論下는 引論證이니 上에 疏家가 立二中道는 皆因論主가 無二相言이니 由無二故로 法無我理가 得爲諸法自性無生이니라 遠公이 破古[87]人 言호대 觀心이 與法無我理로 心境不二가 非也者는 實如所破니라 三, 斯則下는 結成이니라

● c) 斯則非有 아래는 중도로 회통함이다. 두 가지 중도가 있었는데 경문은 세 구절이니 (a) 바로 두 가지 중도를 건립함이요, (b) 논경을 인용하여 증명함이요, (c) 결론 내림이다. 지금 (a)에서 ㉮ 〈유〉도 아니고 〈무〉도 아닌 것이 중도가 되나니, 성품이 없는 것은 〈유〉가 아니요, 성품을 삼은 것은 〈무〉도 아니다. 이미 성품이 없는 것으로 성품을 삼았으므로 "이 둘이 둘이 아니다"라고 말하였다. 곧 성품은 없지만 본체는 있는 것으로 '참된 신리인 중도[眞諦中道]'를 삼았다.

㉯ 又此理 아래는 합치한 것도 아니요, 여읜 것도 아닌 것이 중도가 되나니, 현상에 합치하여 이치를 밝힌 것으로 '참된 진리와 세속 진리의 중도[二諦中道]'를 삼았다. 일곱 가지 실법이 모두 현상이요 '불(不)'이란 한 글자만 이치일 뿐이다. 이것은 곧 진리에는 으레 둘이지만 알고 보면 으레 하나인 것이다. 지금은 이런 둘이 아님을 통달하여 진실로 첫째가는 이치에 들어간 것이다.

(b) 故論 아래는 논경을 인용하여 증명함이니 위에서 소가가 두 가

---

87) 古는 甲南續金本作古云.

지 중도를 세운 것은 모두 논주가 둘이 없는 양상으로 인하여 말하였으니, 둘이 없으므로 인한 까닭에 법에 〈내〉가 없는 이치가 모든 법의 자성이 무생(無生)임을 얻게 된다. 혜원법사가 옛 어른들의 주장을 타파하되, "마음이 법에 〈내〉가 없는 이치와 마음과 경계가 둘이 아닌 것이 아님"을 진실로 타파한 바와 같다. (c) 斯則 아래는 결론 내림이다.

c. 한 구절은 숫자로 차별된 무생인 부분[次一句數差別無生分] 2.
a) 바로 밝히다[正明] (第三 18上10)
b) 잘못을 구분하다[揀濫] (然準)

初中後際가 皆悉平等과
처음과 중간과 나중이 모두 평등하며,

[疏] 第三, 初中後際皆悉平等者는 卽數差別無生이라 於三時中에 染淨法이 不增減故니 謂先際에 非染增淨減이오 後際에 非淨增染減이오 中際에 亦非半增半減이니 以知三際가 皆空하야 無自性故라 然準瑜伽[88]에 前三句는 約三世요 此中은 約位하야 以明三際니 故로 論이 就染淨하야 明之니라

■ c. '처음과 중간과 나중이 모두 평등하다'는 것은 곧 숫자로 차별된 무생이다. 세 시절 중에 잡염법과 청정법이 증가하거나 감소하지 않는 까닭이다. 말하자면 과거에 잡염이 증가하고 청정법이 감소함이 아니요, 미래에 청정이 증가하고 잡염이 감소함도 아니요, 현재에도

---

[88] 이 내용은 『瑜伽師地論』 제94권의 攝事分 중의 契經事緣起食諦界擇攝 제3에 보인다. (대정장 권30 p.837c~)

반씩 증가하고 반씩 감소함이 아니다. 세 시절이 모두 〈공〉하여 자성이 없는 줄 알기 때문이다. 하지만 『유가사지론』에 준한다면 앞의 세 구절[無成, 無壞, 無盡]은 삼세(三世)에 의지한 구분이요, 여기서는 지위에 의지하여 삼제(三際)를 밝힌 내용이다. 그러므로 논경에서 잡염과 청정에 입각하여 밝혔다.

[鈔] 第三初中後下는 疏文有二하니 先은 正明이오 後는 揀濫이라 今初니 卽正證無增無減眞如라 若隨相說인대 前際는 染增淨減하고 後際는 淨增染減하고 中際는 半增半減이어니와 今約理性空일새 故並非之니라

然準瑜伽下는 後, 揀濫이니 濫前三句故라 前三句者는 卽第四後際實과 第五先際와 第六盡實이니 正約衆生이 當中際故라 故今釋云호대 此[89]明三世는 約時辨異오 今此는 約位하야 以明三際니 前際는 卽七地已前이오 後際는 卽當九地已後오 中際는 卽當八地라 雖約位가 有殊나 而體無增減이니라 又前三[90]은 先際는 唯染이오 後際는 唯淨이오 中自約生이라 今之三際는 皆通染淨이라 又不同也니 故로 疏에 結云, 論就染淨明之니라

● c. 初中後 아래는 소의 문장이 둘이 있으니 a) 바로 밝힘이요, b) 잘못을 구분함이다. 지금은 a)이니 곧 증가하거나 감소함이 없는 진여를 바로 증득한 것이다. 만일 양상을 따라 설한다면 과거는 잡염이 증가하고 청정이 감소하였고, 미래는 청정이 증가하고 잡염이 감소할 것이고, 현재는 반씩 증가하고 반씩 감소하거니와 지금은 이치의 체성이 공함을 의지하였으므로 모두 아니다.

---

89) 此는 내용으로 보아 前의 誤字가 아닌가 한다. (覺性강백 견해).
90) 三下에 南續金本有際字.

b) 然準瑜伽 아래는 잘못을 구분함이다. 앞의 세 구절과 구분한 까닭이다. 앞의 세 구절이란 곧 '넷째의 미래가 실법'임[無成]과 '다섯째의 과거가 실법'임[無壞]과 '여섯째 다함이 실법[盡實]'임을 말하나니, 바로 중생이 맞닥뜨린 현재에 의지한 까닭이다. 그래서 지금 해석하되, 앞에서 삼세를 밝힌 것은 시간에 의지하여 다른 점을 밝힌 부분이요, 지금 여기서는 지위에 의지하여 삼제(三際)를 밝힌 부분이니, 과거는 곧 제7지 이전이요, 미래는 곧 제9지 이후요, 현재는 바로 제8지에 해당한다. 비록 지위가 다름에 의지하였지만 자체가 증가하거나 감소함이 있는 것은 아니다. 또 앞의 삼제(三際)에서 과거는 잡염뿐이요, 미래는 청정뿐이요, 현재는 자연히 중생에 의지한 구분이다. 지금의 삼제(三際)는 모두 잡염과 청정에 통하므로 또 같지 않은 것이다. 그래서 소에서, "논경에서는 잡염과 청정에 입각하여 밝혔다"고 결론하였다.

d. 한 구절은 업을 지음이 무생인 부분[後一句作業無生分] 2.
a) 바로 밝히다[正明] (第四 19上7)
b) 총합하여 결론하다[總結] (如是)

無分別如如智之所入處하며
분별이 없는 진여와 같은 지혜로 들어갈 곳이니라.

[疏] 第四, 無分別下는 作業差別無生이라 果位作用을 名業差別이나 如智로 貫之하면 則無差別이니 無差別이 即是無生이라 下如는 是理如오 上如는 是智如니 智如於眞理일새 故無分別이라 此智는 是佛究竟

入處니 今菩薩이 證如하야 同佛入處라 故로 論에 云, 於眞如中에 淨無分別佛智故라하니라 如是四種이 皆是示現無生忍觀이니라

- d. 無分別 아래는 업을 지음이 무생인 부분이다. 과덕의 지위에서 작용을 '업의 차별'이라 이름하였지만 진여의 지혜로 일관하면 차별이 없는 것이니, 무차별이 곧 무생(無生)인 까닭이다. 여여지(如如智)에서 아래의 여(如)는 이치적인 진여요, 위의 여(如)는 지혜적인 진여이니 지혜가 진리와 같아지므로 분별이 없는 것이다. 여기의 지혜는 부처님이 마지막까지 들어간 곳이니, 지금의 보살이 진여를 증득하여 부처님이 들어가신 곳과 같아진 것이다. 그래서 논경에서 "진여 중에 청정하고 분별이 없는 부처님의 지혜인 까닭이다"라고 하였다. 이런 네 가지가 모두 무생법인의 관찰을 내보인 부분이다.

[鈔] 第四無分別下는 疏文有二하니 先은 正明이오 後는 總結이라 今初니 引論하야 正證同佛入處니 以論經에 云, 眞如無分別하야 入一切智智[91]故라하니 故今疏用佛智釋之어니와 若直就今文인댄 但是八地의 自無分別智耳라 要無分別眞智라하야사 方入이오 非是俗智로 能入無生이니라

如是四種下는 總結이니 以論에 云如是無生法忍觀으로 示現故라하니 今廻其文인대 論意에 云, 此中에 廣說無生理者는 成於此地의 無生觀故니라

- d. 無分別 아래는 소의 문장이 둘이니 a) 바로 밝힘이요, b) 총합하여 결론함이다. 지금은 a)이니 논경을 인용하여 바로 부처님이 들어가신 곳과 같음을 증명하였다. 그래서 논경에서, "진여는 분별이 없

---

91) 智는 甲南續金本無, 論原本有.

어서 온갖 지혜의 지혜에 들어간 까닭이다"라고 하였다. 따라서 지금 소에서 부처님의 지혜를 써서 해석하였지만, 만일 바로 지금의 경문에 입각하였다면, 단지 제8지의 자체적인 무분별의 지혜일 뿐이다. 무분별의 참된 지혜를 가져야만 비로소 들어갈 수 있고, 세속적인 지혜로는 능히 무생에 들어가지 못한다.

b) 如是四種 아래는 총합하여 결론함이니 논경에서, "이러한 무생법인의 관찰로 시현한 까닭이다"라고 하였다. 지금 그 문장을 윤문한다면 논경의 의미로는, "이 가운데 무생(無生)의 이치를 자세히 설명한 것은 이 8지의 무생법인의 관찰을 이룬 연고이니라"고 해야 하리라.

ㄴ) 네 구절은 무생법인이 청정하다[次四明無生忍淨] 2.

(ㄱ) 여읠 대상인 장애를 해석하다[釋所離障] 2.
a. 단순히 이 자(離字)를 해석하다[單釋離字] (第二 20上2)

離一切心意識分別想하여 無所取着이 猶如虛空하며 入一切法如虛空性하나니
모든 마음과 뜻과 식으로 분별하는 생각을 여의었으며, 집착함이 없으며, 허공과 같으며, 일체 법에 들어가 허공의 성품과 같나니,

[疏] 第二, 離一切下는 明忍淨中에 初句는 離障이오 後三은 顯治라 前言 離者는 論에 云, 示現行遠離라하니 謂契實捨妄을 名行遠離니 揀非心體離也니라

- ㄴ) 離一切 아래는 무생법인이 청정함을 밝힘 중에 (ㄱ) 첫 구절[離一切心意識分別想]은 여읠 장애를 밝힘이요, (ㄴ) 뒤의 세 구절[無所取着――]은 다스리는 주체를 밝힘이다. 앞에서 '여읜다'고 말한 것은 논경에서 "행을 멀리 여읨을 나타내 보인다"라고 하였다. 말하자면 실법에 계합하여 허망함을 버리는 것을 '행을 멀리 여읜다'고 칭하나니, 마음의 본체를 여읜다는 것이 아님을 구분한 내용이다.

[鈔] 第二離一切下는 忍淨中에 文이 二니 謂離一切心意識分別想이 總爲離障이라 疏文中에 先은 釋離字오 後는 釋所離[92)之中의 心意識三은 別爲兩類오 分別想字는 通其二處니 故先牒之라
- ㄴ) 離一切 아래는 무생법인의 청정함 중에 경문을 둘로 나누면 '모든 마음과 뜻과 의식으로 분별하는 생각을 여읜다'는 말이 통틀어 (ㄱ) 장애를 여읨이 된다. 그래서 소의 문장에서 a. 이 자(離字)를 해석함이요, b. 여읠 대상을 해석함 중에 마음과 생각과 의식의 셋은 분별하면 두 부류가 되고, '분별상(分別想)'이란 글자는 두 곳에 통하나니 그래서 따오지 않았다.

b. 여읠 대상인 마음과 의식을 동시에 밝히다[雙辨所離] 2.
a) 마음을 여의다[離心] (所離 20上7)

[疏] 所離一切가 略有二種하니 一, 離心者는 離報心憶想分別이니 謂第八異熟識의 轉과 現과 偏行이 亦不行故니라
- b. 여읠 대상 모두를 대략 두 가지로 나누면 a) '마음을 여읜다'는 것

---
92) 所離는 甲續本在上離障下誤, 上十一字는 南金本作所離.

은 이숙의 과보인 마음과 기억된 생각으로 분별함을 여의는 것이다. 말하자면 제8 이숙식의 전상(轉相)과 현상(現相)과 변행(徧行) 심소가 또한 행하지 않기 때문이다.

[鈔] 一, 離心者는 牒經이니 謂離報心憶想分別은 此卽以論으로 釋經心字라 然이나 論에 具云호대 報分別境界想과 攝受分別境界想이라하니 其報分別境界想은 正釋心字라 謂第八下는 疏釋論이니 異熟識이 是報心故라 彼七地中에 修無漏因하야 感此變易異熟果體가 卽是報心이라

言轉現徧行者는 轉現二字는 卽起信論에 以第八賴耶가 有其三細하니 謂業과 轉과 現이라 業相은 最細하니 菩薩地盡에 方能離之오 今得此忍하니 轉現이 不行이니 卽見과 相인 二分이 亦不行也라

言徧行者는 卽唯識等論에 第八賴耶가 與心所로 俱니 唯有徧行五耳라 謂觸과 作意와 受와 想과 思라 今與此忍으로 相應하니 斯亦不行일새 故로 疏에 總云, 轉現徧行亦不行故니라 而云亦者는 如入滅定에 前七은 不行하고 第八이 持身이라 今八二分이 亦復不行하니 顯轉深也라 卽是經中의 離心分別想이니라

● a) '마음을 여읨'이란 경문을 따온 것이다. '이숙의 과보인 마음과 기억된 생각으로 분별함을 여읜다'고 말한 것은 이는 곧 논경으로 경문의 심(心) 자를 해석한 구절이다. 하지만 논경에 갖추어 말해 보면 "이숙의 과보로 경계를 분별하는 생각과 경계를 분별함에 섭수되는 생각이다"라고 하였으니, 그 이숙의 과보로 경계를 분별하는 생각은 바로 심(心) 자를 해석한 말이 된다. b) 謂第八 아래는 소가가 논경을 해석한 내용이니 이숙식이 바로 과보의 마음인 까닭이다. 저 제7지에

서 무루(無漏)의 인행(因行)을 닦아서 이런 변역과(變易果)와 이숙과(異熟果)의 본체를 감득한 것이 바로 과보의 마음이다.

'전상(轉相)과 현상(現相)과 변행(徧行)심소'라 말한 것은 전(轉)과 현(現)의 두 글자는 곧 『기신론』에서 제8 아뢰야식에 세 가지 미세한 번뇌가 있으니 업상(業相)과 전상(轉相)과 현상(現相)을 말한다. 그중 업상이 가장 미세하나니 보살의 마지막 경지[菩薩地盡]에 가서야 비로소 능히 여읠 수 있으며, 지금 이 무생인을 얻었으니 전상과 현상이 행하지 않나니, 곧 견분과 상분인 둘도 또한 행하지 않는다.

변행(徧行)이라 말한 것은 곧 『유식론』 등에서 제8 아뢰야식이 심소와 함께하나니 오로지 변행심소는 다섯뿐이다. 곧 ① 닿음[觸]과 ② 주의를 기울임[作意]과 ③ 감수[受]와 ④ 생각함[想]과 ⑤ 사유함[思]을 말한다. 지금은 이 무생법인과 상응하나니 이 다섯 가지 심소도 역시 행하지 않는 연고로 소에서 총합적으로 "전상과 현상과 변행도 역시 행하지 않는다"고 하였다. 하지만 '또한'이라 한 것은 마치 멸진정(滅盡定)에 들어가면 전7식(前七識)은 행하지 않고 제8식이 몸에 갈부리[持]되는 것과 같다. 지금은 제8식의 견분과 상분의 둘도 또한 다시는 행하지 않나니 더욱 깊어짐을 밝힌 것이다. 이는 곧 경문의 마음과 분별하는 생각을 가리킨다.

b) 생각과 인식을 여의다[離意識] (二離 21上1)

[疏] 二, 離意識者는 離方便心憶想分別이니 論에 云, 離攝受分別性想 故라하니 謂六七識과 及中心所等이 亦不行故라 是則心行處滅을 名 離一切想이니라

■ b) '생각과 인식을 여읜다'는 것은 방편인 마음과 기억된 생각으로 분별함을 여의는 것이니, 논경에서는, "성품을 분별함에 섭수되는 생각을 여읜다"고 하였다. 말하자면 6식과 7식과 그중의 심소 등이 또한 행하지 않기 때문이다. 그렇다면 '마음이 행할 곳이 없어짐[心行處滅]'을 '모든 생각을 여읜다'고 지칭하였다.

[鈔] 二離意識者는 牒經二字오 離方便心憶想分別者는 是疏取論意釋經이니 意爲[93]第七이오 識은 卽前六이라 此之意識은 是異熟生이니 但名方便이라

論云下는 以論으로 證上方便之義라 言攝受分別性想者는 第七內攝受와 六識外分別이니 此等王所가 居然不行이라 謂六七下는 疏釋論意와 及與經意니 謂六七識은 卽是心王과 及中心所者니 六七二識의 所攝心所가 一切不行이라 故[94]로 結云, 心行處滅이니 不同七地에 猶有觀求之心也니라

● b) '생각과 인식을 여읜다'는 것은 경문의 두 글자를 따온 부분이다. '방편인 마음과 기억된 생각으로 분별함을 여읜다'는 것은 소가가 논경의 의미를 취하여 경문을 해석한 내용이니, '생각[意]'은 제7식을, '인식[識]'은 앞의 6식을 가리킨다. 여기의 생각과 인식은 이숙식에서 생겨난 것이니 단지 '방편'이라고만 이름하였다.

論云 아래는 논경으로 위의 방편의 의미를 인증한 내용이다. '성품을 분별함에 섭수되는 생각이다'라고 말한 것은 제7식의 안으로 섭수함과 6식의 밖으로 분별함을 가리키나니, 이런 등의 심왕과 심소가 편안히 행하지 못하는 것이다. 謂六七 아래는 소가가 논경의 의미와

---

93) 爲는 甲本無, 南續金本作卽.
94) 故下에 南續金本有疏字.

본경의 의미를 해석한 내용이다. 말하자면 6식과 7식은 바로 심왕과 그중의 심소인 것이니, 6식과 7식에 섭속되는 심소가 모두 행하지 않는다는 뜻이다. 그러므로 소가가 "마음이 행할 곳이 없어졌다"고 결론하였으니, 7지에서 아직 관찰하거나 구하는 마음이 남아 있는 것과는 같지 않다.

(ㄴ) 다스리는 주체를 해석하는 부분[釋能治分] 3.
a. 앞을 결론하고 뒤를 시작하다[結前生後] (後無 21下1)

[疏] 後, 無所取下는 明治니 上은 但明所治非有요 今은 明能治가 不無라 故로 論에 云, 想者는 遠離障法想이오 非無治法想者는 治卽無分別 智니라
- (ㄴ) 無所取 아래는 다스리는 주체를 밝힘이니 위는 다스릴 대상이 있지 않음을 밝힌 부분이요, 지금은 다스리는 주체가 없지 않음을 밝힌 부분이다. 그러므로 논경에서 '생각'이라 말한 것은 아주 여의어야 할 장애인 법에 대한 망상이요, '다스려야 할 법에 대한 망상이 없지 않다'는 것은 다스리는 주체는 곧 무분별의 지혜를 뜻한다.

[鈔] 後無所取下는 釋能治中에 疏文有三하니 初는 結前生後요 二는 彰立所以오 三은 別釋文相이라 今初니 先, 正明이오 故論云下는 以論 爲證이라 此之論文은 亦是揀濫이니 上에 云滅一切心意識分別想이라하니 但是滅障法想이라 障法想者는 卽有分別觀解之想이오 有治想者는 卽無分別智니 是則別境五中에 慧所不泯이오 但無分別이니 上言不行耳니라

- (ㄴ) 無所取 아래는 다스리는 주체를 밝힘 중에서 소의 문장이 셋이니, a. 앞을 결론하고 뒤를 시작함이요, b. 건립한 이유를 밝힘이요, c. 경문의 양상을 개별적으로 해석함이다. 지금은 a.이니 a) 바로 밝힘이요, b) 故論云 아래는 논경으로 인증함이다. 여기의 논경의 문장은 또한 잘못을 구분함이다. 위에서 "모든 마음과 뜻과 의식으로 분별하는 생각을 여의었다"고 말하였으니 단지 장애인 법에 대한 망상을 없앤 것일 뿐이다. '장애인 법에 대한 망상'이란 곧 분별심으로 관찰하고 이해하는 생각이요, '다스릴 생각이 있다'는 것은 곧 무분별의 지혜이니 이것은 별경(別境)심소의 다섯 가지[欲, 勝慧, 念, 定, 慧] 중에 지혜로 없애지 못할 대상이요, 단지 무분별일 뿐이니, 위에서 '행하지 않는다'고 말했을 따름이다.

b. 건립한 이유를 밝히다[彰立所以] (所以 21下9)

[疏] 所以明此에 有二義故니　, 揀異斷滅外道의 無想과 二乘滅盡故오 二, 揀異如來니 尙是照寂이오 非寂照故니라
- 이유를 밝히는 데에 두 가지 뜻이 있기 때문이니 (1) 단멸(斷滅)외도의 망상이 없는 것과 이승의 번뇌를 모두 없앰과 구분 짓기 위함이요, (2) 여래와 구분함이니, 오히려 등각(等覺)의 조적(照寂)이지 묘각(妙覺)인 적조(寂照)는 아닌 까닭이다.

[鈔] 所以明此下는 第二, 彰立有治想所以라 一은 揀凡小니 此是揀劣이라 外道無想에 無有此慧오 二乘滅定에 亦無此慧니 想受가 盡滅故라 故此를 比於滅定에 彼所行者는 此亦不行이니 如前一切心等이오

彼所無者는 此中則有니 謂無分別智라 二는 揀如來는 卽揀勝이니 未
亡無分別智故라 故로 瓔珞에 云, 等覺은 照寂하고 妙覺은 寂照라하
나니 今八地無生이 亦照寂故라 若得⁹⁵⁾寂照⁹⁶⁾이라하면 卽同佛故라
是故로 智障이 有其三門하니 一은 是智障이니 所謂分別有無之心이
오 二는 是體障이니 謂觀非有非無之解가 立己能知일새 故曰體障이
라 三은 是治想이니 謂妄識中에 含如來正慧라 依此地中에 有其三義
하니 初一은 四地로 乃至七地에 斷除요 四와 五와 六地는 斷除分別
取有之心이니 謂解法慢과 身淨慢等이오 入七地時에 斷除分別取有
無之心이오 八地已上에 斷除體障이라 前第七地에 雖除分別有無之
心이나 猶見己心이 以爲能觀이오 如爲所觀일새 其所觀如가 不卽心
하고 能觀之心이 不卽如⁹⁷⁾라 心과 如가 別故로 心外에 求法하야 故有
功用이오 法外에 立心일새 故有體障이라 從第七地로 入八地時에 破
捨此障하야 觀察如外에 由來無心이오 心外에 無如라 如外에 無心하
니 心不異如오 心外에 無如하니 如不異心이라 故로 能如心하야 泯同
法界하야 廣大不動이라 以不異故로 自外推求를 故捨功用하야 不復
如外에 建立神智하니 故滅體障이라 體障이 滅故로 名無障想이니라
第三, 治想은 至佛하야사 方滅이니 故入八地에 雖⁹⁸⁾無障想이나 而有
治想이오 從八地已上에 無生忍體가 轉轉寂滅하야 令彼治想으로 運
運自亡하야 至佛乃窮이니 今此는 未盡일새 故說非無니라

- b. 所以明此 아래는 망상을 다스릴 수 있는 이유를 건립함에 대해 밝힘이다. (1) 범부나 소승과 구분함이니 이것은 열등한 것과 구분

---

95) 得은 甲南續金本作窮.
96) 寂照는 南續金本作照寂.
97) 如下에 南續金本有故字.
98) 雖는 甲續金本作離誤.

함이다. 외도들의 생각 없음은 이런 지혜가 없는 것이요, 이승의 멸진정에도 역시 이런 지혜가 없나니, 생각과 감수의 심소가 모두 없기 때문이다. 그러므로 이것을 멸진정과 비교하면 저기서 행하던 것이 여기서 또한 행하지 않나니 앞의 '모든 마음' 등과 같은 것이요, 저기서 없던 것이 여기서는 있나니 '무분별의 지혜'를 말한다. (2) 여래와 구분함은 뛰어난 것과 구분함이니, 무분별의 지혜는 없어지지 않기 때문이다. 그러므로『보살영락경(菩薩瓔珞經)』에 "등각은 비추면서 고요하고 묘각은 고요하면서 비춘다"고 하였으니, 지금 제8지의 무생인(無生忍)이 또한 비추면서 고요한 까닭이다. 만일 고요하면서 비추는 경지를 얻었다면 바로 부처님과 같을 것이기 때문이다. 이런 연고로 지적인 장애에 세 가지 부문이 있으니 1) 지적인 장애[智障]이니 이른바 〈유〉와 〈무〉를 분별하는 마음이요, 2) 본체적인 장애[體障]이니 말하자면 '〈유〉도 아니고 〈무〉도 아닌 견해를 관찰함'이 세우고 나서 능히 알게 되는 연고로 본체적인 장애라고 한다. 3) 다스린다는 생각[治想]이다. 말하사면 망녕된 인식 속에 부저님의 바른 지혜를 간직한 것을 뜻한다. 이 제8지 중에 그 세 가지 뜻이 있음을 의지하였으니, 처음 하나는 제4지에서 제7지까지 단절하여 없애는 것이니, 제4지와 제5지와 제6지는 분별하여 〈유〉를 취하는 마음을 단절하여 없애나니, '법을 알았다는 거만함[解法慢]'과 '몸이 청정하다는 거만함[身淨慢]'99) 등을 말한다. 제7지에 들어갈 적에 분별하여 〈유〉와 〈무〉를 취하는 마음을 단절하여 극복하고, 제8지 이상에서 본

---

99) 疏에서 열 가지 장애를 다스리고 열 가지 진여를 증득하며 열 가지 뛰어난 행법을 성취한다고 하였다. (水字卷 57上10行) 이어서 鈔云, "故로 論에 問云호대 何故로 定說菩薩十地오 對治十障故라 何者十障고 一, 凡夫我相障이오 二, 邪行障이오 三, 暗鈍於聞思修等諸法忘障이오 四, 解法慢障이오 五, 身淨慢障이오 六, 微細煩惱習障이오 七, 細相障이오 八, 於無相有加行障이오 九, 不能善利益衆生障이오 十, 於諸法中에 不得自在障이라하니 義如下說하니라"고 하였다.

체적인 장애를 단절하여 극복한다. 앞의 제7지에서 〈유〉와 〈무〉
를 분별하는 마음을 단절하여 극복하였지만 아직 자기의 마음으로
관찰하는 주체로 삼고 진여로 관찰의 대상으로 삼는 것을 보는 연고
로, 그 관찰의 대상인 진여가 마음과 합치하지 못하고 관찰하는 주
체인 마음이 진여와 합치하지 못한다. 마음과 진여가 다른 연고로
마음 밖에서 법을 구하는 까닭에 공용이 있게 되고, 법 밖에 마음을
세우는 연고로 본체적인 장애가 있게 된다. 제7지에서 제8지에 들어
갈 적에 이런 장애를 타파하여 버려서 진여 밖에서 무심이 오는 것이
요, 마음 밖에 진여가 없으니 진여가 마음과 다르지 않다. 그러므로
능히 마음과 같아져서 법계와 같아서 광대하고 동요하지 않음을 얻
앤다. 다르지 않은 연고로 자신 밖에서 추구함을 일부러 공용을 버
려서 다시 진여 밖에 신령한 지혜를 세우지 않았으니, 때문에 본체적
인 장애를 없앤다. 본체적인 장애가 없어진 연고로 '장애되는 망상이
없다'고 말한다. 3) 다스린다는 생각은 부처님의 경지에 가야만 비로
소 없어지나니, 그래서 제8지에 들게 되면 비록 장애되는 망상은 없
지만 생각을 다스림은 남아 있다. 제8지 이상부터 무생법인 자체가
점차로 고요해져서 저 생각을 다스림으로 하여금 움직일수록 저절로
없어져서 부처님이 되어야 비로소 극복되는 것이니, 지금 이 8지에서
는 아직 다하지 않았으므로 '없지 않다'고 말하였다.

c. 경문의 양상을 개별로 해석하다[別釋文相] 2.
a) 다스림의 뜻을 해석하다[釋治義] (故云 23上4)

[疏] 故云此想이 於下地에 有三種勝하니 一, 無功自然行이니 故云無所

取着이니 謂無取果心하야 任性自進故니 此顯治妙니라 二, 徧一切法想이니 故云猶如虛空이니 此顯治廣이니라 三, 入眞如不動自然行이니 故云入一切法如虛空性이니 此顯治深이니라

- 그래서 "이런 다스린다는 생각이 아래 지(地)보다 세 가지 뛰어남이 있다"고 하였다. (1) '공용이 없는 자연스러운 행법[無功自然行]'이다. 그래서 '취하고 애착함이 없다'고 하였다. 말하자면 결과를 취하는 마음이 없어서 품성에 맡겨 자연히 나아가는 까닭이니 이것은 다스림의 미묘함을 밝힌 말이다. (2) '모든 법에 두루 하다는 생각[徧一切法想]'이다. 그래서 '허공과 같다'고 하였으니 이것은 다스림이 넓음을 밝힌 말이다. (3) '진여처럼 동요하지 않음에 들어가는 자연스러운 행법[入眞如不動自然行]'이다. 그래서 '모든 법이 허공과 같은 체성에 들어간다'고 하였으니 이것은 다스림이 깊음을 밝힌 내용이다.

[鈔] 故云此想下는 第三, 別釋文相이라 然이나 總將此論하야 釋有治義요 下釋二勝이라 一은 無功自然行故 者는 卽是論文이오 謂無取果心者는 疏釋經文이오 任性自進은 是疏釋論이라 觀心純熟하야 不假作意하고 任運趣果일새 名任性自進이오 無取[100]自進일새 故名爲妙니라 二는 空徧一切일새 故名治廣이니 顯無生智가 無不徧矣니라 三者는 入如而行일새 故深이니라

- c. 故云此想 아래는 경문의 양상을 개별로 해석함이다. 하지만 총합적으로 이 논문을 가져 다스릴 수 있다는 뜻을 해석함이요, 아래에서 세 가지 뛰어남을 해석하였다. (1) '공용이 없는 자연스러운 행법이기 때문'이란 곧 논경의 문장이요, '결과를 취하려는 마음이 없다'고 말

---

100) 取는 續金本作趣.

한 것은 소가가 경문을 해석함이요, '품성에 맡겨 자연히 나아간다'는 말은 소가가 논문을 해석함이다. 마음을 관찰함이 순수하게 성숙되어 주의를 기울임[作意]을 빌리지 않고 움직이는 대로 결과로 향하므로 "품성에 맡겨 자연히 나아간다"고 말하였다. 취하려는 마음 없이 자연히 나아가므로 '미묘하다'고 말한다. (2) 허공처럼 모두에 두루 하므로 '다스림이 넓다'고 하였으니, 무생(無生)의 지혜가 두루 하지 않은 곳이 없음을 밝힌 내용이다. (3) 진여에 들어가서 행하므로 '깊다'고 하였다.

b) 기신론으로 위의 뜻을 총합하여 묶다[以起信總收上義]

(此則 23下4)

[疏] 此則入於起의 離念相者가 等虛空界하야 無所不徧하야 法界一相이니 故云入一切法이 如虛空性¹⁰¹⁾이라 然이나 論에 云不動自然行者는 任性趣故오 非謂有彼自然行心이라 故로 上離가 卽止오 此治가 卽觀이라 無功雙運은 唯證이라야 相應이니 勿滯言也로다

- 이것은 『기신론』의 '망념을 여윈 모습'이란 허공계와 같아서 두루 하지 않은 곳이 없어 법계(法界)가 한 모습에 들어가나니, 그래서 "모든 법이 허공과 같은 체성에 들어간다"고 하였다. 하지만 논경에서 '동요하지 않는 자연스러운 행법'이라 말한 것은 품성에 맡겨 나아가게 하는 까닭이요, 저 자연스럽게 행하는 마음이 있다는 말은 아니다.

---

101) 『大乘起信論』에, "此識有二種義. 能攝一切法生一切法. 云何爲二. 一者覺義. 二者不覺義. 所言覺義者. 謂心體離念. 離念相者等虛空界無所不遍. 法界一相卽是如來平等法身. 依此法身說名本覺."(대정장 권32 p.576 b10-) [— 覺의 뜻이라 함은 마음의 본체가 망념을 여윈 것을 말함이니, 망념을 여윈 상이란 虛空界와 같아서 두루 하지 않은 바가 없어 法界一相이며 바로 여래의 평등한 法身이니, 이 법신에 의하여 本覺이라고 말한다.]

그래서 위의 여읨이 곧 그침[止]이요, 위의 다스림이 곧 관찰함[觀]이다. 공용 없이 동시에 움직이는 것은 오로지 증득한 사람만이 상응하나니 말에 막히지 말아야 한다.

[鈔] 此則入於下는 以起信意로 總收上義니 起信의 所入은 卽是本覺이라 故로 論에 云, 所言覺者는 謂心體離念이니 離念相者가 等虛空界하야 無所不徧이라 法界一相이니 卽是如來平等法身이라 依此法身하야 說名本覺이라하니라 釋曰, 今入虛空이 卽入法身本覺也[102]니라 下는 引論會釋하야 結成無生法忍之止觀耳니라

- b) 此則入於 아래는 『기신론』의 주장으로 위의 뜻을 통틀어 묶음이니, 『기신론』에서 들어갈 대상은 바로 본각(本覺)이다. 그러므로 저 논에서는, "각(覺)이라 말한 것은 마음의 본체가 망념을 여읜 것을 말하나니, 망념을 여읜 모습은 허공계와 같아져서 두루 하지 않은 곳이 없어서 법계가 한 모습이 되나니 곧 여래의 평등한 법신인 것이다. 이런 법신에 의지하여 본각(本覺)이란 이름을 말한다"고 하였다. 해석하자면 지금은 허공에 들어가는 것이 곧 법신의 본각 자리에 들어가는 것을 뜻한다. 아래는 논경을 인용하여 회통하여 무생법인의 지관(止觀)으로 결론내린 것일 뿐이다.

ㄷ) 한 구절은 무생법인의 명칭을 결론하다[後一結得忍名] (結名 24上4)

是名得無生法忍이니라
이것을 말하여 무생법인을 얻었다 하느니라."

---

102) 也는 南續金本無, 此下에 甲南續本有故上離也, 金本有故上離.

[疏] 結名은 可知다

- ㄷ) (무생법인의) 명칭을 결론함은 알 수 있으리라.

(다) 뛰어난 행법을 얻는 부분[得勝行分] 2.

❖ 제6회 십지품 제8 不動地 (科圖 26-80; 稱字卷)

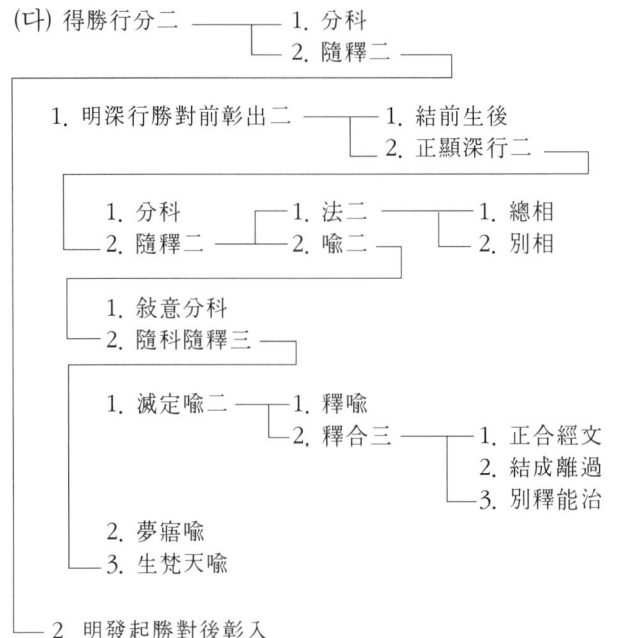

ㄱ. 과목 나누기[分科] (第三 24上6)

佛子여 菩薩이 成就此忍하면 卽時에 得入第八不動地하나니

"불자여, 보살이 이 인을 성취하고는 즉시로 제8 부동지에

들어가나니,

[疏] 第三, 得勝行中에 二니 初, 明深行勝하야 對前彰出이오 二, 佛子此地菩薩下는 發起勝이니 對後彰入이라 前中에 亦是攝童眞住라 文中에 二니

- (다) 뛰어난 행법을 얻는 부분 중에 둘이니 ㄱ) 깊이 행함이 뛰어남을 밝혀서 앞과 상대하여 뛰어난 점을 내보임이요, ㄴ) 佛子 此地菩薩 아래는 시작함이 뛰어남을 밝혀 뒤와 상대하여 들어감을 밝힘이다. ㄱ) 중에 또한 제8 동진주(童眞住)를 포섭한다. 경문에 둘이다.

ㄴ. 과목에 따라 해석하다[隨釋] 2.
ㄱ) 깊이 행함이 뛰어남을 밝혀서 앞과 상대하여 뛰어난 점을 내보이다 [明深行勝對前彰出] 2.

(ㄱ) 앞을 결론하고 뒤를 시작하다[結前生後] (先結 24上8)

[疏] 先, 結前生後니 以入第八地가 是結前入位오 生後深行이 爲所依故라

- (ㄱ) 앞을 결론하고 뒤를 시작함이니 제8지에 들어감이 앞을 결론하여 지(地)에 들어감이요, 뒤의 깊은 행법을 시작함이 의지처가 되는 까닭이다.

(ㄴ) 깊은 행법을 바로 밝히다[正顯深行] 2.
a. 과목 나누기[分科] (二爲 24下3)

爲深行菩薩하여 難可知며 無差別이며 離一切相과 一切
想과 一切執着이며 無量無邊이며 一切聲聞辟支佛의 所
不能及이며 離諸諠諍이며 寂滅現前이니라
깊이 행하는 보살이 되어서 알기 어려우며, 차별이 없으며,
일체 모양과 일체 생각과 일체 집착을 여의며, 한량이 없고
끝이 없으며, 일체 성문과 벽지불이 미칠 수 없으며, 모든
시끄러움을 여의어서 적멸이 앞에 나타나느니라.

[疏] 二, 爲深行下는 正顯深行이라 先은 法이오 後는 喩라
- (ㄴ) 爲深行 아래는 바로 깊은 행법을 밝힘이다. a) 법으로 설함이요, b) 비유로 밝힘이다.

b. 과목에 따른 해석[隨釋] 2.
a) 법으로 설하다[法] 3.
(a) 총상 해석[總相] (法中 24下3)

[疏] 法中에 八句니 初一은 總相이니 位行이 玄奧故라
- a) 법으로 설함 중에 여덟 구절이니 (a) 처음 한 구절은 총상이니 제8지의 행법이 현묘한 까닭이다.

(b) 별상 해석[別相] 2.
㊀ 경문을 따라 해석하다[隨文釋] 7.
① 알기 어려움에 대한 해석[釋難可知] (餘七 24下4)
② 차별이 없음에 대한 해석[釋無差別] (二無)

③ 일체 등을 여읨에 대한 해석[釋離一切等] (三離)

[疏] 餘七은 別相이라 一, 難可知者는 卽難入深이니 正是對下彰出이라 二, 無差別者는 同行深이니 與諸無漏淨地菩薩로 同故가 如麥在麥聚일새 故難知差別이라 三, 離一切下는 境界深이니 分齊가 殊絶故라 由所取相離하야 能取想이 不現前故라 復言離一切執着者는 護此地의 一切所治障想故라

■ (b) 나머지 일곱 구절은 별상이다. ① '알기 어렵다'는 말은 '들어가기 어려움이 깊음[難入深]'이니 바로 아래를 상대하여 뛰어난 점을 밝혔다. ② '차별이 없다'는 것은 '함께 행함이 깊다[同行深]'는 뜻이며 모든 무루의 청정한 지위의 보살과 같아진 까닭이니, 마치 보리가 보리무더기 속에 있으면 잘 분간할 수 없는 것과 같다. ③ 離一切 아래는 '경계가 깊다[境深]'는 뜻이니 범주가 아주 뛰어난[殊絶] 까닭이다. 취할 대상인 형상을 여읨으로 인하여 취하는 주체라는 생각이 나타나지 않는 까닭이다. '모든 집착을 여의었다'고 다시 말한 것은 이 제8지의 모든 다스릴 대상인 장애와 망상을 막아 보호하는 까닭이다.

[鈔] 第三得勝行이라 餘七別下는 疏文有二하니 先은 隨文釋이오 後는 總收束治障이라 今初니 七中에 一, 明七地不知니 故云正是對下彰出이라 二는 卽取勝彰等은 等於得八地人이라 三은 正示勝相[103]이니 故云分齊殊絶이니 卽分齊境也라 故로 下總束三句하야 爲境分殊絶이니라 護此地下는 護[104]는 防也며 捨也니 此是論主가 別釋此句하야 揀於上二니 恐有問言호대 但離相想하면 於義에 已足이어늘 何須更離

---
103) 勝은 甲南續金本作餘.
104) 上五字는 南續金本作爲護此地下護者.

一切執着이라할새 故今通云호대 以上相想이 言通善惡이나 今明除所治障想이니 謂貪求佛法故라 論經에 云, 離一切貪着은 非除能治無分別智想이오 以此治想으로 爲能護故니 如上淨忍分中에 無所取着也니라

● (다) 뛰어난 행법을 얻는 부분이다. 餘七別 아래는 소의 문장에 둘이 있으니 ㉠ 경문을 따라 해석함이요, ㉡ 장애를 다스림으로 총합하여 묶음이다. 지금은 ㉠이니 ① 제7지가 알기 어려움을 밝힘이다. 그래서 바로 "아래를 상대하여 뛰어남을 밝힌다"고 하였다. ② '뛰어남을 취하여 밝힌다'는 등은 제8지를 얻은 사람과 같다는 뜻이다. ③ 바로 뛰어난 형상을 보임이다. 그래서 '한계가 아주 뛰어나다'고 하였으니 곧 한계인 경계이다. 그러므로 아래에 세 구절을 총합적으로 묶어서 경계의 범주가 뛰어남을 삼았다. 護此地 아래에서 호(護)는 '막는다'는 뜻이며, '버린다'는 뜻이니 이것은 논주가 개별적으로 이 구절을 해석하여 위의 둘과 구분한 표현이다. 아마도 어떤 이가 묻되, "단지 형상과 생각만 여의면 이치가 만족할 텐데 어째서 다시 모든 집착을 여읜다고 말하였는가?" 그래서 지금 회통하되, "위의 형상과 생각은 선과 악에 통한다고 말하겠지만 지금은 다스릴 대상인 장애와 망상을 없앰에 대해 밝힌 것이다." 말하자면 불법을 구하는 것에 탐착하기 때문이다. 논경에 이르되, "모든 탐착을 여의는 것은 다스리는 주체인 무분별의 지혜에서 나온 생각을 없애는 것이 아니요, 이 다스릴 생각으로 막는 주체를 삼기 때문이다." 위의 청정한 법인을 얻는 부분[(나) 得淨忍分] 중에 취하고 집착할 것이 없는 것과 같다.

④ 한량없는 등에 대한 해석[釋無量等] (四無 25上10)

⑤ 일체(一切) 등이 미치지 못함에 대한 해석[釋一切等] (五一)
⑥ 시끄러움과 다툼을 여읨에 대한 해석[釋離諠諍] (六離)

[疏] 四, 無量無邊은 卽修行深이니 自利無分量이며 利他無邊故라 五, 一切等은 明不退深이니 二乘이 不能壞其勝故라 前句는 當相辨大요 此句는 寄對以明이라 六, 離諸諠諍은 卽離障深이니 謂離功用障故라

■ ④ 한량없고 끝없음은 곧 '수행이 깊음[行深]'을 뜻하나니 자리행(自利行)이 한량이 없으며 이타행(利他行)이 끝없기 때문이다. ⑤ 일체(一切) 등이 미치지 못함은 '물러나지 않음이 깊음[不退深]'을 밝힘이니, 이승이 능히 그 뛰어남을 무너뜨리지 못하기 때문이다. 앞 구절은 형상에 맞추어 대승을 밝혔고, 이 구절은 상대[성문·벽지불]에 의탁하여 대승을 밝힌 내용이다. ⑥ 모든 시끄러움과 다툼을 여읨은 곧 '장애를 여읨이 깊다[離障深]'는 뜻이니 공용의 장애를 여의기 때문이다.

[鈔] 四는 卽二利行體요 五는 卽寄對顯勝이니 不可形奪하야 退其勝相일새 云不退也라 故合上二句하야 爲正行廣大나라 六은 離功用之動이요

● ④ 한량없고 끝없음은 곧 두 가지 이익된 행법의 체성이다. ⑤ 상대에 의탁하여 뛰어남을 밝힌 것이니 형상으로 뺏어서 그 뛰어난 양상을 물리치지 못하므로 '물러나지 않는다'고 하였다. 그러므로 위의 두 구절[4. 離一切… 5. 無量無邊]과 합하여 바른 행법이 광대함을 삼는다. ⑥ 공용의 동요를 여읨이다.

⑦ 적멸이 현전함에 대한 해석[釋寂滅現前] (七寂 25下8)

[疏] 七, 寂滅現前은 卽對治現前深이니 以證眞如로 爲能治故로 一切寂滅이니라

■ ⑦ 적멸이 현전함은 곧 '다스림의 현전함이 깊음[對治現前深]'이니, 진여를 증득함으로 다스림의 주체를 삼은 연고로 모든 것이 적멸한 것이다.

[鈔] 七은 有報行之治니 故合以爲離障寂靜이라 今經에 但言[105)]寂滅現前이나 論經에 云, 一切寂靜이 而現前故라하야늘 眞如一切寂靜이 現前故라하니라 釋曰, 上句는 敎道寂靜이오 下句는 證道寂靜[106)]이니 故로 疏云, 以證眞如로 爲能治故로 一切寂靜이라하니라 其一切言은 卽含敎也니라

● ⑦ 보행(報行)의 다스림이 있으니 합하여 장애를 여읜 고요함으로 삼았다. 본경에서 단지 '적멸이 현전한다'고만 말하였지만, 논경에는 "경에서 모든 적정이 현전하는 까닭이라 하였으니 진여가 모두 고요하기 때문이다"라고 말하였다. 해석하사면 위 구질은 교도의 적정함이요, 아래 구절은 증도의 적정함이다. 그러므로 소에서는, "진여를 증득함으로 다스리는 주체를 삼았기 때문에 모두가 고요하다"고 하였다. 그 '일체(一切)'라는 말은 곧 교도를 포함한 말이다.

㈂ 장애를 다스림으로 거두어 묶다[收束治障] (上七 26上4)

[疏] 上七別中에 相從하야 束爲三分하야 能離前地의 四種惱患이니 謂初, 三은 明此地境分이 殊絕하야 離第四微細想行過니 謂求如來智하야

---

105) 言은 甲南續金本作合.
106) 靜下에 南續金本有是字.

猶未息等이라 次, 二는 明正行廣大니 離前第三의 化生勤方便過니 謂十無量等에 猶有勤故라 後, 二는 明離障寂滅이니 離前二過라 一은 離第二의 淨地勤方便過니 卽前修無功用에 日夜常修와 及行住坐臥에 皆起道[107]等이오 二는 離第一有行有間發過라 此之四過는 如地持說이라 瑜伽에 名四災患하니 義次가 亦同이니라

■ 위의 일곱 가지 別相 중에 서로 따르는 것끼리 세 부분으로 묶어서 앞지의 네 가지 병통을 능히 여읜다. 이를테면 (1) 세 가지[㉠ 難入深 ㉡ 同行深 ㉢ 境深]는 이 제8지의 경계와 범주가 아주 뛰어나서 제4. 미세한 양상이 행하는 허물을 여의게 된다. 말하자면 여래의 지혜를 구하여 아직도 쉬지 않는 등이다. (2) 다음의 두 가지[㉣ 行深 ㉤ 不退深]는 바른 행법이 광대함을 밝힌 내용이니, 앞의 제3. 중생을 교화하려고 방편행을 부지런히 닦는 허물을 여의는 것이다. 다시 말하면 열 가지 한량없음 등에 아직 부지런함이 남아 있기 때문이다. (3) 뒤의 두 가지[離障深, 對治現前深]는 장애를 여의고 고요함을 밝힌 부분이니 앞의 두 가지 허물을 여의게 된다. ① 제2. 청정한 지(地)에서 방편행을 부지런히 닦는 허물이니 곧 앞에서 공용 없음을 닦을 적에 밤낮으로 항상 수행함과 가고 머물고 앉고 누울 적에 뛰어난 도(道)를 일으키는 등이요, ② 제1. 행함이 있고 간격이 생기는 허물을 여의는 것이다. 이런 '네 가지 허물'은 『지지경(地持經)』의 설명과 같고, 『유가사지론』에는 '네 가지 재앙'이라 하였으니 이치와 순서가 또한 같다.

[鈔] 上七別中下는 第二, 收束治障이니 束七爲三이라 初有三句하고 二와 三에 皆二句故라 言四種惱患者는 第一은 有行有間發過오 第二는

---

107) 道는 續金本作導誤, 案七地하면 經云起殊勝道.

淨地勤方便過오 第三은 化生勤方便過오 第四는 微細想行過니 此
之四過가 從細至麤라 經中에 說治는 從麤至細니 故로 下喩中에 從
細至麤니라 離第四者는 此最麤也라 求如來智慧하야 旣未休息하니
卽是惱患이라 今相과 想이 斯絕일새 故無此患이니라

疏[108]三은 化生過니 言十無量等者는 旣求十對化衆生業일새 名勤
方便이라 今에 自無分量하고 利他無邊하야 離於有無二邊일새 故無
此過니라 後二離障寂滅離前二過者[109]는 此第三節이니 一은 離第二
過니 疏引上二文이 皆是勤方便이라 一은 卽前彼障對治中에 修無功
用行이니 無功用行은 卽牒前科文이오 日夜常修는 卽是牒前論經이
라 若今經云인댄 佛子여 此菩薩이 以深智慧로 如是觀察하야 常勤修
習하야 方便智慧니라 釋曰, 常勤修習은 卽日夜常修라

二, 及行住坐臥皆起道等이니 卽引第三雙行勝中에 二行雙無間文
이라 言無有一念休息廢捨하야 行住坐臥와 乃至睡夢에 未曾暫與蓋
障으로 相應이라하니라 釋曰, 旣修無功이 卽是淨地勤方便이오 未能
任運無功일새 故成其過요 一念에 止觀雙行하야 亦未息行心일새 故
皆成過니라

- ㈢ 上七別中 아래는 장애를 다스림으로 묶음이니 일곱 가지를 묶어
서 셋으로 삼았다. (1)에는 세 구절이 있고 (2)와 (3)에는 모두 두
구절이 있는 까닭이다. '네 가지 병통'이라 말한 것은 1) 행함이 있고
간격이 생기는 허물이요, 2) 청정한 지(地)의 방편행에서 부지런히 닦
는 허물이요, 3) 중생을 교화하려고 방편행을 부지런히 닦는 허물이
요, 4) 미세한 망상이 현행하는 허물이니 이런 네 가지 허물이 미세
함에서부터 거침에 이른다. 경문에 말한 다스림은 거침에서부터 미

---

108) 疏는 南續金本作次二明下.
109) 上九字는 甲本作離障下, 續本作明離障下, 南金本作明下.

세함에 이르는 연고로 아래 비유에서는 미세함에서부터 거침에 이르는 순서가 되었다. '4)를 여읜다'는 것은 이것이 가장 거친 번뇌인 까닭이다. 여래의 지혜를 구하여 아직 휴식하지 못하였으니 (그래서) 병통인 것이다. 지금 형상과 망상이 여기서 단절되는 연고로 이런 병통이 없게 된다.

소문의 次二明 아래는 중생을 교화하려는 허물이다. '열 가지 한량 없음 따위'라 말한 것은 이미 열 가지 대구로 중생을 교화하는 업을 구하였으므로 "방편행을 부지런히 한다"고 말하였다. 지금은 자리행(自利行)에는 한량이 없고 이타행(利他行)은 끝이 없어서 〈유〉와 〈무〉의 양쪽을 여의었으므로 이런 허물이 없다. '뒤의 두 가지는 장애를 여의고 고요함은 앞의 두 가지 허물을 여읜다'는 것은 셋째 구절이니, 하나는 둘째 허물을 여읨이니, 소에서 위의 두 가지 문장이 모두 방편을 부지런히 함을 인용한 것이다. 하나는 곧 앞의 저 장애를 다스림 중에 공용 없는 행법을 닦음이다. '공용 없는 행법'은 앞의 과목을 따온 부분이요, '밤낮으로 항상 닦음'은 곧 앞의 논경을 따온 부분이다. 만일 본경으로 말한다면, "불자여, 이 보살이 깊은 지혜로 이렇게 관찰하여 항상 부지런히 방편지혜를 닦아 익히느니라"고 했을 것이다. 해석한다면 항상 부지런히 닦아 익힘이 곧 밤낮으로 항상 닦음이다.

다음에 '가고 머물고 앉고 누울 적에 뛰어난 도를 일으킨다'는 등은 곧 세 번째 동시에 행함이 수승함 중에 '두 가지 행법을 동시에 간격 없이'라는 문장을 인용한 부분이니, '잠시도 쉬거나 그만 둠이 없이 가고 머물고 앉고 누울 때와 잠들 때까지 일찍이 잠시도 덮어 씌우는 장애와 상응하지 않는다'는 말이다. 해석한다면, 이미 공용 없음을 닦은 것이 곧 지(地)를 청정케 하는 부지런한 방편이요, 마음대로 공용 없음에 능하지 못하므로 그런 허물을 이룬 것이요, 한 생각 동안 지(止)와 관(觀)을 동시에 행하여도 닦는다는 마음을 쉬지 않으므로 모두 허물을 이룬 것이다.

二, 離第一者는 此第三節이니 復離此過라 若遠公云인대 謂七地中에 十方便慧로 發起勝行無功用心을 名爲有行有間發이라하니라 釋曰, 發卽發起니 若以十方便으로 爲有行인대 此行最麤라 又無功用心은 卽淨地勤方便이니 則似義重이라 今治卽前信勝과 及作大義와 皆有行發起로대 而言有間者는 約修無功用하야 未得任運無功用이니 則有功用之間耳라 又上은 通說第三二句가 通離二過오 亦得離障離有行有間發過와 寂靜離淨地勤方便過니 以離過寂靜이 返覆相成일새 故合爲一하야 雙治二過니라

- ㈢ 1)의 '행함이 있고 간격이 있는 허물을 여읜다'는 것은 여기서는 셋째 구설[離一切執着]이니 다시 이런 허물을 여읜 것이다. 만일 혜원법사가 말한다면, "이를테면 7지 중에 열 가지 방편지혜로 뛰어난 행법인 공용 없는 마음을 일으키는 것을 '행함이 있고 간격이 있음을 시작한다'고 이름한다"고 하였다. 해석한다면, 발(發)은 '시작한다'는 뜻이니 만일 열 가지 방편으로 행함이 있다면 이 행법이 가장 거친 것이요, 또 공용 없는 마음은 십지를 청정케 하는 부지런한 방편이므로 이치가 중요한 듯하다. 지금 다스리면 앞의 믿음이 뛰어남과 큰 이치를 지음과 모두 행함이 있는 것으로 일으키기 시작하되 '간격이 있다'고 말한 것은 공용 없는 행법에 의지하여 마음대로 공용 없음을 얻지 못한 표현이니, 공용 있는 행법의 간격일 뿐이다. 또 위는 통틀어 3)의

두 구절이 통틀어 두 가지 허물을 여읜다고 말한 것이요, 또한 장애를 여읨과 행함이 있고 간격이 있음을 일으킨 허물을 여읨과 고요하게 십지를 청정케 하는 부지런한 방편의 허물을 여의게 된다. (이렇게) 허물을 여의고 고요함이 반복해서 서로 성립되므로 합하여 하나를 만들어서 두 가지 허물을 동시에 다스린 것이다.

b) 비유로 밝히다[喩] 2.
(a) 의미를 말하여 과목 나누다[敍意分科] (第二 28上1)

譬如比丘가 具足神通하고 得心自在하여 次第乃至入滅盡定하면 一切動心憶想分別이 悉皆止息인달하여 此菩薩摩訶薩도 亦復如是하여 住不動地에 卽捨一切功用行하고 得無功用法하여 身口意業의 念務皆息하여 住於報行이니라

마치 비구가 신통을 구족하고 마음이 자재하게 되어, 차례로 멸진정에까지 들어가면 모든 동하는 마음과 기억하는 분별이 모두 쉬나니, 이 보살도 그와 같아서 부동지에 머물면, 일체 공들여 작용하는 행을 버리고 공들여 작용함이 없는 법에 들어가서, 몸과 입과 뜻으로 하는 업과 생각과 일이 모두 쉬고 과보의 행에 머무느니라.

[疏] 第二, 喩中에 文有三喩하니 從後次第하야 喩前三段의 爲順治障하야 從細至麤故오 法中에 顯深故는 從麤至細니 三中에 各有喩合이라
- b) 비유로 밝힘 중에 경문에 세 가지 비유가 있으니 뒤로부터 순서

대로 앞의 세 문단을 비유하여 장애를 다스림에 따라 미세함에서부터 거침에 이르는 까닭이요, (a) 법에서는 깊음을 밝힌 연고로 거침에서부터 미세함에 이르게 한 것이니 세 가지 속에 각기 비유와 합이 있다.

(b) 과목에 따라 해석하다[隨科隨釋] 3.
㊀ 멸진정의 비유[滅定喩] 2.
① 비유를 해석하다[釋喩] (今初 28上3)

[疏] 今初, 滅定喩는 喩前離障寂滅이니 喩中에 那含과 羅漢의 心解脫人이 多能入之라 九次第定은 當其第九니 故云乃至라 動心息者는 謂所依六七心王이 已滅에 能依心所憶想이 自亡[110]이니라

- 지금은 ㊀ 멸진정의 비유이니 앞의 장애를 여읜 고요함에 대한 비유이다. 비유 속에 아나함(阿那含)과 아라한(阿羅漢)의 마음을 해탈한 사람이 대부분 능히 멸진정에 들어가는 것이다. 구차제정(九次第定)은 아홉 번째에 해당하나니 그래서 '내지(乃至)'라고 하였다. '동요하는 마음을 쉬다'는 것은 의지처인 6식과 7식의 심왕(心王)이 이미 없어졌으면 의지하는 주체인 심소(心所)와 기억하고 생각함도 저절로 없어지게 된다.

[鈔] 第二喩中滅定之義는 前地에 已說이오 法界品에 更明호리라 能依心者는 以論에 云無彼依止라하나니 故爲此釋이니라

- b) 비유로 밝힘 중에 멸진정의 비유는 앞의 제7지에서 이미 설명한 적

---

110) 亡은 南續金本作忘.

이 있고, 뒤의 입법계품(入法界品)에 가서 다시 밝히리라. 의지하는 주체인 마음이란 논경에서 "저 의지할 곳 없다"고 하였으므로 여기서 해석하였다.

② 비유와 합함을 해석하다[釋合] 3.
㉮ 경문과 바로 합하다[正合經文] (合中 28上9)

[疏] 合中에 住不動地가 合入滅定이라 即捨已下는 合動心이 止息이라 即捨一切功用行者는 過所治故라 得無功用法者는 明得彼治法故라 身口等息者는 以得無功用法하야 自然行故니 即同前無所取着이라

■ ② 비유와 합함 중에 부동지(不動地)에 머무는 것이 멸진정에 들어가는 것과 합한다는 뜻이다. 即捨 아래는 동요하는 마음이 쉬어졌음과 합한 부분이다. '곧 모든 공용 있는 행법을 버린다'는 것은 다스릴 대상을 초과한 까닭이다. '공용 없는 행법을 얻었다'는 것은 저 다스리는 방법을 얻었음을 밝힌 까닭이다. '몸으로 짓는 업, 입으로 짓는 업 등을 쉬었다'는 것은 공용 없는 법을 얻어서 자연스럽게 행하는 까닭이니 곧 '앞의 취하거나 집착함이 없다'는 것과 같다.

㉯ 허물을 여읨으로 결론하다[結成離過] (離第 28下2)

[疏] 離第一有行有間發過니라
■ 첫째로 행함이 있고 간격이 있음에서 생긴 허물을 여읜 것이다.

[鈔] 合中下는 合文이 分三이니 一은 正合經文이오 二는 結成離過오 三은

別釋[111]이라 捨一切功用行者는 牒經이오 過所治故者는 卽論釋[112]이니 謂所治者는 卽七地中功用之心이라 得無功用法者는 牒經이오 得彼對治法者는 論釋이니 以有八地無功用無分別智로 爲能治故라 身口意下는 牒經이오 以得無功用法自然行者는 論釋이니 以自然行不作意일새 故云身口等息이오 非謂不行行故로 云自然行也니 如[113] 船[114]乘風入海에 但見不施功이언정 非船不進이라 故疏에 引淨忍分中無所取着하야 以爲證成이라 故로 前論에 云, 非無治法이라하나라 離第一下는 二, 結成離過니 卽結上合意니라

● ② 合中 아래는 합함의 문장을 셋으로 나누면 ㉮ 경문과 바로 합함이요, ㉯ 허물을 여읜 것으로 결론함이요, ㉰ 개별로 해석함이다. '곧 모든 공용 있는 행법을 버린다'는 것은 경문을 따온 부분이요, '다스릴 대상을 초과한 까닭'이란 논경의 해석이니, '다스릴 대상'이라 말한 것은 곧 제7지의 공용 있는 마음[有功用心]이다. '공용 없는 행법을 얻었다'는 것은 경문을 따온 부분이요, '저 다스리는 방법을 얻었다'는 것은 논경의 해석이다. 제8지의 공용 없고 무분별의 지혜로 다스리는 주체를 삼은 까닭이다. ㉠ 身口意 아래는 경문을 따온 부분이요, ㉡ '공용 없는 행법과 자연스러운 방법을 얻은 까닭'이란 논경의 해석이니, 자연스러운 행법은 주의를 기울이지 않으므로 "몸으로 짓는 업, 입으로 짓는 업 등을 쉰다"고 하였다. '행법을 행하지 않는다'는 말이 아니므로 '자연스러운 행법'이라 하였다. 마치 배가 바람을 타고 바다에 들어갈 적에 단지 공을 들이지 않는 것처럼 보이지만 배가 전진

---

111) 上八字는 南金本無, 此下에 南續金本有卽字.
112) 上者卽은 南續金本作卽是. 또 이 부분에 해당하는 논경의 문장은 "卽離一切有功用行者 過功用行地故"이다. (대정장 권26 p. 180 a16-)
113) 如는 甲南續金本作譬如.
114) 船은 南續金本作舟船.

하지 않는 것은 아님과 같다. 그러므로 소에서 청정한 법인의 부분 중에 취하거나 집착함이 없음을 인용하여 증명하였다. 그래서 앞의 논경에서, "다스리는 법이 없는 것은 아니다"라고 하였다. ㉯ 離第一 아래는 허물을 여읜 것으로 결론함이니 곧 위의 합의 의미를 결론한 내용이다.

㉰ 다스리는 주체를 개별로 해석하다[別釋能治] 2.
㉠ 교도에 의지한 해석[約敎道] (住於 29上2)

[疏] 住於報行者는 文含二意하니 一은 亦成上示現得有功用行相違法이니 謂得無功用地故니 此約敎道라 同前無所取着이라

- '보행에 머문다'는 것은 문장 속에 두 가지 의미를 포함하고 있으니 (1) 또한 위의 시현함을 성취하여 공용 있는 행법이 서로 위배되는 법을 얻은 것이다. 말하자면 공용 없는 지위를 얻었기 때문이니 이것은 ㉠ 교도에 의지한 해석이다. 앞의 취하거나 집착함이 없다는 것과 같다.

㉡ 증도에 의지한 해석[約證道] 5.
ⓐ 논경을 거론하다[擧論] (二者 29上4)
ⓑ 사례를 인용하여 안배하다[引例按定] (此約)
ⓒ 여읠 대상을 밝히다[明所離] (即離)
ⓓ 경문의 보행(報行)을 해석하다[釋經報行] (報行)

[疏] 二者는 謂善住阿賴耶識眞如法中故니 此約證道라 同前入一切法如虛空性이니 即離第二淨地勤方便過라 不同前地의 修無功用일새

故云報行이라 報行者는 前地所修니 報熟이 現前故라
- ㉡ 말하자면 아뢰야식과 진여법에 잘 머물기 때문이니 이것은 중도에 의지한 해석이다. 앞의 모든 법이 허공과 같은 성품에 들어간다는 것과 같다. 곧 둘째, 십지를 청정케 하는데 부지런한 방편의 허물이다. 앞의 7지에서 공용 없는 행법을 닦음과 같지 않으므로 '보행(報行)'이라 하였다. '보답의 행법[報行]'이란 앞의 제7지에서 닦은 바 행법이니 보행(報行)이 순전히 성숙하여 나타나는 까닭이다.

ⓒ 거듭 논경을 해석하다[重釋論] 2.
㉠ 처음의 의미를 밝히다[明初意] (住眞 29上7)
㉡ 나중의 의미를 밝히다[明後意] (又佛)

[疏] 住眞如者는 以本識에 有二分하니 一은 妄染分이니 凡夫所住오 二는 眞淨分이니 此地所住라 由住眞如일새 故捨梨耶之名이라 又佛地에는 單住眞如일새 不云梨耶眞如요 今爲有變易報在일새 是故雙擧라 則梨耶言은 約異熟識이오 如來는 但名無垢識故니라
- '진여법에 머문다'는 것은 근본식에서 두 부분이 있으니 (1) 망녕되게 오염된 부분이니 범부가 머무는 곳이요, (2) 진실로 청정한 부분이니 이 제8지 보살이 머무는 곳이다. 진여법에 머묾으로 인하여 아뢰야식이란 명칭을 버리게 된다. 또 부처님 경지에는 단순히 진여법에 머무는 까닭에 아뢰야식이나 진여법이라 말하지 않은 것이요, 지금은 변역신의 과보가 남아 있으므로 함께 거론하였다. 다시 말하면 아뢰야(阿賴耶)라는 말은 이숙식(異熟識)에 의지한 설명이요, 여래는 단지 무구식(無垢識)이라고만 칭하기 때문이다.

[鈔] 住於報行下는 三, 別釋能治니 此牒經이오 下는 疏釋前意라 明敎道者는 無功無分別智를 可寄言故라 後, 約證道니 正證眞如故라 證道가 有五하니 一, 擧論이오 二, 此約下는 引例按定이오 三, 卽離下는 明所離過오 四, 報行者下는 釋經報行이오 五, 住眞如下는 重釋論文이라 而有二意하니 一은 雖擧賴耶나 但取眞如니 以第八地에 捨賴耶名故라 故로 唯識에 云, 阿羅漢位捨라하니라 釋曰, 大乘第八地가 同於羅漢이니 以捨分段하고 出三界故니라 二는 又佛地下는 存其賴耶는 則顯譯[115]論이 不善用名이니 以第八識에 有其多名故라 賴耶는 但是局凡位故오 異熟은 直至菩薩地盡이니 雖同第八이나 不應存賴耶名耳라 第八名別은 已見上文하니라

● ㉔ 住於報行 아래는 다스리는 주체를 개별로 해석함이니 이것은 경문을 따온 부분이요, 아래는 소가가 앞의 의미를 분석한 부분이다. ㉠ '교도에 의지해 설명했다'는 것은 공용 없고 무분별의 지혜를 언설에 의탁하려 한 까닭이요, ㉡ 증도에 의지한 설명이니 바로 진여법을 증득한 까닭이다. ㉡ 증도(證道)에 의지한 설명에 다섯이 있으니 ⓐ 논경을 거론함이요, ⓑ 此約 아래는 사례를 인용하여 안배함이요, ⓒ 卽離 아래는 여읠 대상인 허물을 밝힘이요, ⓓ 報行者 아래는 경문의 보행(報行)을 해석함이요, ⓔ 住眞如 아래는 거듭 논경을 해석함이다. ⓔ에 두 가지 의미가 있으니 (1) 비록 아뢰야식을 거론하였지만 단지 진여법만 취하였으니 제8지에 아뢰야식이란 명칭을 버리는 까닭이다. 그러므로 『유식론』에서 '아라한의 지위에서 버린다'고 하였다. 해석한다면 대승의 제8지는 아라한위와 같나니 분단생사를 버리고 삼계를 벗어나기 때문이다. (2) 又佛地 아래는 그 뇌야(賴耶)를

---

115) 譯은 續本作釋, 金本作擇.

남겨 둔 것은 논에서는 '不善用'이란 명칭으로 번역하였음을 밝혔으니, 제8식에 여러 가지 명칭이 있는 까닭이다. 아뢰야(阿賴耶)는 단지 범부의 지위에 국한된 까닭이요, 이숙식(異熟識)은 곧바로 보살의 구경지(究竟地)까지 미치기 때문이니, 비록 제8식과 같지만 아뢰야(阿賴耶)라는 명칭은 응당 남아 있지 않아야 한다. 제8식의 명칭에 대한 구분은 이미 위의 문장에서 살펴보았다.

㈢ 꿈에서 깨어나는 비유[夢寤喩] 5.
① 앞의 비유를 거론하다[擧前所喩] (第二 30上5)
② 비유한 의미를 밝히다[顯喩意] (論云)
③ 비유의 양상을 설명하다[釋喩相] (如從)

譬如有人이 夢中見身이 墮在大河하고 爲欲度故로 發大勇猛하며 施大方便이라 以大勇猛施方便故로 即便覺寤하나니 旣覺寤已에 所作皆息인달하여 菩薩도 亦爾히여 見衆生身이 在四流中하고 爲救度故로 發大勇猛하며 起大精進이라 以勇猛精進故로 至此不動地하나니 旣至此已에 一切功用이 靡不皆息하여 二行相行이 悉不現前이니라

마치 어떤 사람이 꿈에 몸이 큰 강에 빠졌는데, 건너가기 위하여 큰 용기를 내어 방편을 베풀었고, 용기를 내어 방편을 베풀었으므로 꿈을 깨게 되나니, 꿈을 깨고 나면 하는 일이 모두 쉬게 되느니라. 보살도 그와 같아서 중생의 몸이 네 가지 폭류에 있음을 보고 제도하기 위하여 큰 용기를 내어 크

게 정진하며, 큰 용맹으로 정진하므로 이 부동지에 이르나니, 이 지에 이르면 일체 공들여 작용함이 모두 쉬어서, 두 가지 행과 형상 있는 행이 앞에 나타나지 아니하느니라.

[疏] 第二, 夢寤喩니 喩前正行廣大라 論에 云, 示此行護彼過想者는 離彼化生勤方便過故라 有正智想者는 非無此地無功智故니라 如從夢寤에 雖無夢想이나 非無寤想이니 但此行이 寂滅일새 故云所作皆息이니라

㈡ 꿈에서 깨어나는 비유이니 앞의 바른 행법이 광대함에 비유한 내용이다. 논경에서 "이 행법 중에 저 허물과 망상을 막아 보호함을 보여 준다"고 말한 것은 저 중생을 교화하려고 부지런히 방편을 행하는 허물을 여의는 까닭이다. 바른 지혜가 있다는 망상은 이 8지의 공용 없는 지혜가 없는 것은 아닌 까닭이다. 마치 꿈에서 깨어날 적에 비록 꿈이라는 생각은 없지만 깨어난다는 생각이 없는 것은 아님과 같다. 단지 이 행법만 고요해졌으므로 '하는 일을 모두 쉬게 된다'고 말하였다.

[鈔] 第二夢寤喩中에 文五니 一은 擧前所喩요 二는 顯喩意요 三은 釋喩相이오 四는 釋合文이오 五는 會通喩合[116]이라 二, 論云下는 顯喩意니 意明護過라 所護過異나 大意는 是同이니 謂護彼過想이 同前捨一切功用行이오 有正智想이 同前得無功用法이라

三, 如從夢下는 釋顯喩相이니 卽喩前意라 雖無夢想은 喩護彼過想이오 非無寤想은 喩有正智想이라 從但此行寂滅者는 通妨이니 妨云

---

116) 上三十一字는 南金本無, 此下에 甲續本有今初也.

호대 若有正智인대 何以文에 云所作皆息고 答意는 可知로다

● ㈢ 꿈에서 깨어나는 비유 중에 경문이 다섯이니 ① 앞에 비유할 대상을 거론함이요, ② 비유한 의미를 밝힘이요, ③ 비유의 양상을 설명함이요, ④ 합한 문장을 설명함이요, ⑤ 비유와 합을 회통함이다. ② 論云 아래는 비유한 의미를 밝힘이니 허물을 막아 보호함을 의미로 밝힌 것이다. 막아 보호할 대상인 허물은 다르더라도 큰 의미는 같다. 말하자면 저 허물과 망상을 막아 보호함이 앞의 모든 공용 있는 행법을 버리는 것과 같으며, 바른 지혜가 있다는 망상은 앞의 공용 없는 행법을 얻음과 같다.

③ 如從夢 아래는 비유의 양상을 설명함이니 곧 앞의 의미를 비유한 부분이다. 비록 꿈이라는 생각이 없음은 저 허물과 망상을 막아 보호함에 비유한 것이요, 깨어난다는 생각이 없는 것이 아님은 바른 지혜가 있다는 망상에 비유한 것이다. 但此行寂滅부터는 비방을 해명한 내용이다. 비방하되, "만일 바른 지혜가 있다면 어째서 경문에서 '하는 일이 모두 쉬게 된다'고 하였는가?" 대답한 의미는 알 수 있으리라.

④ 합한 문장을 설명하다[釋合文] (合中 30下4)
⑤ 비유와 합을 회통하다[會通喩合] (合中)

[疏] 合中에 勇猛은 約心이오 精進은 約行이니 合上方便이오 並是功用이니라 二, 行已下는 出所息障이니 依內證淸淨하야 生死涅槃이 二心不行이니 名二行이 不現이라 如彼寤時에 此彼岸無라 依外緣境界하야 受用念想이 不行일새 故云相行不現이니 卽離化生聖道等想이라 如

彼寤時에 人船俱無니라 合中에 見人墮河하니 喩中에 身自墮者는 衆生病이 卽菩薩病故니라

- ④ 합한 문장 중에 '용맹'이란 마음에 의지한 표현이요, '정진'이란 행법에 의지한 표현이니 위의 방편과 합한 것이요, 아울러 공용과 합한 것이다. 二行 아래는 쉴 대상인 장애를 내보인 부분이니, 안으로 증득함이 청정함에 의지하여 생사와 열반의 두 가지 마음이 행하지 않으므로 두 가지 행법[생사와 열반]이 나타나지 않는 것이다. 마치 저 꿈에서 깨어날 적에 여기 현실에서는 피안이 없어짐과 같다. 밖으로 반연하는 경계에 의지하여 받아들인 생각과 기억이 행하지 않으므로 "형상 있는 행법[相行]이 나타나지 않는다"고 하였으니, 곧 중생을 교화하려는 성스러운 도(道)라는 등의 생각을 여읜 것이다. 마치 저가 꿈에서 깨어나면 사람도 배도 모두 없어지는 것과 같다. 합한 문장 중에 사람이 강에 빠진 것을 보았으니 비유 중에 몸이 저절로 빠진 것은 중생의 병이 곧 보살의 병인 까닭이다.

[鈔] 四, 合中勇猛下는 釋合[117])이니 但顯護過의 化生勤方便이 不行耳라 以內證으로 釋二行不行은 如覺無二岸이요 以外緣으로 釋相行不行은 如覺無人船이라 船은 卽化生聖道라 餘略不合者는 具卽以菩薩로 合前有人이니 謂七地菩薩이 至不動地가 合覺寤也라 五, 合中見人下는 會通喩合을 可知로다

- ④ 合中勇猛 아래는 합한 문장을 설명함이니 단지 허물인 중생을 교화하려고 방편에 부지런함을 막아 행하지 못하게 함을 밝힌 것일 뿐이다. 안으로 증득함으로 두 가지 행법[생사와 열반]이 행하지 않음을

---

117) 合下에 甲南續金本有文字.

설명한 것은 깨고 나면 이쪽저쪽 언덕이 없는 것과 같으며, 바깥 인연으로 형상 있는 행법이 행하지 못함을 설명한 것은 깨고 나면 사람과 배가 없는 것과 같다. 배는 곧 중생을 교화하려는 성스러운 도이다. 나머지는 생략하고 합하지 않은 것은 구비하여 말하면 곧 보살로 앞의 어떤 사람과 합하였다. 말하자면 제7지 보살이 부동지(不動地)에 이른 것을 깨어남에 합하였다. ⑤ 合中見人 아래는 비유와 합을 회통함이니 알 수 있으리라.

㈢ 범천에 태어나는 비유[生梵天喩] 5.
① 비유할 대상을 거론하다[擧所喩] (第三 31上8)
② 합한 문장을 설명하다[釋合文] (合中)

佛子여 如生梵世에 欲界煩惱가 皆不現前인달하여 住不動地도 亦復如是하여 一切心意識行이 皆不現前하나니 此菩薩摩訶薩이 菩薩心과 佛心과 菩提心과 涅槃心도 尙不現起어든 況復起於世間之心이리오

불자여, 마치 범천에 태어나면 욕계의 번뇌가 앞에 나타나지 아니하나니, 부동지에 머무는 것도 그와 같아서 모든 마음과 뜻과 식으로 하는 행이 앞에 나타나지 아니하느니라. 이 보살마하살은 보살의 마음, 부처님 마음, 보리란 마음, 열반이란 마음도 일으키지 아니하거든 하물며 다시 세간 마음을 일으키겠는가?"

[疏] 第三, 生梵天喩니 喩境分이 殊絶이라 合中에 初, 正合이니 下地心意

識이 不現은 合欲界心이 不現行也라
- ㈢ 범천에 태어나는 비유이니 비유한 경계의 부분이 아주 뛰어남에 비유한 부분이다. ② 합한 문장 속에 ㉮ 바로 합함이니 아래 지(地)의 마음과 뜻과 인식이 나타나지 않은 것은 '욕계의 마음[一切世間之心]'이 현행하지 않은 것과 합하였다.

[鈔] 第三生梵天喩中에 分五니 一은 擧所喩니 略不釋喩라
- ㈢ 범천에 태어나는 비유 중에 다섯으로 나누었다. ① 비유할 대상을 거론함이니 비유 속에는 생략하고 설명하지 않았다.

③ 논경의 행하지 않은 이유를 설명하다[釋論所以] (所以 31下1)
④ 여읠 대상인 허물과 병통[所離過患] (此離)

[疏] 所以不行者는 得報行故라 此離微細想行過니 故로 論에 云, 此說遠離勝也리히니라
- 행하지 않은 이유는 보답의 행을 얻었기 때문이다. 여기서 미세한 망상이 현행하는 허물을 여의었으므로 논경에서, "여기서 원리함이 뛰어남[遠離勝]을 설명한다"고 하였다.

[鈔] 二, 合中下는 釋合文이니 卽經住不動下文이라 三, 所以不行下는 論釋不行所以니 明有治故라 經門은 略無니라 四, 此離下는 明離過患이오 五, 後此菩薩下는 別釋이라 此菩薩下는 擧勝下經이니
- ② 合中 아래는 합한 문장을 설명함이니 곧 경문의 住不動 아래의 문장이다. ③ 所以不行 아래는 논경에서 행하지 않은 이유를 설명함이

니, 다스림이 있음이 분명한 까닭이다. 경문에는 생략하고 없다. ④ 此離 아래는 여읠 허물과 병통을 밝힘이요, ⑤ 後此菩薩 아래는 개별적으로 해석함이다. 此菩薩 아래는 아래 경문보다 뛰어남을 거론함이다.

⑤ 개별로 해석하다[別釋] (後此 31下5)

[疏] 後, 此菩薩下는 舉勝況劣이니 謂佛等인 不順行世間一分心等도 尚不行이온 況順行世間一分心耶아 佛心等者는 卽七地에 求如來智心也라 此中에 但況世間이나 亦應以大로 況小라 大尚不行이온 況小乘耶아 則若世若出世와 若人若法과 若因若果와 若智若斷이 皆不行也니라

■ ⑤ 此菩薩 아래는 뛰어남을 거론하여 열등함과 비교함이다. 말하자면 부처님 동등하여 세간을 따라 행하지 않는 일부분의 마음도 오히려 행하지 않는데 어찌 하물며 세간을 따라 행하는 일부분의 마음이겠는가? '부처님과 동등한 마음 등'이란 곧 제7지에 여래의 지혜를 구하는 마음이다. 이 중에는 단지 세간에만 비교하였지만 또한 응당히 큰 것으로 작은 것에 비교한 부분이다. 대승도 오히려 행하지 못하는데 하물며 소승이겠는가? 저 세간과 출세간, 저 사람과 법, 저 원인과 결과, 저 지덕(智德)과 단덕(斷德)이 모두 행하지 않는다.

[鈔] 謂佛等者는 以論에 云此中順行과 不順行인 二分心等인 佛等이 不行故라하니 謂一心中에 分染淨二分이니 以淨況染이라
從則若世下는 疏束成對라 略有四對하니 兼於大小라 則有五對하니

若世者는 卽經의 況復起於世間之心이라 若出世者는 佛等心也오 若人은 卽佛菩薩이오 若法은 卽菩提涅槃이오 若因은 卽菩薩이오 若果는 卽佛이오 若智는 卽菩提오 若斷은 卽涅槃이라 小雖經無나 對菩薩有라 論文에 具之니 論에 云, 佛等不行故며 大乘과 小乘이 差別故라 大乘과 小乘[118]中에 衆生法이 差別故니 衆生은 是人[119]이라 無學學差別과 佛等涅槃差別을 應知니라 是中에 順行者는 順行分中에 心等不行故니 如經一切心意識不行故라 是中에 不順行者는 不順行分中에 佛等不行故니 如經佛心으로 乃至涅槃心不行故라 大乘小乘差別은 大乘中差別者는 佛菩薩涅槃이 差別故오 小乘中差別者는 聲聞涅槃과 阿羅漢等이 差別故오 大乘中에 衆生差別者는 佛菩薩差別故오 法差別者는 菩提涅槃이 差別故오 小乘中에 無學學衆差別은 是中에 法差別者는 涅槃差別이오 無學差別者는 阿羅漢差別이오 有學差別者는 阿那含等差別이니 如是等이 皆悉不行故라하니라 釋曰, 恐欲知論일새 故復委出이니 亦不出於上之[120]五對라 然論差別之言에 一一事中에 皆有差別하니 如有學中에 有二果四向等하고 菩提에도 有多種菩提等이라 非全所要일새 故疏略之라 就出世中하야 偏多擧者는 出世에 易着이나 今無着故니라

- 말하자면 '부처님과 동등하다'는 것은 논경에서는, "이 가운데 따라 행함과 따라 행하지 않는 두 부분의 마음 등에서 부처님 등이 행하지 않는 까닭이다"라고 하였다. 말하자면 '일심(一心)' 중에 잡염과 청정의 두 부분으로 나누었으니 청정분으로 잡염분과 비교한 결과이다. 則若世부터 아래는 소가가 묶어서 대구(對句)를 이룬 부분이다. 대략

---

118) 小乘은 甲南續金本無, 論原本有.
119) 上四字는 論無.
120) 之는 甲南續金本作言.

네 가지 대구가 있으니 대승과 소승을 겸한 표현이다. 그러면 다섯 가지 대구가 되나니 1) 저 세간이란 곧 경문의 "하물며 다시 세간의 마음을 일으키겠는가?"이다. 2) 저 출세간이란 부처와 동등한 마음이요, 3) 저 사람은 곧 부처님과 보살이요, 4) 저 법은 곧 보리와 열반이요, 5) 저 원인은 곧 보살이요, 6) 저 결과는 곧 부처님이요, 7) 저 지혜는 곧 보리요, 8) 저 단덕은 곧 열반을 가리킨다. 소승이 비록 경문에는 없지만 보살과 상대하여 있는 것이다. 논경에는 구비하여 있으니 논경에 말하였다. "부처와 동등하여 행하지 않는 연고며, 대승과 소승이 차별한 연고며, 대승과 소승 중에 중생의 법이 차별한 연고며, (중생은 저 사람이므로) 무학(無學)과 유학(有學)이 차별하고, 부처 등과 열반이 차별함을 응당히 알아야 한다. 이 가운데 '따라 행한다'는 것은 순행분(順行分) 중에 마음 등이 행하지 않는 까닭이니, 저 경문에 '모든 마음과 뜻과 식이 행하지 않는 연고'라 하였다." 이 가운데 '따라 행하지 않는다'는 것은 불순행분(不順行分) 중에 부처 등이 행하시 않는 연고이니, 저 경문에서 "부처의 마음으로 나아가 열반의 마음에까지 행하지 않는 연고"라 하였다. '대승과 소승이 차별하다'는 것 가운데 대승 중에 차별은 부처의 열반과 보살의 열반이 다른 까닭이요, 소승 중에 차별이란 성문의 열반과 아라한의 열반이 다른 까닭이요, '대승 중에서 중생이 차별하다'는 것은 부처님과 보살이 다른 까닭이요, '법이 차별하다'는 것은 보리와 열반이 다른 까닭이요, 소승 중에서 무학과 유학의 대중이 차별함에서 이 중에서 법의 차별은 열반이 차별하고, '무학이 차별하다'는 것은 아라한이 차별함이요, '유학(有學)이 차별하다'는 것은 아나함(阿那舍) 등이 차별함이니 이런 등이 모두 행하지 않기 때문이다"라고 하였다. 해석하자면 아마도 논경을 알려고 하여 다시 자세히 내보인 것이니, 또한 위의 다섯 가지 대구(對句)에서 벗어나지 않는다. 하지만 논경의 '차별'이라는 말은 낱낱의 현상 중에 모두 차별이 있다는 표현이니, 마치 유학에서 세 가지 과덕과 네 가지 향위(向位) 등이 있고 보리에도 여러 가지 보리가 있는 등이다. 온전히 중요한 것이 아니므로 소에서 생략하였다. 출세간에 입각하여 치우쳐 많이 거론한 것은 출세간에서 쉽게 집착하지만 지금은 집착이 없어졌기 때문이다.

ㄴ) 시작이 뛰어남을 밝혀 뒤와 상대하여 들어감을 드러내다
[明發起勝對後彰入] 2.

❖ 제6회 십지품 제8 不動地 (科圖 26-81; 稱字卷)

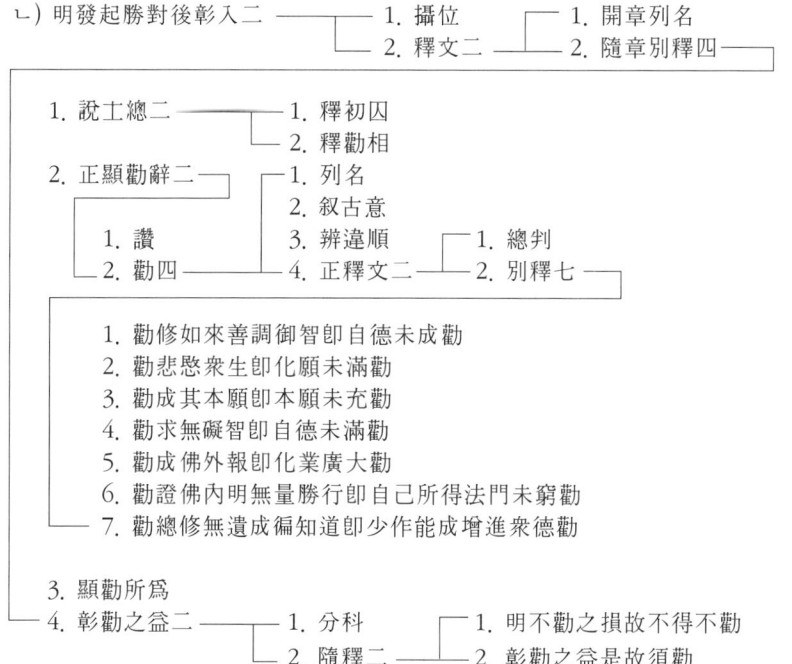

(ㄱ) 지위를 포섭하다[攝位] (第二 33上3)

[疏] 第二, 明發起勝行이라 此下에 亦是攝尊重行이니 因勸起行이 皆尊重故라 勝도 亦尊重之義니라
- ㄴ) 시작함이 뛰어남을 밝혀 뒤와 상대하여 들어감을 밝힘이다. 이 아래에 또한 제8 존중행(尊重行)을 포섭하고 있으니, 권함으로 인하여 행법을 시작함이 모두 존중함인 까닭이다. 뛰어남도 역시 존중의 뜻이 된다.

(ㄴ) 경문 해석[釋文] 2.
a. 가름을 열고 명칭을 나열하다[開章列名] (文中 33上4)

佛子여 此地菩薩의 本願力故로 諸佛世尊이 親現其前하사 與如來智하여 令其得入法流門中케하고
"불자여, 이 지의 보살은 본래의 원력으로 여러 부처님 세존이 그 앞에 나타나 여래의 지혜를 주어서 법의 흐르는 문에 들어가게 하고

[疏] 文中에 四니 一, 說主總敍오 二, 作如是下는 正顯勸辭오 三, 佛子諸佛世尊下는 顯勸所爲오 四, 佛子若諸佛下는 彰勸之益이라
- 경문에 넷이니 a) 설법하는 주인이 총합하여 밝힘이요, b) 作如是 아래는 바로 권유하는 말씀을 밝힘이요, c) 佛子諸佛世尊 아래는 권유의 역할을 밝힘이요, d) 佛子若諸佛 아래는 권유의 이익을 밝힘이다.

b. 가름을 따라 개별로 해석하다[隨章別釋] 4.

a) 설법하는 주인이 총합하여 밝히다[說主總敍] 2.
(a) 권하는 원인을 해석하다[釋勸因] (今初 33上6)

[疏] 今初에 願은 卽勸因이니 如第三勸中이라 論에 云本願力住故者는 廻文未盡이니 應言住本願力故라
- 지금은 (a) 서원은 곧 권하는 원인이니 셋째 권함과 같다. 논경에서 '본원력이 머무는 까닭'이란 윤문한 것이 완전하지 않으니, 응당히 '본원력에 머물기 때문'이라고 말해야 한다.

[鈔] 廻文未盡應言住本願力者는 謂安住本願하야 利衆生故로 得諸佛勸이라 遠公이 按論釋云호대 本願住를 三門으로 分別이니 一은 解本願이니 從前七地來로 同求此地의 無生忍故니 亦爲本願이오 二는 釋仕義요 三은 說住之意라 二中에 得已心息하야 更無去意[121]일새 故名爲住라 然住不住가 略有四種하니 一, 觀入分別이니 始時不住하고 終則樂住라 從前地來에 求趣無生이나 以未得故로 所以不住어니와 今此得之하야 樂着故로 住라 二, 起用分別이니 始得樂住며 終則不住라 今此始得에 樂寂故로 住나 以佛勸起일새 所以不住라 三, 就寂分別이니 始終常住니 謂佛菩薩이 隨所證入하야 無暫捨故라 四, 就用分別이니 諸佛菩薩이 一切不住니 常就世間하야 利衆生故라 今言住者는 約前二門이오 第三說[122]住之意가 有二하니 一, 顯此地所得深寂을 難捨故오 二, 明諸佛勸說所以라하니라 釋曰, 上遠公之意가

---

121) 意는 甲南續金本作至.
122) 說은 甲南續金本作明.

順論解釋이 非不有由나 今以此經은 本願力故로 明其本願이 是勸之由인대 以此釋論에 應言住本願也라 住忍須勸은 是下勸益中辨이라 又由經住故로 勸意가 則有니 故로 疏釋에 云, 決彼無生止水하야 令起無功用行이라하며 無生止水가 卽住忍義라 若將本願力住하야 爲住忍者는 非經論意니라

● "윤문한 것이 완전하지 않으니 응당히 '본원력에 머물기 때문'이라고 말해야 한다"는 것은 말하자면 본원에 안주하여 중생을 이롭게 하는 연고로 부처님의 권하심을 얻게 된 것이다. 혜원법사가 논경을 살펴보고 해석하되, "본원력에 머무는 것을 세 가지 부문으로 분별하였다. (1) 본원을 이해함[解本願]이니 앞의 제7지로부터 이 제8지의 무생법인을 함께 구하려는 까닭이니, 역시 본원이 되고 (2) 머묾의 뜻을 해석함[釋住義]이요, (3) 머문다는 의미를 설명함[說住意]이다. (2) 중에 얻고 나서 마음을 쉬어서 다시 '간다는 의미[去意]'가 없으므로 '머문다'고 하였다. 그런데 머물고 머물지 않음이 대략 네 가지가 있으니 ① 들어감을 관찰하는 분별[觀入分別]이니 처음에는 머물지 않다가 나중에는 즐겁게 머무는 것이다. 앞의 제7지로부터 구하여 무생법인으로 향하지만 아직 얻지 못한 연고로 머물지 않으며, 지금 이 제8지에서는 얻고 나서 즐겨 집착하므로 머무는 것이다. ② 작용을 일으키는 분별[起用分別]이니 처음 얻고서 즐겨 머물다가 나중에는 머물지 않게 된다. 지금 이 8지에서는 처음 얻으면 고요함을 좋아하는 연고로 머물게 되나니 부처님의 권유로 인해 일어났으므로 머물지 않게 된다. ③ 적정에 입각한 분별[就寂分別]이니 시작부터 나중까지 항상 머문다. 말하자면 부처님과 보살이 증입함에 따라 잠시도 버리지 않는 까닭이다. ④ 작용에 입각한 분별[就用分別]이니 모든 부처님과 보살

은 어디에도 머물지 않나니, 항상 세간에 입각하여 중생을 이롭게 하는 까닭이다. 지금 '머문다'고 말한 것은 앞의 두 부문[② 起用分別 ③ 就寂分別]에 의지한 설명이다.

(3) 머문다는 의미를 설명함에 두 가지가 있으니 '① 이 제8지에 얻은 깊은 적정을 버리기 어려운 것을 밝혔기 때문이요, ② 부처님이 권유한 이유를 밝힘이다'라고 하였다. 해석한다면 위의 혜원법사의 주장이 논경을 따라 해석한 것이 나름의 이유가 없는 것은 아니지만, 지금은 본경의 본원력 때문에 그 본원이 권하게 된 이유임을 밝힌다면 이 논경을 해석한 것에 응당히 '본원에 머문다'고 말해야 할 것이다. 법인에 머물러 권유함이 필요한 이유는 아래의 권유의 이익에서 밝히겠다. 또 본경의 머묾으로 인하여 권유하는 의미가 있게 된 것이므로 소가의 해석에는, '저 무생의 고요한 물을 결정하여 하여금 공용 없는 행법을 일으키게 한다'고 하였으니, 무생의 고요한 물이 곧 법인에 머문다는 뜻이다. 만일 본원력에 머무는 것을 가져서 법인에 머무는 것으로 삼는 것은 본경과 논경의 주장이 아니다."

(b) 권유하는 양상을 해석하다[釋勸相] 3.
㊀ 권유하는 이유를 내보이다[出所以] (諸佛 34上6)
㊁ 경문을 바로 해석하다[正釋文] (法流)
㊂ 비방을 해명하다[通妨] (下之)

[疏] 諸佛世尊下는 總顯勸相이니 諸佛이 所以與智勸者는 轉彼深行樂足之心하야 令入法流門故라 法流者는 決彼無生止水하야 令起無功用行河하야 任運趣佛智海니 卽以能趣로 爲門이라 又法流者는 卽是行

海라 言與智者는 有二意故니 一은 現與覺念이 猶彼意加오 二는 令起修取니 故名爲與라 下之七勸이 皆佛智攝이니 故로 但云與智라 前地에 未淨此忍일새 故此123)方與니 以得此忍하야 攝德本故라 一與之後에 不復欲沈이니라

- (b) 諸佛世尊 아래는 총합적으로 권유하는 양상을 밝힘이다. 부처님이 지혜를 주시면서 권유하는 이유는, 저 깊은 행법에 좋아하고 만족하는 마음을 바꾸어서 하여금 '법이 물처럼 흐르는 문[法流門]'에 들어가게 하려는 까닭이다. 법류(法流)는 저 무생의 고요한 물[無生止水]을 결정하여 하여금 공용 없는 행법의 강을 일으켜 마음대로 부처님 지혜의 바다로 향하게 하는 것이니, 곧 능히 향하는 것으로 문을 삼은 것이다. 또 법류란 곧 행법의 바다이다. '지혜를 준다'는 말은 두 가지 의미가 있기 때문이니 (1) 현재에 깨달으려는 생각을 주는 것이 저 생각으로 가피하심과 같다. (2) 하여금 수행하여 취함을 일으키는 것이니 그래서 '준다'고 말하였다. 아래의 일곱 가지 권유함이 모두 부처님 지혜에 포함되나니 그래서 단지 '지혜를 준다'고만 하였다. 앞의 제7지에서 이 법인을 청정하게 하지 못하였으므로 여기서 비로소 주는 것이니 이 법인을 얻어서 공덕의 근본을 포섭하기 때문이다. 한 번 주고 난 후에는 다시 주저앉으려 하지 않는다는 뜻이다.

[鈔] 下之七勸下는 通妨難이니 乃有四重하니 一, 有妨云호대 下之七勸이 義相不同이어늘 何以此中에 但云與124)智오 故此通云호대 七不出智니 二, 前地未淨下에 問云호대 佛慈平等이어늘 何以偏與此地菩薩고 通意는 可知로다 三, 以得此下에 復有問言호대 何以要得此忍하야

---

123) 此는 續金本作云.
124) 與는 甲南續金本作有.

卽與智明[125])고 答意는 可知로다 四, 一與下에 復應問言호대 九와 十에 已得이어늘 何不與耶아 得已不失일새 故不重與니라

- ㈢ 下之七勸 아래는 비방과 힐난을 해명한 내용이니 네 종류가 있다. 1) 어떤 이가 질문하되, "아래의 일곱 가지 권유함이 이치와 양상이 같지 않은데 어째서 이 제7지에서 단지 '지혜를 준다'고만 하였는가?" 그러므로 여기서 해명하되, "일곱 가지가 지혜에서 벗어나지 않는다"고 하였다. 2) 前地未淨 아래에서 질문하되, "부처님의 자비는 평등한데 어째서 이 제8지 보살에게만 치우쳐 주었는가?" 해명한 의미는 알 수 있으리라. 3) 以得此 아래에 다시 어떤 이가 질문하되, "어째서 이 법인을 얻으려 하여 곧 지혜의 광명을 주었는가?" 대답한 의미는 알 수 있으리라. 4) 一與 아래에 다시 응당히 질문하되, "제9지와 제10지에는 이미 얻었는데 어째서 다시 주지 않았는가?" "얻은 뒤에는 잃지 않으므로 거듭 주지 않는 것이다."

b) 권유하는 언사를 바로 밝히다[正顯勸辭] 2.
(a) 찬탄하는 언사[讚] (二正 34下10)

作如是言하시되 善哉善哉라 善男子여 此忍이 第一이라 順諸佛法이니라
이러한 말을 하느니라. '잘하도다, 선남자여. 이 인은 제일에 부처님의 법을 순종하는 것이니라.

[疏] 二, 正顯勸辭라 中에 有二하니 先은 讚이니 將欲取之인대 必固與之니라

---

125) 明은 甲南續金本作耶.

■ b) 권유하는 언사를 바로 밝힘이다. 그중에 둘이 있으니 (a) 찬탄하는 언사이니, 장래에 취하려 한다면 반드시 먼저 주어야 하는 이치이다.

(b) 권유하는 언사[勸] 4.
㊀ 명칭을 나열하다[列名] (後然 35上4)
㊁ 옛 어른들의 주장을 말하다[敍古意] (遠公)
㊂ 위배되고 따름을 구분하다[辨違順] (經無)

[疏] 後, 然善男子下는 勸이라 於中에 有七하니 一은 勸修如來善調御智오 二는 勸悲愍衆生이오 三은 勸成其本願이오 四는 勸求無礙智오 五는 勸成佛外報오 六은 勸證佛內明無量勝行이오 七은 勸總修無遺하야 成徧知道라 遠公이 攝七爲二하니 前六은 擧多未作하야 轉其住心이오 後一은 明其少作能成하야 增其去心이라 經無此文이나 論似有意하니 於理에 無違라

■ (b) 然善男子 아래는 권유하는 언사이다. 그중에 일곱이 있으니 (1) 여래의 잘 조절하는 지혜를 닦을 것을 권유함이요, (2) 중생을 불쌍히 여기기를 권유함이요, (3) 그 본원을 성취하기를 권유함이요, (4) 걸림 없는 지혜를 구할 것을 권유함이요, (5) 부처 이외의 과보 성취하기를 권유함이요, (6) 부처 안의 광명과 한량없는 뛰어난 행법을 증득하기를 권유함이요, (7) 총합적으로 남김없이 수행하여 두루 아는 도를 성취하기를 권유함이다. 혜원법사는 일곱 가지를 묶어서 두 가지로 삼았으니 앞의 여섯 가지는 자주 짓지 않음을 들어서 그 '머물려는 마음[住心]'을 바꾸었고, 뒤의 하나는 그 적게 지어 능히 성취함을 밝혀서 '가려는 마음[去心]'을 더하였다. 본경에는 이런 문장이

없지만 논경에는 의미가 있는 듯하니 이치에 어긋남이 없으리라.

㈣ 경문 해석[正釋文] 2.
① 총합하여 과목 나누다[總判] (今攝 35上9)

[疏] 今攝爲三이니 前三은 勸其下化니 初, 一은 化法이오 次, 一은 正化오 後, 一은 化願이라 次三은 勸其上求니 初, 一은 折其所得이 非勝이오 後, 二는 引其求佛勝果의 若外若內라 三은 最後一勸은 總結多門이니 以所作이 無邊일새 別說難盡故라 然七이 皆含轉住增去니라

■ 지금은 묶어서 셋으로 나누었으니, ⓐ 앞의 셋[1. 勸修如來善調御智 2. 勸悲愍衆生 3. 勸成其本願]은 아래로 중생 교화하기를 권유함이니 처음 하나는 교화하는 방법이요, 다음 하나는 바로 교화함이요, 뒤의 하나는 교화하려는 본원이다. ⓑ 다음의 셋[4. 勸求無礙智 5. 勸成佛外報 6. 勸證佛內明無量勝行]은 위로 보리 구할 것을 권유함이니 처음 하나는 지금 얻은 바가 뛰어나지 않다고 꺾음이요, 뒤의 둘은 구해야 할 부처님의 훌륭한 과덕의 안팎을 인용함이다. ⓒ 마지막 하나의 권유[7. 勸總修無遺成徧知道]는 여러 부문을 총합하여 결론함이니, 짓는 것이 끝이 없으므로 개별적인 설명으로는 다하기 어렵기 때문이다. 하지만 일곱 가지가 모두 머물려는 마음을 바꿈[轉住]과 가려는 마음을 더함[增去]에 포함될 것이다.

[鈔] 於中有七者는 七勸은 如文이라 亦有總名하니 一은 自德未成勸이오 二는 生願未滿勸이오 三은 本願未充勸이오 四는 自德未勝勸이오 五는 化業廣大勸이오 六은 自己所得法門未窮勸이오 七은 少作能成增

進衆德勸$^{126)}$이라 疏文有四하니 一, 列七名이오 二, 遠公下는 敍古釋이오 三, 經無下는 辨違順이오 四, 今攝下는 申正釋이라

然七皆含者는 正揀遠公이 前六은 轉住며 後一은 增去니 如初願中에 勿復放捨가 即是轉住오 令勤精進이 豈非增去아 餘可思準이니라 遠公이 亦攝前六하야 爲三對二利하니 初對는 一은 自利未滿이오 二는 所化未出이라 第二對는 三은 所化未滿이오 四는 自德未勝이라 第三對는 五는 化業未勝이오 六은 己德未窮이니 亦是一理라 初勸은 可知로다

● '그중에 일곱이 있다'는 것은 일곱 가지 권유는 소의 문장과 같다. 또한 총합적인 명칭이 있으니 ㉮ 자신의 덕을 완성하라고 권유함[自德未成勸]이고, ㉯ 중생의 서원을 만족하라고 권유함[生願未滿勸]이요, ㉰ 본원을 충족하라고 권유함[本願未充勸]이요, ㉱ 자신의 덕을 훌륭하게 하라고 권유함[自德未勝勸]이요, ㉲ 교화하는 업을 더욱 넓히라고 권유함[化業廣大勸]이요, ㉳ 자기가 얻은 법문을 더 많이 구하라고 권유함[自己所得法門未窮勸]이요, ㉴ 적은 지음을 더욱 성취하여 많은 덕을 증진하라고 권유함[少作能成增進衆德勸]이다. 소의 문장에 넷이 있으니 ㉠ 일곱 가지 명칭을 나열함이요, ㉡ 遠公 아래는 옛 어른의 해석을 밝힘이요, ㉢ 經無 아래는 위배함과 따름을 구분함이요, ㉣ 今攝 아래는 바른 해석을 전개함이다.

'하지만 일곱 가지가 모두 ~에 포함된다'는 것은 혜원법사가 앞의 여섯은 머물려는 마음을 바꾼 것이며, 뒤의 하나는 가려는 마음을 더한 것으로 바로 구분함을 가리킨다. 마치 첫째 서원 중에 '다시 방일하지 말라'고 한 것이 곧 머물려는 마음을 바꾼 것이요, 하여금 '부지런

---

126) 上五十字는 南金本無, 此下에 南續金本有今初勸中, 甲本有今初觀中.

히 정진하라'고 한 것이 어찌 가려는 마음을 더함이 아니겠는가? 나머지는 여기에 준하여 생각할 수 있으리라. 혜원법사가 또한 앞의 여섯 가지를 묶어서 세 가지 대구와 2리행(二利行)으로 삼았으니 ① 처음 대구는 첫째, 자리행(自利行)이 만족하지 않음이요, 둘째, 교화할 대상이 출현하지 않음이다. ② 두 번째 대구는 셋째, 교화할 대상이 만족하지 않음이요, 넷째, 자신의 덕이 훌륭하지 않음이다. ③ 세 번째 대구는 다섯째, 교화의 업이 뛰어나지 않음이요, 여섯째, 자기의 덕이 다하지 않음이니 역시 일리가 있다. ㉠ 첫째 권유는 알 수 있으리라.

② 개별로 해석하다[別釋] 7.
㉠ 자신의 덕을 완성하라고 권유하다[勸修如來善調御智卽自德未成勸]

(今初 3上1)

然이나 善男子여 我等所有十力無畏十八不共諸佛之法은 汝今未得이니 汝應爲欲成就此法인댄 勤加精進하여 勿復放捨於此忍門이니라

그러나 선남자여, 우리가 가지고 있는 열 가지 힘과, 두려움이 없음과, 18가지 함께하지 않는 부처님의 법은 그대가 아직 얻지 못하였으니 그대는 이 법을 성취하기 위하여 부지런히 정진할 것이요, 이 인의 문에서 방일하지 말라.

[疏] 今初에 有三하니 一은 明多未作이니 以未得修十力等하야 教授衆生法故오 二, 汝應下는 勸令修習이오 三, 勿復下는 莫捨忍門이라 然捨

有二義하니 一, 若以放捨身心하고 住此忍門하면 斯則不應이니 故云
勿復라 是以로 論에 云, 若不捨此忍行하면 不得成就一切佛法이라하
나니 此令捨着이오 二, 全棄捨는 則所不應이라 故로 論에 云, 依彼有
力能作故라하나니 故云勿復放捨라 此는 令依之니라

■ 지금은 ㉮에 셋이 있으니 ㉠ 짓지 못한 것이 많음을 밝힘이니 아직 십
력(十力) 등을 닦아서 중생에게 교수하는 방법을 얻지 못한 까닭이요,
㉡ 汝應 아래는 권유하여 닦아 익히게 함이요, ㉢ 勿復 아래는 인의
문에서 방일하지 않음이다. 하지만 방일함에 두 가지 뜻이 있으니
(1) 만일 몸과 마음으로 방일하고서 이 인문에 머문다면 이것은 옳지
않으므로 '물부(勿復)'라 하였다. 그러므로 논경에서는, "이 인행을 버
리지 말라고 한 것은 일체의 불법을 성취하지 못한 까닭이다"라고 하
였으니, 이것은 집착을 버리게 하기 위함이다. (2) 완전히 버리는 것
은 옳지 않다. 그래서 논경에서는 "힘에 의지하여 능히 지을 수 있는
까닭이다"라고 하였으므로 '방일하지 말라'고 하였다. 이것은 무생
법인(無生法忍)에 의지하게 하려는 뜻이다.

㉯ 교화할 본원을 만족하라고 권유하다[勸悲愍衆生卽化願未滿勸]

(第二)

又善男子여 汝雖得是寂滅解脫이나 然諸凡夫는 未能證
得하여 種種煩惱가 皆悉現前하며 種種覺觀이 常相侵害
하나니 汝當愍念如是衆生이니라
또 선남자여, 그대는 비록 이 고요한 해탈을 얻었지마는 범
부들은 능히 증득하지 못하였으므로 여러 가지 번뇌가 앞

에 나타나기도 하고, 여러 가지 깨닫고 관찰함이 항상 침노하나니, 그대는 이런 중생들을 불쌍하게 생각하라.

[疏] 第二, 勸中에 三이니 初, 明自所得忍이오 二, 然諸下는 明他無忍起過니 在家에 多有煩惱오 出家에 多起覺觀하니 皆是衆生의 無利益事라 三, 汝當下는 勸起悲心이니 悲心이 依上而轉이라

- ㉯ 둘째 권유는 교화할 본원을 만족하라고 권유함 중에 셋이니 ㉠ 스스로 얻은 법인을 밝힘이요, ㉡ 然諸 아래는 다른 이가 무생인이 없어서 일으키는 허물을 밝힘이다. 재가(在家)에는 번뇌를 많이 갖게 되고 출가(出家)하면 각관(覺觀)을 많이 일으키게 되나니 모두 중생에게 이익 없는 일이다. ㉢ 汝當 아래는 대비심을 일으킬 것을 권유함이니, 대비심이 위의 무생인(無生忍)을 의지하여 구르게 된다.

[鈔] 出家多起下는 皆是論意니 意에 云, 出家는 斷除煩惱하야 不與之俱어니와 爲斷此故로 未善方便일새 故多覺觀이며 或起惡覺이오 乃至不忘善覺일새 故言悲心이라 悲心이 依上而轉者는 釋論이니 以論初에 云, 依彼衆生이 無¹²⁷⁾大利益事하야 現起煩惱하야 使彼在家出家分中에 深¹²⁸⁾着煩惱衆生轉故라하니 故是大悲가 依彼轉也니라

- 出家多起 아래는 모두 논경의 주장이다. 의미로 말하면, "출가에는 번뇌를 단절하여 함께하지 않겠지만 이것을 단절하기 위하여는 방편을 잘 쓰지 않으므로 각관(覺觀)이 많으며 혹은 나쁜 생각을 일으키거나 나아가 좋은 각관을 잊지 않으므로 대비심이라고 말하였다." '대비심이 위의 무생인을 의지하여 구른다'고 말한 것은 논경을 해석

---

127) 無는 南續金本無, 論原本有.
128) 深은 南續金本作染, 論原本作深.

한 내용이다. 논경에서 앞부분에 이르되, "저 중생은 큰 이로운 일이 없음에 의지하여 번뇌를 일으켜 재가와 출가를 막론하고 깊이 번뇌에 집착하여 중생계를 전전하게 하는 까닭이다"라고 하였다. 그러므로 대비심이 그것을 의지해서 구르는 것이다.

㈐ 본원을 충족하라고 권유하다[勸成其本願卽本願未充勸]
(第三 37上1)

又善男子여 汝當憶念本所誓願하여 普大饒益一切衆生하여 皆令得入不可思議智慧之門이니라
또 선남자여, 그대는 본래에 세운 서원을 기억하고 일체중생을 모두 이익하게 하여 부사의한 지혜의 문에 들어가게 하라.

[疏] 第三, 勸中에 願有二種하니 一, 依廣心이니 下化衆生이오 二, 皆令得下는 依大心이라 然有二義하니 一은 令他得이오 二는 令自得이라 自得佛智하고 依此智行하야 能廣利故라

- ㈐ 본원을 충족하라고 권유함 중에 두 가지 서원이 있으니 (1) 넓은 마음에 의지하여 아래로 중생을 교화함이요, (2) 皆令得 아래는 큰 마음을 의지한 분석이니 거기에 두 가지 뜻이 있다. 첫째, 다른 이를 들어가게 함이요, 둘째, 자신을 들어가게 함이다. 스스로 부처님 지혜를 증득하고 이런 지혜를 의지하여 행하면 널리 이익되게 할 수 있기 때문이다.

㉔ 자신의 덕을 만족하라고 권유하다[勸求無礙智卽自德未滿勸] 3.
㉠ 법성은 참되고 항상하다[法性眞常] (第四 37上7)

又善男子여 此諸法法性은 若佛出世어나 若不出世에 常
住不異니 諸佛이 不以得此法故로 名爲如來라 一切二
乘도 亦能得此無分別法이니라
또 선남자여, 이 모든 법의 성품은 부처님이 세상에 나셨거
나 나지 않았거나 간에 항상 있어 다르지 아니하며, 부처님
이 이 법을 얻었다고 해서 여래라 이름하는 것 아니니, 일체
이승도 이 분별없는 법을 능히 얻느니라.

[疏] 第四, 勸中에 有三하니 初, 法性眞常이 定其所尙이오
- ㉔ 자신의 덕을 만족하라고 권유함 중에 셋이 있으니 ㉠ 법성이 참되고 항상한 것이 결정코 숭상할 대상이요,

[鈔] 第四勸中에 初言定其所尙者는 所尙은 卽無生法忍이오 所忍은 卽
諸法實性이라 故로 三地中에 名八地爲一切法如實覺하니라 法性은
卽實相眞如니 理無廢興일새 故云出世不出不異라
- ㉔ 자신의 덕을 만족하라고 권유함 중에 ㉠ '결정코 숭상할 대상'이
라 말한 것에서 숭상할 대상은 곧 무생법인이요, 인지할 대상은 곧 '모
든 법의 참된 본성[諸法實性]'이다. 그러므로 제3지에서 제8지를 '모든
법을 사실대로 깨닫는 지'라고 이름하였다. 법성이란 실상진여(實相眞
如)를 가리키나니 이치로는 없어지고 생겨남이 없는 연고로 "부처님이
세상에 나셨거나 나지 않았거나 간에 다르지 않다"고 말하였다.

㉡ 부처님과 다르다는 주장을 부정하다[奪其異佛] (次諸 37下1)

[疏] 次, 諸佛下는 奪其異佛하야 勸其上求니 以有深無礙智하야 大用無涯일새 方不共二乘故라
- ㉡ 諸佛 아래는 부처님과 다르다는 주장을 부정하여 위로 보리 구하기를 권유함이다. 깊고 걸림 없는 지혜를 얻어 작용이 크고 끝없게 되어야 비로소 이승과 함께하지 않는 까닭이다.

[鈔] 言以有深無礙智者는 即下偈에 云, 法性은 眞常離心念이라 二乘은 於此에 亦能得이나 不以此故로 爲世尊은 但以甚深無礙智라하니라 意云129) 甚深無礙智가 爲世尊耳라 對下同於二乘이나 故此不共이라
- '깊고 걸림 없는 지혜를 얻는다'는 말은 곧 아래 게송에서, "법의 성품 참되고 생각 여의어 이승들도 이런 것 능히 얻으매 이것으로 세존이 되는 것 아니니 매우 깊고 걸림 없는 지혜 때문이다"라고 하였다. 의미로 밀하면 매우 깊고 걸림 없는 지혜로 인해 부처님이 되신 것이니, 아래를 상대하면 이승과 같겠지만 이런 연고로 이승과 함께하지 않는다는 뜻이다.

㉢ 억지로 이승과 같다고 주장하다[抑同二乘] (後一 37下6)

[疏] 後, 一切下는 抑同二乘하야 令不住忍이니 三獸渡河에 同涉理故라 功行에 疲倦하야 趣寂爲垢니 故應勿住니라
- ㉢ 一切 아래는 부처님이 억지로 이승과 같다고 주장하여 무생법인

---

129) 云은 甲南續金本作示.

에 머물지 않게 함이니, 세 마리의 짐승이 강을 건널 적에 건너는 방법은 같은 까닭이다. 공용을 행함에 피곤하고 싫증내어 고요함을 찾는 것이 허물이 되는 것이니, 그래서 머물지 말아야 한다.

[鈔] 言抑同二乘者는 此一乘旨는 二乘絶分이니 非是共理라 約寄位中에 勸其莫作일새 故抑令同이라 下三獸度河가 亦是抑耳라 河卽是通理니 如[130)]身子가 自領解云호대 我等이 同入法性故라 功行疲倦者는 此下는 是論意니 斯則三乘이 皆功行疲하야 欲趣於寂이니 是菩薩垢라 故로 論에 云, 依不共義하야 功行疲倦은 彼垢轉故라하니 謂依轉進이니라

● '억지로 이승과 같다'고 주장한 것은 이런 일승의 종지는 이승의 영역이 아니니 함께하는 이치가 아닌 까닭이다. 지위를 의탁한 분별 중에 짓지 말 것을 권유하는 연고로 억지로 같다고 하였다. 아래에서 세 마리의 짐승이 강을 건너는 것이 또한 억지일 뿐이다. 강은 곧 이치의 통로이니 마치 사리불이 스스로 깨닫고는, "우리들이 함께 법성에 들어간 까닭이다"라고 한 부분과 같다. '공용을 행함에 피곤하거나 싫증낸다'는 것은 이 아래는 논경의 주장이다. 그렇다면 삼승이 모두 공용을 행함에 피곤해하여 고요함으로 향하려 했다는 주장이니, 이것은 보살의 허물이다. 그래서 논경에 이르되, "함께하지 않는 이치에 의지하여 공용을 행함에 피곤하거나 싫증내는 것은 저들의 허물을 바꾼 까닭이다"라고 하였으니, 바뀜에 의지하여 정진한다는 말이다.

---

130) 如下에 南續金本有彼字.

㊂ 교화하는 업을 더욱 넓히라고 권유하다

[勸成佛外報卽化業廣大勸] (第五 38上7)

又善男子여 汝觀我等의 身相無量과 智慧無量과 國土
無量과 方便無量과 光明無量과 淸淨音聲도 亦無有量하
여 汝今宜應成就此事니라
또 선남자여, 그대는 나의 몸이 한량없고 지혜가 한량없고
국토가 한량없고 방편이 한량없고 광명이 한량없고 청정한
음성이 한량없음을 보나니, 그대는 이제 이 일을 성취하도
록 하라.

[疏] 第五, 勸中에 擧身相等六은 皆是化生事業이라 若成就此法하면 則
有力化生일새 故勸修成就니라
■ ㊂ 교화하는 업을 더욱 넓히라고 권유함 중에 몸의 형상 등 여섯 가
지를 거론한 것은 모두 중생을 교화하는 일을 가리킨다. 만일 이 무
생법인(無生法忍)을 성취하면 힘써 중생을 교화할 수 있는 연고로 닦
아서 성취하기를 권유한 것이다.

㊃ 자기가 얻은 법문을 더 많이 구하라고 권유하다

[勸證佛內明無量勝行卽自己所得法門未窮勸] (第六 38下2)

又善男子여 汝今適得此一法明하니 所謂一切法無生無
分別이어니와 善男子여 如來法明은 無量入이며 無量作
이며 無量轉일새 乃至百千億那由他劫에도 不可得知니

汝應修行하여 成就此法이니라

또 선남자여, 그대는 이제 다만 한 가지 법에 밝음을 얻었나니 일체 법의 남이 없고 분별이 없는 것이니라. 선남자여, 여래의 법에 밝음은 한량없는 데 들어가서 한량없이 작용하고 한량없이 굴러가며, 내지 백천억 나유타 겁에도 알 수 없나니, 그대는 마땅히 수행하여 이 법을 성취하라.

[疏] 第六, 勸中에 有三하니 初, 明其所得未廣이오 次, 善男子下는 示佛無量勝行이라 無量入者는 所入法門이 差別故라 作은 是法門業用이요 轉은 是業用上上不斷이라 後, 汝應下는 結勸이니라

■ ㉥ 자기가 얻은 법문을 더 많이 구하라고 권유함 중에 셋이 있으니 (1) 얻은 법문이 넓지 않음을 밝힘이요, (2) 善男子 아래는 부처님의 한량없는 훌륭한 행법을 보여 준 부분이다. '한량없이 들어간다'는 것은 들어간 법문이 차별된 까닭이다. '지음'은 모두 법문의 업과 작용을 짓는 것이요, '구른다'는 것은 업의 작용이 위로 갈수록 단절하지 않고 구르는 것이다. (3) 汝應 아래는 결론하여 권함이다.

㉻ 적은 지음을 더욱 성취하여 많은 덕을 증진하라고 권유하다
[勸總修無遺成徧知道即少作能成增進衆德] (第七 38下7)

又善男子여 汝觀十方無量國土와 無量衆生과 無量法種種差別하여 悉應如實通達其事니라

또 선남자여, 그대는 시방의 한량없는 국토와 한량없는 중생과 한량없는 법의 가지가지로 차별한 것을 보나니, 모두

사실과 같이 그런 일을 통달하라.'"

[疏] 第七, 勸中에 二니 先, 擧三種無量은 即淨土中의 三自在行이오 後, 悉應下는 結勸이라 明少作在라 既言悉應通達하니 明少分觀察이라도 即能成就에 去佛非遙니 此同德生이 勸於善財호대 勿以少行으로 而生知足일새 故云無量이니라

- ㉐ 적은 지음을 더욱 성취하여 많은 덕을 증진하라고 권유함 중에 둘이니 (1) 세 가지의 한량없음을 거론한 것은 곧 정토 중의 세 가지 자재한 행법이요, (2) 悉應 아래는 결론적으로 권유함이니 조금 모자람[少作]이 있음을 밝힌 부분이다. 이미 '모두 통달하라'고 하였으니 조금만 관찰하더라도 곧 능히 성취할 수 있음을 밝혔으므로 부처님과의 떨어진 거리가 멀지 않다는 뜻이다. 이것은 덕생(德生)동자가 선재동자에게 권유하되, "적은 행실로 만족할 줄 아는 마음을 내지 말라"고 한 것과 같은 연고로 '한량없다'고 말하였다.

[鈔] 五六七勸은 並顯可知라 但七에 云, 三自在行者는 即三世間自在耳니라

- 다섯째와 여섯째와 일곱째 권유는 함께 대조하면 확실히 알 수 있으리라. 다만 일곱째 권유에서 말한 '세 가지 자재한 행법'은 곧 세 가지 세간에 자재하다는 뜻일 뿐이다.

c) 권유의 역할을 밝히다[顯勸所爲] (第三 39上4)

佛子여 諸佛世尊이 與此菩薩如是等無量起智門하사 令

其能起無量無邊差別智業하거니와
"불자여, 부처님 세존께서 이 보살에게 이렇게 한량없이 지혜를 일으키는 문을 주어서, 한량없고 끝이 없이 차별한 지혜의 업을 일으키게 하거니와,

[疏] 第三, 顯勸所爲니 令起智業故니라
- c) 권유의 역할을 밝힘이니 하여금 지혜로운 업을 일으키게 하려는 까닭이다.

d) 권유의 이익을 밝히다[彰勸之益] 2.
(a) 과목 나누기[分科] (第四 39上7)

佛子여 若諸佛이 不與此菩薩起智門者인댄 彼時에 卽入究竟涅槃하여 棄捨一切利衆生業이어니와
불자여, 만일 부처님이 이 보살에게 지혜를 일으키는 문을 주지 아니하였으면, 그때에 구경의 열반에 들어서 모든 중생을 이익하는 업을 버렸을 것이련만,

[疏] 第四, 彰勸益中에 亦是所爲니 爲是故로 勸이라 於中에 二니 先, 明不勸之損이니 故不得不勸이오 後, 以諸佛下는 彰勸之益이니 是故로 須勸이라
- d) 권유의 이익을 밝힘 중에 역시 역할이 있으니 이를 위하여 권유하는 것이다. 그중에 둘이니 ㉠ 권유하지 않으면 손실이 있으므로 어쩔 수 없이 권유함을 밝힘이다. ㉡ 以諸佛 아래는 권유의 이익을 밝혀

가능한 한 권유함이다.

(b) 과목에 따라 해석하다[隨釋] 2.
㊀ 권유하지 않으면 손실이 있으므로 어쩔 수 없이 권유하다
[明不勸之損故不得不勸] 2.
① 네 가지 의미를 답하여 가능한 한 권유하다[敍四意須勸] (今初 39上9)
② 깊은 것을 예로 들어 일부러 권유하다[例深故勸] (但有)

[疏] 今初에 有二니 一은 自損이니 旣不與智에 卽入涅槃일새 故應須與라 故로 論에 云卽入涅槃者는 與智慧示現이라하니라 二者는 損他니 不利生故라 問이라 始行之流도 尙修無住온 豈深智地가 取滅須勸고(一問) 頗有一人이 佛不與智하면 便取滅不아(二問) 答이라 有四義故로 是二須勸이니 一은 爲引斥定性二乘이니 明菩薩此地大寂滅處에도 猶有勸起온 況彼所得이 寧爲究竟가 二는 爲警覺漸悟菩薩樂寂之習이오 三은 爲發起始行無厭上求오 四는 爲顯此地는 甚深玄奧를 難捨일새 所以須勸이라 但有此深奧法流之處에 必有諸佛이 作七勸橋하나니 故無一人이 便取永寂이니라 又設佛이 不勸이라도 亦無趣寂이로대 爲顯勸益하사 假以爲言이오하니라

■ 지금은 ㊀에 둘이 있으니 (1) 자신의 손해이니 이미 (부처님이 보살에게) 주지 않았다면 곧 열반에 들어갔을 것이므로 응당히 주는 것이다. 그래서 논경에서는 "곧 열반에 든다는 것은 지혜를 주어야 할 필요[與智慧]를 나타내 보인 것이다"라고 하였다. (2) 남을 손해나게 함이니 중생에게 이롭지 않기 때문이다. 묻는다. "처음 수행하는 부류도 오히려 머물지 않음을 닦는데 어찌 깊은 지혜의 지위에서 적멸을 취하랴

고 권유하겠는가?(첫째 질문) 자못 한 사람이라도 부처님께서 지혜를 주시지 않은 이가 있다면 문득 적멸을 취한다는 말인가?(둘째 질문)"
답한다. "네 가지 이치가 있으므로 두 가지[1. 損故不得不勸 2. 益故須勸]로 권유하나니 ① 정성이승(定性二乘)을 인용하여 배척함이니 보살은 이런 대적멸의 경지에도 오히려 권유하여 일어나게 하는데 하물며 저 이승이 얻은 것으로 어찌 궁극을 삼겠는가? ② 점차로 깨달은 보살이 적멸을 좋아하는 습기를 일깨워 주기 위함이요, ③ 처음 수행하는 부류가 위로부터 구함을 싫어하지 않게 하기 위함이요, ④ 이 제8지는 매우 깊고 현묘하여 버리기 어려우므로 모름지기 권유한다는 부분을 밝혔다."

단지 이런 심오한 법의 강물 속에만 부처님이 일곱 가지 권유의 다리가 있으니, 그래서 한 사람도 문득 영원한 적멸을 취하지 않는다. 또 설사 부처님께서 권유하지 않았더라도 또한 적멸로 향하지 않겠지만 권유의 이익을 밝히려고 빌려 말하였다.

[鈔] 問始行之流下는 此下는 問答이니 通對不勸之失이라 勸益爲問이라 先興二[131]問이오 下具二[132]答하니 先은 以四義答須勸이라 答初問[133]은 可知로다 後는 但有此深奧下[134]는 答第二有無問이라 今此[135]答云호대 定有佛勸이오 無有無勸이라 此自有三하니 一, 正明無有無勸而趣寂者오 二, 又設下는 假設以明이오 三, 爲顯下는 結上不勸之損言耳니라

---

131) 二는 南金本作一.
132) 二는 南金本作四.
133) 上十字는 南金本作須勸.
134) 下는 南續金本作下後, 此下에 甲南續金本有例深故勸四字.
135) 上八字는 南本作先問 答文中有三初, 金本作答二問中 答文有三初.

● 問始行之流 아래는 여기부터 질문과 대답으로 권유하지 않으면 입을 손실을 상대하여 해명함이다. 권유의 이익을 질문으로 삼았으니 먼저 두 가지 질문을 하고 아래에 두 가지의 대답을 갖추었으니 ① 네 가지 의미로 답하여 가능한 한 권유함이다. 첫째 질문에 대한 대답은 알 수 있으리라. ② 但有此深奧 아래는 깊은 것을 예로 들어 일부러 권유함이다. 둘째, 질문에 대답한 내용이다. 지금 여기서 대답하기를, 결정코 부처님의 권유가 있었으며 권유가 없었던 것이 아니다. 여기에 자연히 셋이 있으니 첫째, (부처님의) 권유가 없지 않았더라도 적멸로 향했음을 바로 밝힌 것이요, 둘째, 又設 아래는 (질문을) 잠시 빌려서 적멸로 향하지 않음을 밝힘이요, 셋째, 爲顯 아래는 위의 권유하지 않을 때의 손실을 결론하여 말한 것일 뿐이다.

㊂ 권유의 이익을 밝혀 가능한 한 권유하다[彰勸之益是故須勸] 3.
① 법으로 설하다[法] 3.
㉮ 앞의 지혜 주심을 따와서 이익되는 원인을 밝히다
 [牒前與智彰益之因] (第二 40上6)

**以諸佛이 與如是等無量無邊起智門故로
여러 부처님이 이렇게 한량없고 끝이 없이 지혜를 일으키는 문을 주었으므로,**

[疏] 第二, 勸益中에 有法과 喩와 合이라 法中에 三이니 初는 牒前與智彰益之因이라 故로 論에 云, 彼行中에 攝功德因勝故라하니 云何勝고 諸佛이 同作敎授說故라하니라

- ㈢ 권유의 이익 중에 ① 법으로 설함 ② 비유로 밝힘 ③ 법과 비유를 합함이 있다. ① 법으로 설함에 셋이니 ㉮ 앞의 지혜 주심을 따와서 이익되는 원인을 밝힘이다. 그러므로 논경에서는, "저 행법 가운데 거두어들이는 공덕의 원인이 뛰어난 까닭이다"라고 하였다. 어째서 뛰어난가? "부처님이 (중생과) 함께하여 교수가 되어 설해 주기 때문이다"라고 하였다.

[鈔] 論云彼行中攝功德因勝者는 彼行이 卽無生忍行이니 由有忍行일새 故佛與智라 此二가 皆因이오 此因이 皆勝일새 故能攝德이라 正以與智而能攝德故라 疏와 論에 但以與智로 爲因이어니와 轉推得智之因하면 復由得忍이니라

● 논경에서 '저 행법 가운데 거두어들이는 공덕의 원인이 뛰어나다'고 말한 것은 저 행법은 곧 무생법인의 행법이니, 이런 법인의 행법이 있으므로 인하여 부처님께서 지혜를 주신 것이다. 이 두 가지[1. 無生忍行 2. 佛與智]가 모두 원인이요, 이런 원인이 모두 뛰어나므로 능히 공덕을 거두어들일 수 있다. 바로 지혜를 주어서 능히 공덕을 거두어들이는 까닭이다. 소와 논경에서 단지 지혜를 주는 것으로 원인을 삼았지만 점차 지혜를 얻은 원인을 추가하면 다시 법인을 얻음으로 말미암은 것이다.

㉯ 시작한 행법이 빠름을 밝히다[明起行速疾] (二於 40下6)

於一念頃에 所生智業을 從初發心으로 乃至七地의 所修諸行으로 百分에 不及一이며 乃至百千億那由他分에도

亦不及一이며 如是阿僧祇分과 歌羅分과 算數分과 譬喩分과 優波尼沙陀分에도 亦不及一이니라

잠깐 동안에 내는 지혜의 업을 처음 발심한 때부터 7지에 이르도록 닦은 행으로는, 백분의 하나에도 미치지 못하고, 내지 백천억 나유타분의 하나에도 미치지 못하며, 이와 같이 아승지분·가라분·산수분·비유분·우파니사타분의 하나에도 미치지 못하느니라.

[疏] 二, 於一下는 起行이 速疾이라
■ ㉕ 於一 아래는 시작한 행법이 빠름을 밝힘이다.

㉰ 빠른 이유[速疾所由] 3.
㉠ 의미를 드러내다[顯意] (三何 41上2)
㉡ 과목 나누기[分科] (有十)

何以故오 佛子여 是菩薩이 先以一身으로 起行이어니와 今住此地하여는 得無量身과 無量音聲과 無量智慧와 無量受生과 無量淨國하여 敎化無量衆生하며 供養無量諸佛하며 入無量法門하며 具無量神通하며 有無量衆會道場差別하며 住無量身語意業하여 集一切菩薩行하나니 以不動法故니라

무슨 까닭인가? 불자여, 이 보살이 먼저는 한 몸으로 행을 일으켰지마는, 이제 이 지에서는 한량없는 몸과 한량없는 음성과 한량없는 지혜와 한량없이 태어남과 한량없이 깨끗

한 국토를 얻었으며, 한량없는 중생을 교화하고 한량없는 부처님께 공양하고 한량없는 법문에 들어가고 한량없는 신통을 갖추고 한량없는 대중이 모인 도량을 가졌으며, 한량없는 몸과 말과 뜻으로 짓는 업에 머물러서 모든 보살의 행을 모으되 동요하지 않는 법으로써 하는 연고이니라.

[疏] 三, 何以下는 釋疾所由니 謂先唯一身일새 故로 長時가 劣此一念이오 此地에는 身等無量일새 故로 一念에 頓超라 有十一句하니 前十은 別明이오 後一은 總結이라 十中에 初六은 依敎化衆生이오 次二는 依自集助道오 後二는 依障淸淨이라

- ㈐ 何以 아래는 빠른 이유를 설명함이다. 말하자면 앞에는 한 가지 몸뿐이었으므로 오랜 시간이 여기의 찰나보다 열등하겠지만, 이 제8지에서는 몸이 한량이 없으므로 찰나 사이에 단박에 초과하게 된다. 그중에 11구절이 있나니 ⓐ 앞의 열 구절은 개별로 밝힘이요, ⓑ 뒤의 한 구절은 총합하여 결론함이다. ⓐ 열 구절 중에 ㉠ 처음의 여섯 구절은 중생을 교화함에 의지한 분석이요, ㉡ 다음의 두 구절은 스스로 모은 보리분법에 의지한 분석이요, ㉢ 뒤의 두 구절은 장애가 청정해짐에 의지한 분석이다.

㉢ 경문 해석[釋文] 2.
ⓐ 개별로 밝히다[釋初十句別顯] 3.
㉠ 첫 구절을 해석하다[釋初句] (十中 41上6)

[疏] 十中에 一은 多身이 隨現이라 所以多者는 論에 云, 一切菩薩身이 信

解如自一身故라하니 謂智契同體일새 故能卽一爲多니 此는 實報能
爲오 不同前諸地의 變化니

- ⓐ 열 구절 중에 ㉠ 첫 구절은 많은 몸이 따라 시현함이다. 많은 이
유는 논경에 말하되, "모든 보살의 몸이 자기의 한 몸과 같다고 믿고
알기 때문이다"라고 하였다. 말하자면 지혜와 계합한 한 몸이므로
능히 하나에 합치하여 여럿이 되나니, 이것은 실보토(實報土)의 능력
이요, 앞의 여러 지(地)에서 변화토(變化土)와는 다르다.

[鈔] 十中一多下는 上은 通相料揀이오 此下는 隨句別釋이라 釋此初句에
疏文有四하니 一, 標擧니 卽是經中의 今住此地하야 得無量身이라
二, 所以多下는 擧論하야 釋多所以라 信解는 卽是勝解니 勝解로 印
持一切菩薩이 卽是我身일새 故有多身이라 三, 謂智契下는 釋上信
解爲一所以니 前來諸地에 雖有信解나 未與理冥이어니와 今與理冥
일새 故成多身耳니라 四, 此實報下는 釋通妨難이니 難云호대 初地에
百身이오 二地에 千身이며 如是漸增하야 乃至七地에 有百千億那由
他身이어늘 何得言一고 故今答云호대 彼前多身을 皆云示現이니 卽
變化爲오 非實報得이라 以前七¹³⁶⁾地에 功用分別을 未捨離故로 不
能合法이오 凡所爲作이 名心自在오 非法自在라 是故로 不得就法
說多어니와 此地는 功用分別心息하야 契合法界일새 凡所爲作을 名
法自在니 以法門無量으로 隨法論身에 身亦無量이라 擧身旣爾에 餘
可例知니라

- 十中一多 아래는 그 위는 형상을 통하여 구분함이요, 그 아래는 구
절을 따라 별도로 해석함이다. 이 첫 구절을 해석하는데 소의 문장에

---

136) 前七은 甲南續金本作其前.

넷이니 ㉤ 표방하여 거론함이니 곧 본경의 "지금 이 제8지에 머물러서 한량없는 몸을 얻는다"고 한 내용이다. ㉥ 所以多 아래는 논경을 거론하여 많은 이유를 설명한 내용이다. '믿고 안다'는 것은 곧 '뛰어난 이해'이니 뛰어난 이해로 모든 보살이 곧 나의 몸인 줄 인지하여 간직하므로 여러 몸이 있는 것이다. ㉦ 謂智契 아래는 위의 믿고 아는 것으로 하나가 된 이유를 설명한 내용이다. 앞에서부터 여러 지(地)에서 비록 믿고 알기는 하였지만 이치와 그윽이 계합하지 못하였지만 지금은 이치와 계합하였으므로 여러 몸을 이룬 것일 뿐이다. ㉧ 此實報 아래는 비방과 힐난을 해명함이다. 힐난하되, "초지는 백 가지 몸이요, 제2지는 천 가지 몸이며, 이렇게 점차 늘어나서 제7지에 이르면 백천억 나유타 수의 몸이 있게 되는데 어째서 하나라고 말하는가?" 그래서 지금 대답하되, "저 앞의 여러 몸을 모두 나타내 보인다고 하였으니 곧 변화신(變化身)이지 실보신(實報身)을 얻은 것은 아니다. 앞의 제7지에 공용으로 분별함을 아직 버리지 못한 연고로 능히 법과 합히지 않은 것이요, 무릇 작위한 바가 '마음의 자재[心自在]'라 칭하지만 법에 자재한 것은 아니다. 이런 까닭에 법에 입각하여 많은 몸이라고 말하지 못하였지만 이 제8지는 공용으로 분별하는 마음을 쉬어서 법계에 계합하였으므로 대개 작위한 바를 '법에 자재함[法自在]'이라 칭한다. 법문이 한량없음으로 법을 따라 몸을 거론한다면 몸도 역시 한량없다. 몸을 거론함이 이미 그렇다면 나머지도 사례에 준하여 알 수 있으리라.

ⓕ 나머지 구절을 설명하다[釋餘句] (此對 42上2)
㉠ 논경의 수 자(隨字)를 설명하다[釋論隨字] (皆言)

[疏] 此는 對前一身이라 餘音聲等은 對前起行이라 類亦無量이니 二는 圓音隨說이오 三은 隨所知智오 四는 隨取何類生이오 五는 隨應以何國이오 六은 隨其敎化何類衆生이오 七은 隨供養하야 集福德助道오 八은 隨入何法門하야 集智慧助道오 九는 隨神通障淨이오 十은 隨智慧障淨故로 能處無量衆會하야 隨機說法이라 皆言隨者[137]는 隨宜非一로 釋無量言이니 故로 隨時之義가 其大矣哉인저

■ ㊦ 이것은 앞의 한 몸을 상대한 설명이다. 나머지 음성 등은 앞의 행하기 시작함을 상대한 분석이다. 부류도 또한 한량없나니 둘째 구절[無量音聲]은 원음(圓音)에 맞추어 설명한 내용이요, 셋째 구절[無量智慧]은 아는 바 지혜를 따랐고, 넷째 구절[無量受生]은 어떤 부류의 중생이든 따라 취하였고, 다섯째 구절[無量淨國]은 어떤 국토든 따라 응하였고, 여섯째 구절[敎化無量衆生]은 어떤 부류의 중생이든 따라 교화하였고, 일곱째 구절[供養無量諸佛]은 부처님께 공양 올림을 따라 복덕의 보리분법을 모으는 부분이고, 여덟째 구절[入無量法門]은 어떤 법문이든 따라 들어가서 지혜의 보리분법을 모으는 부분이요, 아홉째 구절[具無量神通]은 신통을 따라 장애를 청정케 함이요, 열째 구절[有無量衆會道場差別]은 지혜를 따라 장애를 청정케 하는 연고로 능히 한량없는 대중 모임에 가서 근기에 맞추어 법문을 설하는 것이다. 논경에서 모두에 '따른다'고 말한 것은 마땅함을 따르는 것이 하나가 아님으로 무량(無量)이란 말을 해석하였다. 그러므로 시절을 따르는 이치가

---

137) 皆言隨字란 『十地經論』제10권의 내용이다. 論經云, "無量身差別者 一切菩薩身 信解如自身故 如是無量音聲起等亦無量應知 此十句依敎化衆生 依集福助道行 依障淸淨應知 隨身任656所說隨依智隨所取生隨何國土 得敎化衆生隨集功德助道 集智慧助道 供養恭敬無量諸佛故 隨順覺無量法故 隨神通障正覺障淸淨故 此一切處 隨順無量身口意業應知 以不動法者 無間不斷集故 佛子譬如乘船乃至千萬劫不能得及者 船喩彼行速疾 知因喩示現 善集善根資糧者 於七地中修菩薩行故 乘大乘船到菩薩所行 大智慧海者 八地智慧海應知 如是八地得勝行分已說."(대정장 권26 p. 181 b17-)

큰 것이다.

[鈔] 此對前下는 釋其餘句라 餘並可知니라
- ⓕ 此對前 아래는 나머지 구절을 설명함이다. 나머지 구절은 함께 대조하면 알 수 있으리라.

ⓑ 뒤의 한 구절은 총합하여 결론하다[釋後一句總結] (後一 42上9)

[疏] 後一은 結釋이니 中에 先, 結이니 謂起行이 衆多나 不離三業이오 後, 以不動法故者는 釋由無相無功하야 無有間斷이니 故로 相用에 不動하야 任運集成이니라
- ⓑ 뒤의 한 구절[11. 住無量身語意業 集一切菩薩行 以不動法故]은 결론적인 해석이다. 그중에 ⓕ 결론함이니 말하자면 행하기 시작함이 여러 가지이지만 세 가지 업을 여의지 않음이요, ⓕ 동요하지 않는 법으로 하는 까닭이란 형상 없음과 공용 없음으로 인하여 간격가 단절함이 없다. 그래서 형상과 작용에 동요되지 않아서 마음대로 모아 성취함을 해석한 내용이다.

② 비유로 밝히다[喩] (喩中 42下5)

佛子여 譬如乘船하고 欲入大海에 未至於海하여는 多用 功力이어니와 若至海已하여는 但隨風去하고 不假人力하나니 以至大海一日所行으로 比於未至하면 其未至時에 設經百歲라도 亦不能及인달하니라

불자여, 마치 배를 타고 바다에 들어갈 적에 바다까지 이르지 못하여서는 많은 공력을 써야 하지마는 바다에 들어가서는 바람을 따라다니고 사람의 힘을 빌리지 않나니, 바다에 이르러서 하루 동안 행하는 것을, 바다에 이르지 못하였을 적에 백 년 동안 가는 것으로도 미치지 못하느니라.

[疏] 喻中에 船은 喻彼行速疾이라 論에 云應知因勝示現者는 釋疾所由니 船由入海故로 疾이오 行入無生故로 疾이니라

■ ② 비유로 밝힘 중에 '배'는 저 행법이 빠른 것에 비유한 부분이다. 논경에서 "인행이 뛰어남을 나타내 보인 것임을 알 수 있다"고 말한 것은 빠른 이유를 설명한 내용이다. 배로 인하여 바다에 들어가므로 빠르며, 인행으로 무생(無生)에 들어가므로 빠르다는 뜻이다.

③ 법과 비유를 합하다[合] (合中 43上1)

佛子여 菩薩摩訶薩도 亦復如是하여 積集廣大善根資糧하여 乘大乘船하고 到菩薩行海하여 於一念頃에 以無功用智로 入一切智智境界하나니 本有功用行은 經於無量百千億那由他劫이라도 所不能及이니라

불자여, 보살마하살도 그와 같아서, 광대한 선근의 양식을 모아 가지고 대승의 배를 타고서 보살행의 바다에 이르면 잠깐 동안에 공력을 쓰지 않는 지혜로 온갖 지혜의 지혜 경계에 들어가는 것을, 본래에 공력을 쓰는 행으로는 한량없는 백천억 나유타 겁을 지내더라도 미치지 못하느니라."

[疏] 合中에 初合未至海는 卽前七地오 次, 到菩薩下는 合若至海니 卽第八地라 無生之智가 亦是行故로 名爲行海라 又頓能徧起하야 卽深而廣일새 亦得名海라 無功用智로 以合上風이오 一切智境은 明其趣果니 前喩所無라 以無生智가 同佛智海일새 故喩不分이라 本有已下는 合前校量이니라

■ ③ 법과 비유를 합함 가운데 ㉮ '바다에 이르지 못함'에 합한 것은 앞의 일곱 지(地)를 가리키고, ㉯ 到菩薩 아래는 '바다에 들어가서는'에 합한 것은 곧 제8지를 가리킨다. 무생인(無生忍)의 지혜도 또한 행법인 연고로 '행법의 바다'라 이름하였다. 또 단박에 두루 일으켜서 깊으면서 넓어졌으므로 또한 바다라고 칭하였다. 공용 없는 지혜로 위의 바람에 합하였고, '온갖 지혜 지혜의 경계'는 과덕으로 향함을 밝힌 부분이니 앞의 비유에 없는 내용이다. 무생법인의 지혜가 부처님 지혜의 바다와 같아지는 연고로 비유를 구분하지 않았다. ㉰ 本有 아래는 앞의 분량으로 비교함[設經百歲 亦不能及]과 합한 내용이다.

(라) 불국토를 청정케 하는 부분[淨佛國土分] 2.

ㄱ. 의미를 밝히다[敍意] 2.
ㄱ) 질문하다[問] (大文 43上6)

[疏] 大文第四, 淨土分者는 問이라 經中에 但云, 大方便智로 一切觀察을 皆如實知라하사 廣說化生應形作用하시며 瑜伽論中에 十自在前과 起智門後에 但云得分身智어늘 何以論主는 判爲淨土分耶아

■ 큰 문단으로 (라) 불국토를 청정케 하는 부분에서 ㄱ) 질문한다. 경

문에 단지, "큰 방편의 지혜로 모두를 관찰하여 사실대로 안다"고만 말하여 화현으로 나서 형상에 응하여 작용함을 자세히 설명하였다. 『유가사지론』중에 '열 가지 자재함'의 앞과 지혜를 일으킨 문 다음에 단지 '분신의 지혜를 얻었다'고만 말했는데, 어찌하여 논주는 불국토를 청정케 하는 부분으로 판단하여 구분하였는가?

ㄴ) 대답하다[答] 2.
(ㄱ) 두 가지 문으로 전개하다[開二門] (答淨 43上9)
(ㄴ) 구분하여 정하다[揀定] (今約)

[疏] 答이라 淨土가 有二하니 一은 是能淨之因이오 二는 是所淨之果라 此有二對하니 一은 相淨果니 謂寶嚴等은 以行業으로 爲因이니 謂直心等이오 二는 自在淨果니 謂三世間의 圓融等은 以德業으로 爲因이니 謂淨土三昧等이니 今約後對니라 然이나 淨土行業이 始起는 在凡이오 滿在十地며 淨土德業은 始起不動이오 終在如來니라

■ ㄴ) 대답한다. 정토에 둘이 있으니 (1) 청정케 하는 원인이요, (2) 청정케 한 결과이다. 여기에 두 가지 대구가 있으니 (1) 형상으로 청정케 한 결과이다. 말하자면 보배 장엄 등은 행업으로 원인을 삼았으니 직심(直心) 등을 말한다. (2) 삼세간에 자재함으로 청정케 한 결과이다. 말하자면 세 가지 세간에 원융함 등은 공덕업으로 원인을 삼은 것이니 정토삼매(淨土三昧) 등을 말한다. (ㄴ) 지금은 대구에 의지한 분석이다. 하지만 정토의 행법을 범부일 적에 시작하였고 십지에 가서 만족하는 것이며, 정토의 공덕업은 제8 부동지에서 시작하고 여래지(如來地)에 가서 마치게 된다.

❖ 제6회 십지품 제8 不動地 (科圖 26-82; 稱字卷)

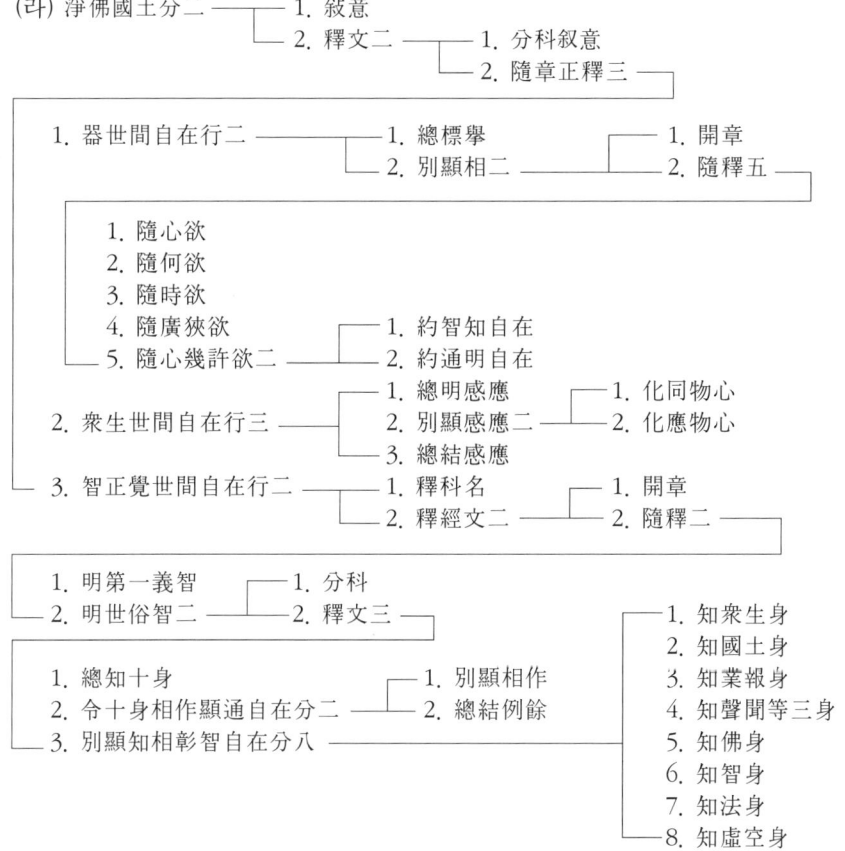

[鈔] 大文第四淨土分中에 先, 問答顯意니 初는 問이오 後는 答이라 答中에 二니 先, 開二門이오 後, 今約下는 揀定이라 旣約位하야 釋成始起於此하니 故偏有淨土分也니라

● 큰 문단으로 (라) 불국토를 청정케 하는 부분 중에 (ㄱ) 질문과 대답으로 의미를 밝힘이니 a. 질문이요, b. 대답이다. b. 대답 중에 둘이

니 a) 두 가지 문으로 전개함이요, b) 今約 아래는 구분하여 정함이다. 이미 지위에 의지하여 8지에서 시작함을 설명하였으며 그래서 정토(淨土)의 부분에 치우친 것이다.

ㄴ. 경문 해석[釋文] 2.
ㄱ) 과목을 나누어 의미를 밝히다[分科敍意] (文分 43下8)

[疏] 文分三別이니 一은 器世間自在行이요 二는 衆生世間自在行이요 三은 智正覺世間自在行이라 初는 是化處요 次는 是所化요 後는 是能化라 具後二淨하야사 方名淨土라 然이나 初一은 多約能淨이요 後二는 多約所淨이니 文影略耳라 就初하야 分二니

■ ㄴ. 경문 해석을 나누어 셋으로 구별하였으니 (ㄱ) 기세간에 자재한 행법이요, (ㄴ) 중생세간에 자재한 행법이요, (ㄷ) 지정각세간에 자재한 행법이다. (ㄱ) 기세간은 교화할 장소요, (ㄴ) 중생세간은 교화할 대상이요, (ㄷ) 지정각세간은 교화하는 주체이다. 뒤의 두 가지가 청정함을 구비해야만 비로소 정토라 이름할 수 있다. 하지만 (ㄱ) 앞의 하나는 대개 정토의 주체에 의지한 분석이요, 뒤의 둘[(ㄴ) (ㄷ)]은 정토의 대상에 의지한 분석이니 경문이 비추어 생략된 것일 뿐이다. (ㄱ) 기세간에 입각하여 둘로 나누었다.

ㄴ) 가름을 따라 바로 해석하다[隨章正釋] 3.
(ㄱ) 기세간에 자재한 행법[器世間自在行] 2.

a. 총합하여 표방하다[總標擧] (先總 44上1)

佛子여 菩薩이 住此第八地에 以大方便善巧智의 所起
無功用覺慧로 觀一切智智所行境하나니
"불자여, 보살이 제8지에 머물러서는 큰 방편과 교묘한 지혜로 일으킨 공용이 없는 지혜로써 온갖 지혜의 지혜로 행할 경계를 관찰하나니,

[疏] 先, 總標擧니 無功用智가 爲能觀智요 智所行境이 爲所觀이라 方便善巧는 卽無功用因이니 在於七地하야 修無功用일새 今得自在니라
- a. 총합적으로 표방함이니 공용 없는 지혜가 관찰하는 주체인 지혜이고, 지혜가 행할 대상인 경계를 관찰할 대상으로 삼는다. 방편의 교묘함은 공용 없는 행법의 원인이니 제7지에서 공용 없는 행법을 닦았으므로 지금에 자재함을 얻은 것이다.

[鈔] 智所行境者는 卽世界成壞요 能觀智는 卽下如實知니 此는 總科요 方便善巧下는 別牒釋이라 言卽無功用因者는 由於七地에 得空中의 方便慧와 有中의 殊勝行하야 修此無功故니라
- '지혜가 행할 대상인 경계'라는 것은 곧 기세간(器世間)이 이루어졌다 무너짐이요, '관찰하는 주체인 지혜'는 곧 아래의 '사실대로 아는 것'이다. 이것은 총합적으로 과목 나눈 부분이요, 方便善巧 아래는 개별로 따와서 해석한 부분이다. '공용 없는 행법의 원인'이라 말한 것은 저 제7지에 〈공〉 중의 방편지혜와 〈유〉 중의 뛰어난 행법을 얻음으로 인하여 이 공용 없음을 닦는 까닭이다.

b. 개별로 형상을 밝히다[別顯相] 2.

a) 가름을 열다[開章] (後所 44上8)

[疏] 後, 所謂下는 別顯其相이라 有五種自在하니 一은 隨心欲이오 二는 隨何欲이오 三은 隨時欲이오 四는 隨廣狹欲이오 五는 隨心幾許欲이라
- b. 所謂 아래는 개별로 형상을 밝힘이다. 다섯 가지 자재함이 있으니 (a) 마음을 따라 욕구함이요, (b) 무슨 업을 따라 욕구함이요, (c) 시간을 따라 욕구함이요, (d) 넓고 좁은 경계를 따라 욕구함이요, (e) 마음의 얼마쯤을 따라 욕구함이다.

b) 과목에 따라 해석하다[隨釋] 5.
(a) 마음을 따라 욕구하다[隨心欲] (今初 44上10)
(b) 어떤 업을 따라 욕구하는가[隨何欲] (二由)
(c) 시간을 따라 욕구하다[隨時欲] (三幾)

所謂觀世間成하며 觀世間壞하되 由此業集故로 成과 由此業盡故로 壞와 幾時成과 幾時壞와 幾時成住와 幾時壞住를 皆如實知하니라
이른바 (1) 세간이 이루어짐을 관찰하고 세간이 무너짐을 관찰하며 (2) 이 업이 모임으로써 이루어지고 이 업이 다함으로써 무너지며 (3) 얼마 동안 이루어지고 얼마 동안 무너지며, 얼마 동안 이루어 머물고 얼마 동안 무너져서 머무는 것을 모두 사실대로 아느니라.

[疏] 今初에 觀世間成壞니 論에 云, 隨心所欲하야 彼能現及不現故者는

謂約能淨하야 論隨오 隨自心欲하야 知卽能知故는 約所淨하야 論隨오 隨衆生心樂하야 欲見者는 則現成現壞오 不欲見者는 則不現故라 經에 云觀과 知는 則唯約因이오 論主는 欲顯義兼於果일새 故云隨現이니 卽轉變自在라 下之四段에 隨現도 準知니라 二, 由此業下는 明隨何欲이니 謂隨物이 欲知何業成壞하야 皆能現故라 三, 幾時成下는 明隨時欲이니 謂隨時長短하야 卽能現故라 若約能淨인댄 卽隨時智니라 如此世界가 成二十劫이니 初劫에 成器하고 餘成衆生이라 壞亦二十이니 先壞衆生하고 後一은 壞器니라 並稱事稱理[138]를 名如實知니라

■ 지금은 (ㄱ)에 기세간의 이루어짐과 무너짐을 관찰함이다. 논경에서 "마음의 바라는 바를 따라 나타내기도 하고 나타내지 않기도 한다"고 말한 것은 청정케 하는 주체에 의지하여 따름을 논의한 내용이요, '자신의 마음에 바라는 바를 따라 아는 것은 곧 아는 주체인 까닭이다'라고 말한 것은 청정케 할 대상에 의지하여 따름을 논의한 내용이다. '중생의 마음에 좋아함을 따라 보려고 한다'는 것은 이루어짐을 나타내고 무너짐을 나타낸 부분이다. 보려고 하지 않는 것은 나타내지 않기 때문이다. 경문에서 '관찰한다'와 '안다'고 한 것은 오로지 인행(因行)에 의지한 표현이요, 논경에서는 이치가 결과를 겸함을 밝히려 하는 연고로 '따라 나타낸다'고 하였으니 그래서 전변함이 자재한 것이다. 아래의 네 문단에서 '따라 나타낸다'고 한 것도 준하여 알

---

138) 위 내용은 『俱舍論』 제11권의 分別世品 제3에, "論曰. 刹那百二十爲一怛刹那. 六十怛刹那爲一臘縛. 三十臘縛爲一牟呼栗多. 三十牟呼栗多爲一晝夜. 此晝夜有時增有時減有時等. 三十晝夜爲一月. 總十二月爲一年. 於一年中分爲三際. 謂寒熱雨各有四月. 十二月中六月減夜. 以一年內夜總減六. 云何如是. 故有頌言, 寒熱雨際中 一月半已度 於所餘半月 智者知夜減 如是已辯刹那至年. 劫量不同今次當辯. 頌曰《應知有四劫 謂壞成中大 壞從後不生 至外器都盡 / 成劫從風起 至地獄初生 中劫從無量 減至壽唯十 / 次增減十八 後增至八萬 如是成已住 名中二十劫 / 成壞壞已空 時皆等住劫 八十中大劫 大劫三無數》—"(대정장 권29 p.62b-)

아야 한다. (b) 由此業 아래는 무슨 업을 따라 욕구함을 밝힘이다. 말하자면 중생이 무슨 업으로 이루어지고 무너짐을 알려 하는 것에 따라 모두 능히 나타내는 까닭이다. (c) 幾時成 아래는 시간을 따라 욕구함을 밝힘이다. 말하자면 시간의 길고 짧음을 따라 곧 능히 나타내기 때문이다. 만일 청정케 하는 주체에 의지하여 분석하면 곧 '시간을 따르는 지혜[隨時智]'가 된다. 예컨대 이런 세계가 20겁 동안 이루어지나니 첫째 겁에 기세간을 이루고, 나머지 19겁 동안 중생세간을 이룬다. 무너지는 것도 20겁이니 먼저 19겁 동안 중생세간을 무너뜨리고, 뒤의 한 겁 동안에 기세간을 무너뜨린다.[139] 더불어 현상에 걸맞고 이치에 걸맞게 아는 것을 '사실대로 안다'고 이름한다.

(d) 넓고 좁음을 따라 욕구하다[隨廣狹欲] 2.
㈠ 과목 나누기[分科] (四又 45上5)

又知地界의 小相大相과 無量相差別相하며 知水火風界의 小相大相과 無量相差別相하며

---

[139] 劫 : 범어 kalpa의 音略으로 劫波라 음역하고 長時라 번역한다. 무한히 긴 시간을 가리키는 말. 『대지도론』 제5권에 "사방 40리의 성 안에 芥子를 가득 채우고 백년 마다 한 알씩 집어내어 그 개자가 다 없어져도 劫은 다하지 않는다"고 하여 芥子劫이라 한다. 또 "사방으로 둘레가 40리 되는 바위를 백년마다 한 번씩 엷은 옷으로 스쳐서 마침내 그 바위가 닳아 없어지더라도 劫은 다하지 않는다"고 하여 磐石劫이라 한다. 구사론 권12에 "이 洲의 사람의 수명이 무량한 때를 지나 住劫의 처음에 이르러 수명이 점점 줄어들어 10살에 이르는 동안을 처음의 一住中劫이라 한다. 이 뒤의 18겁은 다 增減이 있다. 즉 10세에서 늘어나 8만 세에 이르러, 다시 8만 세에서 줄어 10세에 이르는데 이를 제2 住中劫이라 한다. 이위도 마찬가지이다. 제20 住中劫은 10살부터 늘어나 8만 세에 이르게 된다. 이 중에서 住劫인 20劫 중 처음의 제1劫은 減劫이요 뒤의 제20 劫은 增劫이요 중간의 18劫은 增減劫이 된다. 여기서 1增減劫을 1小劫이라 한다. (불교학대사전 p.38-) * 四劫: 불교의 世界說로 세계가 구성되면서부터 무너져 없어지는 기간을 4期로 나눈 것이다. 세계가 생기는 成劫, 생겨서 존재하는 住劫, 세계가 없어져 空無한 기간을 空劫이라 한다. 각각의 기간을 20中劫이라 하고, 80中劫을 1大劫이라 한다. 여기서 成劫의 첫째 劫에 器世間을, 나머지 19劫 동안 중생세간을 이룬다. 壞劫도 20劫이니 앞의 19劫 동안 중생세간을 무너뜨리고 뒤의 한 겁 동안 기세간을 무너뜨린다. 住劫과 空劫도 모두 20劫이다. (앞의 책 p.636-)

또 지대 경계의 작은 모양과 큰 모양과 한량없는 모양과 차별한 모양을 알고, 수대·화대·풍대 경계의 작은 모양과 큰 모양과 한량없는 모양과 차별한 모양을 알며,

[疏] 四, 又知地下는 隨廣狹欲이니 彼能現故라 文中에 三이니 初, 知四大差別이니 卽是廣相이오 二, 知微塵下는 是知狹相이오 三, 隨何世界所有地水下는 知能所成이니 卽雙明廣狹相이라

- (d) 又知地 아래는 넓고 좁음을 따라 욕구함이니 저 욕구를 능히 나타내는 까닭이다. 경문에 셋이니 ① 사대(四大)가 차별함을 아는 것이니 곧 넓은 형상이요, ② 知微塵 아래는 좁은 형상을 아는 것이요, ③ 隨何世界所有地水 아래는 이루는 주체와 대상을 아는 것이니, 곧 넓고 좁은 형상을 동시에 밝힌 내용이다.

㈡ 과목에 따라 해석하다[隨釋] 3.
① 넓은 형상을 알다[知廣相] (수初 45上8)

[疏] 今初中에 小相者는 非定地報識境界오 大相者는 定地境界니 乃至四禪이 緣三千故라 無量者는 如來境界라 上三은 是事分齊니 皆以境界智로 知라 差別相者는 是法分齊故니 以相智로 知니 知其自相과 同相의 差別故라 後는 類餘易了니라

- 지금은 ①에 '작은 모양'이란 지대(地大)의 아뢰야식[報識] 경계로 정해진 것이 아니요, '큰 모양'이란 지대의 경계로 정해진 것이니, 나아가 사선천(四禪天)이 삼천대천세계를 반연하는 까닭이다. '한량없다'는 것은 여래의 경계이다. 위의 셋[小相, 大相, 無量相]은 현상적인 영역이니

모두 경계의 지혜로 아는 부분이다. '차별한 모양'이란 '법의 영역[法分齊]'인 까닭이다. 형상적인 지혜로 아는 부분이니, 자신의 모양과 함께하는 모양의 차이를 아는 까닭이다. 뒤는 나머지와 유례하면 쉽게 알 것이다.

[鈔] 初知四大差別卽是廣相者는 謂知大分齊니라 小相者下는 散心所知니 少故로 名小오 定心所知는 廣故로 名大라 初禪은 量等四洲오 二禪은 量等小千이오 三은 等中千이오 四는 等大千[140]이니 故云乃至라 量旣徧等일새 故能徧緣이라 無量相者는 佛智가 稱事理之實일새 故無分量이라 差別相者는 是法分齊者는 若言大小인대 卽是[141]分齊라 知地堅相과 水濕相等을 名知自相이오 同無常等은 名知共相이니 二相이 皆是法分齊也니라

● ① '사대의 차별을 아는 것이 곧 넓은 형상'이라는 것은 사대의 영역을 안다는 말이다. 小相者 아래는 산란한 마음으로 알 대상이니 적으므로 '작다'고 시칭하였고, 선정의 마음으로 알 대상은 넓은 연고로 '크다'고 말하였다. 초선천은 분량이 사주(四洲)세계와 같고, 이선천은 분량이 소천세계와 같고, 삼선천은 분량이 중천세계와 같고, 사선천은 분량이 대천세계와 같으므로 '내지(乃至)'라고 하였다. 분량이 이미 두루 평등하므로 능히 두루 반연한 것이다. '한량없는 모양'이란 부처님 지혜가 이치와 현상에 걸맞은 진실이므로 분량이 없는 것이다. '차별한 모양이란 법의 영역'이라 한 것은 만일 크기로 말한다

---

[140] 이 부분은 『俱舍論』 제11권 分別世品 제3의 내용을 근거로 한다. 게송에 운, "《四大洲日月 蘇迷盧欲天 梵世各一千 名一小千界 / 此小千千倍 說名一中千 此千倍大千 皆同一成壞》論曰. 千四大洲乃至梵世. 如是總說爲一小千. 千倍小千名一中千界. 千中千界總名一大千. 如是大千同成同壞. 同成壞相後當廣辯."(대정장 권29 p.60 c~)
[141] 是는 甲南續金本作事.

면 곧 현상적인 영역이다. 지대(地大)의 굳건한 형상과 수대(水大)의 젖는 양상 등을 '자신의 양상을 안다'고 말하고, 무상(無常)과 같다는 등은 '공통되는 모양을 안다'고 말하나니 두 모양이 모두 법의 영역이다.

② 좁은 형상을 알다[知狹相] (二知 46上1)

知微塵의 細相差別相과 無量差別相하며 隨何世界中하여 所有微塵聚와 及微塵差別相을 皆如實知하며
작은 티끌의 미세한 모양과 차별한 모양과 한량없이 차별한 모양을 알며, 어떠한 세계에 있는 티끌의 무더기와 티끌의 차별한 모양이라도 모두 사실대로 알며,

[疏] 二, 知塵[142)中에 細者는 透金塵故라 論經에 次云麤相者는 隙塵故라 差別은 同前이나 無量差別者는 塵之中에 含多法故라 塵之麤細는 俱通定散일새 故로 不云小大니라

■ ② '티끌 중의 미세한 모양을 안다'는 것은 '금속을 투과하는 티끌[透金塵]'인 까닭이다. 논경에 다음으로 거친 모양을 말한 것은 극유진(隙遊塵)인 까닭이다. 구분한 것은 앞과 같다. 한량없는 차별이란 하나의 미진 속에 여러 현상법을 포함하기 때문이다. 미진(微塵)[143)의 거

---

142) 塵은 續金本作微塵.
143) 極微 : 범어 paramāṇu의 번역. 물질[色法]을 분석하여 極小不可分의 단위에 이른 것으로 極細塵이라고도 한다. 『구사론』 제12권에 의하면 ① 1極微를 중심으로 上下四方의 6方으로 極微가 집합한 一團을 ② 微라 한다. 범어 aṇu의 번역이며 阿耨塵이라고도 한다. 같은 방법으로 7微를 ③ 金塵[또는 透金塵]이라 하며 7金塵을 ④ 水塵이라 하고 7水塵을 ⑤ 兎毛塵이라 하고 7兎毛塵을 ⑥ 羊毛塵이라 하고 7羊毛塵을 ⑦ 牛毛塵이라 하고 7牛毛塵을 ⑧ 隙遊塵[또는 向毛塵]이라고 한다. 隙遊塵은 창문 등의 틈새에 스며드는 빛 사이로 비치는 티끌만한 크기란 뜻으로 肉眼으로 식별할 수 있는 작은 티끌을 말한다. 極微가 모여 구체적인 물질을 형

칠고 미세함은 선정과 산란심에 모두 통하므로 크고 작음을 말하지 않았다.

[鈔] 細者透金塵故者는 俱舍에 云, 極微가 微와 金과 水와 兎와 羊과 牛와 隙塵이오 蟻와 虱과 麥과 指節이니 後後가 增七倍라하니라 隙塵은 乃塵中의 最麤니 無一極微가 獨處而住일새 故不說初오 而七極微가 爲一微塵이니 此亦最細나 而名是通일새 故取第三透金之塵하야 以爲細也니라 言一塵之中144)含多法者는 能造와 所造가 一聚而現에 必具堅濕煖動과 色香味觸일새 故云多法이니라

● ② '미세한 모양은 금속을 투과하는 티끌인 까닭'이라 한 것은 『구사론』제12권에 이르되, "지극히 미세한 것이 미진(微塵)과 금진(金塵)과 수진(水塵), 토모진(兎毛塵), 양모진(羊毛塵), 우모진(牛毛塵), 극유진(隙遊塵)이 되고 서캐[蟻]와 이[虱], 보리[麥廣麥]와 손가락 마디[指節]이니 뒤로 갈수록 일곱 배씩 증가하네"라고 하였다. 극유진(隙遊塵)은 미신 중의 가장 큰 단위이니 어떤 극미(極微)도 홀로 머물 수 없으므로 처음을 말할 수 없으며, 일곱 개의 극미가 한 개의 미진을 만든다. 이 역시 가장 미세한 것이긴 하지만 명칭으로 통하므로 세 번째 투금진(透金塵)을 취하여 미세한 모양으로 삼은 것이다. '한 미진 속에 여러 현상법을 포함한다'고 말한 것은 만드는 주체와 대상이 한 번 모여서 나타나면 반드시 굳건하고 젖으며 따뜻하고 움직임과 빛과 냄새와 맛과 촉감을 구비하게 되므로 '여러 현상법[多法]'이라 말하였다.

성할 때에는 적어도 반드시 地·水·火·風의 4대와 色·香·味·觸의 4塵으로부터 형성되는데 한 번 형성된 뒤부터는 감소하는 일은 없다. 이것을 '八事俱生隨一不減'이라고 지칭한다. (불교학대사전 p.166-)
144) 中下에 南金本有中字.

③ 동시에 두 가지 모양을 밝히다[雙明二相] 2.
㉮ 총합적으로 안과 바깥 모양을 알다[總知內外] (三知 46下5)
㉯ 개별로 육도(六道)를 밝히다[別明六道] (二知)

隨何世界中하여 所有地水火風界의 各若干微塵과 所有寶物의 若干微塵과 衆生身의 若干微塵과 國土身의 若干微塵을 皆如實知하며 知衆生大身小身의 各若干微塵成하며 知地獄身畜生身餓鬼身阿修羅身天身人身의 各若干微塵成하여 得如是知微塵差別智하나니라

어떠한 세계에 있는 지대·수대·화대·풍대의 경계가 각각 얼마만한 티끌인 것과, 거기 있는 보물의 티끌이 얼마인 것과, 중생의 몸의 티끌이 얼마인 것과, 국토들의 티끌이 얼마인 것을 사실대로 알며, 중생의 큰 몸과 작은 몸이 각각 얼마의 티끌로 이루어졌는가를 알며, 지옥의 몸과 축생의 몸과 아귀의 몸과 아수라의 몸과 하늘의 몸과 인간의 몸이 각각 얼마의 티끌로 이루어졌는지를 알아서, 이렇게 티끌의 차별을 아는 지혜를 얻느니라.

[疏] 三, 知能所成中에 二니 先, 總知內外요 二, 知地獄下는 別明六道라 斯卽楞伽에 責所不問이니 意顯窮幽라 又云無性故니라

■ ③ 성립하는 주체와 대상을 아는 것 중에 둘이니 ㉮ 총합하여 안과 바깥 모양을 이해함이요, ㉯ 知地獄 아래는 개별로 육도(六道)를 밝힌 내용이다. 이것은 『능가경(楞伽經)』에서 질문하지 않은 것을 꾸짖은 내용이니, 의식으로 궁극의 사후세계를 드러낸 부분이다. 또 자성

이 없다고도 말하는 까닭이다.

[鈔] 斯卽楞伽下는 謂大慧菩薩이 發一百八問云호대 我名爲大慧니 通達
於大乘이니라 今以百八義로 仰咨尊中上하노라 下問云호대 云何淨其
念이며 云何念增長等이닛고 列問竟이어늘 佛이 讚善하사 牒問竟하시고
然後에 責其所問이 不盡云하사대 諸山須彌地와 巨海日月量과 下中
上의 衆生이 身各幾微塵이며 一一刹이 幾塵이며 弓弓數가 有幾며 肘
步拘樓舍와 半由旬145)由旬이라하시고 乃至云하사대 是等을 所應請이
어늘 何須問餘事오 聲聞辟支佛과 佛及最勝子가 身各有幾數를 何
故로 不問此146)오하니라 釋曰, 此卽責所不問也니라

● 斯卽楞伽 아래는 말하자면 대혜보살이 108가지 질문을 하되, "나의 이름은 대혜(大慧)라 하나니 대승법을 통달하였다. 지금 이 108가지 이치를 우러러 존귀한 분께 여쭈옵니다." 아래에 질문하되, "어떻게 그 생각을 청정케 하며 어떻게 생각을 늘어나게 합니까?" 등으로 질문을 나열하였다. 부처님께서 '훌륭하다'라고 칭찬하시고 질문을 따온 뒤에 그 질문들이 충실하지 않다고 책망하시되 "여러 산과 수미산의 지대(地大)와 큰 바다나 해와 달의 분량과 하·중·상의 중생과 몸에 각기 얼마의 미진으로 되었으며 낱낱의 국토에 얼마만한 미진이 있는가와 궁궁(弓弓)의 숫자가 얼마이며, 팔꿈치나 걸음이 구루사(拘樓舍)147)와 반 유순과 유순씩 늘어난다." 나아가 말하되, "(이와 같이 모인 모습이 몇 바라미루(波羅彌樓)인가 하는) 이러한 등을 응당히 물어봐야 하겠지만, 어찌하여 다른 것들을 질문하였는가? 성문이나 벽지불, 부처님과 보살[最勝子]의 몸이 각기 얼마만큼의 숫자인지를 무슨 까

---

145) 旬은 經作延, 甲南續本作巡, 金本作一.
146) 인용문은 『4권 楞伽經』 제1권 一切佛語心品 제1의 내용이다. (대정장 권16 p. 481 c-)

닭에 여기에 질문하지 않았는가?"라고 하였다. 해석한다면 이것은 곧 '질문할 수 없는 것'이라고 꾸짖은 내용이다.

(e) 마음의 얼마쯤을 따라 욕구하다[隨心幾許欲] 2.
㊀ 지혜로 아는 데 자재함을 의지한 분석[約智知自在] (第五 47上8)

又知欲界色界無色界成하며 知欲界色界無色界壞하며 知欲界色界無色界小相大相과 無量相差別相하여 得如是觀三界差別智니라
또 욕계와 색계와 무색계의 이루어짐을 알고, 욕계와 색계와 무색계의 무너짐을 알며, 욕계와 색계와 무색계의 작은 모양·큰 모양·한량없는 모양·차별한 모양을 알아서 이렇게 삼계의 차별을 관찰하는 지혜를 얻느니라.

[疏] 第五, 又知欲界下는 明隨心幾許欲이니 卽能現故라 文中에 二니 初, 約智知自在라 上은 卽三界互望하야 論大小오 今卽一界之中하야 自分大小니 欲界中에 人境爲小오 天境爲大오 色中에 覺觀爲小오 無覺觀爲大오 無色界中에는 論에 云, 佛法中에 凡境爲小오 聲聞과 菩薩爲大者는 爲揀外道가 妄取爲涅槃故로 特云佛法이니 如來가 所知一切三界를 皆名無量相이니라

- (e) 又知欲界 아래는 마음의 얼마를 따라 욕구함이니 곧 능히 나타내는 까닭이다. 경문에 둘이니 ㊀ 지혜로 아는 데 자재함에 의지한

---

147) 俱盧舍: 범어 krośa의 음역. 拘盧舍, 拘樓舍라고도 쓴다. '부르는 소리'의 의미에서 변하여 큰 소가 우는 소리, 또는 북소리를 들을 수 있는 범위를 말하나니 거리의 단위로 쓰인다. (불교학대사전 p.131-). 참고로 弓은 거리의 단위로 활이 미칠 수 있는 거리. 肘는 한 팔꿈치의 거리로 '一尺五寸爲一肘 四肘爲一弓 三百弓爲一里 五百弓爲一俱盧舍'로 된다.

설명이다. 위는 곧 삼계를 서로 비교하여 크고 작음을 말한 부분이요, 지금은 곧 한 세계 중에 자연히 크고 작음을 구분한 부분이니 욕계 중에는 인간의 경계가 작고 천상의 경계가 크다. 색계 중에는 각관이 작고 각관이 없음으로 큰 것을 삼는다. 무색계는 논경에서 "불법 속에 범부의 경계는 작고 성문과 보살의 경계로 큰 것을 삼는다"고 말한 것은 외도가 망녕되게 취하여 열반을 삼은 것과 구분하기 위한 연고로 특별히 '불법'이라 한 것이니, 여래가 삼계를 모두 아는 것을 '한량없는 모양'이라 칭하였다.

[鈔] 佛法中者는 問이라 無色은 無色일새 無有分量이어늘 何有大小오 答이라 大乘之中에 許有色故니 離世間品에 明菩薩鼻根이 聞無色界의 宮殿香故라 此有二意하니 一은 無麤有細오 二는 無其相色이니 有通果色故니라

● '불법 속'이란 질문이다. 무색계는 물질이 없으므로 분량이 없는 것인데 어찌 크고 작음이 있겠는가? 대답한다. 대승에는 물질을 허용하기 때문이니, 이세간품(離世間品)에 보살의 코가 무색계의 궁전의 향기를 맡기 때문이다. 여기에 두 가지 의미가 있으니 (1) 큰 것은 없고 미세한 것만 있음이요, (2) 형상이나 색깔이 없나니 불과(佛果)의 색과 통하기 때문이다.

㈢ 신통광명의 자재함에 의지한 분석[約通明自在] 3.
① 근기에 따라 화신(化身)을 나타내다[隨機現化] (第二 48上1)
② 교화의 영역을 밝히다[明化分齊] (二此)
③ 화현이 자재함을 밝히다[明現自在] (三此)

佛子여 此菩薩이 復起智明하여 敎化衆生하나니 所謂善
知衆生身差別하며 善分別衆生身하며 善觀察所生處하
여 隨其所應하여 而爲現身하여 敎化成熟이니라 此菩薩
이 於一三千大千世界에 隨衆生身信解差別하여 以智光
明으로 普現受生하며 如是若二若三과 乃至百千과 乃至
不可說三千大千世界에 隨衆生身信解差別하여 普於其
中에 示現受生하나니라 此菩薩이 成就如是智慧故로 於
一佛刹에 其身不動하고 乃至不可說佛刹衆會中에 悉現
其身이니라

불자여, 이 보살이 다시 지혜의 광명을 일으켜서 중생을 교화하나니, 이른바 ① 중생의 차별한 몸을 잘 알며, 중생의 몸을 잘 분별하며, 태어나는 곳을 잘 알아서, 그 마땅한 대로 몸을 나타내어 교화하고 성숙하게 하느니라. ② 이 보살이 한 삼천대천세계에서 중생의 몸과 믿고 아는 차별을 따라서 지혜의 광명으로 두루 태어나는 일을 나타내며, 이와 같이 둘이나 셋이나 백이나 천이나 내지 말할 수 없는 삼천대천세계에서 모든 중생의 몸과 믿고 아는 차별을 따라서 그 가운데서 널리 태어남을 나타내느니라. ③ 이 보살이 이러한 지혜를 성취하였으므로, 한 부처님 세계에서 몸이 동요하지 아니하며, 내지 말할 수 없는 세계의 대중이 모인 가운데서 그 몸을 나타내느니라."

[疏] 第二, 佛子此菩薩復起下는 約通明自在하야 隨物現化라 文中에 三이니 一은 隨機現化라 於中에 初, 標能化智오 次, 所謂下는 明所知

機라 有三句하니 一은 知身類의 不同故오 二는 知隨身에 宜用方便 異故오 三은 生何等界하야 能利生故라 後, 隨其下는 正明隨化라 雖 言現身이나 意在生處니 故屬器界라 二, 此菩薩於一三千下는 明化 分齊오 三, 此菩薩成就下는 明現自在니 謂不動而徧이 猶月入百川 이니라

■ ㈡ 佛子 此菩薩復起 아래는 신통광명의 자재함에 의지하여 ① 중생에 맞추어 화신(化身)을 나타냄이다. 그중에 ㉮ 교화하는 주체인 (보살의) 지혜를 표방함이요, ㉯ 所謂 아래는 알아야 할 대상의 근기를 밝힘이다. 여기에 세 구절이 있으니 ㉠ 첫 구절은 몸의 종류가 같지 않음을 알기 때문이요, ㉡ 둘째 구절은 몸에 따라 맞추어 써야 할 방편이 다른 것을 알기 때문이요, ㉢ 셋째 구절은 어떤 세계에 태어나서 중생을 이롭게 해야 할지 알아야 하기 때문이다. ㉰ 隨其 아래는 바로 따라 화현함을 밝힘이다. 비록 몸을 나타낸다고 말하지만 의미는 태어나는 곳에 있으므로 기세간(器世間)에 포함시킨다. ② 此菩薩 於一三千 아래는 교화할 영역을 밝힘이나. ③ 此菩薩成就 아래는 화현이 자재함을 밝힘이다. 말하자면 동요하지 않으면서 두루 한 것이 마치 달이 여러 강에 두루 비침[시]과 같다.

(ㄴ) 중생세간에 자재한 행법[衆生世間自在行] 3.

a. 총합하여 감응에 대해 밝히다[總明感應] (第二 48下7)

佛子여 此菩薩이 隨諸衆生의 身心信解種種差別하여 於 彼佛國衆會之中에 而現其身하나니

"불자여, 이 보살이 중생들의 몸과 마음과 믿음과 아는 일이 가지가지로 차별함을 따라서 그 부처님의 대중 가운데서 몸을 나타내나니,

[疏] 第二, 佛子此菩薩下는 明衆生世間自在行이니 謂隨感能應하야 調伏衆生自在故라 於中에 三이니 初는 總明感應이오

■ (ㄴ) 佛子此菩薩 아래는 중생세간에 자재한 행법을 밝힘이다. 말하자면 중생의 감득을 따라 능히 응하여 중생을 조복함이 자재한 까닭이다. 그중에 셋이니 a. 총합적으로 감응에 대해 밝힘이요,

b. 개별로 감응에 대해 밝히다[別顯感應] 2.
a) 중생의 몸과 같게 화현하다[化同物身] (二所 49上4)
b) 중생의 마음에 맞추어 화현하다[化應物心] (二又)

所謂於沙門衆中에 示沙門形하며 婆羅門衆中에 示婆羅門形하며 刹利衆中에 示刹利形하며 如是毘舍衆과 首陀衆과 居士衆과 四天王衆과 三十三天衆과 夜摩天衆과 兜率陀天衆과 化樂天衆과 他化自在天衆과 魔衆과 梵衆과 乃至阿迦尼吒天衆中에 各隨其類하야 而爲現形하니라
又應以聲聞身得度者는 現聲聞形하며 應以辟支佛身得度者는 現辟支佛形하며 應以菩薩身得度者는 現菩薩形하며 應以如來身得度者는 現如來形이니
이른바 사문 대중 가운데서는 사문의 형상을 보이고, 바라

문 대중 가운데서는 바라문의 형상을 보이고, 찰제리 대중 가운데서는 찰제리의 형상을 나타내며, 이와 같이 비사 대중, 수타 대중, 거사 대중, 사천왕 대중, 삼십삼천 대중, 야마천 대중, 도솔타천 대중, 화락천 대중, 타화자재천 대중, 마군의 대중, 법천 대중과, 내지 아가니타천 대중 가운데서도 각각 그들의 종류를 따라서 형상을 나타내느니라.

또 성문의 몸으로 제도할 이에게는 성문의 형상을 나타내고, 벽지불의 몸으로 제도할 이에게는 벽지불의 형상을 나타내고, 보살의 몸으로 제도할 이에게는 보살의 형상을 나타내고, 여래의 몸으로 제도할 이에게는 여래의 형상을 나타내나니,

[疏] 二, 所謂下는 別顯感應이라 於中에 顯化生行이 有二自在하니 一은 化同物身이니 沙門中에 現沙門形等故니 卽身自同事라 二, 又應下는 化應物心이니 以身不必同其所化나 卽心自同事라 故로 論에 云, 彼가 行化衆生에 身心이 自同事라하니라

- b. 所謂 아래는 개별로 감응에 대해 밝힘이다. 그중에 중생을 교화하는 행법이 두 가지로 자재함에 대해 밝혔다. a) 중생의 몸과 같게 화현함이니 사문 중에는 사문의 형상으로 나타나는 등인 까닭이니 곧 몸으로 자연히 중생과 일을 함께하는 것이다. b) 又應 아래는 중생의 마음에 맞추어 화현함이니, 몸이 반드시 교화할 대상에 맞추려고 하지 않지만 마음으로 자연히 일을 함께하는 것이다. 그러므로 논경에서는, "저가 중생을 교화하려 함에 몸과 마음이 자연히 함께한다[同事]"고 말하였다.

[鈔] 以身不必同者는 如有居士가 欲見佛身이어든 爲現佛身이니 佛身이 不同居士나 而隨其心樂일새 名心同事니라

● '몸이 반드시 교화할 대상에 맞추려고 하지 않는다'는 것은 마치 어떤 거사가 부처님을 뵈오려 한다면 부처님의 몸을 나타내나니, 부처님 몸이 거사와 같아진 것은 아니지만 그 마음에 즐거워하는 바를 따르므로 '마음으로 함께 일한다'고 말하였다.

c. 감응에 대해 총합하여 결론하다[總結感應] (三佛 49下5)

佛子여 菩薩이 如是於一切不可說佛國土中에 隨諸衆生의 信樂差別하여 如是如是而爲現身이니라

불자여, 보살이 이와 같이 말할 수 없는 모든 부처님의 국토에서 중생들의 믿고 좋아하는 차별을 따라서 이렇게 이렇게 몸을 나타내느니라."

[疏] 三, 佛子菩薩如是下는 總結感應이라 如是如是者는 現類衆多故니 若身若心이 無偏頓應이라 故로 論에 結云호대 自身心이 等分示現也라하니라

■ c. 佛子菩薩如是 아래는 감응에 대해 총합하여 결론함이다. '이렇게 이렇게'는 나타내는 부류가 다양한 까닭이니, 몸과 마음에 치우침 없이 몰록 응하는 것을 말한다. 그래서 논경에 결론 내리되, "(교화받을 중생의 몸과 마음에 따라) 자신의 몸과 마음을 똑같이 나누어 나타내 보인다"고 하였다.

(ㄷ) 지정각세간에 자재한 행법[智正覺世間自在行] 2.

a. 과목의 명칭을 설명하다[釋科名] (第三 49下9)

佛子여 此菩薩이 遠離一切身想分別하여 住於平等하며
"불자여, 이 보살의 모든 몸이란 분별을 아주 여의고 평등한 데 머물며,

[疏] 第三, 佛子此菩薩遠離下는 明智正覺世間自在行이라 遠公이 云, 若就行境인대 應名二諦自在行이어니와 今就行體일새 名智正覺이니 智於二諦에 正覺無礙일새 故名自在라하니라 今更一釋호리라 以所知十身이 皆是毘盧遮那正覺之體라 亦得從境하야 名智正覺이니 能令相作亦自在故니라

- (ㄷ) 佛子此菩薩遠離 아래는 지정각세간에 자재한 행법을 밝힘이다. 혜원법사가 이르되, "만일 행법 경계에 입각한다면 응낭히 '두 가지 진리에 자재한 행법[二諦自在行]'이라 해야 하겠지만, 지금은 행법의 본체에 입각하여 '지혜로 바르게 깨닫는다[智正覺]'라고 이름하였으니, 지혜가 두 가지 진리에 바르게 깨달아 걸림이 없으므로 '자재하다'고 말하였다. 지금 다시 한 가지 해석을 덧붙인다. 알려진 열 가지 몸이 모두 비로자나 부처님의 정각(正覺)의 본체이며, 또한 경계로부터 얻었으므로 '지혜로 바르게 깨달았다'고 이름하였으니 능히 서로 짓게 하면서도 자재한 까닭이다.

[鈔] 今就行體者는 以智로 正覺一切法故니라

● 지금은 '행법의 본체에 입각했다'는 것은 지혜로 모든 법을 바르게 깨달은 까닭이다.

b. 경문을 해석하다[釋經文] 2.
a) 가름을 열다[開章] (文中 50上5)
b) 과목에 따라 해석하다[隨釋] 2.
(a) 제일가는 이치의 지혜로 설명하다[明第一義智] (今初)

[疏] 文中에 二니 初, 明第一義智오 後, 此菩薩下는 明世諦智라 今初니 上句는 離妄이오 下句는 住實이라 由自身과 他身을 不分別故로 住於平等이라 不分別言은 非唯照同一性이라 亦乃能所照亡이니라 論에 云, 此不同二乘이니 第一義智示現者는 以彼不得法空하야 不能卽俗而眞하야 非一異故니라

■ 경문에 둘이니 (a) 제일가는 이치의 지혜로 설명함이요, (b) 此菩薩 아래는 세속적인 지혜로 설명함이다. 지금은 (a) 제일가는 이치의 지혜로 설명함이니 위 구절은 망녕된 분별을 여읨이요, 아래 구절은 실법에 머묾이다. 자신의 몸과 다른 이의 몸을 구분하지 않음으로 인해 평등한 데 머무는 것이다. 불분별(不分別)이란 말은 오로지 동일한 체성만 비출 뿐 아니라 또한 비추는 주체와 대상이 함께 없어지는 것을 말한다. 논경에서 '이것은 이승과는 같지 않나니 제일가는 이치의 지혜로 나타내 보인 것'이라 말한 것은 저 이승들이 법의 〈공〉함을 얻지 못하여 능히 세속에 합치한 진리가 되지 않아서 하나이거나 다른 것도 아닌 까닭이다.

(b) 세속적인 지혜로 설명하다[明世俗智] 2.
㈠ 과목 나누기[分科] (二明 50下2)

此菩薩이 知衆生身과 國土身과 業報身과 聲聞身과 獨覺身과 菩薩身과 如來身과 智身과 法身과 虛空身하니라 이 보살이 중생인 몸과 국토인 몸과 업으로 받는 몸과 성문의 몸과 독각의 몸과 보살의 몸과 여래의 몸과 지혜인 몸과 법인 몸과 허공인 몸을 아느니라."

[疏] 二, 明俗諦智라 中에 有三하니 一, 總知十身이오 二, 此菩薩下는 令十身相作하야 顯通自在오 三, 此菩薩知衆生身下는 別顯知相하야 彰智自在라

■ (b) 세속적인 지혜로 설명함이다. 그중에 셋이 있으니 ① 총합하여 열 가지 몸을 이해함이요, ② 此菩薩 아래는 열 가지 몸으로 서로 짓게 하여 사새곱게 동함을 밝힘이요, ③ 此菩薩知衆生身 아래는 개별로 아는 양상을 밝혀 지혜가 자재함을 밝힘이다.

㈡ 경문 해석[釋文] 3.
① 총합하여 열 가지 몸을 알다[總知十身] 3.
㉮ 논경에 의지하여 과목 나누다[依論分科] (今初 50下4)
㉯ 나눈다는 말을 별도로 설명하다[別釋分言] (皆言)

[疏] 今初十身을 論攝爲三하니 初, 三은 染分이오 次, 六은 淨分이오 後, 一은 不二分이라하니 皆言分者는 同一大緣起法界가 分爲十故니 卽

染分依他와 淨分依他가 同依一實故니라
■ 지금은 ①에 열 가지 몸을 논경으로 포섭하여 셋으로 나누었으니 "(1) 처음의 세 가지 몸[衆生身, 國土身, 業報身]은 잡염분이요, (2) 다음의 여섯 가지 몸[聲聞身, 獨覺身, 菩薩身, 如來身, 智身, 法身]은 청정분이요, (3) 뒤의 한 가지 몸[虛空身]은 둘이 아닌 부분이다"라고 하였다. 모두에 '나눈다'고 말한 것은 공통적으로 '하나의 크게 연기하는 법계[一大緣起法界]'가 열 가지로 나누어지는 까닭이니, 곧 잡염분의 의타성과 청정분의 의타성이 함께 하나의 실법에 의지하기 때문이다.

㉰ 과목에 의지하여 경문을 해석하다[依科釋經] 3.
㉠ 잡염분에 대한 설명[初三明染分] (染中 50下8)
㉡ 청정분에 대한 설명[次六明淨分] (次六)
㉢ 둘이 아닌 부분을 설명하다[後一明不二分] (後虛)

[疏] 染中에 三者는 初는 是衆生世間이오 次는 國土世間이오 業報身者는 彼二生因이니 謂業煩惱라 經略煩惱나 故論具之라 而云報者는 業能招報니 從果立名이라 若是所招인대 寧異上二아 然이나 國土身은 合通於淨이나 且從一類하야 以判爲染이라 次六은 總以三乘으로 爲淨分이라 於中에 前四는 是人이니 菩薩과 及佛은 但因果之異라 次一은 是能證智오 後一은 是所證法이라 故로 論에 云, 此三[148]乘이 隨何智며 隨何法하야 彼淨顯示오하니 謂因法智殊하야 顯三乘別이라 後, 虛空身은 是不二分者는 通爲二依니 非染淨故라 觀下別顯하면 多約事空이나 義兼於理니라

---
148) 三은 南續金本作二誤.

- ㉠ 잡염분에 셋이란 ⓐ 중생세간이요, ⓑ 국토세간이요, ⓒ 업보의 몸이란 저 둘이 생겨나는 원인이니 업의 번뇌를 말한다. 경문에는 번뇌가 생략되었지만 논경에는 구비되어 있다. 그러나 '보(報)'라는 것은 업이 능히 과보를 초래하나니 과보에서 건립된 명칭이지만, 만일 초래되는 대상을 말한다면 어찌 위의 둘과 다르겠는가? 하지만 국토의 몸은 청정분에 통해야 합당하겠지만 우선 한 부류를 따라서 잡염분으로 구분하였다. ㉡ 다음의 여섯 가지 몸은 삼승으로 총합하여 청정분으로 삼았다. 그중에 ⓐ 앞의 네 가지 몸[聲聞, 獨覺, 菩薩, 如來身]은 인격이니 보살과 부처님은 단지 원인과 결과의 차이일 뿐이다. ⓑ 다음의 한 가지 몸[智身]은 증득하는 주체인 지혜이고 ⓒ 뒤의 한 가지 몸[法身]은 증득할 대상인 법이다. 그러므로 논경에 이르되, "이 삼승은 어떤 지혜를 따르며 어떤 법을 따라 저 청정함을 나타내 보이는가?"라고 하였다. 말하자면 법과 지혜가 다름으로 인하여 삼승의 구별이 있는 것이다. ㉢ '허공의 몸은 둘이 아닌 부분'이라 말한 것은 두 가지[잡염분과 청정분]의 의지처에 통하나니 잡염과 청정이 아니다. 아래를 관찰하여 개별적으로 밝힌다면 다분히 현상적인 〈공〉에 의지하였지만 뜻으로는 이치적인 〈공〉을 겸한다.

[鈔] 經略煩惱者는 論에 云, 是中에 衆生世間과 器世間과 彼二生因業煩惱니 是染分故라하니라 謂因法智殊者는 智와 法이 有殊일새 故三乘異라 亦以三乘으로 明法智故니 二皆是淨이라 言義兼理空者는 無量周[149]徧等이 皆兼於理라 亦由此故로 爲二所依니라

- '경문에는 번뇌가 생략되었다'는 것은 논경에서는, "이 가운데 중생세

---

149) 周는 甲南續金本作同.

간과 기세간과 저 두 가지가 생겨난 원인인 업의 번뇌가 잡염분이다" 라고 해석하였다. '법과 지혜가 다름을 인한다'고 말한 것은 지혜와 법에 다른 점이 있는 연고로 삼승이 다른 것이다. 또한 삼승으로 법과 지혜를 밝힌 까닭이니 둘 다 모두 청정분인 것이다. '뜻으로는 이치적인 〈공〉을 겸한다'는 말은 한량없고 두루 함 등이 모두 이치를 겸하였으며 마찬가지로 여기서 유래하는 연고로 두 가지의 의지처가 된다는 뜻이다.

② 열 가지 몸을 서로 짓게 하여 자재와 통함을 밝힌 부분
[令十身相作顯通自在分] 2.
㉠ 서로 지음에 대해 별도로 밝히다[別顯相作] (二諸 51下8)

此菩薩이 知諸衆生心之所樂하여 能以衆生身으로 作自身하고 亦作國土身과 業報身과 乃至虛空身하며 又知衆生心之所樂하여 能以國土身으로 作自身하고 亦作衆生身과 業報身과 乃至虛空身하며 又知諸衆生心之所樂하여 能以業報身으로 作自身하고 亦作衆生身과 國土身과 乃至虛空身하며 又知衆生心之所樂하여 能以自身으로 作衆生身과 國土身과 乃至虛空身하나니
"이 보살이 중생들의 마음에 좋아함을 알고는, 중생인 몸으로써 자기의 몸을 짓기도 하고, 국토인 몸과 업으로 받는 몸과 내지 허공인 몸을 짓기도 하며, 또 중생들의 좋아함을 알고는, 국토인 몸으로써 자기의 몸을 짓기도 하고 중생인 몸과 업으로 받는 몸과 내지 허공인 몸을 짓기도 하며, 또 중생

들의 좋아함을 알고는, 업으로 받는 몸으로써 자기의 몸을 짓기도 하고, 중생인 몸과 국토인 몸과 내지 허공인 몸을 짓기도 하며, 또 마음에 좋아하는 바를 알아서 능히 자기의 몸으로 중생들의 몸과 국토인 몸과 내지 허공인 몸을 짓나니,

[疏] 二, 諸身相作이라 皆先은 明相作所由니 由隨機故라 文中에 二니 一은 別顯相作이라 略有四翻하니 云何法과 智와 虛空이 得爲自身고 入法智中에 自然應現自己身故로 令於虛空에 忽見自身일새 故名爲作이라 作餘도 亦爾니라

■ ② 여러 가지 몸을 서로 지음이다. 모두 앞은 서로 짓는 이유를 밝혔으니 근기를 따르기 때문이다. 경문에 둘이니 ㉮ 서로 지음에 대해 별도로 밝힘이다. 대략 네 가지 바뀜이 있으니 어째서 법신과 지신과 허공신이 자신을 지을 수 있는가? 법과 지혜에 들어가는 중에 자연히 자기의 몸을 응하여 나타내는 연고로 허공에서 홀연히 자신을 보게 하는 까닭에 '짓는다'고 하였다. ㉯ 나머지의 몸을 짓는 것도 마찬가지이다.

[鈔] 云何法智者는 此假問也라 法中에 理法이니 理法은 無形이오 智體와 虛空도 皆無形質이라 不可作身이어니 云何言作고 答意에 云, 智證於法에 自然應現이 卽是作義라 亦猶[150]體理成智하야 理寂無相이나 而成有知故니라

令於虛空[151]下는 通虛空이 作自니 此三이 作自가 旣爾오 自作此三도 亦然이니 冥同理智와 及虛空故니라

---

150) 猶는 續金本作由.
151) 令은 金本作今.

● '어째서 법과 지혜인가'란 이것은 질문을 빌려온 부분이다. 법 중에는 '이치적인 법[理法]'이니 형상이 없으며, 지혜의 본체와 허공도 모두 형질이 없는 것이니 몸을 지을 수가 없는데 어떻게 짓는다고 말하였는가? 대답한 의미를 말하면, "지혜로 법을 증득할 적에 자연히 응하여 나타내는 것이 곧 '지음'의 의미이다. 또한 이치를 체험하여 지혜를 이룸과 같아서, 이치는 고요하고 형상이 없지만 이루게 되면 아는 것이 생기기 때문이다.

令於虛空 아래는 허공이 자신을 지음과 통하나니, 이런 세 가지 몸이 자신을 짓는 것이 이미 그러하고 자신이 이 세 가지 몸을 짓는 것도 마찬가지이니, 이치적인 지혜와 허공과 그윽이 같아지는 까닭이다.

⑭ 결론하여 나머지와 유례하다[總結例餘] (二隨 52上8)

隨諸衆生의 所樂不同하여 則於此身에 現如是形이니라
중생들의 좋아함이 같지 아니함을 따라서 이 몸으로 이러한 형상을 나타내느니라."

[疏] 二, 隨諸衆生下는 總結例餘라 上에 但擧四翻이나 理應具十이니 成一百身이라 然自身이 卽是菩薩이니 若將自하야 望菩薩하면 別則有百一十身이니 故云則如是現이라 所以相作이 得無礙者는 廣如懸談이라 今文에 略有三意하니 一은 由證卽事第一義故로 事無理外之事하야 事隨理而融通이라 故此章初에 先明勝義니라 二者는 緣起相由故오 三은 業用自在故라 晉經偈[152]에 云, 菩薩이 於因緣에 和合中에

---

[152] 『60권 화엄경』 제26권의 十地品 제22에 云,《菩薩於因緣 和合中自在 乃至能隨意 爲現於佛身 / 衆生國土身 業報賢聖身 智身與法身 知皆同平等 / 以是因緣故 得如意神通 爲令世歡喜 而現種種身 / 能得於十種

自在하며 乃至能隨意하야 爲現於佛身이라하니라 今經에 略無此偈라 論主가 但釋相作之意云호대 彼自在中에 所作攝取行으로 種種示現 者는 謂彼正覺自在中에 作攝取衆生行이니 故隨心樂하야 種種示現 이니라

■ ⑭ 隨諸衆生 아래는 결론하여 나머지와 유례함이다. 위에서 단지 네 가지 바꿈만 거론하였지만 이치로는 응당히 열 가지를 구비하였으니 1백 가지 몸을 이루게 되는 것이다. 그러나 자기의 몸이 곧 보살의 몸이니 만일 자기를 가지고 보살에 대조하면 110가지 몸으로 나눌 수 있다. 그러므로 '이렇게 나타낸다'고 말하였다. 서로 지음이 걸림 없음을 얻는 까닭은 현담(玄談)153)에 자세히 밝혀 놓았다. 지금의 경문에 간략히 세 가지 의미가 있으니 첫째, 증득으로 인해 현상에 합치한 첫째가는 이치이므로 현상에는 이치 밖의 현상이 없어서 현상이 이치를 따라 원융하게 통하는 것이다. 그러므로 이 가름[3. 지정각세간자재행] 첫 부분에 먼저 뛰어난 의미를 밝혔다. 둘째, 연기법이 서로 말미암기 때문이요, 셋째, 업의 작용이 자재한 까닭이다. 진경[60권 화엄]의 게송에 이르되, "인연이 모인 그 가운데서 보살은 언제나 자재를 얻고 나아가서는 그 마음대로 부처님 몸까지 나타내 보이네"라고 하였다. 본경에는 이 게송이 생략되어 없다. 논주가 단지 서로 지음의 의미만으로 해석하되, "저 자재한 가운데 지은 바 섭취한 행법으로 갖가지 몸으로 나타내 보인다"라고 하였다. 말하자면 저 지정각에 자재함 가운데 중생을 섭취하는 행법을 짓는 것이니, 그래서 마음의 좋아함을 따라 갖가지로 시현하는 것이다.

妙大自在智 所作隨智行 順於慈悲心》"(대정장 권9 p.p. 567a-)
153) 玄談 제1권에 6. 旨趣玄微章의 事事無礙條에 보인다. 疏云, "理隨事邊이라 則一多緣起之無邊이요 事得理融이라 則千差涉入無礙이로다"(天字卷 31丈上10) 그래서 十玄門으로 설명하고 있다.

[鈔] 所以相作下는 出其所因이니 以經文中에 但云隨衆生心之所樂故로 則唯是業用門이오 而無德相일새 故로 具出所以니 例前可知라 則經文中에 但有第二義하고 第一義는 略無라 第二에 引晉經文證者[154]는 第二因然和合이 是緣起故라 上顯相作之因이니라 論主도 但明相作之意라 然隨衆生樂이 通因通意니 意欲攝生이 故是意也라 就隨意能作이 卽業用因이니라

● 所以相作 아래는 그 원인을 내보임이다. 경문에서 단지 "중생의 마음에 좋아함을 따른다"고만 말한 연고로 오로지 업용문이 된 것이요, 공덕의 양상이 없으므로 원인을 구비하여 내보였으니 앞과 유례하면 알 수 있으리라. 경문에는 단지 셋째 의미[業用門]만 있고 첫째 의미는 생략되어 없다. 둘째에서 인연이 화합함이 연기인 까닭이다. 위에서 서로 지음의 원인을 밝혔다. 논주도 단지 서로 지음의 의미만 밝혔으나 중생의 좋아함을 따른 것이 원인에 통하고 의미에도 통하나니, 의미로 중생을 포섭하려 하는 연고로 의미라 하였다. 의미를 따름에 입각하여 짓는 주체가 업용의 원인인 것이다.

③ 지혜에 자재한 부분에 대한 양상을 개별로 밝히다
  [別顯知相彰智自在分] 8.
㉮ 중생의 몸을 알다[知衆生身] (第三 53上5)
㉯ 국토인 몸을 알다[知國土身] (二國)

此菩薩이 知衆生의 集業身과 報身과 煩惱身과 色身과 無色身하며 又知國土身의 小相大相과 無量相과 染相淨

---

154) 者는 南續金本作有.

相과 廣相과 倒住相과 正住相과 普入相과 方網差別相하며

"이 보살이 중생들의 업이 모인 몸과 갚아진 몸과 번뇌의 몸과 형상 있는 몸과 형상 없는 몸을 알며, 또 국토인 몸의 작은 모양, 큰 모양, 한량없는 모양, 더러운 모양, 깨끗한 모양, 넓은 모양, 거꾸로 있는 모양, 바로 있는 모양, 널리 들어간 모양, 사방으로 그물처럼 차별한 모양을 아느니라.

[疏] 第三, 別顯知相中에 十身爲八이니 以三身이 合故라 然其類例에 應各具十이니 文或闕略이라 且從顯說이라 初, 衆生身에 有五相하니 初三은 業과 生煩惱와 妄想染差別이니 此는 約總明三界라 後二는 約上二界하야 卽就報開別이라 若總開三界五趣인대 則具十矣니라 二, 國土身에 具有十相하니 前八은 一切相이오 後二는 眞實義相이라 前中에 初三은 分齊相이니 卽小와 中과 大千이오 次二는 染淨差別이오 次는 廣이니 卽寬狹差別이니 此略無狹이라 次二는 依住差別이라 眞實中에 一重頓入이 名爲普入이오 十方交絡일새 故云方網이라 又重重現故니 多同初地니라

■ ③ 아는 모양을 개별로 밝힘 중에 열 가지 몸을 여덟 가지로 꾸렸으니 세 가지 몸이 합해진 까닭이다. 그런데 사례로 유추하면[類例] 각기 열 가지 몸을 구비해야 할 것이니 경문이 혹 빠지거나 생략되기도 하였지만 우선 뚜렷한 것부터 말하였다. ㉮ 중생의 몸에 다섯 가지 양상이 있으니, 처음의 셋은 업과 거기서 생겨난 번뇌와 망상에 오염된 차별이니, 이것은 총상에 의지하여 삼계를 밝힌 내용이다. 뒤의 둘은 위의 두 세계[색계와 무색계]에 의지하여 과보에 입각한 구분이다. 만

일 삼계(三界)와 오취(五趣)를 총합하여 전개하면 열 가지를 구비하게 된다. ㉯ 국토인 몸에 열 가지 양상을 구비하였으니 ㉠ 앞의 여덟 가지[小相, 大相,…正住相]는 온갖 모양이요, ㉡ 뒤의 두 가지[普入相, 方網差別相]는 진실한 이치의 모양이다. ㉠ 중에 처음의 셋은 영역의 모양이니, 곧 소천(小千)·중천(中千)·대천(大千)을 가리킨다. 다음의 둘은 잡염과 청정의 차별이요, 다음은 넓은 모양이니 곧 넓고 좁은 차별인데, 여기서는 좁은 모양은 생략하고 없다. 다음의 둘은 머무는 방식에 의지한 차별이다. ㉡ 진실한 이치의 모양 중에 한번에 단박 들어가는 것을 '널리 들어간다'고 하고, 시방에서 서로 연락하므로 '방위의 그물'이라 칭하였다. 또 거듭거듭 나타나는 까닭이니 다분히 초지(初地)와 같다.

[鈔] 若總開下는 色身에 兼欲色二界하니 加無色하야 爲三界라 集業과 煩惱가 爲二오 報身은 卽五趣報니 故爲十也니라 又重重現下는 雙釋普入과 及方網言이라 塵能受刹이오 刹以塵成하니 亦能受刹이라 重重皆入일새 名爲普入이라 旣交絡入하니 九方이 入東이오 東入西時에 帶餘九入西오 入南時에 帶東諸方而入於南하니 故成重重이라 卽初地中에 如帝網差別故며 爲眞實義故니라

● 若總開 아래는 색신(色身)에 욕계와 색계를 겸하였으니 무색계를 더하여 삼계를 삼는다. 집업신(集業身)과 번뇌신(煩惱身)이 둘이요, 보답의 몸은 곧 다섯 갈래의 과보이니 그리하여 열 가지 몸이 된다. 又重重現 아래는 '널리 들어감'과 '방위의 그물'이란 말을 함께 해석한 내용이다. 미진이 능히 국토를 받아들이고 국토는 미진으로 이루어졌으니 또한 능히 국토를 받아들인다. 거듭거듭하여 모두 들어가므로

'널리 들어간다'고 칭하고, 이미 서로 연결하여 들어갔으니 아홉 방위가 동쪽으로 들어가고, 동쪽 방위가 서쪽으로 들어갈 때에 다른 아홉 가지 방위를 데리고 서쪽으로 들어가고, 남쪽으로 들어갈 때에 동쪽 방위와 다른 방위를 데리고 남쪽으로 들어가나니, 그래서 거듭거듭 이루게 된다. 곧 초지에서 인드라망의 차별이 있음과 같은 까닭이며 진실한 이치가 되는 까닭이다.

㉣ 업보의 몸을 알다[知業報身] (三四 54上4)
㉤ 성문 등 삼승의 몸을 알다[知聲聞等三身] (又三)

知業報身의 假名差別하며 **知聲聞身과 獨覺身과 菩薩身의 假名差別**하며
또 업으로 갚아진 몸이 거짓 이름으로 차별한 것을 알며, 성문의 몸과 독각의 몸과 보살의 몸이 거짓 이름으로 차별한 것을 알며,

[疏] 三과 四의 二段에 共有四身이라 皆云假名差別者는 但有自相과 同相인 差別假名分別이오 實無我人이라 餘亦假名이니라 偏語此四者는 業因이 尙假어니 苦果를 可知라 聖人도 尙假온 況於凡類아
又三乘聖人이라야 方能知假라 佛德은 超絶일새 不得云假니라

■ ㉣와 ㉤의 두 문단에 함께 네 가지 몸이 있다. 모두에 '거짓 이름으로 차별한다'고 말한 것은 단지 자기의 모양과 동일한 모양이 차별된 거짓이름으로 분별한 것이요, 진실로 〈나〉와 〈남〉이 없다는 뜻이다. 나머지도 또한 거짓 이름이다. 치우쳐 이 네 가지만 말한 것은 업

의 원인도 오히려 빌린 것이니 고통의 결과는 알 수 있으리라. 성인도 오히려 빌린 이름인데 하물며 범부의 무리이겠는가?

또 삼승의 성인이라야 바야흐로 능히 거짓임을 알아보겠지만 부처님의 덕은 뛰어나 (상대가) 끊어졌으므로 '빌린다'고 하지 않았다.

㉓ 부처님의 몸을 알다[知佛身] 2.
㉠ 총합하여 과목 나누다[總判] (五知 54上10)

知如來身의 有菩提身과 願身과 化身과 力持身과 相好莊嚴身과 威勢身과 意生身과 福德身과 法身과 智身하며

여래의 몸에 ① 보리의 몸, ② 서원의 몸, ③ 나툰 몸, ④ 힘으로 유지하는 몸, ⑤ 몸매로 장엄한 몸, ⑥ 위엄과 세력 있는 몸, ⑦ 뜻대로 나는 몸, ⑧ 복덕의 몸, ⑨ 법의 몸, ⑩ 지혜의 몸이 있음을 아느니라.

[疏] 五, 知佛身에 自有十相이오 餘之九身이 旣是佛身이며 一一有此하니 則已成百이라 若更相作인대 則重重無盡이라

■ ㉓ 부처님의 몸을 알면 자연히 열 가지 모양이 있으며, 나머지 아홉 가지 몸이 이미 부처님의 몸이긴 하지만 낱낱이 여기에 있으니 열 가지를 이루게 된다. 만일 다시 서로 짓는다면 '거듭거듭 끝없음'일 것이다.

㉡ 개별로 해석하다[別釋] 3.
ⓐ 처음의 네 가지 몸에 대한 설명[釋初四身] (菩提 54下1)

[疏] 菩提身者는 示成正覺故오 二는 願生兜率故오 三은 所有佛應化故니 揀異猿猴鹿馬等化일새 故云應化니 即王宮生身이라 四는 自身舍利住持故라 上四는 於三身中에 皆化身攝이니라

- ① 보리의 몸은 바른 깨달음을 성취함을 보인 까닭이요, ② 서원의 몸은 도솔천에 태어나기를 원하는 까닭이요, ③ 나툰 몸은 가지고 있던 부처님이 응하여 화현한 까닭이다. 원숭이나 사슴, 말 등으로 화현함과 구별한 연고로 '응하여 화현한다'고 하였으니 곧 왕 중에 태어난 몸이다. ④ 힘으로 유지하는 몸[力持身]은 자신의 사리에 머물고 간직하는 까닭이다. 위의 네 가지 몸은 세 가지 몸 가운데 모두 화신(化身)에 포함시킨다.

[鈔] 四自身下는 舍利는 梵言이니 此翻名身이라 若云舍利羅인대 此云身骨이라 論經에 名受神力身이어니 此身은 是佛이 攝受衆生하사 留化神力이라 故로 出現品中에 醫王延壽喩가 正喩力持身也니라

- ④ 自身 아래에서 사리(舍利)는 범어니 번역하면 '몸'이라 한다. 만일 '사리라(舍利羅)'라 하였다면 번역하면 '신골(身骨)'이라 한다. 논경에 '신통력을 받은 몸'이라고 칭하였으니 이런 몸은 부처님이 중생을 섭수하여 신력을 남겨서 교화함이다. 그러므로 출현품(出現品)에서 '의사가 수명을 연장하는 비유[醫王延壽喩]'[155])는 바로 역지신(力持身)에 비유한 내용이다.

ⓑ 다음의 두 가지 몸에 대한 설명[釋次二身] (五所 54下8)

---

155) 『화엄경』 제50권 如來出現品 제37의 내용이다. (芥字卷 45下6-)

[疏] 五, 所有實報身의 無邊相海等이니 揀三十二等일새 故云實報니 卽三中의 報身이라 六, 所有光明이 攝伏衆生일새 故云威勢니 卽通報化라

■ ⓑ에서 ⑤ 몸매로 장엄한 몸[相好莊嚴身]은 가지고 있던 실법의 과보의 몸의 끝없는 모양의 바다 따위이니, 32가지 대인상(大人相) 등과 구별하였으므로 실법의 과보라 하였다. 곧 삼신 중의 보신(報身)에 해당한다. ⑥ 위력 있는 몸은 가지고 있던 광명으로 중생을 섭수하거나 조복받으므로 '위세신(威勢身)'이라 하였으니 보신과 화신에 통하는 개념이다.

[鈔] 六, 所有下는 論經에 名光明身故라하니 遠公이 云, 善軟衆生을 慈光攝取하고 剛强衆生을 威光伏取일새 故云攝伏이라하니라

● ⑥ 所有 아래는 논경에 '광명의 몸이라 한 까닭이다'라고 말하였다. 혜원법사가 이르되 "좋고 부드러운 중생을 자비의 광명으로 섭취하고 억센 중생을 위덕광명으로 조복하여 취하므로 '섭수하고 조복한다'고 말하였다."

ⓒ 뒤의 네 가지 몸에 대한 설명[釋後四身] (七意 55上3)

[疏] 七, 意生身者는 論에 云, 所有同異[156]世間과 出世間에 心得自在解脫故者는 同은 謂同類오 異는 謂異類오 世는 卽地前이오 出世는 地上이니 謂若凡若聖과 若同若異에 由得自在解脫故로 隨意俱生이니 卽種類와 俱生과 無作行인 意生身[157]也라 此通變化와 及他受用이니

---
156) 異는 論經에 不同. (대정장 권26 p. 183 b11-)
157) 無作行은 論經에 '無行作'. 意生身에 대해서는 『4권 능가경』 제3권 一切佛語心品에 '세 가지 意生身'을 말하

라 八, 福德者는 所有不共二乘之福이 能作廣大利益因故니 故로 種少善根에 必之佛果니라 九, 法身者는 所有如來無漏界故니 斯卽所證法體故라 離世間品十佛中에 名法界佛하나니 諸漏永盡하고 非漏隨增하야 性淨圓明일새 故名無漏[158]라 界는 是藏義며 生義니 含無邊德하고 生世出世의 諸樂事故라 十, 智身者는 所有無障礙智니 謂大圓鏡智가 已出障垢하야 證平等性故라

次云此智가 能作一切事者는 卽成所作智오 彼事差別을 皆悉能知者는 卽妙觀察智이니 此通四身이라 但兩重十身이 一一圓融일새 故異諸敎니라

■ ⓒ에서 ⑦ 뜻대로 나는 몸[意生身]이란 논경에서 "모든 같거나 다른 세간과 출세간의 마음으로 자재한 해탈을 얻기 때문"이라 한 것에서,

---

고있다. (대정장 권16 p. 497 c) [그때 세존께서 대혜보살에게 말씀하였다. '내가 이제 뜻대로 나는 몸의 通相에 대해 설명할 것이니 자세히 듣고 잘 생각하여라.' 대혜가 부처님께 말씀드렸다. '거룩하신 세존이시여, 가르침을 받겠나이다.' 세존께서 대혜보살에게 말씀하였다. '뜻대로 나는 몸에는 세 가지가 있다. 무엇이 세 가지인가? (1) 삼매락의 正受로써 뜻대로 나는 몸[三昧樂正受意生身]과 (2) 법의 자성인 性을 깨달음으로써 뜻대로 나는 몸[覺法自性性意生身]과 (3) 여러 종류가 함께 생기지만 짓는 행이 없음으로 인해 뜻대로 나는 몸[種類俱生無行作意生身]이다. 수행자가 초지에서부터 점점 위로 나아가는 모습을 확실히 알면 이런 세 가지 몸을 얻는다. (1) 대혜야, 무엇이 삼매락의 정수로서 뜻대로 나는 몸인가? 제3·제4·제5지의 삼매락의 정수를 얻음으로 인해 자신의 모든 마음이 적정하게 안주하여 마음의 바다에 파도의 識相이 생기지 않고, 性이라거나 性이 아니라고 하는 것은 자기 마음이 나타낸 경계인 줄 아는 것을 말한다. 이를 '삼매락의 정수로서 뜻대로 나는 몸'이라고 한다. (2) 대혜야, 무엇이 '법의 자성인 性을 깨달음으로써 뜻대로 나는 몸'이라 하는가? 제8지에서 관찰하여 법이 幻 등과 같아서 모든 것이 無所有이며 몸과 마음도 끊임없이 변하여 바뀐다는 사실을 깨닫는 것이다. 如幻三昧와 그 밖의 삼매문의 무량한 모습과 힘과 자재함과 밝음을 얻는 것은 마치 묘한 꽃으로 장엄하는 것과 같으며, 빠르게 뜻과 일치되는 것은 마치 幻·꿈·물속에 비친 달·거울 속의 형상과 같아서 만드는 것도 만들어지는 것도 아니지만 또한 만들고 만들어지는 것과 같다. 그리하여 여러 가지 물질의 모든 부분을 갖추어 장엄하고, 모든 불국토와 대중이 있는 곳이라면 어디든지 들어가니, 이는 자성법에 통달했기 때문이다. 이를 '법의 자성인 性을 깨달음으로써 뜻대로 나타내는 몸'이라고 한다. (3) 대혜야, 무엇이 '여러 종류와 함께 생기지만 짓는 행이 없음으로 인해 뜻대로 나는 몸'이라 하는가? 모든 불법이 스스로 얻은 즐거운 모습에서 반연된 것임을 깨닫는 것을 말하나니, 이를 '여러 종류가 함께 생기지만 짓는 행이 없음으로 인해 뜻대로 나는 몸'이라 한다. 대혜야, 이 세 가지 몸의 모습을 관찰하여 깨달아서 통달해야 할 것이니, 반드시 배우고 닦아야 하느니라.']

158) 『성유식론』의 문장이다. 모든 번뇌를 영원히 끊어서 번뇌를 따라 증성해지지 않으며, 체성이 청정하고 원만하며 지혜롭기 때문에 무루라고 이름한다.

동(同)은 동류를 말하고 이(異)는 이류를 말하며, 세(世)는 십지 이전을, 출세(出世)는 십지 이상을 가리킨다. 말하자면 범부와 성인과 동류와 이류에 자재한 해탈을 얻음으로 인하여 뜻대로 함께 태어나는 것이니, '여러 종류가 함께 생기지만 짓는 행이 없음으로 인해 뜻대로 나는 몸[種類俱生無作行意生身]'을 가리킨다. 이것은 변화토와 타수용토에 통하는 몸이다. ⑧ 복덕신(福德身)이란 가지고 있던 이승과 함께 하지 않는 복덕이 능히 광대한 이익의 원인을 짓기 때문이니, 그러므로 적은 선근을 심더라도 반드시 부처님의 과덕에 이르게 된다. ⑨ 법신(法身)이란 가지고 있던 부처님의 무루(無漏)의 세계인 까닭이니, 이것은 증득할 대상인 법의 체성인 까닭이다. 이세간품(離世間品)의 열 가지 부처님 가운데 법계불(法界佛)159)에 해당한다. 모든 번뇌를 영원히 끊어서 번뇌를 따라 증성해지지 않으며, 체성이 청정하고 원만하며 지혜롭기 때문에 '무루(無漏)'라고 이름한다. 계(界)는 '감춘다'는 뜻이며 '태어난다'는 뜻이니, 그지없는 덕을 저장하고 세간과 출세간의 모든 좋아하는 일을 낳기 때문이다. ⑩ 지혜의 몸[智身]이란 가지고 있던 걸림 없는 지혜이니, 말하자면 대원경지(大圓鏡智)가 장애나 번뇌에서 벗어나 평등성지(平等性智)를 증득한 까닭이다.

다음에 '이 지혜가 능히 모든 일을 짓는다'고 말한 것은 곧 성소작지(成所作智)를 가리키고, '저 일의 차별을 모두 능히 알 수 있다'고 한 것은 곧 묘관찰지(妙觀察智)이니 이것은 네 가지 몸[意生身, 福德身, 法身, 智身]에 통한다. 단지 두 겹의 열 가지 몸[解境十佛과 行境十佛]이 낱낱이 원융하므로 다른 교법의 종지와 다른 것이다.

---

159) 『화엄경』제53권의 離世間品에 나오는 내용이다. 經云, "佛子야 菩薩摩訶薩이 說十種佛하나니 何等爲十고 所謂成正覺佛과 願佛과 業報佛과 住持佛과 涅槃佛과 法界佛과 心佛과 三昧佛과 本性佛과 隨樂佛이니 是爲十이니라"(교재 권3 p. 324-)

[鈔] 九法身者所有如來無漏界故者는 卽是論文이니 同於唯識轉依之果라 論에 云, 此卽無漏界며 不思議며 善이며 常이며 安樂이며 解脫身이며 大牟尼며 名法이라하야늘 論曰, 前修習位에 所得轉依는 應知卽是 究竟位相¹⁶⁰⁾이니 此謂前二轉依果가 卽是究竟無漏界攝이라 諸漏永盡하고 非漏隨增하야 性淨圓明일새 故名無漏라 界는 是藏義니 此中에 含容無邊希有大功德法이라 或是因義니 能生五乘의 世出世間利樂事故라하니라 釋曰, 此卽釋其初句니 今疏所用이라 諸漏永盡者는 此卽離彼相應縛義라 非漏隨增者는 此卽顯離所緣縛義라 性淨은 揀異二乘無學의 有所知障하야 不名淨故라 圓明은 揀彼十地菩薩의 未圓滿故라 具此諸義일새 名無漏界니라 餘義는 可知로다 …〈下略〉…

● ⑨ 법신이란 '가지고 있던 부처님의 무루의 세계인 까닭이다'라고 말한 것은 곧 논경의 문장이니 『성유식론』의 전의(轉依)¹⁶¹⁾의 결과와 같다. 『유식론』(유식삼십송의 제30게송)에 이르되, "이것[보리와 열반]은 곧 무루의 세계이고, 생각으로 헤아릴 수 없으며, 선(善)이고 상주하는 것이며, 안락이고 해탈신(解脫身)이며 대모니(大牟尼)¹⁶²⁾이니, 이를 법신이라 이름한다네"라고 하였다. "논하여 말한다. 앞의 수습위에서 증득한 전의는 곧 구경위(究竟位)의 모습임을 마땅히 알아야 한다. 게송에서 '이것'이란 이 앞에서 말한 두 가지 전의의 결과를 말한다. 곧 이것은 구경의 무루 세계에 포함된다. 모든 번뇌를 영원히 끊어서 번뇌를 따라 증성해지지 않으며, 체성이 청정하고 원만하며 지혜롭기 때

---

160) 相은 原南續金本作攝誤, 據論及述記改正.
161) 전의(轉依, asraya-paravrtti)는 수행에 의해 '소의(所依, 依他起)를 전환시키는 것'을 말한다. 즉, 자기 존재의 기체(基體: 의타기성, 넓게는 8식, 좁게는 아뢰야식)를 허망된 상태[변계소집성]로부터 진실된 상태[원성실성]로 질적으로 전환시키는 것이다. 그렇게 되면 번뇌에 오염된 8식이 네 가지 지혜로 전환된다[轉識得智]. 곧 아뢰야식은 大圓鏡智로, 말나식은 平等性智로, 의식은 妙觀察智로, 5식은 成所作智로 전환된다.
162) 大牟尼: 번역하면 寂黙이다. 이는 두 가지 장애를 영원히 여의었으므로 法身이라고 이름한다. 이것이 '唯識教義의 佛身觀'이다.

문에 무루라고 이름한다. 세계[界]라는 것은 함장[藏]의 뜻이다. 이 가운데 한량없는 희유한 큰 공덕을 함유하기 때문이다.[163] 혹은 원인의 뜻이기도 하다. 능히 오승(五乘)[164]의 세간과 출세간의 이롭고 안락하게 하는 사업을 일으키기 때문이다"라고 하였다. 해석한다면 이것은 첫 구절을 설명한 내용이니 지금 소에서 쓰이는 논리이다. '모든 번뇌를 영원히 끊어서'는 이것은 곧 상응법의 계박[相應縛]을 떠난다는 뜻이다. 저 계박과 상응한 것을 여읜다는 뜻이다. '번뇌를 따라 증성해지지 않으며'는 이것은 곧 인식대상이 계박하는 것[所緣縛]을 여읜다는 뜻이다. '체성이 청정하다'는 것은 이승의 무학에게 소지장이 있어서 청정하다고 할 수 없음과 구분한 내용이다. '원만하며 지혜롭다'고 말한 것은 저 십지보살이 아직 원만하지 못함과 구분한 까닭이다. 이런 여러 뜻을 구비하였으므로 무루의 세계라 이름한다. 나머지 의미는 알 수 있으리라. …〈아래 생략〉…

㈎ 지혜의 몸을 알다[知智身] (六知 57下2)

知智身의 善思量相과 如實決擇相과 果行所攝相과 世間出世間差別相과 三乘差別相과 共相不共相과 出離相非出離相과 學相無學相하며
또 지혜의 몸에 잘 생각하는 모양, 사실대로 결정하는 모양, 결과와 행에 거두어진 모양, 세간과 출세간의 차별한 모양, 삼승이 차별한 모양, 함께하는 모양, 함께하지 않는 모양, 뛰어난 모양, 뛰어나지 않은 모양, 배우는 모양, 배울 것 없

---

163) 菩提는 능히 有爲의 공덕을 함유하고, 涅槃은 능히 無爲의 공덕을 저장한다.
164) 人乘, 天乘, 聲聞乘, 緣覺乘, 菩薩乘이다.

는 모양을 아느니라.

[疏] 六, 知智身에 有十一相을 攝爲三類하니 初二는 約體分別이니 初는 通聞思오 二는 卽修慧니 俱通理教오 次는 果行相이니 卽因果分別이라 行은 卽是因이니 通於三慧오 果는 唯證入이니 相離前三이라 餘有八智는 皆約位分別이라 於中에 初一은 是總이오 世間俗智를 名之爲世오 三乘聖智를 名爲出世라 又道前을 名世오 見道已去를 名出世라 五, 三乘者는 於出世中에 大小分別이니 小乘은 十智等이오 中乘은 七十七智等이오 大乘은 權實無量이라 六과 七의 二相은 於大乘中에 麤妙分別이니 甚深般若는 不共二乘이오 相似般若는 是則名共이라 八과 九인 二相은 通就三乘縛解分別이니 於新熏性에 習未習故라 後二는 通於三乘의 修成分別이니라

■ ㊅ 지혜의 몸을 아는 것에 11가지 모양을 세 부류로 묶었으니 (1) 처음의 둘은 체성에 의지해 구분함이니 첫 모양은 문혜와 사혜와 통하고 둘쌔 보양은 수혜이니 모두 이법의 교에 통한다. (2) 다음 셋째 모양[果行所攝相]은 과덕의 행상이니 인행과 과덕에 의지해 구분함이다. 행(行)은 곧 인행이니 삼혜(三慧)에 통하고 과(果)는 증득해 들어감뿐이니 모양은 앞의 삼혜를 여의었다. (3) 나머지 여덟 가지 지혜의 모양은 모두 지위에 의지해 구분함이다. 그중에 처음 한 모양은 총상이니 세간의 속된 지혜를 '세간'이라 하고, 삼승의 성스러운 지혜를 '출세간'이라 한다. 또 견도 이전을 '세간'이라 하고 견도 이후를 '출세간'이라 한다. 다섯째 '삼승'이란 출세간 중에서 대승과 소승에 의지해 구분함이니, 소승은 열 가지 지혜 따위이고 중승은 77가지 지혜 따위이며 대승은 한량없는 권교와 실교를 가리킨다. 여섯째와 일곱

째[共相, 不共相] 모양은 대승 중에서 거칠고 미세함에 의지해 구분함이니 매우 깊은 반야[實相般若]는 이승과 함께하지 않으며, 비슷한 반야[相似般若]는 이승과 함께하는 모양이다. 여덟째와 아홉째[出離相, 非出離相] 두 모양은 삼승의 속박과 해탈에 의지해 구분함이니, 성품을 신훈함이 익숙하고 익숙하지 않은 까닭이다. 뒤의 두 모양은 통틀어 삼승의 수행과 성취에 의지해 구분함이다.

[鈔] 果唯證入者는 此明智身이 了於法界¹⁶⁵⁾니라 有達과 證인 二義不同하니 今就果說일새 故唯證知라 言相離前三者는 離聞思修相이니 如初地示說分齊中說이라 然此는 通約因果而說이어니와 若分三乘인대 小乘은 四果가 爲果오 趣四果因이 爲行이오 中乘은 無學爲果오 有學爲行이니 無數出入일새 故無四果라 大乘之中에는 佛果爲果오 餘皆爲行이니라

小乘十智等者는 卽法과 類와 四諦와 他心과 世俗과 及盡과 無生이니 前已曾解니라 中乘七十七者는 廣如六地鈔中¹⁶⁶⁾이라 共不共義는 前已頻釋이니라 後二通下는 卽學無學이니 前行果中에 中乘을 雖約學無學明이나 意在行果니 小乘學中에 亦有果故오 大乘位位에 容有果故라 故로 疏上來에 但約總說이니라

又此學等이 略有三門하니 一은 約理니 三乘을 同學이니 未證名學이오 證竟에 無學이라 凡夫는 非學非無學이니라 二, 以小望大에 二乘이 於大에 亦非學非無學이니라 三, 就修成之德이니 義同初門이라 今就智明일새 疏에 云修成分別耳니라

● '果는 증득해 들어감뿐이다'라고 말한 것은 여기서 지혜의 몸이 법계

---

165) 法界는 南纂續金本作諸法法, 甲本作諸法界十法.
166) 中下에 南續金本有不共等者.

를 요달함을 밝힌 것이다. 통달과 증득의 두 가지 이치가 같지 않나니 지금은 과덕에 입각하였으므로 오직 중도로 아는 것뿐이다. '모양은 앞의 삼혜(三慧)를 여의었다'고 말한 것은 문혜(聞慧)와 수혜(修慧)와 사혜(思慧)를 여읜 모양이니 초지의 설법을 보이는 부분[(六) 請分의 (3) 示說分齊]과 같다. 그러나 이것은 통틀어 인과에 의지해 말한 것이지만, 만일 삼승으로 구분한다면 소승은 네 가지 과덕이 결과가 되고 사과(四果)로 취향하는 인행을 행(行)이라 하며, 중승은 무학(無學)으로 과(果)를 삼았고 유학(有學)으로 행(行)을 삼았으니 수없이 나고 들기 때문에 네 가지 과덕이 없다. 대승 중에는 부처님의 과덕으로 과(果)를 삼았고 나머지는 모두 행(行)으로 삼았다.

'소승은 열 가지 지혜 따위'는 곧 법과 부류와 사성제와 타심지와 세속지와 진지(盡智)[167]와 무생지(無生智)를 말하나니 앞에서 이미 해석한 내용[168]이다. '중승(中乘)은 77가지 지혜 따위'란 자세한 것은 6지의 초문(鈔文)[169] 중에 있다. 함께하고 함께하지 않는 이치는 앞에 이미 자주 해석한 내용이다. 後二通 아래는 곧 유학과 무학이니 앞의 행과(行果) 중에 중승(中乘)을 비록 유학과 무학에 의지해 밝혔지만 의미는 행과에 있으며, 소승의 유학 중에도 역시 과덕이 있는 까닭이며, 대승의 지위마다 과덕이 있음을 허용하는 까닭이다. 그러므로 소문의 여기까지에서 단지 총상에 의지해 말하였다.

또 이런 유학(有學) 등이 대략 세 부문이 있으니 1) 이치에 의지함이니 삼승을 함께 공부하므로 학이라 이름하지 못하고 증입하여 마치면

---

167) 盡智: 十智 중의 하나로서, 온갖 번뇌를 끊었을 때에 내가 이미 苦諦를 알고, 고통의 원인을 끊었으며, 滅諦를 증득하려고 도를 수행하였다고 아는 지혜이다. 또 十智는 五位 중의 究竟位에서의 열 가지 지혜를 말한다. 이에 世俗智, 法智, 類智, 苦智, 集智, 滅智, 道智, 他心智, 盡智, 無生智 등이 있다.
168) ㊀ 證淨에 속한 내용이니, (다) 歎衆堪聞請(玉字卷 29上2)에 속한 과목이다.
169) 珠字卷; 32장 上 8항에 보인다. 즉 (ㄷ) 總結十名의 b) 引文會釋에 속한 내용이다.

공부할 것이 없는 것이다. 범부는 유학도 아니고 무학도 아니다. 2) 소승으로 대승에 비교하면 이승이 대승의 입장에서는 유학도 아니고 무학도 아니다. 3) 과덕을 수행과 성취함에 입각하면 이치가 첫째와 같게 된다. 지금은 지혜에 입각하여 밝혔으므로 소가가 "수행과 성취함에 의지해 구분한다"고 말했을 뿐이다.

㈔ 법신을 알다[知法身] 2.
㉠ 통틀어 구분하다[通料揀] (七知 58下8)

知法身의 平等相과 不壞相과 隨時隨俗假名差別相과 衆生非衆生法差別相과 佛法聖僧法差別相하며
또 법의 몸에 평등한 모양, 무너뜨릴 수 없는 모양, 때를 따르고 시속을 따라 거짓 이름이 차별한 모양, 중생과 중생 아닌 법의 차별한 모양, 부처님 법과 거룩한 스님의 법이 차별한 모양을 아느니라.

[疏] 七, 知法身이니 前은 能知智오 此는 所知法이니 並通一切智法이라 不同前佛法智가 唯局如來니라
■ ㈔ 법신을 아는 것이니 앞은 아는 주체의 지혜이고 여기는 알아야 할 대상의 법이니, 모두 일체지의 법과 통하는 개념이다. 앞의 불법의 지혜가 오직 부처님에게만 국한됨과는 같지 않다.

[鈔] 七知法身中에 文二니 先은 通揀濫이니 謂第六智身과 及此法身을 對上如來身上의 十身中智身과 法身하야 以料揀耳라 文有五下는 別

釋이라

- ㉔ 知法身 중에 소문이 둘이니 ㉠ 통틀어 구분함이다. 말하자면 ㉕ 지혜의 몸과 지금의 ㉔ 법신을 위의 여래의 몸의 열 가지 불신(佛身) 중의 지혜의 몸과 법신과 상대하여 구분한 부분이다. ㉡ 文有五 아래는 개별적으로 해석함이다.

㉡ 개별로 해석하다[別釋文] 5.
ⓐ 평등한 모양으로 해석하다[釋平等相] (文有 59上2)
ⓑ 무너뜨릴 수 없는 모양[釋不壞相] (二不)

[疏] 文有五相하니 一, 平等相은 卽是理法이니 論에 云, 無量法門明이 等一法身故者는 謂法門雖殊나 同詮平等法身이니 生佛無二故라 揀理異事니 皆世諦門攝이니라 二, 不壞相은 卽是行法이니 論에 云, 如聞取故라하니 謂稱理起行을 名如聞取오 行符乎理하야 則冥之菩提를 名不可壞니라

■ 경문에 다섯 가지 모양이 있으니 ⓐ 평등한 모양은 바로 이치의 법이다. 논경에서 '한량없는 법문의 광명이 한 법신과 평등하기 때문이다'라고 말한 것은 이를테면 법의 문이 비록 다르지만 평등한 법신이나 표현함은 같나니 중생과 부처가 둘이 없기 때문이다. 이치와 현상이 다르다고 구분하였으니 모두 세제(世諦)의 문에 포함된다. ⓑ 무너뜨릴 수 없는 모양은 곧 행법이니 논경에서 '들은 대로 취한 까닭이다'라고 하였다. 이를테면 이치에 걸맞게 행법을 시작함을 '들은 대로 취한다'고 하였고, 행법이 이치에 부합하면 보리에 그윽이 계합하는 것을 '무너뜨릴 수 없다'고 하였다.

[鈔] 一法身者는 前은 佛中에 取法이오 此는 法中에 取佛이니 爲門이 各異也170)라 揀理異事下는 遮難이니 難云호대 若是平等法身인대 應名第一義智의 所知라하늘 故爲此答이니 第一義智는 無分別故라 亦猶相見道中에 觀非安立諦가 而是後得智攝이니라

- ㉮ 법신이란 앞은 부처님 중에 법을 취한 것이고, 여기는 법 중에 부처님을 취한 것이니 문으로 삼은 것이 각기 다르다. 揀理異事 아래는 힐난을 차단함이다. 힐난하되 "만일 평등한 법신이라면 응당히 '제일가는 이치의 지혜로 알 바'라고 해야 할 것이므로 이렇게 답한 것이니, 제일가는 이치의 지혜는 분별이 없기 때문이다." 또한 아직도 상견도 중에서 비안립제(非安立諦)가 후득지에 속하는 것으로 관찰한 내용이다.

ⓒ 교법에 따른 해석[釋隨敎] (三卽 59下1)
ⓓ 거듭 밝힘에 대한 설명[釋重顯] (四卽)

[疏] 三, 卽敎法이니 隨所化衆生根性相應時하야 說差別故라 理本無言이나 假言顯理니 若權若實이 皆是隨俗假名이니라 四, 卽重顯理法의 所徧之境이니 此通染淨이라 平等法身이 徧情非情故니라

- ⓒ 교법이니 교화받을 중생의 근성과 상응하는 때를 맞추어 차별법을 설하기 때문이다. 이치는 본래 말이 없지만 언사를 빌려 이치를 드러내는 것이니 권교와 실법이 모두 속제를 따라 빌린 이름이다. ⓓ 이 법이 두루 한 경계를 거듭 밝힘이니 이것은 잡염과 청정에 통한다. 평등한 법신이 중생과 중생이 아닌 경계에 두루 한 까닭이다.

---

170) 也는 南續金本作故也.

[鈔] 四卽重顯理法所徧之境者는 卽經에 云衆生非衆生法差別相[171]이니 論에 但云, 有根無根差別相故라하나니 有根은 卽衆生이니 有根身故오 無根은 卽非情이라 今以四法으로 收法無遺니 謂敎・理・行・果라 理는 是所詮이니 乃通事理라 初句는 明理오 此句는 卽事라 理外에 無事일새 故言所徧之境이라 此通染淨等은 皆悉平等이니 則顯前之法身이 是淨法法身이라 故로 前釋에 云, 法門雖殊나 同詮平等이니라

ⓓ '이법이 두루 한 경계를 거듭 밝힌다'는 것은 경문에 "중생과 중생이 아닌 법의 차별한 모양"이라 한 부분이니, 논경에는 단지 "감관이 있고 없음이 차별한 모양 때문이다"라고만 하였다. 감관이 있음은 곧 중생이니 감관과 몸이 있기 때문이요, 감관이 없음은 중생이 아니다. 지금 네 가지 법으로 법을 남김 없이 거두어 묶나니, 이른바 교법과 이치와 행법과 과덕을 말한다. 이치는 표현할 대상이니 현상과 이치에 통한다. 첫 구절[重顯理法]은 이치를 밝힘이요, 이 구절[所徧之境]은 현상이다. 이치 밖에 현상이 없으므로 '두루 할 대상의 경계'라 말한다. '이것은 잡염과 청정에 통한다'고 한 따위는 모두 평등한 모양이니 앞의 법신이 청정법의 법신임을 밝혔다. 그러므로 앞에서 해석하되 "법문이 비록 다르지만 모두 평등함을 표현하였다"고 하였다.

ⓔ 과덕의 법에 대한 설명[釋果法] (五卽 59下10)

[疏] 五, 卽果法이니 唯約於淨이라 故로 論에 云, 第一相差別이라하니 三乘이 同證第一義故라 隨智有異하야 三種不同일새 故所顯理에 亦說深淺이라 若約功德等異인대 如常所辨이니라

---

171) 上十九字는 甲南續金本作者.

■ ⓒ 과덕의 법이니 오직 청정법에만 의지한 분석이다. 논경에서 "제일 가는 모양으로 차별한다"고 하였으니 삼승이 모두 제일가는 이치를 증득한 까닭이다. 지혜를 따름이 차이가 있어서 세 종류가 같지 않으므로 밝힐 대상의 이치에도 깊고 얕음을 말하였다. 만일 공덕 따위가 다름에 의지한다면 일상적으로 밝힌 내용과 같다.

[鈔] 論云第一相者는 有二義하니 疏是一義며 更云三寶가 最勝故라 言隨智有異者는 卽一切賢聖이 皆以無爲法으로 而有差別[172]이라 大品에 云,[173] 由平等故로 分別須菩提等이라하니라 故所顯理者는 小乘人空은 如兎之足이오 中乘修習은 如馬之足이오 大乘二空은 深徹底故라 若約功德者는 小乘은 三生이오 緣覺은 百劫이오 菩薩은 三祇라 乃至三學과 萬行이 差別非一이라 皆以一相으로 統之에 則四法이 一揆니라

● 논경에서 '제일가는 모양'이라 말한 것은 두 가지 이치가 있으니 소문이 한 가지 이치이며, 다시 '삼보기 가장 뛰어나다'고 하였다. '지혜를 따라 차이가 있다'고 말한 것은 일체의 현성이 모두 하염없는 법[無爲法]으로 차별함을 가리킨다. 『대품반야경』에 "평등함으로 인해 수보리 등을 분별한다"고 하였다. '그러므로 밝힐 대상의 이치'란 소승의 사람이 〈공〉함은 토끼의 발과 같고, 중승의 닦아 익힘은 말의 발과

---

172) 遺忘記云, 一切賢聖云云은 金剛經言이니 證初義요 大品下는 證後義也, 大品云, 佛卽法 法卽僧故로 平等이요 而分別有須菩提等은 僧寶也니 上已頻出이라.(『三家本私記』遺忘記 p.358-)

173) 『摩訶般若波羅蜜經』 제26권 淨土品 제82(丹本淨佛國品)의 내용이다. 經云, "佛告須菩提. 於汝意云何. 佛得菩提不. 不也世尊. 佛不得菩提. 何以故. 佛卽是菩提. 菩提卽是佛. 如須菩提所問. 菩薩時亦應得菩提. 須菩提. 是菩薩摩訶薩具足六波羅蜜. 具足三十七助道法. 具足佛十力四無所畏四無礙智十八不共法. 具足住如金剛三昧. 用一念相應慧得阿耨多羅三藐三菩提. 是時名爲佛一切法中得自在."(대정장 권8 p.408b13-)

"須菩提. 當知佛有大恩力. 於諸法等中不動而分別諸法. 須菩提白佛言. 世尊. 如佛於諸法平等中不動. 凡夫人亦於諸法平等中亦不動. 須陀洹乃至辟支佛. 亦於諸法平等中不動."(대정장 권8 p.415 a14-)

같고, 대승의 두 가지의 〈공〉은 저 밑바닥까지 깊은 까닭이다. '만일 공덕 따위가 다름에 의지한다'고 말한 것은 소승은 삼생(三生)을, 연각은 100겁을, 보살은 아승지 겁을 뜻한다. 나아가 삼학(三學)과 만행으로 차이가 나는 것이 하나가 아니다. 모두 한 모양으로 통합하면 네 가지 법이 하나의 법칙이 된다.

㈎ 허공인 몸을 알다[知虛空身] (八知 60下2)

知虛空身의 無量相과 周徧相과 無形相과 無異相과 無邊相과 顯現色身相이니라
또 허공인 몸에 한량없는 모양, 두루 한 모양, 형상 없는 모양, 다르지 않은 모양, 그지없는 모양, 형상 몸을 나타내는 모양을 아느니라."

[疏] 八, 知虛空身이라 文有六相하니 一, 無量相은 芥子中空이 亦無分量故라 二, 徧至一切色非色處故오 三, 不可見故니 今世人이 見者는 但見空一顯色하야 想心謂見故니 涅槃經中에 廣破見空이라 又此가 含無爲空故니 亦不可見이라 四, 無異相者는 無障礙故니 謂不同色法이 彼此相異하야 有障礙故라 五, 無爲[174]相이니 謂無始終起盡之邊故라 六, 能通受色相이니 持所持故라 故로 下經에 云譬如虛空이 寬廣非色이나 而能顯現一切諸色이라하니라 旣因色하야 分別彼是虛空하니 則知因空하야 顯彼爲色이로다

■ ㈎ 허공인 몸을 아는 부분이다. 경문에 여섯 가지 모양이 있으니 (1)

---

174) 爲는 綱纂續金本作邊, 案論以無爲相釋論經之無邊相, 探玄記云, 五無邊者 無爲相 以無始終起盡之邊故, 據此應從原南本作爲; 又下六亦以論之能通受色相釋經顯現色身相而不牒經文.

한량없는 모양은 겨자 씨 속의 허공도 분량이 없기 때문이다. (2) 두루 한 모양은 일체의 형색과 형색이 아닌 곳에 두루 미치기 때문이요, (3) 형상 없는 모양은 볼 수 없기 때문이니, 지금 세상 사람들이 보는 것은 단지 허공이 하나만으로 드러난 형상만 생각하는 마음으로 본다고 말하는 까닭이다. 『열반경』에서 '〈공〉을 본다'는 말을 자세히 타파함과 같다. 또 이것이 무위의 〈공〉을 포함하는 까닭이니 역시 볼 수 없는 부분이다. (4) 다르지 않은 모양은 장애가 없기 때문이다. 이를테면 색법이 저와 내가 서로 달라서 장애가 있는 것과는 같지 않다. (5) 그지없는 모양은 무위의 형상이다. 이를테면 비롯함 없는 연기법이 끝까지 다하는 까닭이다. (6) 형상의 몸을 나타내는 모양은 능히 느낌과 물질에 통하는 모양이니 지닐 대상을 간직하는 까닭이다. 그러므로 아래 경문에 "마치 허공이 넓고 형상이 아니지마는 일체의 모든 형상을 능히 나타낸다"고 하였다. 이미 형상으로 인해 저것을 허공으로 분별하나니, 다시 말해 〈공〉으로 인해 저것을 형상으로 드러내는 줄 안다.

[鈔] 三不可見者는 釋無形相이라 世人見者는 但見空一顯色者는 雜集第一에 云, 云何建立色蘊고 謂諸所有色이니 若四大種175)과 若四大種所造라 色者는 謂眼等五根과 色聲香味觸所攝一分과 及法處所攝色이라하고 次釋色云호대 色者는 謂四大種所造眼根所了義니 謂青黃赤白과 長短方圓과 麤細高下와 若正不正과 光影明暗과 雲烟塵霧와 迥色과 表色과 空一顯色이라 此復三種이니 謂妙와 不妙와 俱相違色이라 此青等二十五176)色建立이 由六種因하니 謂相故며 安立

---

175) 上四字는 南續金本無, 論原本有.
176) 五는 南續金本作二, 論原本作五.

故며 損益故며 作所依故며 作相故며 莊嚴故라 如其次第하야 四와 十과 八과 一과 一과 一[177]이니라 逈色者는 謂離餘礙觸方所可得이오 空一顯色者는 謂上所見靑等인 顯色이라하니라 釋曰, 若智論說인대 上空은 謂作靑白影色見故라하니라

● '(3) 볼 수 없기 때문'이란 형상이 없는 모양을 해석한 말이다. '세상 사람이 보는 것은 단지 허공이 하나만으로 드러난 형상만 본다'는 것은 『잡집론』 제1권에 이르되, "색온은 어떻게 건립하게 됩니까? (답한다) 이를테면 모든 색을 가리키는 것으로, 사대종(四大種)이나 사대종으로 만들어진 색법[四大種所造色]이다. '색'이란 사대에서 만들어진 색으로 안근(眼根)에 다다른다는 이치를 말하는 것으로, 청색・황색・적색・백색・장・단・방・원・추색[麤]・세색[細]・고(高)・하(下)・정(正)・부정(不正)・빛・그림자・구름・연기・먼지・안개・밝음・어두움・형색(逈色)・표색(表色)・공일현색(空一顯色)을 가리킨다. 또 세 종류가 더 있으니, 묘색(妙色)・불묘색(不妙色)・구상위색(俱相違色)이다. 이 같은 청색 따위의 25가지 색의 건립은 여섯 가지 원인에 연유하는 것이니, 그 모양에 기인하기 때문이고, 안립에 기인하기 때문이고, 줄거나 늘어남에 기인하기 때문이고, 소의에 순응한 성취에 기인하기 때문이고, 모양을 이루는 것에 기인하기 때문이고, 장엄에 기인하기 때문이다. 그 차례에 따라 사대종의 색법・열 가지 현색(顯色)・여덟 가지 형색(逈色)・한 가지 묘색・한 가지 불묘색・한 가지 공일현색(空一顯色)이 있다. '형색'이란 그 밖에 다른 장애를 여의고서도 그 방향과 장소의 접촉이 가능한 것이다. '공일현색(空一顯色)'이란 앞에서 본 청색 따위의 현색(顯色)을 말한다"라고 하였다. 해석한다면

---

177) …은 原本作云, 甲南續金本作一云, 據論改正; 案六因中相故者는 卽初四色靑黃赤白 安立故者 次長等十 損益故者 謂大八色 光影至塵霧 餘三各一色故云…, …을 論宮本誤作一二, 二는 又誤作云.

만일『대지도론』에 의지한다면 위의 〈공〉은 청색과 백색 따위로 둘러쳐진 형색을 보기 때문이다.

又依小乘毘曇宗인대 空有二種하니 一은 是有爲니 除色爲空이오 二는 是無爲니 本來常無니라 有爲는 可見이니 故今世人이 同共見之오 無爲는 不可見이니 故今說言不可見相이라 成實論中에 虛空이 唯一이니 不可眼見이라 世人이 見者는 但見空中光明之色이니 想心이 於中에 知無實物하야 作虛空解하야 便謂見空이나 其實은 不見이라하니라 涅槃經中에 同成實說하야 廣破虛空有爲可見하나니 今此經疏가 符不可見이니라

六能通受色相[178]은 此卽論文에 釋經顯現色身相이라 疏文은 可知로다 而論經에 云, 顯色身別異相이라하나니 意云, 能顯於色이 而與色으로 異라 上言無異는 自約空體耳라 若遠公云인대 謂因色像하야 空有差別하니 謂屋內空과 屋外空等이라하니 此乃以色으로 顯空이오 不順今經의 空能顯色이니라

● 또 소승의 아비담종(阿毘曇宗)에 의지한다면 〈공〉에 두 종류가 있으니 1) 유위법이니 색법을 제외하고 〈공〉으로 삼고, 2) 무위법이니 본래로 항상 없는 것이다. 유위법은 볼 수 있으니 그러므로 지금 세상 사람들이 모두 함께 보며, 무위법은 볼 수 없나니 그러므로 지금 '볼 수 없는 모양'이라 하였다.『성실론(成實論)』에서 허공은 오직 하나뿐이니 눈으로 볼 수 없다. '세상 사람들이 본다'는 것은 단지 허공 중의 광명스러운 형색만 본다는 것이니, 생각하는 마음이 그중에 실다운 물체가 없어서 허공이란 견해를 짓는 줄 알아서 문득 "공을 보

---

178) 相下에 南續金本有者字.

지만 실제로는 보지 못한다"고 말하였다. 『열반경』에서 『성실론』에서 말한 것과 같이 허공은 유위법이어서 볼 수 있음을 자세하게 타파하였으니 지금 본경의 소문이 볼 수 없음과 부합하였다.

'(6) 능히 느낌과 물질에 통하는 모양'이란 이것은 논경의 문장에서 경문의 '형상 몸을 나타내는 모양'을 해석한 말이다. 소의 문장은 알 수 있으리라. 하지만 논경에서 '형상의 몸을 나타냄과 다른 모양'이라 하였으니, 의미로 말하면 "능히 색법을 나타냄이 색법과 다르다"고 말하였다. 위에서 '다름이 없다'고 말한 것은 자연히 공의 체성에 의지했을 뿐이다. 만일 혜원법사에 의지해 말한다면 색상으로 인해 〈공〉과 〈유〉를 차별한다는 뜻이다. 다시 말하면 집안의 〈공〉과 집 밖의 〈공〉 따위라 말하였으니 이것은 색법으로 〈공〉을 나타냄이요, 본경의 〈공〉이 능히 색법을 나타냄에 따르지 않는다.

(마) 자재를 얻은 부분[得自在分] 2.

ㄱ. 앞을 따와서 원인을 삼다[牒前爲因] (大文 61上3)

佛子여 菩薩이 成就如是身智已에
"불자여, 보살이 이러한 몸과 지혜를 성취하고는,

[疏] 大文第五, 自在分이라 中에 分二니 初는 牒前爲因이니 修行三種世間自在行일새 故得十自在라 此但約智通說이어니와 若依攝論인대 以六度로 爲因이니 如下別明이니라

■ 큰 문단으로 (마) 자재를 얻은 부분이다. 그중에 둘로 나누었으니

ㄱ. 앞을 따와서 원인으로 삼음이니 세 가지 세간이 자재한 행법을 수행한 까닭에 열 가지 자재를 얻는다. 이것은 단지 지혜에만 의지하여 통틀어 말하였지만 만일 『섭대승론』에 의지한다면 여섯 가지 바라밀로 원인을 삼았으니 아래에 개별적으로 밝힌 부분과 같다.

[鈔] 第五自在分이라 釋曰, 此中에 通有四門하니 一은 辨相이오 二는 治障이오 三은 出因이오 四는 得位니 文皆已具니라 此但約智者는 對下六度하야 但明一智가 爲通이라 遠公은 別配하니 修前器世間自在行故로 得財自在하야 一切世界의 莊嚴之事를 悉能示[179]現이오 修前衆生世間의 自在行故로 得生自在하야 隨化衆生하야 處處現生이오 修前智正覺世間自在行故로 得六自在니 一은 得命自在니 證第一義하야 成法身故로 欲久近住하야 隨意悉能이오 二는 得心自在니 知二諦故로 能入無量三昧法門이오 三은 得業自在니 於報身中에 得自在故로 一切業報가 隨意示現이오 四는 得信解自在하야 知如來身과 及知聲聞과 緣覺과 菩薩일새 故生信解오 五는 得法自在하야 知法身故오 六은 得智自在니 知智身故오 通修前三故로 得二自在하니 一은 得願自在라 一切所欲을 隨心皆得이오 二는 得如意自在니 於三種中에 隨意轉故라하니라 釋曰, 雖有此釋이나 乃成穿鑿이니 故로 疏에 但云, 約智通說이라 別配依下는 取於攝論[180]에 六度로 爲因이니라

● (마) 자재를 얻은 부분이다. 해석한다면 이 중에 통틀어 네 가지 문

---

179) 能示는 南續金本作亦能.
180) 인용한 내용은 『攝大乘論』下권 智差別勝相 제10에 보인다. 論云, "由六度圓滿, 於法身至得十種自在勝能 爲相故. 何者爲十. 一命自在. 二心自在. 三財自在. 此三由施度圓滿得成. 四業自在. 五生自在. 此二由戒度圓滿得成. 六欲樂自在. 由忍度圓滿得成. 七願自在. 由精進度圓滿得成. 八通慧自在. 此五通所攝. 由定度圓滿得成. 九智自在. 十法自在. 此二由般若波羅蜜圓滿得成. 三無二無相. 由無有無二相故. 一切法無所有空相不無爲相故."(대정장 권31 p.129c-). 또 『攝大乘論釋』제13권 釋學果寂滅勝相 제9에도 보인다.(대정장 권31 p.250c-)

이 있으니 (1) 모양을 밝힘이요, (2) 장애를 다스림이요, (3) 원인을 내보임이요, (4) 지위를 얻음이니 소문에 모두 이미 구족하였다. '이 것은 단지 지혜에만 의지한다'는 것은 아래 육바라밀에 상대하여 단지 한 가지 지혜가 통하는 것만 밝힌다. 혜원법사는 개별적으로 배대하였으니 "앞의 기세간에 자재한 행법을 닦은 연고로 재물에 자재함을 얻어서 일체 세계를 장엄한 일을 모두 능히 시현할 수 있었고, 앞의 중생세간에 자재한 행법을 닦은 연고로 중생에 자재함을 얻어서 중생을 따라 교화하여 곳곳마다 태어나며, 앞의 지정각세간에 자재한 행법을 닦은 연고로 여섯 가지 자재함을 얻었다. ① 생명에 자재함[命自在]을 얻음이니 제일가는 이치를 증명하여 법신을 이룬 연고로 오래도록 가까이 머물러서 뜻에 따라 모두 능하려 함이요, ② 마음에 자재함[心自在]을 얻음이니 두 가지 진리를 아는 연고로 한량없는 삼매의 법문에 능히 들어감이요, ③ 업에 자재함[業自在]을 얻음이니 보신 중에 자재를 얻은 연고로 일체의 업과 과보가 뜻에 따라 시현함이요, ④ 믿고 이해함에 자재함[信解自在]을 얻어서 여래의 몸과 성문과 연각과 보살을 알았으므로 믿고 이해함을 내는 것이요, ⑤ 법에 자재함[法自在]을 얻어서 법신을 아는 까닭이요, ⑥ 지혜에 자재함[智自在]을 얻음이니 지혜의 몸을 아는 까닭이다. 통틀어 위의 셋[信解自在, 法自在, 智自在]을 닦은 연고로 두 가지 자재함을 얻었으니 1) 서원에 자재함[願自在]을 얻는다. 일체의 바라는 바를 마음에 따라 모두 얻음이요, 2) 생각과 같은 자재함[如意自在]을 얻나니 세 종류 중에 생각대로 구르는 까닭이다"라고 하였다. 해석한다면 비록 이런 해석이 있지만 도리어 천착함을 이루게 되나니, 그래서 소가는 단지 지혜에 의지해 통틀어 말하였다. 개별적으로 배대한 것은 아래의 『섭대승론』에서 육바라밀로 원인 삼은 것을 취함에 의지한 구분이다.

ㄴ. 자재의 결과를 밝히다[顯自在果] 3.
ㄱ) 개별로 경문을 해석하다[別釋經文] 2.
(ㄱ) 경문을 바로 해석하다[正釋經文] (二得 63上2)
(ㄴ) 자재를 통틀어 해석하다[通釋自在] (於此)

得命自在와 心自在와 財自在와 業自在와 生自在와 願自在와 解自在와 如意自在와 智自在와 法自在하나니라 목숨에 자유롭고 마음에 자유롭고 재물에 자유롭고 업에 자유롭고 나는 데 자유롭고 서원에 자유롭고 아는 데 자유롭고 뜻대로 하는 데 자유롭고 지혜에 자유롭고 법에 자재로움을 얻나니라."

[疏] 二, 得命下는 顯自在果라 命自在者는 不可說不可說劫에 命住持故며 心則無量阿僧祇에 三昧入智故며 財는 謂一切世界에 無量莊嚴으로 嚴飾住持示現故라 上三은 以施로 爲因이니 如次以一切時와 一切處와 一切物施故라 業則如現生과 後時業報를 住持示現故오 生則一切世界에 生示現故니 上二[181]는 戒爲因이니 戒調身語하야 成勝業故며 復由戒淨하야 隨欲生故라 願則隨心所欲하야 佛國土時에 示成三菩提故니 此則由進策勤하야 無懈廢故오 解則一切世界中에 佛[182]滿示現故라 論經에 名信解라하고 攝論에 名勝解라하니 皆一義耳라 用忍爲因하야 以修忍時에 隨衆生意故로 得一切皆隨心轉이니

---

181) 二下에 續金本有自在以三字.
182) 佛은 續金本作徧, 原南及論經作佛.

謂變地하야 爲金等이라 如意는 則一切佛國中에 如意作變事示現故니 以定爲因이라 智則如來의 力과 無畏와 不共法과 相好莊嚴과 三菩提示現故오 法則無中無邊法門明을 示現故니 上二는 同以般若로 爲因이니 內照所知로 得智自在하야 應根宣說하야 得法自在니라 於此十中에 若智若通이 皆無壅滯일새 故云自在니라

■ ㄴ. 得命 아래는 자재의 결과를 밝힘이다. '목숨에 자재함'이란 말할 수 없고 말할 수 없는 겁에 목숨으로 머물러 지탱하는 까닭이며, '마음으로 자재함'은 한량없는 아승지 겁에 삼매로 지혜에 들기 때문이며, '재물에 자재함'은 일체 세계에 한량없는 장엄으로 꾸며서 머물러 지탱하고 나타내 보이는 까닭이다. 위의 셋[命·心·財自在]은 보시로 원인을 삼았으니 차례대로 일체의 시간과 온갖 처소와 모든 물건을 보시하는 까닭이다. '업에 자재함'은 마치 현재의 생과 다음 시간의 업과 과보를 머물러 지탱하여 나타내 보임과 같기 때문이요, '태어남에 자재함'은 일체 세계에 나기로 나타내 보이는 까닭이다. 위의 둘[業自在, 生自在]은 지계(持戒)로 원인을 삼았으니 지계로 몸과 말을 조화하여 뛰어난 업을 이룬 까닭이며, 다시 지계의 청정함으로 인해 따라서 태어나려 한 것이다. '서원에 자재함'은 마음에 욕구하는 바를 따라 부처님 국토가 실현되었을 때에 삼보리[三菩提 = 正遍知]를 이룸을 보이는 까닭이다. 이렇다면 정진과 경책하는 부지런함으로 인해 게을러서 그만둠이 없는 까닭이요, '아는 것에 자재함'은 온갖 세계 중에 부처님이 충만한 모습을 나타내 보이는 까닭이다. 논경에서 "믿고 아는 것이 자재하다"고 하였고, 『섭대승론』에는 '뛰어난 견해에 자재함'이라 하였으니 모두 한 가지 이치일 따름이다. 인욕을 써서 원인을 삼아 인욕바라밀을 닦을 때에 중생의 마음을 따르는 연고로 일체

가 모두 마음을 따라 전변함을 얻게 된다. 말하자면 땅을 변화하여 금으로 만드는 등이다. '생각에 자재함'은 일체의 부처님 국토 중에 뜻대로 변하는 현상을 지어 나타내 보이는 까닭이니 선정으로 원인을 삼는다. '지혜에 자재함'은 부처님의 능력과 두려움 없음과 함께 하지 않는 법과 상호로 장엄함과 정변지를 나타내 보이는 까닭이요, '법에 자재함'은 중간도 없고 그지없는 법문의 광명을 나타내 보이는 까닭이다. 위의 둘[智自在, 法自在]은 함께 반야로 원인을 삼나니 내부적으로 아는 것을 비추는 것으로 지혜에 자재함을 얻어서 근기에 맞게 선설해서 법에 자재함을 얻는다. 이런 열 가지 자재[十自在]함 중에 지혜와 신통이 모두 막히고 지체함이 없으므로 '자재하다'고 말한다.

ㄴ) 논경에 의지하여 장애를 다스리다[依論治障] 2.
(ㅣ) 논경을 거론하다[擧論] (論以 64上1)
(ㄴ) 다섯 가지 공포를 회통하다[會五怖] (此十)

[疏] 論以此十으로 治十怖畏하니 一[183]은 死怖畏오 二는 煩惱垢[184]怖畏오 三은 貧窮이오 四는 惡業이오 五는 惡道오 六은 求不得이오 七은 謗法罪業이오 八은 追求時縛不活이오 九는 法自在는 治云何云何疑라 十은 智自在는 治大衆威德이니 此二는 如論次[185]니라 此十이 亦卽初地五畏니 細故로 漸開라 此中에 二와 四와 七은 卽是惡名이니 惡名本故오 三과 六은 屬不活이오 九는 屬第十故니라

---

183) 一下에 續金本有治字, 次二至八下皆同.
184) 垢下에 續金本有染字, 論原南本無.
185) 次는 續金本屬下句誤, 案論經九十爲法智 與晉唐二譯智法異次 故云此二如論之次第.

■ 논경에서 이런 열 가지 자재함으로 열 가지 두려움을 다스린다. (1) 죽음에 대한 두려움이요, (2) 번뇌의 때에 대한 두려움이요, (3) 빈궁이요, (4) 악업이요, (5) 악한 갈래요, (6) 구하여도 얻지 못함이요, (7) 불법을 비방하는 죄업이요, (8) 추구할 때에 속박되어 살지 못함이요, (9) 법에 자재함은 어떠어떠한 의심을 다스린다. (10) 지혜에 자재함은 대중의 위덕을 다스림이니 이 둘은 논경의 차례와 같다.

이런 열 가지 두려움이 또한 초지(初地)의 다섯 가지 두려움[186]이니 미세한 까닭에 점차로 전개한 부분이다. 이 중에 (2) [煩惱垢怖畏]와 (4) [惡業怖畏]와 (7) [謗法罪業]은 바로 악명에 대한 두려움[② 惡名畏]이니 나쁜 이름의 근본인 까닭이요, (3) [貧窮畏]과 (6) [求不得]은 (8) 속박되어 살지 못할까 두려움[① 不活畏]에 속하고, (9) [法自在]는 곧 (10) 지혜에 자재함이니 대중의 위덕에 두려워함[⑤ 大衆威德畏]에 속하기 때문이다.

ㄷ) 얻은 지위를 분별하다[辨其得位] 2.
(ㄱ) 항포문에 의지한 해석[約行布] (約因 64上6)
(ㄴ) 원융문에 의지한 해석[約圓融] (下離)

[疏] 約因[187]인대 此地에 方得이오 約果[188]인대 圓滿이 在佛이라 此約行布어니와 下의 離世間과 上의 賢首品에 皆有此十호대 而約普賢位가 通貫始終이니라

---

186) 五怖畏: 『60권 화엄경』 제34권 初地에 설한 주장으로, 진리를 깨닫지 못한 중생에게 있는 다섯 가지 공포를 말한다. ① 不活畏 ② 惡名畏 ③ 死畏 ④ 惡道畏 ⑤ 大衆威德畏.
187) 因下에 續金本有而論.
188) 果下에 續金本有而論.

■ 원인에 의지한다면 이 제8지에야 비로소 얻음이요, 결과에 의지한다면 원만함은 부처의 지위에 있다. 이것은 항포문에 의지하였지만 아래의 이세간품(離世間品)과 위의 현수품(賢首品)에 모두 이런 열 가지 자재함이 있다. 그러나 보현의 지위가 통틀어 처음과 끝에 관통함에 의지한 분석이다.

[鈔] 二得命下에 疏文有三하니 一, 別釋經文이니 卽辨相及因이라 經但標名이어니와 今依論經하야 一一具釋이라 經有難見을 卽以論釋하고 兼以攝論의 六度之因으로 次第配釋이라 二, 於此十中下는 通釋自在오 三, 論以下는 明其所治라 於中에 先, 擧論이오 後, 此十亦卽下는 會五怖畏오 三, 約因此地下는 會通行位를 可知로다

● ㄴ. 得命 아래에 소의 문장이 셋이 있으니 ㄱ) 개별로 경문을 해석함이니 모양과 원인을 밝혔다. (ㄱ) 경문 해석에는 다만 명칭만 표방하였지만 지금은 논경에 의지하여 낱낱이 구비하여 해석하였다. 경문에 보기 어려움이 있는 것을 곧 논경으로 해석하였고, 겸하여『섭대승론』의 육바라밀의 원인으로 차례대로 배대하여 해석하였다. (ㄴ) 於此十中 아래는 통틀어 자재함을 해석함이요, ㄴ) 論以 아래는 다스릴 대상을 밝힘이다. 그중에 (ㄱ) 논경을 거론함이요, (ㄴ) 此十亦卽 아래는 다섯 가지 두려움과 회통함이요, ㄷ) 約因此地 아래는 (얻은) 행법의 지위를 회통함이니 알 수 있으리라.

(바) 크게 뛰어난 부분[大勝分] 2.

ㄱ. 과목 나누기[分科] (大文 64下 2)

得此十自在故로 則爲不思議智者와 無量智者와 廣大智者와 無能壞智者니라

"이 열 가지 자유로움을 얻었으므로, 헤아릴 수 없이 지혜로운 이, 한량없이 지혜로운 이, 넓고 크게 지혜로운 이, 깨뜨릴 수 없이 지혜로운 이가 되느니라.

[疏] 大文第六, 得此已下는 明大勝分이라 於中에 三이니 初는 智大니 智解殊勝故오 二는 業大니 行業이 寬廣故오 三은 彼二所住功德大니 智業所成故라

■ 큰 문단으로 (바) 得此已 아래는 크게 뛰어난 부분을 밝힘이다. 그 중에 셋이니 ㄱ) 지혜가 큼이니 지혜롭게 아는 것이 뛰어난 까닭이요, ㄴ) 업이 큼이니 행법과 업이 너그럽고 광대한 까닭이요, ㄷ) 저 둘이 머무는 공덕이 큼이니 지혜와 업으로 성취한 바인 까닭이다.

ㄴ. 과목에 따라 해석하다[隨釋] 3.
ㄱ) 지혜가 크다[智大] (今初 64下4)

[疏] 今初에 文有五句하니 初句는 牒前爲因이오 則爲下는 正顯이니 顯有四智라 初一은 爲總이니 謂不住世間과 涅槃하야 寂用을 難測일새 名不思議라 此不思議에 有三하니 一은 修行盡至不思議니 謂證涅槃無分量故오 二는 所知不思議니 廣照世境故오 三은 除障不思議니 謂令眞如로 出所知障하야 天魔와 外道가 不能壞故니라

■ 지금 ㄱ)에 경문에 다섯 구절이 있으니 (ㄱ) 첫 구절은 앞을 따와서 원인을 삼은 것이요, (ㄴ) 則爲 아래는 바로 밝힘이니 네 가지 지혜

가 있음을 밝힌 것이다. a. 처음 하나는 총상이니 말하자면 세간과 열반에 머물지 못하여 고요함과 작용을 측량하기 어려우므로 '불가사의하다'고 이름한다. 이런 불가사의함에 셋이 있으니 (1) 수행이 극진하여 불가사의한 것이니 열반에 분량이 없음을 증득한 까닭이요, (2) 알고 있는 바가 불가사의함이니 세간경계를 널리 비춘 까닭이요, (3) 장애를 제거하는 지혜가 불가사의함이니, 진여로 하여금 소지장(所知障)에서 벗어나 하늘마군과 외도가 능히 무너뜨릴 수 없기 때문이다.

ㄴ) 업이 크다[業大] 3.
(ㄱ) 앞을 따와서 원인으로 삼다[牒前爲因] (第二 65上1)
(ㄴ) 업의 크기를 바로 밝히다[正顯業大] (正顯)

此菩薩이 如是入已하며 如是成就已에 得畢竟無過失身業과 無過失語業과 無過失意業히여 身語意業이 隨智慧行하며 般若波羅蜜이 增上에 大悲爲首하여 方便善巧로 善能分別하며 善起大願하여 佛力所護며 常勤修習利衆生智하여 普住無邊差別世界하나니라

이 보살이 이렇게 들어가고 이렇게 성취하고는 끝까지 허물없는 몸의 업과 허물없는 말의 업과 허물없는 뜻의 업을 얻으며, 몸과 말과 뜻으로 짓는 업이 지혜를 따라 행하며, 반야바라밀다가 늘어나고 가엾이 여기는 마음이 머리가 되어 공교한 방편으로 잘 분별하며 큰 서원을 일으키고 부처님의 힘으로 보호함이 되어, 중생을 이익할 지혜를 부지런

히 닦으며, 그지없이 차별한 세계에 널리 머무느니라.

[疏] 第二, 此菩薩下는 業大라 有三하니 初二句는 牒前爲因이니 一은 入自在오 二는 成就智라 次, 得畢竟下는 正顯業大오 三, 佛子下는 總結多門이라 正顯中에 有十二句하니 初三은 明三業淨이니 當相辨業이오 後九는 約修辨業이라 攝爲四相하니 初一句는 明起니 論에 云,[189] 起能起同時라하니 謂身語意는 是所起오 智慧는 爲能起라 此三業起에 必與能起로 同時니 故로 經에 云隨行이라하니 智爲導首故니라 二, 般若下四句는 智攝不染하야 作利衆生行等이니 謂由般若하야 攝彼大悲일새 故不染愛見하고 能起方便하야 利衆生行이라 三, 善起下二句는 因攝이니 謂內由大願하야 爲自行他行之因이오 又外蒙佛攝하야 得成二因이라 四, 後二句는 作業所持니 初句는 利益衆生이오 後句는 淨佛國土라

■ ㄴ) 此菩薩 아래는 업이 큼이다. 셋이 있으니 (ㄱ) 처음 두 구절은 앞을 따와서 원인으로 삼음이니, 첫 구설은 자재함에 들어감이요, 둘째는 지혜를 성취함이다. (ㄴ) 得畢竟 아래는 바로 업의 크기를 밝힘이요, (ㄷ) 佛子 아래는 총합적으로 어려움을 결론함이다. (ㄴ) 바로 밝힘 중에 12구절이 있다. a. 처음 세 구절은 세 가지 업이 청정함을 밝힌 것이니 모양에 맞추어 업을 밝힘이요, b. 뒤의 아홉 구절은 수행에 의지해 업을 밝힘이다. 거두어서 네 가지 모양을 삼았으니 (1) 처음 한 구절[身語意業 隨智慧行]은 시작을 밝힘이다. 논경에서는, "일어남과 일으킴이 동시에 일어나는 것"이라 하였다. 말하자면 몸과 말과 뜻의 업[身·語·意業]은 일으킬 대상이요, 지혜는 일으키는 주체가

---

189) 云下에 原南綱續金本有能字, 纂本有所字, 論及探玄記無.

된다. 이런 세 가지 업을 일으킬 적에 반드시 일으키는 주체와 동시라는 뜻이다. 그러므로 본경에서 '지혜를 따라 행한다'고 하였으니 지혜가 인도하는 우두머리인 까닭이다. (2) 般若 아래의 네 구절은 지혜로 물들지 않은 것을 거두어서 중생에게 이익되는 행법 따위를 짓는다. 말하자면 반야로 말미암아 저 대비를 포섭하는 연고로 애욕과 사견에 물들지 않고 능히 방편을 일으켜서 중생을 이롭게 하는 행법이다. (3) 善起 아래 두 구절[善起＋願, 佛力所護]은 원인에 포섭됨이다. 말하자면 안으로는 큰 서원으로 인해 자행과 타행의 원인이 됨이요, 또 밖으로는 부처님이 섭수함을 입어서 두 가지 원인을 성취한 부분이다. (4) 뒤의 두 구절[常勤修習―, 善住無邊―]은 업을 지어 지탱할 대상이니, 첫 구절은 중생을 이익하는 행법이요, 뒤 구절은 부처님 국토를 청정케 함이다.

[鈔] 第六大勝分이라 一入自在者는 即經에 云如是入已니 牒前十自在也라 二成就智는 即經云如是成就已니 即牒前爲不思議智者等이라 故經云下는 經文에 但有身語意業이 隨智慧行이라하고 論經에 云, 智慧爲首하야 智隨順轉故라하나니 疏具用二句之意하야 以智先導로 釋其隨行하니 初智導起하고 起已에 不失於智가 即是隨行故니라

● (바) 크게 뛰어난 부분이다. '첫 구절은 자재함에 들어간다'고 말한 것은 곧 경문에 '이렇게 들어가서는'이라 하였으니 앞의 열 가지 자재함을 따온 부분이다. '둘째는 지혜를 성취한다'고 말한 것은 곧 경문에 '이렇게 성취하고 나서'라 말한 부분이니, 앞에서 '불가사의하게 지혜로운 이'라 한 것을 따온 등이다. 故經云 아래는 경문에는 단지 "몸과 말과 뜻으로 짓는 업이 지혜를 따라 행한다"고만 하였고, 논경에

는 "지혜를 우두머리로 삼아 항상 지혜를 따라 구르기 때문이다"라고 하였다. 소가가 두 구절의 의미를 구비하여 써서 지혜를 앞세워 그 따라 행함을 해석하였다. 처음에 지혜가 인도하여 일으키고, 일으킨 뒤에 지혜가 바로 따라 행함을 잃지 않기 때문이다.

(ㄷ) 여러 부문을 총합하여 결론하다[總結多門] (後總 66上4)

佛子여 擧要言之컨댄 菩薩이 住此不動地에 身語意業의 諸有所作이 皆能積集一切佛法이니라
불자여, 중요함을 들어 말하면, 보살이 이 부동지에 머물러서는 몸과 말과 뜻의 업으로 하는 일이 모두 온갖 부처의 법을 쌓아 모으느니라."

[疏] 後, 總結을 可知로다
■ (ㄷ) 총합하여 결론함은 알 수 있으리라.

ㄷ) 저 둘이 머물 대상인 공덕이 크다[彼二所住功德大] 3.
(ㄱ) 머물 대상의 영역을 표방하다[標所住分齊] (第三 66上6)
(ㄴ) 머물 대상의 공덕을 밝히다[顯所住德] (二中)

佛子여 菩薩이 住此地에 得善住深心力하나니 一切煩惱가 不行故며 得善住勝心力하나니 不離於道故며 得善住大悲力하나니 不捨利益衆生故며 得善住大慈力하나니 救護一切世間故며 得善住陀羅尼力하나니 不忘於法故

며 得善住辯才力하나니 善觀察分別一切法故며 得善住
神通力하나니 普往無邊世界故며 得善住大願力하나니
不捨一切菩薩所作故며 得善住波羅蜜力하나니 成就一
切佛法故며 得如來護念力하나니 一切種一切智智가 現
前故니라

"불자여, 보살이 이 지에 머물고는, 잘 머무른 깊은 마음의 힘을 얻나니 모든 번뇌가 행하지 않는 연고며, 잘 머무른 훌륭한 마음의 힘을 얻나니 도를 여의지 않는 연고며, 잘 머무른 대비의 힘을 얻나니 중생을 이익하기를 버리지 않는 연고며, 잘 머무른 대자의 힘을 얻나니 모든 세간을 구호하는 연고며, 잘 머무른 다라니 힘을 얻나니 법을 잊지 않는 연고며, 잘 머무른 변재의 힘을 얻나니 모든 법을 관찰하여 분별하는 연고며, 잘 머무른 신통의 힘을 얻나니 그지없는 세계에 널리 머무는 연고며, 잘 머무른 큰 서원의 힘을 얻나니 모든 보살의 지을 것을 버리지 않는 연고며, 잘 머무른 바라밀다의 힘을 얻나니 모든 불법을 성취하는 연고며, 여래의 호념하시는 힘을 얻나니 갖가지 지혜와 온갖 지혜의 지혜가 앞에 나타나는 연고이니라.

[疏] 第三, 佛子菩薩住此下는 彼二所住功德大라 中에 三이니 初, 標所住分齊오 次, 得善下는 顯所住德이오 三, 此菩薩下는 結成功德이라 二中에 十句가 依七種功德이니 謂初四는 爲一善住道功德이니 此是德體며 以二利行으로 爲菩薩道故라 初二는 自利니 先은 契理離障을 名爲深心이오 後는 對治堅固를 名爲勝心이라 後二는 慈悲利他니라

後六은 各一이니 約修辨德이라 初三은 三輪化益이니 修上利他오 後三은 願行相符니 外招佛護하야 修上自利니라

- ㄷ) 佛子菩薩住此 아래는 저 둘이 머물 대상인 공덕이 큼이다. 그중에 셋이니 (ㄱ) 머물 대상의 영역을 표방함이요, (ㄴ) 得善 아래는 머물 대상의 공덕을 밝힘이요, (ㄷ) 此菩薩 아래는 공덕을 결론함이다. (ㄴ) 중에 열 구절이 일곱 가지 공덕에 의지하나니, 이를테면 (1) 처음 네 구절은 한결같이 도의 공덕에 잘 머물기 위함이니, 이것은 공덕의 체성이며 두 가지 이로운 행법[二利行]으로 보살의 도를 삼은 까닭이다. 처음의 두 구절은 자리행(自利行)이니 먼저 이치에 계합하여 장애 여의는 것을 '깊은 마음'이라 하고, 뒤에 견고함을 다스리는 것을 '뛰어난 마음'이라 하였다. 뒤의 두 구절은 자비로운 이타행(利他行)이다. (2) 뒤의 여섯 구절[得善住—]은 각기 하나이니, 수행에 의지하여 공덕을 밝힌 부분이다. ① 처음의 세 구절은 세 가지 법륜으로 교화한 이익이니 위의 이타행을 닦음이요, ② 뒤의 세 구절은 서원과 행법이 서로 부합함이니 밖으로 부처님의 호념을 초래하여 위의 자리행을 닦음이다.

[鈔] 二中十句者는 謂依此七種功德하야 宣說彼所住功德法故라 此段은 名所住功德大也니라 後二慈悲者는 餘處에는 慈能與樂하고 悲能拔[190]苦어니와 今悲不捨衆生하고 慈却救護世間하니 以慈悲가 皆通與樂과 拔苦故라 後三願行相符等者는 願即第八이오 行即第九오 佛護는 即第十이니라

- (ㄴ) 중에 열 구절이란 이런 일곱 가지 공덕에 의지하여 저 둘이 머물

---

190) 拔은 續本作救, 金本作拔救.

대상인 공덕의 법을 선설한다는 뜻이다. 이 문단은 '머물 대상인 공덕이 크다'고 이름한다. '뒤의 두 구절은 자비이다'라고 말한 것은 다른 곳에는 인자함은 능히 즐거움을 주고 대비는 능히 고통을 뽑아내는 것이지만, 지금은 대비는 중생을 버리지 않고 인자함은 도리어 세간을 구호한다. 인자함과 대비가 모두 공통적으로 즐거움을 주고 고통을 뽑아내기 때문이다. '뒤의 세 구절은 서원과 행법이 서로 부합한다'는 따위에서 서원은 여덟째이고 행법은 곧 아홉째이고 부처님의 호념은 열째에 해당한다.

(ㄷ) 공덕을 결론하다[結成功德] (三結 67上8)

此菩薩이 得如是智力하여 能現一切諸所作事하되 於諸事中에 無有過咎니라
이 보살이 이러한 지혜의 힘을 얻고는 모든 지어야 할 일을 능히 나투며, 모든 일에 허물이 없느니라."

[疏] 三, 結成 中에 近結此段하고 遠結前三이라 得如是智는 結前智大니 以智로 證理하여 得無憎愛故라 次, 能現下는 結作業大니 平等作故오 後, 於諸下는 結所住功德大니 得七功德하여 無過咎故니라
■ (ㄷ) 공덕을 결론함 중에 가깝게는 이 문단을 결론하고, 멀게는 앞의 셋[1. 智大 2. 業大 3. 所住功德大]을 결론함이다. a. '이러한 지혜를 얻음'은 앞의 지혜가 큼을 결론함이니, 지혜로 이치를 증명하여 미워하고 사랑함이 없음을 얻은 까닭이다. b. 能現 아래는 업을 지음이 큼을 결론함이니 평등하게 짓기 때문이요, c. 於諸 아래는 머물 대상의 공

덕이 큼을 결론함이니, 일곱 가지 공덕을 얻어서 허물과 더러움이 없는 까닭이다.

(사) 명칭을 해석하는 부분[釋名分] 2.

❖ 제6회 십지품 제8 不動地 (科圖 26-83; 稱字卷)

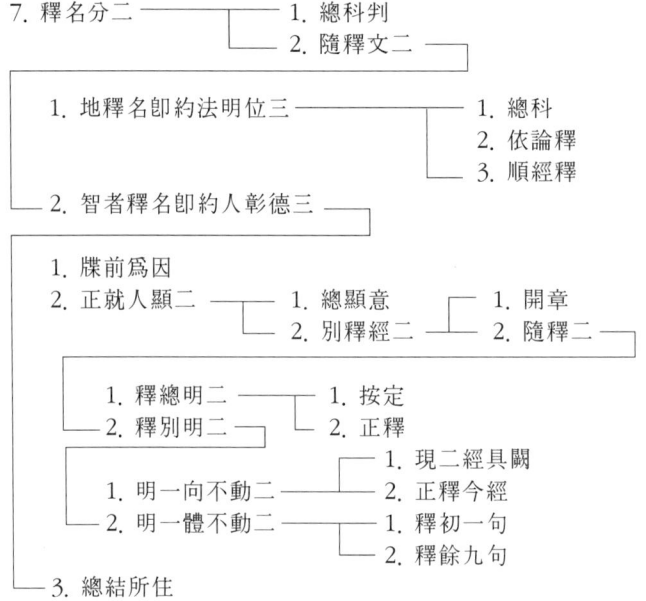

ㄱ. 총합하여 과목 나누다[總科判] (大文 67下8)

[疏] 大文第七, 釋名分이라 亦攝眞如相廻向이니 稱如不動等故니라 釋名에 分二니 一, 地釋名은 卽約法明位오 二, 智者釋名은 卽約人彰德이라

■ 큰 문단으로 (사) 명칭을 해석하는 부분이다. 또한 제8. 진여상회향(眞如相廻向)에 섭속되나니 진여와 걸맞아서 동요하지 않고 평등한 까닭이다. (사) 명칭을 해석하는 부분을 둘로 나누면 ㄱ) 제8지의 명칭을 해석함은 곧 법에 의지해 지위를 밝힘이요, ㄴ) 지혜로 명칭을 해석함은 사람에 의지해 공덕을 밝힘이다.

[鈔] 第七釋名分이라 一地釋名者는 廣明此地에 有不動德故라 二約人者는 廣明住此地菩薩이 有不動德故라 法卽本有此德이니 如於菩提요 人由得地일새 故成勝德이 猶如[191]覺者라

● (사) 명칭을 해석하는 부분이다. a. 제8지의 명칭을 해석함은 이 제8지에 동요하지 않는 공덕이 있음을 자세히 밝힌 까닭이다. b. '사람에 의지한다'는 것은 이 제8지에 머무는 보살이 동요하지 않는 공덕이 있음을 자세히 밝힌 까닭이다. 법은 곧 본래로 이런 공덕이 있는 것이니 보리와 같고 사람은 얻은 지위로 말미암아 뛰어난 공덕을 이루는 부분이 깨달은 이와 같다.

ㄴ. 과목에 따라 경문을 해석하다[隨釋文] 2.
ㄱ) 제8지의 명칭을 해석함은 곧 법에 의지해 지위를 밝히다
　[地釋名卽約法明位] 3.

(ㄱ) 총합하여 과목 나누다[總科] (今初 68上4)

佛子여 此菩薩智地가 名爲不動地니 無能沮壞故며 名

---

191) 如下에 南纂續金本有此字.

爲不退轉地니 智慧無退故며 名爲難得地니 一切世間이
無能測故며 名爲童眞地니 離一切過失故며 名爲生地니
隨樂自在故며 名爲成地니 更無所作故며 名爲究竟地니
智慧決定故며 名爲變化地니 隨願成就故며 名爲力持地
니 他不能動故며 名爲無功用地니 先已成就故니라

"불자여, 이 보살의 지혜의 지를 부동지라 이름하나니 깨뜨리
릴 수 없는 연고며, 굴러가지 않는 지라 이름하나니 지혜가
물러나지 않는 연고며, 얻기 어려운 지라 이름하나니 일체
세간에서 헤아릴 수 없는 연고며, 동진지라 이름하나니 모
든 허물을 여의는 연고며, 내는 지라 이름하나니 따라 즐거
워함이 자유로운 연고며, 이루어진 지라 이름하나니 다시
지을 것이 없는 연고며, 한껏 간 지라 이름하나니 지혜가 결
정한 연고며, 변화하는 지라 이름하나니 소원을 따라 성취
하는 연고며, 힘으로 유지하는 지라 이름하나니 다른 이가
동하지 못하는 연고며, 힘의 작용이 없는 지라 이름하나니
이미 성취한 연고이니라."

[疏] 今初十句를 論攝爲六하고 遠公이 復攝六하야 爲二하니 初二는 自分
이오 後四는 勝進이라 勝進中에 復三이니 初一은 發修離過오 次二는
因修成德이니 一은 成敎道德이오 二는 成證道德이오 後一은 依德成
位라하니 亦有斯理로다

■ 지금의 ㄱ) 열 구절을 논경에서 여섯으로 섭수하였고, 혜원법사가 다
시 여섯을 거두어 둘로 삼았으니 "(1) 처음 두 구절은 자분행이고,
(2)뒤의 네 구절[名爲難得地— 名爲童眞地]은 승진행이다. (2) 승진행 중

에 다시 셋이니 ㉠ 처음 한 구절[名爲難得地一]은 수행을 시작하여 허물을 여읨이요, ㉡ 다음의 두 구절[名爲童眞地一, 名爲生地一]은 수행으로 인해 공덕을 성취함이니, 하나는 교도의 덕을 이룸이요, 둘은 중도의 덕을 이룸이요, ㉢ 뒤의 한 구절[名爲成地一]은 공덕에 의지해 지위를 이룸이다"라고 하였으니 또한 이치가 있는 말이다.

[鈔] 今初十句者는 初三과 四와 六이 皆攝二故라 疏文有三하니 一은 總科오 二는 依論釋이오 三은 順經釋이라 今初니 初二는 自分이니 前一은 離過畢竟이오 後一은 所證深玄이라 餘句는 可知로다

● '지금은 ㄱ) 열 구절'이란 처음의 셋과 넷째와 여섯째가 모두 둘을 포섭하는 까닭이다. 소의 문장에 셋이 있으니 (ㄱ) 총합하여 과목 나눔이요, (ㄴ) 논경에 의지해 해석함이요, (ㄷ) 본경에 따라 해석함이다. 지금은 (ㄱ)이니 a. 처음 두 구절은 자분행이니 앞의 하나는 허물을 여읜 궁극이요, 뒤의 하나는 증득할 대상이 깊고 현묘함이다. b. 나머지 구질은 알 수 있으리라.

(ㄴ) 과목에 따라 해석하다[隨釋] 2.

a. 논경에 의지한 해석[依論釋] 6.
a) 두 구절은 잡염을 다스리다[初二句染對治] (言爲 68上10)
b) 한 구절은 얻기 어려움에 대한 해석[次一句釋難得] (二次)

[疏] 言爲六者는 一, 初二句는 名染對治니 一은 治下地功用行과 小乘願과 諸魔業일새 故名不動地라 二는 治煩惱習行일새 故名不轉이니 上

二는 卽相과 用과 煩惱가 不能動也라 二, 次一句는 得甚深故니 可知로다

- '여섯이 된다'고 말한 것은 a) 처음 두 구절은 잡염을 다스림이라 한다. 하나는 아래 지의 공용행과 소승의 서원과 여러 마군의 업을 다스리는 연고로 '동요하지 않는 지'라 이름하였다. 둘은 번뇌에 익숙한 행을 다스린 연고로 '물러나지 않는 지'라 하였으니, 위의 둘은 모양과 작용과 번뇌가 능히 동요하지 않는 부분이다. b) 다음 한 구절 [一切世間無能測故]은 매우 깊음을 얻은 까닭이니 알 수 있으리라.

[鈔] 言爲六下는 二, 依論釋이라 初는 染治中에 功用과 小願과 魔業이 皆是業染이라 第七地의 功用之心을 名功用行이오 第六地中의 樂空之心을 名小乘願이라 前五地中에 着有之心을 名諸魔業이라 亦可七地中의 所起行修를 名功用行이오 二乘之心을 名小乘願이오 凡夫之心을 名諸魔業이라 今離功用하야 治功用行하야 遠離有無間隔過故며 治小願魔業일새 故名不動이니 此一이 爲總이라 故諸經論에 皆立此名하니라

- a. 言爲六 아래는 논경에 의지한 해석이다. a) 잡염을 다스림 중에 공용과 소승의 서원과 마군의 업이 모두 업에 물든 것이다. 제7지의 공용의 마음을 '공용이 있는 행법'이라 하고, 제6지의 〈공〉을 좋아하는 마음을 '소승의 서원'이라 한다. 앞의 제5지 중에 〈유〉에 집착하는 마음을 '여러 마군의 업'이라 이름한다. 또한 제7지에서 일으킬 대상의 행법을 닦는 것을 공용이 있는 행법이라 하고, 이승의 마음을 소승의 서원이라 이름하고 범부의 마음을 여러 마군의 업이라 부른다. 지금은 공용을 여의어 공용이 있는 행법을 다스려서 〈유〉와

〈무〉의 간격의 허물을 완전히 떠난 까닭이며, 소승의 서원과 마군의 업을 다스린 연고로 '동요하지 않는다'고 이름하였으니 이 한 구절이 총상이 된다. 그래서 모든 경전과 논서에서 이 이름을 세운 것이다.

c) 두 구절은 행법을 시작함이 깨끗하다[次二句發行淸淨] (三有 68下10)
d) 두 구절은 세간과 출세간의 지음이 청정하다[次二句世出世有作淸淨]
(四次)

[疏] 三, 有二句는 發行淸淨이니 上句는 發淨이니 謂得眞無漏하야 三業이 無失하며 不破觀心하고 能發趣行이라 然其八地가 應對八住니 合名 童眞이라 而論經192)에 名王子193)라하니 似不順文이라 下句는 行淨이니 正行之時에 離障自在故라 四, 次二句는 名世間出世間有作淨勝이니 上句는 悲故로 隨世有作이나 自無所作이오 下句는 出世有作이니 以智로 善分別故며 智障淨故로 皆決定義라

c) 두 구절[名爲童眞地 , 名爲生地]은 행법을 시작함이 깨끗함이니 위 구절은 시작이 깨끗함이다. 진실하고 무루법을 얻어서 세 가지 업에 허물이 없으며, 관하는 마음을 깨뜨리지 않고 능히 행법을 시작한다는 뜻이다. 그러나 그 제8지가 응당히 제8. 동진주(童眞住)를 상대하나니 합당히 동진지(童眞地)라 이름해야 한다. 하지만 논경에서 '왕자지(王子地)'라 하였으니 경문을 따르지 않은 것 같다. 아래 구절은 행법이 청정함이니 바르게 행할 때에 장애를 떠나 자재한 까닭이다.
d) 다음의 두 구절[名爲成地一, 名爲究竟地一]은 세간과 출세간의 지음이 청정함이라 이름한다. (a) 위 구절은 대비인 연고로 세간에 맞게

---

192) 經下에 續金本有中字.
193) 子下에 續金本有者字.

지음이 있지만 본래로 지은 바가 없고, (b) 아래 구절은 출세간에 지음이 있는 것이니, 지혜로 잘 분별하는 까닭이며 지적인 장애가 깨끗해진 까닭에 모두 이치를 결정한다.

[鈔] 三有二句者는 卽勝進中에 發修離過니 前句는 發修之時에 離功用過를 名爲發淨이오 後句는 修行之時에 離不成過를 名爲行淨이니 隨意成故라 論經名王子者는 經에 云, 名爲王子地니 離家過故라하니라 遠公이 釋云호대 如世王子가 生在王家에 無有營農等過하야 菩薩如是하야 生在佛家에 無有修行功用[194]之過라하니라 釋曰, 觀經之意인대 但取離過니라 四次二句下는 兼第五門이니 卽勝進中의 因修成德이라 德義不同이 有其二種하니 一者는 有作이니 卽敎道功德이 本無今有라 方便修起일새 故名有作이니 卽第四門이라 二者는 無作이니 卽證道功德이 本有今顯이라 非從修起일새 名爲無作이니 卽第五門이라 與加分中의 有作善法淨과 無作法淨으로 相似라 今明第四中에 功德을 名世間이오 智慧를 名出世間이라 前中에 隨世有作은 釋經의 名爲成地요 自無所作은 釋經의 更無所作故오 下句中에 以智慧善分別故는 卽是論經이오 智障淨故는 是論釋上善分別言이오 皆決定義는 疏將彼經及論하야 皆就今經決定之言이니라

- c) 有二句란 승진행 중에 수행을 시작하여 허물을 여읨이다. (a) 앞 구절[名爲童眞地ㅡ]은 수행을 시작할 때에 공용의 허물을 여읜 것을 '시작이 깨끗하다'고 하였고, (b) 뒤 구절[名爲生地ㅡ]은 수행할 때에 이루지 못하는 허물을 여읜 것을 '행법이 청정하다'고 말하나니, 뜻한 대로 이루기 때문이다. '논경에서 왕자지라 한다'는 것은 경문에서

---

194) 用은 南續金本作成.

"왕자의 지라 이름하나니 가문의 허물을 여읜 까닭이다"라고 한 부분을 가리킨다. 혜원법사가 해석하되, "마치 세상의 왕자가 왕의 가문에 태어나면 농사짓는 등의 허물이 없는 것과 같아서 보살도 이처럼 부처님 가문에 태어나면 공용을 수행하는 허물이 없다"고 하였다. 해석한다면 본경의 의미를 관한다면 다만 허물을 여읜 부분만 취한 것이다. d) 次二句 아래는 다섯째 문을 겸하나니 곧 승진행 중의 수행으로 인해 공덕을 성취한다는 뜻이다. 공덕의 이치가 같지 않음이 두 종류가 있으니 첫째, 지음이 있는 것[有作]이니 곧 교도의 공덕이 본래는 없었지만 지금은 있는 것이다. 방편으로 닦기 시작한 연고로 '지음이 있다'고 하나니 곧 (d) 넷째 문이다. 둘째, 지음이 없는 것[無作]이니 곧 중도의 공덕이 본래로 있던 것을 지금 드러낸다는 뜻이다. 수행으로 일어난 것이 아니므로 '지음이 없다'고 이름하였으니 곧 e) 다섯째 문이 된다. 앞의 (三) 가피하는 부분의 지음이 있는 선법(善法)이 청정함과 지음이 없는 법의 청정함과 비슷하다. 지금은 넷째 문에서 공덕을 세간이리 하고, 지혜를 출세간이라 한 것을 설명한 내용이다. 앞에서 '세간에 맞게 지음이 있다'는 것은 경문의 이루어진 지[成地]라 한 부분을 해석한 내용이요, '본래로 지은 바가 없다'는 것은 경문의 '다시 지을 것이 없다'는 부분을 해석한 내용이요, 아래 구절 중의 '지혜로 잘 분별하는 까닭'이란 논경의 내용이요, '지적인 장애가 깨끗해진 까닭'이란 논경의 위의 '잘 분별한다'는 말을 해석한 부분이요, '모두 이치를 결정한다'는 것은 소가가 저 경문과 논문을 가지고 모두 본경의 '결정한다'는 말에 입각하여 해석한 부분이다.

e) 한 구절은 세간과 출세간에 지음이 없는 청정함[次一句彼二無作淨勝]
(五有 70上2)
f) 두 구절은 보살의 지가 뛰어나다[後二句菩薩地勝] (六有)

[疏] 五, 有一句는 彼二가 無作淨勝이니 謂於世出世에 名爲彼二니 願力變化하야 而不滯寂일새 故云無作이라 卽無住涅槃이라 六, 有二句는 菩薩地勝이니 卽分位가 過前이라 上句는 勝六地니 以六地觀空이 爲他有動이나 今念念에 發起殊勝行故라 下句는 勝七地라 上依論釋이니라

■ e) 한 구절[名爲變化地一]은 저 둘이 지음 없는 청정함이니 세간과 출세간을 저 둘이라 말한다. 원력으로 변화하면서도 고요함에 지체하지 않으므로 '지음이 없다'고 하였으니, 바로 머물지 않는 열반을 가리킨다. f) 두 구절[名爲力持地 一, 名爲無功用地一]은 보살지가 뛰어남이다. 곧 구분한 지위가 앞보다 초과한다는 뜻이다. 위 구절은 제6지보다 뛰어나나니, 제6지에서 <공>을 관하여 다른 이에게 동요되기도 하지만 지금은 생각 생각에 뛰어난 행법을 일으키기 때문이다. 아래 구절은 제7지보다 뛰어나다. 위는 논경에 의지한 해석이다.

[鈔] 五有一句下는 卽證道也니 卽經에 名爲變化地니 隨願成就故라 今經에는 但有其用이어니와 論經에 云, 名爲涅槃地니 善起大願故라하야늘 遠公이 云, 涅槃地者는 卽無作體니 體寂滅故오 善起大願故者는 卽無作之用이니 以用으로 顯體일새 非小涅槃일새 故로 疏釋云, 化不滯寂하면 成無住涅槃이라하니라

六有二句者는 卽遠公의 依德成位라 上句는 可知오 下句는 勝七地

의 有功用이니 此地가 報熟일새 名無功用이라 言先已成就者는 論經에 云, 善起先道故라하야늘 遠公[195]이 就諸地中하야 分別有三하니 一은 不起先道니 謂前六地는 當地別習하고 不兼前行이오 二는 起而不善이니 謂七地에 念念에 修起一切佛法하니 前六地中의 所有諸行이 至此皆起나 而功用心起일새 不名爲善이오 三은 亦起亦善이니 謂此八地라 前七地中의 所修諸行이 是其先道니 至此地中하야 報熟現前일새 名起先道오 報熟現前하고 非功用生일새 故名善起라하니 疏意가 順經의 先已成就하야 卽是七地之中에 修無功用이 爲先已成就일새 故今無功이니 此意是總이라 易故不釋이니라

- e) 有一句 아래는 중도에 해당한다. 본경에서 '변화하는 지'라 하였으니 원력에 따라 성취하기 때문이다. 본경에는 단지 그 작용만 있지만 논경에는 "열반의 지라 하나니 큰 서원을 잘 일으키는 까닭이다"라고 하였는데, 혜원법사가 이르되, "열반의 지란 지음이 없는 체성이니 본체가 고요한 까닭이요, '큰 서원을 잘 일으키기 때문이다'라고 말한 것은 지음이 없는 작용을 가리키나니, 작용으로 체성을 드러내었으므로 소승의 열반이 아니다." 그러므로 소가가 해석하되 "변화하고 고요함에 지체하지 않으면 머물지 않는 열반을 성취한다"고 하였다.

f) 有二句란 혜원법사의 공덕에 의지해 지위를 성취한 견해이다. 위 구절은 알 수 있을 것이고, 아래 구절은 제7지의 유공용(有功用)보다 뛰어나나니 이 제8지에서 보행이 순숙하므로 무공용이라 이름하였다. '먼저 이미 성취한 까닭'이라 말한 것은 논경에서 "앞의 도를 잘 일으킨 까닭이다"라고 하였는데, 혜원법사가 여러 지에 입각하여 셋

---

195) 公下에 甲南續金有云字.

으로 구분한 부분이다. "(1) 앞의 도를 일으키지 않음이니 말하자면 앞의 제6지는 그 지에서 개별적으로 익히고 앞의 행법을 겸하지 않는다는 뜻이다. (2) 일으키지만 잘하지 못함이니 말하자면 제7지에는 생각 생각에 모든 불법을 닦아 일으키나니, 앞의 제6지가 가진 모든 행법을 여기에 이르러 모두 일으키지만 공용의 마음으로 일으키는 까닭에 잘한다고 말하지 못한다. (3) 일으키면서 잘하는 것이니 이 제8지를 가리킨다. 앞의 제7지에서 닦은 모든 행법이 앞의 도인 것이니, 이 제8지에 이르러 보행이 순숙함이 나타나므로 '앞의 도를 일으킨다'고 말한 것이요, 보행이 순숙함이 나타나고 공용의 마음이 생기지 않으므로 '잘 일으킨다'고 말한다"고 하였다. 소가의 주장이 본경의 '먼저 이미 성취한다'는 말을 따른 것이니, 그대로 제7지 중에서 무공용행(無功用行)을 닦은 것이 먼저 이미 성취되었으므로 지금 공용이 없는 것이다. 이런 의미가 총상이라서 쉽기 때문에 해석하지 않았다.

b. 본경에 따른 해석[順經釋] (今更 71上2)

[疏] 今更指文하야 別爲一解호리라 謂此諸名이 對前經立하니 初二는 從淨忍分하야 受名이라 得無生忍하야 入不動故니 此句爲總이오 此智現前일새 故無退壞라 次二는 約得勝行分하야 受名이니 一, 得爲深行菩薩의 不可知故오 二, 離一切相等인 諸過失故오 次三은 約淨土分하야 受名이니 生地는 謂器世間에 自在하야 隨樂生故오 成地는 衆生世間에 自在하야 隨物成身하야 自無作故라 究竟地智는 正覺世間에 決二諦故라 次一은 約自在分이니 隨願成就하야사 方名自在오 次一은 約大勝分이니 得深心等十種力持故라 後, 無功用은 通該始終

이니라 依此釋者인대 似若論家가 闕指明據니라

■ 지금 다시 경문을 지적하면서 별도로 한번 해석해 보자. 이를테면 이런 여러 명칭이 앞의 경문과 상대하여 세운 것이다. a) 처음 두 구절[名爲不動地 一, 名爲不退轉地 一]은 청정한 법인의 부분[淨忍分]에 따라 받은 명칭이다. 무생법인을 얻어서 부동지(不動地)에 들어간 까닭이다. 이런 지혜가 나타나므로 물러나거나 무너지지 않는다. b) 다음 두 구절[名爲難得地 一, 名爲童眞地 一]은 뛰어난 행법을 얻은 부분에 의지하여 받은 명칭이다. (1) 심오한 행을 하는 보살이 되었어도 알 수 없기 때문이요, (2) 모든 모양 따위의 여러 허물을 여읜 까닭이요, c) 다음의 세 구절[名爲生地 一, 明爲成地 一, 名爲究竟地 一]은 정토분에 의지하여 받은 명칭이니 '내는 지[生地]'는 말하자면 기세간에 자재하여 즐거움을 따라 나는 까닭이요, '이루어진 지[成地]'는 중생세간에 자재하여 중생을 따라 몸을 이루어 자연히 지음이 없기 때문이다. '한껏 간 지[究竟地]'는 지정각세간에 자재하여 두 가지 진리를 결정한 까닭이다. d) 다음의 한 구절[名爲變化地 一]은 자재한 부분에 의지하나니 서원을 따라 성취해야만 비로소 자재하다고 이름한다. e) 다음 한 구절[名爲力持地 一]은 크게 뛰어난 부분에 의지하나니 깊은 마음 등의 열 종류의 힘으로 유지함을 얻은 까닭이다. 마지막의 '힘의 작용이 없는 지[無功用地]'는 처음과 끝을 공통적으로 포함한다. 이것에 의지해 해석한다면 논주가 분명한 근거를 지적하지 못한 듯하다.

[鈔] 今更指文者는 第三, 順經釋이라 但是指文이나 義不異論이라 故로 疏에 云, 則似論家가 闕指明據라하니라

● 今更指文이란 b. 본경에 따른 해석이다. 단지 경문만 지적하였지만

이치가 논경과 다르지 않다. 그래서 소가가 "논주가 분명한 근거를 지적하지 못한 듯하다"고 말하였다.

ㄴ) 지혜로 명칭을 해석함은 사람에 의지해 공덕을 밝힘이다
[智者釋名卽約人彰德] 3.

(ㄱ) 앞을 따와서 원인을 삼다[牒前爲因] (第二 71下4)
(ㄴ) 바로 사람에 입각하여 밝히다[正就人顯] 2.
a. 총합하여 의미를 밝히다[總顯意] (就人)

佛子여 菩薩이 成就如是智慧에 入佛境界하며 佛功德照하며 順佛威儀하며 佛境現前하며
"불자여, 보살이 이런 지혜를 이루고는 부처님의 경계에 들어가며, 부처님의 공덕을 비춰 보며, 부처님의 위의를 따르며, 부처님 경지가 앞에 나타나며,

[疏] 第二, 佛子菩薩成就下는 智者釋名이라 中에 三이니 初, 牒前爲因이니 由得智地故오 二, 入佛下는 正就人顯이오 三, 於無量下는 總結所住라 就人顯中에 以何義故로 菩薩을 名爲得不動地오 有二義故니 一은 一向不動이니 謂行修上順故오 二는 一體不動이니 謂與諸菩薩行同體故라

■ ㄴ) 佛子菩薩成就 아래는 지혜로 명칭을 해석함이다. 그중에 셋이니
(ㄱ) 앞을 따와서 원인을 삼음이니 지혜의 경지를 얻은 까닭이요,
(ㄴ) 入佛 아래는 바로 사람에 입각하여 밝힘이요, (ㄷ) 於無量 아

래는 머물 대상으로 총합하여 결론함이다. (ㄴ) 사람에 입각하여 밝힘 중에 어떤 이치로 인해 보살을 동요하지 않는 지를 얻었다고 이름하는가? 두 가지 이치가 있기 때문이니 (1) 한결같이 동요하지 않음이니, 행법을 닦아서 위로 수순하기 때문이요, (2) 체성이 같아서 동요하지 않음이다. 모든 보살의 행법과 체성이 같기 때문이다.

[鈔] 智者釋名中에 一向不動이 是勝進行也라 一體不動이 是自分行이라 先, 明勝進者는 擧彼勝求하야 顯於自分이 從上滿也라
- ㄴ) 지혜로 명칭을 해석함 중에 (1) 한결같이 동요하지 않음이 승진행이요, (2) 체성이 같아서 동요하지 않음은 자분행이다. 먼저 승진행을 밝힌 까닭은 저 승진을 구함을 거론하여 자분이 위로부터 만족함을 밝힌 까닭이다.

b. 개별로 경문을 해석하다[別釋經] 2.
a) 가름을 열다[開章] (文中 72上3)

[疏] 文中에 先, 總明이오 後, 常爲下는 別顯이라
- 경문 중에 a. 총합하여 의미를 밝힘이요, b. 常爲 아래는 개별로 밝힘이다.

b) 과목에 따라 해석하다[隨釋] 2.
(a) 총합적인 명칭을 해석하다[釋總名] 2.
㈠ 살펴보고 정하다[按定] (今初 72上3)

[疏] 今初라 文有四句하야 皆含二義하니
- 지금은 b.(개별로 밝힘)이다. 경문에 네 구절이 있어서 모두 두 가지 이치를 포함하고 있다.

㈡ 바로 해석하다[正釋] 2.
① 논경의 문장을 표방하여 거론하다[標擧論文] (論總 72上4)
② 논경으로 경문을 해석하다[以論釋經] (故論)

[疏] 論에 總釋云호대 佛性이며 隨順因故라하나니 佛性이 卽初句니 以梵云 駄都를 譯通界性일새 致譯論經云, 得入佛性이라하나니 卽是法身果性이라 故로 論에 云, 佛性者는 界滿足勝故라하니 究竟見性일새 故云 滿足이니 此卽分齊境界라 菩薩이 由得地智하야 能上入之니라 隨順 因者는 卽下三句니 由三爲因일새 故能隨順佛境이니 一은 攝功德이라하니 佛功德照者는 善淸淨義故니 謂以無垢慧로 善照佛德이 卽是 攝義라 二者는 行이라하니 謂正行威儀가 順同佛故라 三者는 近이라하니 卽佛境이 現前하야 近如可覩故니라

- 논경에 총합적으로 해석하되, "부처님의 성품이며 원인에 따르기 때문이다"라고 하였으니 부처 성품이 첫 구절이다. 범어로 다투[駄都]를 번역하여 세계와 성품에 통하므로 논경을 번역할 때에 이르러서는 '부처님의 성품에 들어간다'고 하였으니 곧 법신의 과덕인 체성이란 뜻이다. 그러므로 논경에서 "부처 성품은 세계에 만족함이 뛰어나기 때문이다"라고 하였으니, 끝내 성품을 발견한 까닭에 만족한다고 하였다. 이것은 영역으로 나눈 경계이다. 보살이 제8지의 지혜를 얻음으로 인하여 능히 위로 들어간 것이다. '원인에 수순한다'고 말한 것은

아래의 세 구절이니 셋을 원인으로 삼았으므로 능히 부처 경계에 수순하나니 '① 공덕을 포섭함'이라 하였다. '부처님의 공덕을 비춰 본다'는 것은 선근이 청정하다는 뜻이다. 말하자면 '때 없는 지혜[無垢慧]'로 부처님의 공덕을 잘 비추는 것이 '포섭함'의 이치라는 뜻이다. '② 행법'이라 하였으니 이를테면 바로 위의를 행함이 수순하여 부처와 같아진 까닭이다. '③ 친근한다'고 하였으니 말하자면 부처 경계가 나타나면 진여에 가까워서 볼 수 있기 때문이다.

[鈔] 今初文有四句者는 謂一向과 一體라 以遠公이 將此하야 總屬於一向不動하니 則此四句가 明一向義오 後十은 方明不動이라 故로 疏按定云, 皆含二義니 謂由入佛境故로 一向上順이오 亦與菩薩로 同一體性이라 下三句도 準之니라 以論에 先釋四句竟하고 方云호대 是中에 一向不動者는 如經의 日夜에 常爲善196)加와 諸佛加故等이라하니 故로 疏將此四句하야 爲總이니라 三者近者는 由其前二일새 故近佛也니라

● '지금은 ①이니 경문에 네 구절이 있다'고 말한 것은 (1) 한결같이 동요하지 않음과 (2) 체성이 같아서 동요하지 않음을 말한다. 혜원법사는 이것을 가져서 통틀어 한결같은 동요하지 않음으로 섭속하였다. 다시 말하면 이 네 구절이 한결같음의 이치임을 밝힌 것이요, 뒤의 열째 구절에야 비로소 동요하지 않음이 됨을 밝혔다. 그러므로 소가가 살펴서 정하되, "모두 두 가지 이치를 포함하고 있으니, 말하자면 부처 경계에 들어감으로 인해 한결같이 위로 따름이요, 또한 보살과 동일한 체성이다." 아래 세 구절도 준하여 보라. 논경에서 먼저 네

---

196) 善下에 原本有識字, 南續金本有知識二字, 論經及論無.

구절을 해석하고 나서 비로소 말하되 "이 가운데 한결같이 동요하지 않음이란 경문의 '밤낮으로 잘 가피함과 부처님의 가피를 받은 까닭'이라 함과 같다. 그러므로 소가가 이 네 구절을 가져서 총상을 삼은 것이다. ③ 친근함이란 그 앞의 둘로 인하여 부처님을 친근한다는 뜻이다.

(b) 개별로 명칭을 해석하다[釋別名] 2.
㊀ 한결같이 동요하지 않다[明一向不動] 2.

① 두 경전이 모두 빠뜨림을 나타내다[現二經具闕] (後別 73上3)

常爲如來之所護念하며 梵釋四王과 金剛力士가 常隨侍衛하며 恒不捨離諸大三昧하며 能現無量諸身差別하되 於一一身에 有大勢力하며 報得神通하며 三昧自在하며 隨有可化衆生之處하여 示成正覺하나니라
항상 여래의 호념하심이 되며, 범천과 제석천과 사천왕과 금강역사가 항상 따라 모시고 호위하며, 여러 큰 삼매를 떠나지 아니하며, 한량없는 여러 가지 몸의 차별함을 나타내며, 낱낱 몸마다 큰 세력이 있으며, 과보로 신통을 얻으며, 삼매에 자유로우며, 교화할 중생이 있는 데를 따라서 바른 깨달음을 이루느니라.

[疏] 後, 別明中에 先은 明一向不動이라 論經에 十句이거늘 經에는 闕一이라
■ (b) 개별로 밝힘 중에 ㊀ 한결같이 동요하지 않음을 밝힘이다. 논경

에 열 구절인데 본경에는 한 구절 빠뜨렸다.

② 바로 본경을 해석하다[正釋今經] 2.
㉮ 처음 한 구절에 대한 해석[釋初一句] (初一 73上4)

[疏] 初一은 總顯佛加니 解參玄極하야 上德이 被己故라 旣常爲佛加일새 故名一向不動이라

- 처음 한 구절은 총합적으로 부처님의 가피를 밝혔으니, 견해가 현묘하고 지극함에 참예하여 덕 높은 이가 자신을 가피하기 때문이다. 이미 항상 여래의 가피를 받았으므로 '한결같이 동요하지 않는다'고 하였다.

㉯ 나머지 아홉 구절에 대한 해석[釋餘句] 2.
㉠ 앞의 네 구절을 해석하다[釋前四句] (餘句 73上5)

[疏] 餘句는 別依五種功德하야 以顯不動이니 一은 供養功德이니 卽梵釋四王이라 論經에는 王下에 有奉迎之言이라 二는 守護功德이니 謂金剛等이 現形衛故라 三은 依止功德이니 恒不捨三昧故라 四는 國土淸淨功德이니 卽能現諸身差別호대 若器若衆生을 皆能隨現일새 故云無量이라

- ㉯ 나머지 아홉 구절은 개별적으로 다섯 종류의 공덕에 의지하여 동요하지 않음을 밝혔으니 (1) 공양하는 공덕이니 범천과 제석천과 사천왕을 가리킨다. 논경에는 왕자(王字) 아래에 '받들어 영접한다'는 말이 있다. (2) 수호하는 공덕이니 금강역사 등이 형상을 나투어 호위

하는 까닭이다. (3) 의지하는 공덕이니 항상 삼매를 버리지 않는 까닭이다. (4) 국토를 깨끗이 하는 공덕이니 능히 모든 차별된 몸을 나타내되 기세간과 중생세간을 모두 능히 따라 현신하는 연고로 '한량없다'고 하였다.

[鈔] 謂金剛等者는 此前七地에 亦有나 但冥衛耳라 如來에 常有八金剛神이 列其八面이라하고 此地菩薩은 隨分得之라
- 謂金剛 등이란 이 앞의 제7지에서도 있었지만 단지 그윽이 호위했을 뿐이다. "여래에게 항상 여덟 분의 금강역사와 신장이 여덟 방면으로 줄지어 호위한다"고 하였고, 이 제8지의 보살은 분수에 맞게 얻게 된다.

㉡ 뒤의 다섯 구절을 해석하다[釋後五句] (五於 73下2)

[疏] 五, 於一一下는 敎化衆生功德이라 此復五種이니 前三은 自分이오 後二는 勝進이라 一은 願取諸有니 多爲主導일새 故云有大勢力이라 二는 根心使智力이니 卽報得神通하야 窮三際中의 衆生根欲等故라 三은 無量法力이니 三昧自在하야 轉法輪故라 四는 受力이니 彼經에 云 能受無量記故라 今經에 闕此니라 五는 說力이니 卽隨有可化하야 示成正覺하야 眞能說故라 論經에는 此後에 更有一句하야 結云호대 是菩薩이 如是通達이라하며 論에 云, 一向不動故라하니라
- (5) 於一一 아래는 중생을 교화하는 공덕이다. 여기에 다시 다섯 가지가 있으니, 앞의 셋은 자분공덕이요, 뒤의 둘은 승진공덕이다. (1) 모든 유(有)를 취하기를 원할 적에 대부분 주도(主導)가 되는 연고로

'큰 세력이 있다'고 하였다. (2) 중생의 근기와 마음을 지혜롭게 하는 능력이다. 말하자면 타고난 신통[報得神通]으로 세 시절의 중생의 근기와 욕구 따위에 다하는 까닭이다. (3) 한량없는 법의 능력이니 삼매에 자재하여 법륜을 굴리기 때문이다. (4) 수기받은 능력이니 저 경에서 '능히 한량없는 수기를 받는다'고 말한 부분이다. 본경에는 이 부분이 빠져 있다. (5) 말하는 능력이니 곧 교화될 수 있는 〈유〉를 따라 정각(正覺) 이룸을 보여서 참으로 잘 설하는 까닭이다. 논경에는 이 뒤에 다시 한 구절이 있어서 결론하되, "이 보살이 이처럼 통달한다"고 하였으며, 논경에서는 "한결같이 동요하지 않기 때문이다"라고 하였다.

[鈔] 前三自分者는 即三輪也니 謂身・口・意라 論云一向下는 論釋結文如是通達호대 如是通達故로 一向不動義耳라하니라

● '앞의 셋은 자분공덕'이라 한 것은 세 가지 법륜(三輪)을 가리키나니, 몸과 입과 생각의 법륜을 말한다. 論云一向 아래는 논경에서 결론한 문장에 '이처럼 통달한다'고 해석하였는데, 이처럼 통달한 까닭에 한결같이 동요하지 않음의 이치일 뿐이다.

㈡ 체성이 같아서 동요하지 않는다[明一體不動] 2.
① 처음 한 구절에 대한 해석[釋初一句] (二佛 74上5)

佛子여 菩薩이 如是入大乘會하여 獲大神通하며 放大光明하며 入無礙法界하며 知世界差別하며 示現一切諸大功德하며 隨意自在하며 善能通達前際後際하며 普伏一

切魔邪之道하며 深入如來所行境界하나라

불자여, 보살이 이와 같이 대승의 모임에 들어가서 큰 신통을 얻으며, 큰 광명을 놓으며, 걸림이 없는 법계에 들어가며, 세계의 차별함을 알며, 모든 큰 공덕을 나타내며, 마음대로 자유로우며, 앞세상 뒷세상을 잘 통달하며, 모든 마군과 외도들을 굴복하며, 여래의 행하시는 경지에 깊이 들어가느니라.

[疏] 二, 佛子下는 明一體不動이라 文有十句하니 初는 總이오 餘는 別이라 總云入大乘會者는 謂入同類大乘衆數故라 入數者는 不破壞義니 和合如一故라 別有九種하니 具此九種하야 堪入衆數라

㈡ 佛子 아래는 체성이 같아서 동요하지 않음을 밝힘이다. 경문에 열 구절이 있으니 ① 첫 구절은 총상이요, ② 나머지는 별상이다. ① 총상에 '대승의 모임에 들어간다'고 말한 것은 부류가 같은 대승의 많은 숫자에 들어간다는 뜻이다. '숫자에 들어간다'는 것은 파괴되지 않는다는 뜻이니 화합함이 한결같은 까닭이다. ② 별상에 아홉 종류가 있으니 이런 아홉 종류를 갖추어 많은 숫자에 들어감을 감당한다는 뜻이다.

② 나머지 아홉 구절에 대한 해석[釋餘九句] (一智 74上9)

[疏] 一은 智不壞니 獲法智通故오 二는 說不壞니 謂放教智光故오 三은 解脫不壞니 謂不住行으로 證入空有等無礙法界하야 業用無礙故오 四는 佛國清淨不壞니 知世界自在故요 五는 入大乘不壞니 智能示現大

功德故오 六는 神通不壞니 隨意自在故오 七은 善能下는 能解釋義不壞니 稱三際說故오 八은 普伏下는 坐道場不壞니 萬行과 及菩提樹下에 伏魔邪故오 九는 正覺不壞니 入如來境하야 同佛覺故니라

■ (1) 무너지지 않는 지혜이니 법의 지혜인 신통을 얻은 까닭이요, (2) 무너지지 않는 설법이니 교도의 지혜광명을 방출하기 때문이요, (3) 무너지지 않는 해탈이니 이를테면 머물지 않는 행법으로 〈공〉과 유가 평등하여 걸림 없는 법계에 증득해 들어가서 업과 작용이 걸림 없기 때문이요, (4) 국토를 청정케 함이 무너지지 않음이니, 세계를 아는 것에 자재한 까닭이요, (5) 대승법에 들어감이 무너지지 않음이니, 지혜로 능히 큰 공덕을 나타내 보이기 때문이요, (6) 무너지지 않는 신통력이니 뜻한 대로 자재한 까닭이요, (7) 善能 아래는 이치를 잘 해석함이 무너지지 않음이니, 세 시절에 걸맞게 말하기 때문이요, (8) 普伏 아래는 도량에 앉음이 무너지지 않음이니, 만행과 보리수 아래에서 마군과 외도를 굴복시키는 까닭이요, (9) 무너지지 않는 바른 깨달음이니, 여래의 경계에 들어가서 부처님의 깨달음과 같기 때문이다.

[鈔] 一智不壞者는 論經에 云, 善思量大乘道故라하니 卽是證智라 法智通者는 以論會經이니 旣云智大하니 經에 云獲大神通이 明是法智通也라 卽十通의 第九니 於六通中에 漏盡에 開出이니 故亦證智라 二, 敎智오 三, 不住니 上三은 自利오 下六은 利他라 初句는 淨土行이오 後五는 化法益物이라 於中에 前三은 自分이니 卽意와 身과 口라 稱三際說者는 先際는 生死요 後際는 涅槃과 中際聖賢也라 後二[197]는 勝

---
197) 後는 南續金本作八普伏下; 二下에 甲南續金本有句字.

進이니 坐道場을 稱佛方便이라 成正覺者는 成佛度人이라 前中에 況
明坐道場이 略有三說하니 一은 就法門이니 卽萬行道場이오 二는 就
實成이니 約金剛三昧니 一念成佛이오 三은 約化相이니 菩提樹下라
今正約後라 然이나 經에 但言普伏一切魔邪之道라하야늘 而論에 云
坐道場이라하니 坐道場이 卽降魔故라 伏魔가 亦三이니 一, 約法門인
대 一切生死와 涅槃이 皆是魔道니 修一切智하야 則伏其道矣라 二,
約實說인대 無明習氣가 以爲魔道니 金剛喩定으로 方能摧之라 三,
約化相인대 菩提樹下에 降於天魔니 今亦據後니라 九, 正覺不壞者는
上入佛境하야 同佛覺故니 卽是一切法如實覺故니 同無障礙智라 餘
는 如初地中說이니라

- '(1) 무너지지 않는 지혜'란 논경에서 "대승의 도를 잘 생각하기 때문"
이라 하였으니 곧 중도의 지혜이다. '법지의 신통[法智通]'이란 논경으
로 본경을 회통한 해석이다. 이미 '지혜가 크다'고 하였으니 본경에서
'큰 신통을 얻는다'고 말한 것이 법지의 신통임이 분명하다. 곧 열 가
지 신통198) 중의 아홉 번째[⑨ 現化身]이니 여섯 가지 신통 중에 번뇌가
다한 신통[漏盡通]에서 나온 것이니 그래서 중도의 지혜인 것이다. (2)
설법(說法)불괴는 교도의 지혜이고 (3) 해탈(解脫)불괴는 머물지 않는
도이니 위의 셋은 자리행이요, 아래의 여섯은 이타행이다. ㉮ 첫 구절
[知世界差別]은 정토의 행법이요, ㉯ 뒤의 다섯 구절[示現一切一]은 교화
하는 법으로 중생을 이익하게 함이다. 그중에 앞의 셋은 자분행이니
곧 의업과 신업과 구업이다. '세 시절에 걸맞게 설한다'고 말한 것은
과거는 생사이고, 미래는 열반이요, 현재는 성현이라는 뜻이다. ㉰
뒤의 두 구절[善伏一切一]은 승진행이니 '도량에 앉는 것'은 부처님의

---

198) 十通 : 離世間品에서 주장하는 것으로 ① 宿命通 ② 天耳通 ③ 他心通 ④ 天眼通 ⑤ 現身力 ⑥ 現多身 ⑦ 速往來 ⑧ 能剰土莊嚴 ⑨ 現化身 ⑩ 漏盡通 등을 가리킨다. (불교학대사전 p.986-)

방편에 걸맞은 행법이다. '바른 깨달음을 이룬다'는 것은 부처를 이루어 사람을 제도한다는 뜻이다. 앞에서 도량에 앉음을 넓게 밝힌다면 대략 세 가지 설명을 할 수 있다. 1) 법문에 입각함이니 곧 만행하는 도량이요, 2) 실제로 성취함에 입각함이니 금강 같은 삼매에 의지하여 찰나 간에 부처를 이룸이요, 3) 교화하는 모양에 의지함이니 보리수 아래를 가리킨다. 지금은 바로 3)에 의지한 설명이다. 그러나 본경에서는 단지 '모든 마군과 외도들을 굴복하며'라고만 하였는데 논경에서는 '도량에 앉는다'고 하였으니, 도량에 앉는 것이 바로 마군을 굴복시키는 것이다. 마군을 굴복시킴에도 셋이 있으니 첫째, 법문에 의지한다면 모든 생사와 열반이 모두 마군의 도이니 일체의 지혜를 닦아서 그 (마군의) 도를 굴복시키는 것이다. 둘째, 실법에 의지한 설명이라면 무명의 습기를 마군의 도로 삼았으니 금강 같은 선정이라야 비로소 꺾을 수 있는 것이다. 셋째, 교화하는 모양에 의지한다면 보리수 아래에서 하늘마군을 항복받았으니 지금은 셋째에 의거한 설명이다. (9) 무너지지 않는 바른 깨달음에서 위로 부처 경계에 들어가서 부처님의 깨달음과 같은 까닭은, 그대로 일체법이 사실과 같은 깨달음이기 때문이니 '장애가 없는 지혜'와 같다. 나머지는 초지에서 설명한 내용과 같다.

(ㄷ) 머물 대상을 총합하여 결론하다[總結所住] (第三 75下4)

於無量國土에 修菩薩行하여 以能獲得不退轉法일새 是故說名住不動地니라
한량없는 국토에서 보살의 행을 닦아서 물러나지 않는 법

을 얻었으므로 부동지에 머물렀다고 이름하느니라."

[疏] 第三, 總結所住라 中에 行無障礙하야 不斷不轉하니 念不退故니라
■ (ㄷ) 머물 대상을 총합하여 결론함이다. 그중에 행법이 장애가 없어서 끊어지거나 물러나지 않나니 물러나지 않을 것을 생각하기 때문이다.

나. 제8지의 과덕[地果] 3.

가) 조화롭고 부드러운 결과[調柔果] 4.

(가) 조화롭고 부드러운 행법[調柔行] 3.
ㄱ. 법으로 설하다[法] (第二 76上4)

佛子여 菩薩이 住此不動地已에 以三昧力으로 常得現見 無量諸佛하여 恒不捨離하여 承事供養하며 此菩薩이 於 一一劫과 一一世界에 見無量百佛과 無量千佛과 乃至 無量百千億那由他佛하여 恭敬尊重하고 承事供養하여 一切資生을 悉以奉施하며 於諸佛所에 得於如來甚深法 藏하고 受世界差別等無量法明하여 若有問難世界差別 이라도 如是等事에 無能屈者하며 如是經於無量百劫과 無量千劫과 乃至無量百千億那由他劫토록 所有善根이 轉增明淨하나니라

"불자여, 보살이 이 부동지에 머물고는, 삼매의 힘으로써

한량없는 부처님을 항상 뵈오며, 항상 떠나지 않고 받들어 섬기며 공양하느니라. 이 보살이 모든 겁마다 낱낱 세계에서 한량없는 백 부처님, 한량없는 천 부처님과 내지 한량없는 백천억 나유타 부처님을 뵙고 공경하며 존중하며 섬기고 공양하며, 온갖 필수품을 모두 이바지하며, 여러 부처님에게서 여래의 깊고 깊은 법장을 얻고 차별한 세계들과 같은 한량없는 법을 밝게 앎을 받았으므로 세계의 차별함을 묻는 이가 있더라도 그런 일로는 굽힐 수 없느니라. 이렇게 한량없는 백겁·한량없는 천겁과 내지 한량없는 백천억 나유타 겁을 지내었으므로 착한 뿌리가 더 밝고 깨끗하여지느니라.

[疏] 第二, 位果라 調柔中에는 先, 調柔行이라 法說中에 受世界差別等無量法明者는 等取衆生의 智正覺故라 論名彼因相故者는 以所受法으로 爲自在因故니라

■ 나. 제8지의 과덕이다. 가) 조화롭고 부드러운 결과 중에 (가) 조화롭고 부드러운 행법이다. ㄱ. 법을 설함에서 '차별된 세계들과 같은 한량없는 법의 광명을 받는다'고 말한 것은 중생과 지정각을 평등하게 취한 표현이다. 논경에서 '저 원인의 양상 때문'이라고 이름한 것은 받을 대상의 법으로 자재한 원인을 삼은 까닭이다.

ㄴ. 비유로 밝히다[喩] (喩中 76上9)

譬如眞金으로 治作寶冠하여 置閻浮提主聖王頂上에 一

切臣民의 諸莊嚴具가 無與等者인달하여
비유컨대 진금으로 보배관을 만들어 염부제 임금이 머리에
쓰면, 모든 신하들의 장엄거리로는 같을 이가 없나니,

[疏] 喩中에 眞金으로 作閻浮提主冠者는 喩得淸淨地하는 身心勝故니 以
此地中에 報行이 純熟하야 三世間에 自在故로 特加於王이라 無與等
者는 喩善根光明이 轉更明淨이니라
- ㄴ. 비유로 밝힘 중에 진금으로 염부제 임금의 보배 모자[寶冠]를 만
든 것은 깨끗한 땅을 얻은 몸과 마음이 뛰어남에 비유한 까닭이니, 이
제8지 중에 보행이 순숙하여 세 가지 세간에 자재한 연고로 특별히
왕을 더한 것이다. '같을 이가 없다'는 것은 선근의 광명이 더욱 더 밝
고 깨끗함에 비유하였다.

ㄷ. 법과 비유를 합하다[合] (經/此地 76下2)

此地菩薩의 所有善根도 亦復如是하여 一切二乘과 乃至
第七地菩薩의 所有善根이 無能及者니 以住此地大智光
明이 普滅衆生의 煩惱黑闇하고 善能開闡智慧門故니라
이 지 보살이 가진 착한 뿌리도 그와 같아서 모든 이승이나
내지 제7지 보살이 가진 착한 뿌리로는 미칠 수 없느니라.
이 지에 머물러서는 큰 지혜의 광명으로 중생들의 참참한
번뇌를 멸하고 지혜의 문을 잘 여는 까닭이니라.

(나) 교도의 지혜가 청정하다[敎智淨] (三佛 76下5)

佛子여 譬如千世界主大梵天王이 能普運慈心하며 普放光明하여 滿千世界인달하여 此地菩薩도 亦復如是하여 能放光明하여 照百萬佛刹微塵數世界하여 令諸衆生으로 滅煩惱火하고 而得淸涼이니라

불자여, 마치 일천 세계의 주인인 대범천왕은 자비한 마음을 널리 운전하라고 광명을 두루 놓아서 일천 세계에 가득하나니, 이 지의 보살도 그와 같아서 광명을 놓아 백만 세계의 티끌 수 같은 세계를 비추어, 중생들로 하여금 번뇌의 불길을 멸하고 서늘하게 하느니라.

[疏] 三, 佛子譬如下는 敎智淨이라 梵王이 普放光明者는 勝前日光이니 一은 多故오 二는 淨故오 三은 廣故[199]니라

■ (나) 佛子譬如 아래는 교도의 지혜가 청정함이다. '범천왕이 널리 광명을 놓는다'는 것은 앞의 태양 광명보다 뛰어나나니 (1) 많기 때문이요, (2) 깨끗한 까닭이요, (3) 넓은 까닭이다.

(다) 제8지의 행상을 구분하다[別地行相] (此菩 76下10)

(라) 제8지의 명칭을 결론하다[結說地名] (經/是名)

此菩薩이 十波羅蜜中에 願波羅密이 增上하니 餘波羅蜜은 非不修行이로되 但隨力隨分이니라 是名略說諸菩薩摩訶薩의 第八不動地니 若廣說者인댄 經無量劫이라도 不可窮盡이니라

---

199) 此下에 續本有此菩薩下 三別地行相 是名下 四,結說地名 第二攝報果 分二 初上勝身 復作下 第二上勝果 若以下 三願智果.

이 보살의 십바라밀다 중에는 서원바라밀다가 더욱 느나니, 다른 바라밀다를 닦지 않는 것이 아니지마는 힘을 따르고 분한을 따를 뿐이니라. 이것이 보살마하살의 제8 부동지를 간략히 말함이라 하거니와, 만일 널리 말하자면 한량없는 겁을 지나더라도 다할 수 없느니라."

나) 보답으로 거둔 결과[攝報果] 2.

(가) 뛰어나고 훌륭한 몸[上勝身] (經/佛子 77上4)
(나) 뛰어나고 훌륭한 결과[上勝果] (經/復作)

佛子여 菩薩摩訶薩이 住此地에 多作大梵天王하여 主千世界하여 最勝自在하며 善說諸義하여 能與聲聞辟支佛諸菩薩의 波羅蜜道하며 若有問難世界差別이라도 無能退屈하며 布施愛語利行同事하나니 如是一切諸所作業이 皆不離念佛하며 乃至不離念一切種과 一切智智니라 復作是念하되 我當於一切衆生中에 爲首며 爲勝이며 乃至爲一切智智依止者라하나니 此菩薩이 若以發起大精進力인댄 於一念頃에 得百萬三千大千世界微塵數三昧하며 乃至示現百萬三千大千世界微塵數菩薩로 以爲眷屬이니라

"불자여, 보살마하살이 이 지에 머물러서는 흔히 대법천왕이 되어 일천 세계를 주관하며, 가장 훌륭하고 자유롭게 여러 이치를 말하여 성문이나 벽지불에게 보살의 바라밀다를

일러 주며, 만일 세계의 차별을 문난하는 이가 있더라도 능히 굽히지 못하느니라.

보시하고 좋은 말을 하고 이익한 행을 하고 일을 함께 하나니, 이렇게 여러 가지 짓는 업이 모두 부처님 생각함을 떠나지 아니하며, 내지 갖가지 지혜와 온갖 지혜의 지혜를 생각함을 떠나지 아니하느니라.

또 생각하기를 '내가 중생들 가운데 머리가 되고 나은 이가 되며, 내지 온갖 지혜의 의지함이 되리라' 하느니라. 이 보살이 만일 크게 정진하는 힘을 내면, 잠깐 동안에 백만 삼천대천세계의 티끌 수 같은 삼매를 얻으며, 내지 백만 삼천대천세계의 티끌 수 보살로 권속을 삼거니와,

다) 서원과 지혜의 결과[願智果] (經/若以 77下3)

若以菩薩殊勝願力으로 自在示現인댄 過於是數하여 乃至百千億那由他劫에도 不能數知니라
만일 보살의 수승한 원력으로 자유롭게 나타내면, 이보다 지나가서, 내지 백천억 나유타 겁에도 세어서 알지 못하느니라."

(3) 거듭 노래하는 부분[重頌分] 2.

가. 게송을 설하는 광경[說偈儀] (經/爾時 77下5)

爾時에 金剛藏菩薩이 欲重宣其義하사 而說頌曰,
그때 금강장보살이 이 뜻을 다시 펴려고 게송으로 말하였다.

나. 바로 게송을 설하다[正說偈] 2.
가) 총합하여 과목 나누다[總科] (第三 77下9)

[疏] 第三, 重頌分이라 中에 二十二頌을 分三이니 初, 十八偈半은 頌位行이오 次, 二偈半은 頌位果오 後, 一은 結說分齊라

- (3) 거듭 노래하는 부분이다. 그중에 22개의 게송을 셋으로 나누었으니 (가) 18개 반의 게송은 제8지의 행법을 노래함이요, (나) 두 개 반의 게송은 제8지의 과덕을 노래함이요, (다) 한 게송은 영역을 결론하여 설함이다.

나) 과목에 따라 해석하다[隨釋] 3.
(가) 18개 반의 게송은 제8지의 행상을 노래하다[初十八偈半頌位行] 7.

ㄱ. 한 개 반의 게송은 방편을 모아 8지를 지은 부분을 노래하다[初一偈半頌集作地分] (今初 77下10)

七地修治方便慧하고　　　善集助道大願力하며
復得人尊所攝持하여　　　爲求勝智登八地로다
7지에서 방편지혜 닦아 행하며
도를 돕는 큰 원력을 잘 모았고

세존의 거둬 주심 다시 얻어서
나은 지혜 구하려고 8지에 올라

功德成就恒慈愍하며　　　　智慧廣大等虛空이라
공덕을 성취하고 늘 사랑하며
지혜가 넓고 크기 허공과 같고

[疏] 今初에 頌上七分을 卽爲七段이니 初, 一偈半은 頌集作地分이라
■ 지금은 위의 ((가) 제8지의 행상에서) 일곱 가지 부분을 일곱 문단으로 노래하였으니 ㄱ. 한 개 반의 게송은 방편을 모아 제8지를 지은 부분을 노래함이다.

ㄴ. 한 개 반의 게송은 청정한 법을 얻은 부분을 노래하다
[次一偈半頌淨忍] (二一 78上5)

聞法能生決定力하니　　　　是則寂滅無生忍이로다
법 듣고 결정한 힘 능히 내나니
이것이 적멸하온 무생의 법인

知法無生無起相하며　　　　無成無壞無盡轉하며
離有平等絶分別하여　　　　超諸心行如空住로다
법이 나고 일어남이 없음을 알며
이루고 파괴하고 다함도 없고
생사 없고 평등하고 분별도 없어

마음 작용 초과하여 허공과 같네.

[疏] 二, 一偈半은 頌淨忍分이라
■ ㄴ. 한 개 반의 게송은 청정한 법을 얻은 부분을 노래함이다.

ㄷ. 일곱 게송은 뛰어난 행법 얻음에 대해 노래하다[次七偈頌得勝行] 2.
ㄱ) 두 게송은 깊은 행처를 노래하다[初二偈頌深行處] (三有 78上10)

成就是忍超戱論하여　　　甚深不動恒寂滅하니
一切世間無能知라　　　　心相取着悉皆離로다
이 인을 성취하고 희론을 초과
매우 깊고 동요 없어 늘 적멸하니
모든 세간 아무도 알지 못하며
마음으로 집착함도 모두 여읜다.

住於此地不分別하니　　　譬如比丘入滅定하며
如夢度河覺則無하며　　　如生梵天絶下欲이로다
이 지에 머무르면 분별이 없어
멸진정에 들어간 비구와 같고
꿈에 물을 건너도 깨면 없어져
범천에 난 사람이 욕심 없듯이

[疏] 三, 有七偈는 頌得勝行分[200]이라 於中에 二니 初, 二는 頌深行勝이라

---

200) 得은 續金本作德誤.

■ ㄷ. 일곱 게송은 뛰어난 행법을 얻음에 대해 노래함이다. 그중에 둘이니 ㄱ) 두 게송은 깊은 행처가 뛰어남을 노래함이다.

ㄴ) 다섯 게송은 시작이 뛰어남을 노래하다[後五偈頌發起勝]

(後五 79上2)

以本願力蒙勸導하여 歎其忍勝與灌頂하고
語言我等衆佛法을 汝今未獲當勤進이어다
본래의 원력으로 권장도 하고
좋은 인을 찬탄하고 관정하면서
우리의 여러 불법, 그대가 아직
다 얻지 못했으니 노력하시오.

汝雖已滅煩惱火나 世間惑焰猶熾然하니
當念本願度衆生하여 悉使修因趣解脫이어다
그대는 번뇌의 불 비록 껐으나
세간에는 아직도 번뇌 성하니
본래 원을 생각하고 중생 건지어
좋은 인을 닦아서 해탈케 하라.

法性眞常離心念하니 二乘於此亦能得이라
不以此故爲世尊이요 但以甚深無礙智로다
법의 성품 참되고 생각 여의어
이승들도 이런 것 능히 얻으매

이것으로 세존이 되는 것 아니니
매우 깊고 걸림 없는 지혜 분이라.

如是人天所應供이　　　　　與此智慧令觀察하니
無邊佛法悉得成하여　　　　一念超過曩衆行이로다
천상 인간 공양 받는 부처님께서
이렇게 지혜 주어 관찰케 하니
그지없는 부처님 법 다 성취하고
한 생각에 예전 수행 뛰어넘더라.

菩薩住玆妙智地에　　　　　則獲廣大神通力하고
一念分身徧十方하니　　　　如船入海因風濟로다
보살이 묘한 지혜 이 지에 있어
광대한 신통의 힘 곧 얻고서
한 찰나에 몸을 나눠 시방에 두루
바다에 떠 있는 배 순풍 만난 듯

[疏] 後五는 頌發起勝이라 於中에 云但以甚深無礙智者는 長行에 所無니 故知唯念法性이 則同二乘이오 事理와 事事가 皆無障礙는 是菩薩學 故라 晉經에 全有一偈云호대 但以得無礙인 甚深微妙智하야 通達三 世故로 乃得名爲佛이라하니라 又此一句가 亦可總頌餘勸이니라

■ ㄴ) 뒤의 다섯 게송은 시작이 뛰어남을 노래함이다. 그중에서 단지 '매우 깊고 걸림 없는 지혜'라고만 말한 것은 장항에는 없었으므로 오 직 법의 체성을 생각하는 것만은 이승과 같은 줄 아는 것이요, 현상

과 이치, 현상과 현상이 모두 장애가 없어서 보살이 배우는 까닭이다. 『60권 화엄경』에 온전하게 한 게송으로 말하되, "단지 걸림 없고 매우 깊은 미묘한 지혜만 얻어서 삼세에 통달하는 까닭에 비로소 부처라는 이름을 얻는다"라고 하였다. 또 이 한 구절이 또한 총합적인 게송이라 할 수 있고, 나머지는 권하는 게송이다.

ㄹ. 여섯 게송은 부처님 국토를 깨끗이 함을 노래하다
　　[次六偈頌淨佛國土] 3.
ㄱ) 두 게송은 기세간에 자재함을 노래하다[初二偈頌器世間]

(四有 79下9)

心無功用任智力하여　　　悉知國土成壞住하며
諸界種種各殊異와　　　　小大無量皆能了로다
마음은 작용 없고 지혜 힘으로
국토가 성취하고 무너지는 일
여러 세계 갖가지로 모두 다르며
작고 크고 무량함을 능히 다 알고,

三千世界四大種과　　　　六趣衆生身各別과
及以衆寶微塵數를　　　　以智觀察悉無餘로다
삼천대천세계의 사대종들과
여섯 갈래 중생의 몸 각각 다르며
여러 가지 보배와 티끌의 수효
지혜로 살펴보아 남지 않으며,

[疏] 四, 有六偈는 頌淨佛國土分이라 於中에 三이니 初二는 器世間이오
■ ㄹ. 여섯 게송은 부처님 국토를 깨끗이 함을 노래함이다. 그중에 셋이니 ㄱ) 두 게송은 기세간에 자재함을 노래함이요,

ㄴ) 세 게송은 중생세간에 자재함을 노래하다[次三偈頌衆生世間]
(次三 79下10)

菩薩能知一切身하여　　　爲化衆生同彼形하되
國土無量種種別에　　　　悉爲現形無不徧이로다
보살이 여러 종류 몸을 다 알고
중생을 교화하려 그 몸 같으며
한량없는 국토도 각각 다른데
형상을 나타내어 모두 두루 해

譬如日月住虛空하되　　　一切水中皆現影인달하여
住於法界無所動하되　　　隨心現影亦復然이로다
비유하면 허공에 뜬 해나 달이나
여러 곳 물 가운데 영상 비치듯
법계에 있는 보살 변동 없지만
마음 따라 나투는 영상도 그래

隨其心樂各不同하여　　　一切衆中皆現身하되
聲聞獨覺與菩薩과　　　　及以佛身靡不現이로다
좋아함이 각각 다른 마음을 따라

여러 중생 가운데 몸을 나투되
　　　성문이나 독각이나 보살들이나
　　　부처님 몸까지도 모두 나타내

[疏] 次三은 衆生世間이오
■ ㄴ) 세 게송은 중생세간에 자재함을 노래함이다.

ㄷ) 한 게송은 지정각세간에 자재함을 노래하다[後一偈頌智正覺世間]
　　　　　　　　　　　　　　　　　　　　(後一 79下10)

　　衆生國土業報身과　　　　　種種聖人智法身과
　　虛空身相皆平等을　　　　　普爲衆生而示作이로다
　　중생 몸과 국토 몸과 업보의 몸과
　　성인들의 지혜 몸과 법의 몸과
　　허공인 몸까지도 모두 평등해
　　중생을 위하여서 두루 나투고

[疏] 後一은 智正覺世間이니라
■ 한 게송은 지정각세간에 자재함을 노래함이다.

ㅁ. 반의 게송은 열 가지 자재함을 노래하다[次半偈頌十自在]
　　　　　　　　　　　　　　　　　　　　(五有 80上2)

　　十種聖智普觀察하며　　復順慈悲作衆業이라

성인의 열 가지 지혜 널리 살피며
자비한 마음으로 모든 업 짓고

[疏] 五, 有半偈는 頌十自在라 故로 晉經에 云, 能得於十種妙大自在智
라하니라
■ ㅁ. 반 개의 게송은 열 가지 자재함을 노래함이다. 그러므로 진경(晉經)에서 "능히 열 종류의 묘하고 크게 자재한 지혜를 얻는다"고 하였다.

ㅂ. 한 게송은 크게 뛰어난 부분을 노래하다[次一偈頌大勝分]
(六一 80上6)

所有佛法皆成就하여　　　持戒不動如須彌로다
十力成就不動搖하니　　　一切魔衆無能轉이라
여러 가지 불법도 성취하여서
계행도 수미산과 같이 부동해
열 가지 힘 이루어 동요 않으니
모든 마군 어찌할 길이 없으며

[疏] 六, 一偈는 頌大勝分이라
■ ㅂ. 한 게송은 크게 뛰어난 부분을 노래함이다.

ㅅ. 명칭을 해석하는 부분을 노래하다[後一偈頌釋名分] (七一 80上9)

諸佛護念天王禮하며　　　　　密跡金剛恒侍衛하여
此地功德無邊際라　　　　　　千萬億劫說不盡이며
부처님이 호념하고 천왕이 경례
비밀한 금강신이 항상 시위해
이 지의 큰 공덕이 그지없으며
천만억 겁 말하여도 다할 수 없고

[疏] 七, 一偈는 頌釋名分이라 密跡者는 古譯爲力士라 餘文은 可知也
니라

- ㅅ. 한 게송은 명칭을 해석하는 부분을 노래함이다. '비밀한 자취[密跡]'란 옛 번역으로는 역사(力士)라 한다. 나머지 문장은 알 수 있으리라.

(나) 두 개 반의 게송은 제8지의 과덕을 노래하다[次二偈半頌位果]

(經/復以 80下1)

　　復以供佛善益明하니　　　　如王頂上莊嚴具로다
　　부처님께 공양하여 더욱 밝으니
　　전륜왕 머리 위의 장엄과 같네.

　　菩薩住此第八地에　　　　　多作梵王千界主하여
　　演說三乘無有窮하니　　　　慈光普照除衆惑이로다
　　보살이 제8지에 머무르고는
　　흔히는 범왕 되어 천 세계 주인

삼승법 연설하기 다함이 없고
자비광명 널리 비쳐 번뇌 없애며

一念所獲諸三昧가　　　　百萬世界微塵等이라
諸所作事悉亦然이어니와　　願力示現復過是로다
한 찰나에 얻은 바 모든 삼매가
백만 세계 티끌 수같이 많으며
여러 가지 짓는 사업 다 그렇거든
원력으로 나투는 일 이보다 많아

(다) 한 게송은 영역을 결론하여 말함에 대해 노래하다[後一偈頌結說分齊]

(經/菩薩 80下6)

菩薩第八不動地를　　　　我爲汝等已略說하니
若欲次第廣分別인댄　　　經於億劫不能盡이로다
보살들의 여덟째 부동지 공덕
그대들께 간략히 말했거니와
차례차례 자세하게 분별한다면
억만 겁 지내어도 다할 수 없다.

제8절 부동지(不動地) 終

화엄경청량소 제21권

| 초판 1쇄 발행_ 2019년 10월 28일

| 저_ 청량징관
| 역주_ 석반산

| 펴낸이_ 오세룡
| 편집_ 손미숙 박성화 김정은 이연희 김영미
| 기획_ 최은영 곽은영
| 디자인_ 김효선 고혜정 장혜정
| 홍보 마케팅_ 이주하

| 펴낸곳_ 담앤북스
　　　　서울특별시 종로구 새문안로3길 23 경희궁의 아침 4단지 805호
　　　　대표전화 02)765-1251 전송 02)764-1251 전자우편 damnbooks@hanmail.net
　　　　출판등록 제300-2011-115호

| ISBN 979-11-6201-196-6 04220

정가 30,000원